城市更新项目全周期业财税管理指南

中国施工企业管理协会◎组织编写

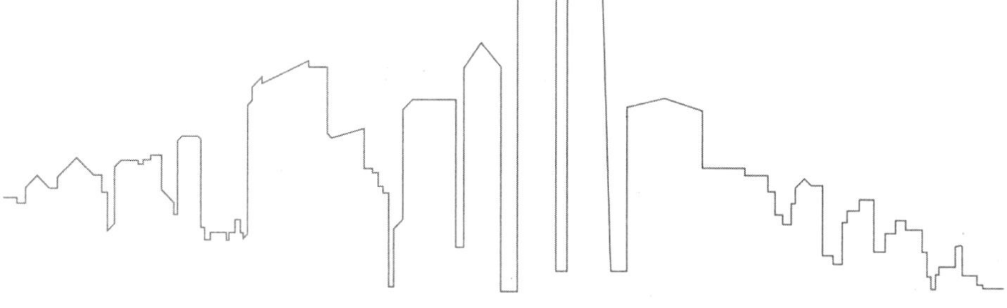

中国市场出版社
China Market Press
·北京·

图书在版编目（CIP）数据

城市更新项目全周期业财税管理指南 / 蔡昌主编. — 北京：中国市场出版社有限公司，2024.2

ISBN 978-7-5092-2472-4

Ⅰ. ①城… Ⅱ. ①蔡… Ⅲ. ①城市建设 – 财务管理 – 中国 – 指南 ②城市建设 – 税收管理 – 中国 – 指南 Ⅳ. ①F299.21-62 ②F812.423-62

中国国家版本馆CIP数据核字（2023）第177203号

城市更新项目全周期业财税管理指南

CHENGSHI GENGXIN XIANGMU QUANZHOUQI YE CAI SHUI GUANLI ZHINAN

组织编写 中国施工企业管理协会
主　　编 蔡　昌
责任编辑 张　瑶（zhangyao9903@126.com）
出版发行 中国市场出版社 China Market Press
社　　址 北京月坛北小街2号院3号楼　**邮政编码** 100837
电　　话 编 辑 部（010）68024335　读者服务部（010）68022950
发 行 部（010）68021338　68020340　68053489
68024335　68033577　68033539
总 编 室（010）68020336
盗版举报（010）68020336
印　　刷 河北鑫兆源印刷有限公司
规　　格 185mm × 260mm　16开本　**版　　次** 2024年2月第1版
印　　张 31　**印　　次** 2024年2月第1次印刷
字　　数 605千字　**定　　价** 108.00元
书　　号 ISBN 978-7-5092-2472-4

编 委 会

编写单位

主编单位：中国施工企业管理协会

支持单位：中国注册税务师协会

参编单位：中国建筑集团有限公司

中国中铁股份有限公司

中国铁建股份有限公司

中国交通建设集团有限公司

中国电力建设集团有限公司

中国能源建设集团有限公司

中国化学工程集团有限公司

中国冶金科工集团有限公司

中国安能建设集团有限公司

中国国际工程咨询有限公司

中央财经大学税收筹划与法律研究中心

北京天扬君合财税服务集团有限公司

中国建筑第八工程局有限公司

中铁（上海）投资集团有限公司

中铁投资集团有限公司

中国铁建投资集团有限公司

中交投资有限公司

中交城市投资控股有限公司

中国电建地产集团有限公司

中国电建市政建设集团有限公司

中能建城市投资发展有限公司

中国能源建设集团华东建设投资有限公司
中化学南方建设投资有限公司
中化学城市投资有限公司
上海宝冶集团有限公司
中冶置业集团有限公司
中国安能集团华东投资开发有限公司
中国安能集团华南投资开发有限公司

序　一 ╱ PREFACE

党的二十大作出实施城市更新行动的部署要求，为建筑企业带来了新的发展机遇。城市更新项目企业财税工作如何适应城市更新项目建设的业务模式和融资要求，充分发挥赋能作用，是我们必须回答好的现实课题。为此，中国施工企业管理协会联合建筑央企、中央财经大学和北京天扬君合财税服务集团等多家单位，开展了“城市更新项目全周期业财税管理”课题研究，取得了重要成果。《城市更新项目全周期业财税管理指南》正是这一研究成果的汇总集纳。

本书以党和国家财税工作的方针政策为指导，以9家建筑央企参与的城市更新项目为研究对象，以城市更新项目的获取、投资、融资、用地、建设、经营、移交等各阶段的业务工作为研究基础，进行财务管理、税务管理以及税会差异的剖析，提出财税管理实务问题的处理意见和方法。在课题研究中，引入全周期管理理念，在内容上涵盖城市更新项目的规划、实施、运行、移交等全周期内各阶段业务、财务、税务要点，注重业财税有机融合，从实现业财税一体化管理的角度研究问题，将财税管理融入业务管理的全过程，注重理论与实践相结合，不仅普及了城市更新项目财税相关的政策理论知识，还引入建筑央企参与的多个城市更新项目作为典型案例，归纳总结这些典型案例的实践经验，使本书在使用上有更强的指导性、操作性。

实践永无止境，认识永无止境。随着城市更新行动的不断推进，必将对企业的财税管理提出新的时代要求，真诚希望广大施工企业不断探索，不断总结，丰富城市更新项目财税管理的实践成果、认识成果，为赋能企业发展贡献更大的智慧和力量。

对本书编写中存在的不足之处，欢迎大家批评指正。

中国施工企业管理协会副会长兼秘书长

序　二 / PREFACE

城市是现代化重要载体。“城市更新”的提法，在我国首次提出于2019年12月的中央经济工作会议，并于2021年3月首次写入当年政府工作报告和“十四五”规划文件。党的二十大报告更加明确提出，实施城市更新行动，加强城市基础设施建设，打造宜居、韧性、智慧城市。城市更新成为城市发展的新里程。

北京天扬君合财税服务集团有限公司是税务师行业高质量发展的典型代表，多年来，深耕建筑施工行业财税管理。2023年，该集团承办中国施工企业管理协会“城市更新项目全周期业财税管理”年度立项课题。城市更新业财税融合管理作为一个全新的研究方向，集“产学研用”为一体，有效填补了我国当前城市更新课题研究领域的空白，既有超前的全新理论高度，又有具体的实践可操作性。

其成果之一《城市更新项目全周期业财税管理指南》全书分为上、中、下三篇共十二章。上篇有两章，主要介绍城市更新全周期管理、业财税融合管理的概念和内涵。中篇有七章，主要围绕城市更新项目全周期，从项目获取、投资、融资、用地、建设、经营、移交等各环节全面阐述业财税处理。下篇有三章，主要选取三个典型的城市更新项目案例进行实务分析，具有很强的实践指导意义，能够带给读者借鉴价值和管理建议。作为城市更新项目财税操作指引，通过梳理城市更新业务发生的经济合同关系，厘清业务实质，使企业能够准确掌握和运用有关城市更新相关的财税政策及实务处理，进而制定符合企业实际情况的城市更新全过程财税管理实操方案，合法、合理、规范地保障经济利益。

勇毅笃行，长风万里。未来城市更新的发展业态坚持“留改拆”并举，推行小规模、渐进式有机更新和微改造。推动由“开发方式”向“经营模式”转变，积极引入社会资本，鼓励保险、投资、金融等良性资本进入城市更新领域。财税管理是企业的一项重要工作，直接影响着企业的盈利能力、合规性和稳定性。2023年是实施“十四五”规划承上启下的关键年，让我们以习近平新时代中国特色社会主义思想为指引，聚焦税务师行业高质量发展助力税收现代化服务中国式现代化，坚持创新发展，以更加专业和深入的研究服务城市更新行动，为积极推动高质量建设和服务经济社会高质量发展贡献力量。

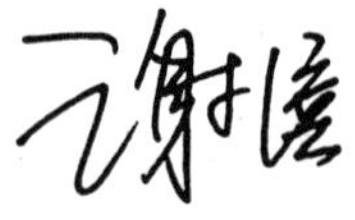

中国注册税务师协会副会长

前　言 / PREFACE

城市更新是最近十年提出的新概念，其内涵是指在城市建成区域内开展持续改善城市空间形态和功能的活动。城市更新对于加快转变城市发展方式、统筹城市规划建设管理、推动城市空间结构优化和品质提升、提升城市形象和拉动城市GDP增长都具有重大现实意义。作为一种重要的城市建设活动，政府和社会对城市更新的需求也极为迫切。城市更新项目实现全周期业财税管理的重要性不言而喻，法律框架下的业财税融合管理不仅能够实现理财节税，还能为企业创造更多价值。

城市更新是一个新概念、新业务、新模式，城市更新项目业财税管理，吸引着行业内的实践者，同样也困扰着行业内的管理者。城市更新项目全周期业财税管理，看似是一个全周期业务运营与财税管理实践，实乃一个庞大的系统工程。为此，中国施工企业管理协会联合各建筑央企、相关高校以及专业服务机构成立课题组，开展课题研究。课题组先后前往北京、上海、广州等地调研了建筑央企参与的城市更新项目，了解城市更新项目发展现状，收集城市更新项目业财税管理疑难问题，总结城市更新项目业财税管理经验，形成第一手调研材料，成为本书编写的重要实践参考依据。课题组历经一年多时间的努力，最终高质量地完成了本书的撰写工作。本书从业财税融合管理视角探索城市更新项目财税管理模式，涵盖城市更新项目投资、融资、用地、建设、经营、到期移交等内容，细节入微、环节俱全，对工程建设企业更好参与城市更新项目、加强城市更新项目全周期业财税管理具有较强的指导和借鉴意义。

税收有其规则，税收管理有其规律。本书的主创团队成员都是建筑施工和房地产企业长期从事财税管理的行业专家与实务工作者，在财税理论、政策研究、管理实践等方面都有较高的造诣。本书的很多观点、思路、方法、方案就是这些实务工作者多年实践经验的总结与升华，具有很强的实战价值。概括而言，本书具有以下三大特点：一是系统性，本书以城市更新项目为研究对象，全面讲解城市更新项目全生命周期的业财税管理模式与经验；二是科学性，本书引经据典，附以详细的法律规定，对所涉及的业务操作及财税管理从法律视角给出政策依据和操作指南；三是探索性，城市更新项目的业财税政策还存在较多亟待完善之处，本书的操作模式及管理经验还带有较强的探索性，城市更新项目也是目前财税实务界不断探索和创新的重要领域之一。

"天下大事，必做于细。"本书由十家建筑央企共同参与课题研究和初稿写作，参与单位之多、参与人员层次之高，是众多专业书籍所不能比拟的。本书的创作成果是众多专家学者、实务界精英的智慧结晶。理论与实践相结合，更多体现着科学性与操作性。同时，由实践总结出理论框架并用以指导实践也是本书的一大特色，使得本书兼顾理论性与实践性。

"探索行动是成功的重要引擎。"一些现实问题及其解决方案限于政策与法律的束缚，问题不一定都能得到正确理解与应对，解决方案也不一定都能奏效。但只有不断探索，才能找到更好的应对思路与解决方案。业精于勤，行成于思，勤于探索与深入思考是事业致胜的法宝。本书体现了探索与思考的力量。本书彰显出的另一个重要特点，就是坚持原创研究与实操融合，这是非常难能可贵的。我认为，这并非一本传统意义上的财税教科书，而是一本理论与实践深度融合的财税管理操作指南。我乐意向企业高管、会计师、税务师等城市更新践行者和财税法律专业服务机构从业人员以及房产土地监管部门推荐阅读本书，并祝大家开卷有益，通过本书获得财税专业领域更多的新知与经验，推进我国城市更新项目的蓬勃发展与全周期业财税管理升级。

蔡昌

中央财经大学财税学院教授、博士生导师

中央财经大学税收筹划与法律研究中心主任

北京大数据协会财税大数据专业委员会会长

目　录 / CONTENTS

上篇　城市更新及业财税管理概述

中篇　城市更新全周期业财税管理

下篇 城市更新案例分析

城市更新项目全周期业财税管理指南

上　篇

城市更新及业财税管理概述

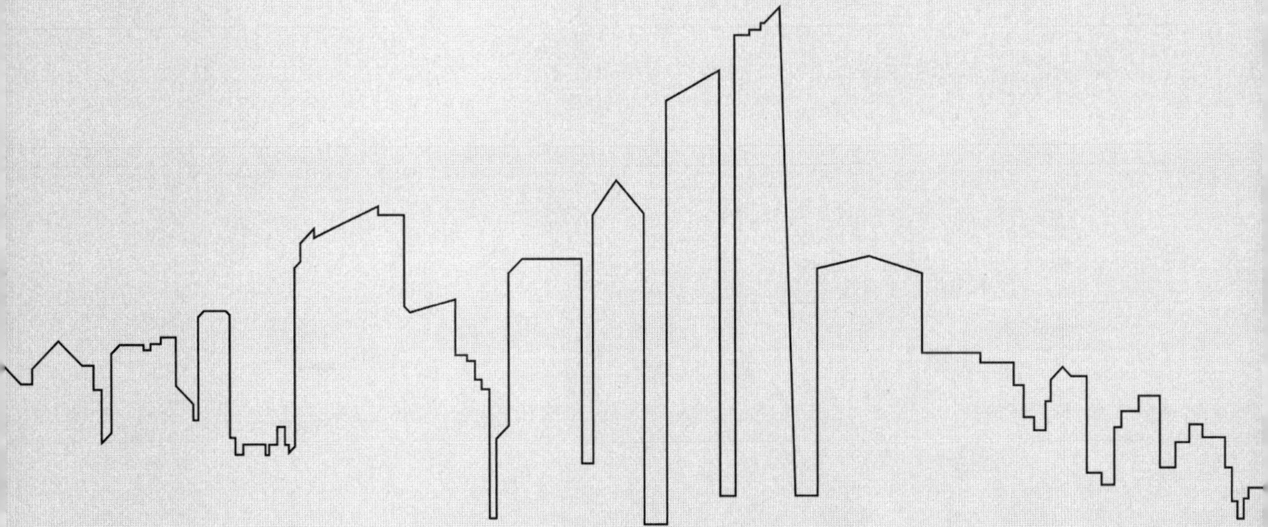

第一章　城市更新概述

城市更新是城市发展的必然产物，自新中国成立以来，我国城市更新经历了多个发展阶段。改革开放后，随着土地的市场化和住宅的商品化，城市更新发展突飞猛进。“十四五”规划和党的二十大报告中明确指出“实施城市更新行动”“推进以人为核心的新型城镇化”，为“十四五”时期我国城市更新工作指明了前进的方向。

第一节　城市更新概念及发展历程

一、城市更新概念

新中国成立以来，我国城市更新经历了数十年的发展，目前全国各地在实施城市更新过程中，结合自身特点明确了不同的城市更新定义。全国主要城市的城市更新定义详见表1–1。

表1–1　　主要城市的城市更新定义汇总

城　市	定　义
北京	指对本市建成区内城市空间形态和城市功能的持续完善和优化调整，具体包括： 1.以保障老旧平房院落、危旧楼房、老旧小区等房屋安全，提升居住品质为主的居住类城市更新； 2.以推动老旧厂房、低效产业园区、老旧低效楼宇、传统商业设施等存量空间资源提质增效为主的产业类城市更新； 3.以更新改造老旧市政基础设施、公共服务设施、公共安全设施，保障安全、补足短板为主的设施类城市更新； 4.以提升绿色空间、滨水空间、慢行系统等环境品质为主的公共空间类城市更新； 5.以统筹存量资源配置、优化功能布局，实现片区可持续发展的区域综合性城市更新； 6.市人民政府确定的其他城市更新活动。 本市城市更新活动不包括土地一级开发、商品住宅开发等项目

续表

城市	定义
上海	指在本市建成区内开展持续改善城市空间形态和功能的活动，具体包括： 1.加强基础设施和公共设施建设，提高超大城市服务水平； 2.优化区域功能布局，塑造城市空间新格局； 3.提升整体居住品质，改善城市人居环境； 4.加强历史文化保护，塑造城市特色风貌； 5.市人民政府认定的其他城市更新活动
广州	指由政府部门、土地权属人或者其他符合规定的主体，按照“三旧”改造政策、棚户区改造政策、危破旧房改造政策等，在城市更新规划范围内，对低效存量建设用地进行盘活利用以及对危破旧房进行整治、改善、重建、活化、提升的活动
深圳	指由符合本办法规定的主体对特定城市建成区（包括旧工业区、旧商业区、旧住宅区、城中村及旧屋村等）内具有以下情形之一的区域，根据城市规划和本办法规定程序进行综合整治、功能改变或者拆除重建的活动： 1.城市的基础设施、公共服务设施亟须完善； 2.环境恶劣或者存在重大安全隐患； 3.现有土地用途、建筑物使用功能或者资源、能源利用明显不符合社会经济发展要求，影响城市规划实施； 4.依法或者经市政府批准应当进行城市更新的其他情形
重庆	是指对我市城市建成区城市空间形态和功能进行整治提升的活动。主要内容包括完善生活功能、补齐公共设施短板，完善产业功能、打造就业创新载体，完善生态功能、保护修复绿地绿廊绿道，完善人文功能、积淀文化元素魅力，完善安全功能、增强防灾减灾能力
杭州	指对本市建成区内城市空间形态和城市功能的持续完善和优化调整，具体包括以下类型：（1）居住区综合改善类；（2）产业区聚能增效类；（3）城市设施提档升级类；（4）公共空间品质提升类；（5）文化传承及特色风貌塑造类；（6）复合空间统筹优化类；（7）数字化智慧赋能类；（8）市政府确定的其他城市更新活动

总的来说，城市更新是指对城市建成区内不再适合现代城市社会生活的各类建筑、人文环境、各类服务设施等进行必要且有计划的拆建、改造或更新，进而提升城市的整体品质、优化城市的空间形态、改善居民的生活水平，以达到建设宜居城市、绿色城市、韧性城市、智慧城市、人文城市的总体目标，以实现城市可持续发展的一项活动。

二、城市更新发展历程

2023年2月，国家统计局发布的数据显示，2022年末全国常住人口城镇化率为

65.22%[1]，较1949年常住人口城镇化率10.64%增加了54.58%，增长率为512.97%。伴随着城镇化人口率的增长，我国城市更新探索与实践的总体发展历程分为以下四个阶段。

（一）第一阶段（1949—1977年）

新中国成立之初，国家百废待兴，在资金匮乏、人力紧缺的背景下，我国提出了“重点建设，稳步推进”的城市建设方针，将建设资金优选开发工业区，发展工业生产。大多数城市的建设，采取了“充分利用、逐步改造”的方针，仅对原有房屋、市政公用设施进行维修、改扩建，对改造棚户和危房简屋进行挖掘改造。例如，北京龙须沟整治、上海棚户区改造、南京秦淮河改造等。

（二）第二阶段（1978—1997年）

中国进入改革开放和社会主义现代化建设的新时期，城市更新迈入了改革开放期，城市扩张成为这一时期城市建设的主流，新的城市更新政策、思想开始涌现。例如，1980年国家制定了《中华人民共和国城市规划法（草案）》，1984年国家公布了第一部有关城市规划、建设和管理的基本法规——《城市规划条例》；在城市更新思想方面，吴良镛先生提出了“有机更新论”。此时代表性的项目有获得“世界人居奖”的北京菊儿胡同住房改造工程。

（二）第二阶段（1998—2018年）

城市的格局和发展战略发生重大变化，1998年国务院下发《国务院关于进一步深化城镇住房制度改革加快住房建设的通知》（国发〔1998〕23号），国家单位制福利分房正式结束，全国掀起了住宅开发热潮，我国房地产全面进入市场化，标志着城市更新市场化序幕的拉开。

这一时期城市的发展战略和格局发生重大变化，城市更新规模和方式发生转变。伴随着2002年5月9日国土资源部下发的《招标拍卖挂牌出让国有土地使用权规定》（国土资源部令第11号），国家叫停了沿用多年的土地协议出让方式，土地的市场化极大地推动了城市大规模更新改造建设，开发了大量住宅，同时也加快了城市旧城区基础服务设施、公共服务设施改善，推动了城市旧城区的更新改造。这一时期涌现了一批优秀的城市更新项目，例如，北京798艺术区更新实践、上海世博会城市更新实

[1] 2023年2月28日，中国政府网《中华人民共和国2022年国民经济和社会发展统计公报》。

践、深圳大冲村改造等。

同时，在这一时期，城市更新呈现出制度化发展趋势，各地纷纷成立城市更新局等专门管理机构，使城市更新规划实施更有保障。例如，广州城市更新局于2015年2月挂牌成立[1]，深圳城市更新局于2015年9月挂牌成立[2]，上海城市更新中心于2020年7月13日揭牌成立[3]，北京城市更新立法工作专班于2022年2月18日召开工作启动会[4]。

（四）第四阶段（2019年至今）

2019年12月的中央经济工作会议首次提出城市更新概念，2020年10月26日至29日十九届五中全会通过的《中共中央关于制定国民经济和社会发展第十四个五年规划和二〇三五年远景目标的建议》提出"实施城市更新行动"，2021年3月，将城市更新写入2021年政府工作报告、"十四五"规划文件和党的二十大报告中，进一步上升为国家层面战略。

近年来在推出《中共中央 国务院关于建立国土空间规划体系并监督实施的若干意见》和《住房和城乡建设部关于在实施城市更新行动中防止大拆大建问题的通知》（建科〔2021〕63号）等政策的大背景下，各省大城市都需划定"三区三线"、严格限制大拆大建。城市空间发展进入"存量时代"，城市更新需要将土地节约集约利用、城市发展转型、城市功能完善、城市品质提升和历史文化传承有效结合，整体提升城市更新质量。

全国各地在党的二十大以后围绕各个城市自身的特点纷纷出台相应的城市更新规划政策，结合党的二十大报告、国务院及各部委、各地政府出台的相关政策，未来城市更新发展将会呈现以下特点：

1. 以存量开发为主要发展方向

新中国成立以来，尤其是1998年房地产市场化以后，全国近二十多年来城市更新的发展主要以大拆大建为主的方式实施城市增量的开发。随着城市的增量土地开发殆尽及耕地保护的限制，城市发展空间进入存量时代，各地都在围绕提升城市的整体品质、优化城市的空间形态、改善居民的生活水平实施存量开发，例如，存量

---

［1］ 2015年3月1日，南方周报《广州城市更新局昨挂牌　涵盖此前"三旧办"职能》。

［2］ 2019年1月10日，深圳发布《重磅：深圳市机构改革方案公布，共设置党政机构53个》。

［3］ 2020年7月13日，中国新闻网《打好旧改攻坚战　上海设立城市更新中心》。

［4］ 2022年2月21日，北京市人大常委会门户网站《侯君舒、隋振江同志出席〈北京市城市更新条例〉立法工作专班启动会》。

不动产开展原老旧小区拆除再开发保障房、原老旧小区整治微改造、历史文化遗址的保护微更新。

2. 开发模式多样化

城市更新在二十多年发展中主要采用了“政府主导、市场参与”的模式，目前各地都在探索城市更新新的发展模式，例如，引导原业主参与城市更新项目，采用“政府主导、市场与原业主参与”模式。

3. 融资工具的多样化

随着近年来房地产投资信托基金REITs（real estate investment trusts）、产业基金等新的融资工具的出现，城市更新项目可采用的融资工具在未来会更加多样化。

4. 项目收益的多元化

城市更新项目在以往的发展过程中，多数以增量土地开发出让收益、二次开发收益为主，未来城市更新项目收益会有产业经营收益、历史文物遗址经营收益等其他新来源。

第二节　城市更新范围和方式

一、城市更新范围

2013年的中央城镇化工作会议明确要求“尽快把每个城市特别是特大城市开发边界划定”。2016年，国家“十三五”规划纲要明确提出“要严控新增建设用地，有效管控新城新区和开发区无序扩张”。2019年《中共中央 国务院关于建立国土空间规划体系并监督实施的若干意见》明确国土空间规划的主要目标为：到2020年，基本建立国土空间规划体系；初步形成全国国土空间开发保护“一张图”；并明确编制要求“科学有序统筹布局生态、农业、城镇等功能空间，划定生态保护红线、永久基本农田、城镇开发边界等空间管控边界以及各类海域保护线，强化底线约束，为可持续发展预留空间”。

目前，全国各地在实施城市更新的过程中，因地制宜确定了不同的城市更新范围（详见第一节“一、城市更新概念”中北京、上海、广州、深圳四地城市更新定义中有关范围的介绍）。城市更新开发范围需以所在城市的城镇开发建设边界为基础，在综合考虑日前城市资源承载能力、人口布局、经济水平、城乡发展情况、城市开发阶段和开发潜力等多个因素后，先根据各地的地形特征、生态空间、环境容量和基本农田等因素规划制定城镇开发边界，再进一步基于有利于保护生态环境、人文环境、农业生产、优化城市开发、改善居民生活环境、提升城市可持续发展性、盘活城市存量土地开发而确定的城市开发的活动范围。

二、城市更新方式

城市更新方式根据实施项目内容可分为拆除再开发、整治改造、保护微更新三种。

（一）拆除再开发

拆除再开发适用于城市中部分区域的建筑物、基础服务设施、公共服务设施等有关居民生活环境要素的质量全面恶化，无法通过微改造、微更新等方式使其满足居民的当前生活要求，只能通过拆除原有建筑物，统筹考虑新的规划方案，例如，旧城区的规划需要综合考虑新建筑物的规划面积和用途、公共健身等活动空间的保留或设置、路面的拓建或新建、公共停车场所的设置、公共绿化景观等因素，以提升居民的生活质量，推动区域内社会经济活动和城市的进一步发展。

（二）整治改造

整治改造适用于城市中部分区域建筑物和各类基础设施及公共设施尚可使用，但由于各类基础设施及公共设施老化或不适用、建筑物破损或设备不齐全、生活环境质量差的地区，只需对部分建筑物、各类基础设施及公共设施、绿化景观等进行部分拆除或改造及更新设备，即可满足居民当前生活需求，改善该区域居民的生活环境。

（三）保护微更新

保护微更新适用于城市中部分区域历史建筑或环境状况保持良好的历史地区的微更新，意在保护该区域的历史文物遗址，改善居民人文居住环境。

城市更新方式可分为以上三类，但在实操中应因地制宜，适用不同的方式，可将某几种方式结合在一起使用。

第三节 城市更新实施主体及业务模式

一、城市更新实施主体

城市更新实施主体从广义的角度看，包括参与城市更新活动的各类主体，具体包含各地政府、原业主、城市更新开发主体、投资机构等所有参与者。从狭义的角度看，城市更新实施主体即是政府及相关部门通过公开招标或其他合法合规方式引入的相关主体。

二、城市更新业务模式

城市更新的业务模式结合主导方不同具有不同的分类，同时又适用于不同的城市更新项目。

（一）城市更新业务模式分类

根据在城市更新项目中出资、融资及承担主要风险方面主导作用不同，将城市更新业务模式分为政府主导模式、市场主体主导模式和多元合作模式三种主要业务模式，这三种不同模式在实操中又可采用不同的运作模式，例如多元合作模式又可采用PPP（政府和社会资本合作）、投资人+EPC（投资人、设计、采购施工总承包）、投资人+EPC+O（投资人、设计、采购、施工及运营一体化）三种不同的运作模式。未来，随着城市更新项目的实施范围扩大、政府政策支持、投融资工具完善、实施流程的成熟发展，会创新出新的城市更新业务模式。目前三种不同的业务模式各有不同的优缺点，具体如表1–2所示。

表1–2 不同业务模式优缺点分析

业务模式	优 点	缺 点
政府主导模式	（1）政府直接组织，便于整个项目统筹管控； （2）政企分工明确，利于发挥各自优势，政府负责征收土地等前期统筹工作，企业负责项目具体的建造实施，提高了项目实施效率	（1）项目资金需求大，给当地政府财政带来一定压力； （2）现行法律法规等政策规定不明确，难以保护相关实施主体的利益

续表

业务模式	优　点	缺　点
市场主体主导模式	(1)政府仅规划开发区域的红线，不需承担经济风险； (2)市场主体负责整个项目融资、拆迁、建造、移交、管理等主要工作，利于对整体把控，提高项目运作效率	(1)市场主体天然的逐利性，可能出现减少公共及基础配套设施、增加容积率、回避拆迁难点等问题； (2)加大了政府的管控难度，不利于城市更新整体目标实现、居民生活环境的提升
多元合作模式	(1)前期政府和市场主体共同出资，后期以市场主体作为投资主体的实施模式，减轻了政府资金压力； (2)更能发挥市场主体的主观能动性，保障社会公众的利益	(1)实施项目投资金额大，市场主体融资难度大，进而影响项目实施进度； (2)未来项目改造后的商业收益的分配难度大

无论上述三种业务模式下的主导方是何方，政府方对城市更新项目都有相关的监督职责，都需保障城市更新项目最终实施完成。

（二）城市更新业务模式适用范围

在具体城市更新项目实施过程中，城市更新三种主要业务模式适用范围大不相同。三种模式均可用于拆除再开发城市更新类项目，例如，政府主导模式下的中海红旗村旧改项目、市场主体主导模式下的广州猎德村旧改项目、多元合作模式下的新湖中宝闸北旧改项目。整治改造类和保护微更新类城市更新项目可根据各地政策要求和项目特点，适用政府主导模式和多元合作模式，例如，上海蕰藻浜滨江公共空间示范段整治项目、成都华西坝大学路保护微更新项目。

第四节　城市更新实施流程

作为主要参与城市更新项目的实施主体一方——社会资本方的央企、国企，其参与城市更新项目较全面的实施流程具体包括以下七个方面。

一、城市更新项目获取阶段

各个城市自然资源和规划部门结合自身城市发展特点、战略发展目标编制城市更新规划、确定年度城市更新计划后，政府部门根据规划计划及城市更新项目自身特点确定以政府主导模式、授权地方国企主导模式、社会资本方主导模式实施项目。在政府部门确定实施模式后，央企、国企都可通过各种方式获取城市更新项目，既可以参加政府部门的城市更新项目的招投标，以中标方式获取城市更新项目，也可以通过股权收购、资产收购等间接方式获取实施城市更新项目的资格。

二、城市更新项目投资阶段

实施主体获取城市更新项目后会对城市更新项目进行投资，不同模式下的投资方式截然不同。政府主导模式下的投资模式有财政拨款投资模式、政府专项债投资模式等；市场主体主导模式下的投资模式有开发商主导模式、属地企业或居民自主更新模式等；多元合作模式下的投资模式有PPP投资模式、“投资人+EPC”投资模式等；同时，还有创新型的投资方式，如城市更新基金投资模式。不同的投资模式下，有着不尽相同的业务内容、财务管理和税收管理要点。

三、城市更新项目融资阶段

实施主体在实施城市更新项目时，项目资金一部分来源于投资，另一部分则来源于融资。若是政府方主导模式，则政府可通过获取财政资金、发行地方政府债券、银行融资等模式进行融资；若是社会资本方主导模式和社会资本方与政府合作模式，社会资本方则主要通过银行融资、城市更新产业基金融资等模式进行融资。不同的融资模式下，有着不同的融资额度、融资利率，会产生不同的财务管理和税收管理。

四、城市更新项目用地阶段

实施主体通过投资及融资模式，为城市更新项目筹集了实施项目所需的资金后，对于涉及用地类的城市更新类项目，根据项目用地模式不同又分为城市更新土地一级开发、一二级联动开发，这其中又区分是否保留原业主用地开发。无论是哪种用地模式，其中一项重要的工作即是原项目的征地拆迁，其影响着整个项目的开发建设模式、投融资额度、开发建设周期、后期经营及移交各个阶段的决策管理。因此，实施主体需要根据项目的特点，做好此阶段的决策管理，以选择恰当的模式，使得地方政府、原业主、央企、国企、投资机构等各方均可受益。

五、城市更新项目建设阶段

实施主体在经历过城市更新项目的立项、投资、融资、用地、征收拆迁用地后，会按规划进行建设施工，这一过程，无论是政府方主导模式，还是社会资本方主导模式等其他模式，实施主体都会涉及项目建设成本费用、公共配套建设费、代建工程成本费用的业财税管理，都需要做好工程建设业财税管理，从实施项目的实施工程范围、成本项目、成本单价、分包模式、成本费用资金管控等方面着手进行业财税管理。

六、城市更新项目经营阶段

城市更新项目建设完成后，项目实施主体组织竣工验收后，会涉及部分或全部项目的运营管理，可根据不同的不动产物业形态进行不同的经营管理方式。常见的建成物业有产业园区、商业地产、公共配套设施等不同类型的产业。不同的建成物业采用不同的经营管理模式，例如，对商业地产采取对外租赁或自持经营模式，对产业园区采取产业导入经营模式，对公共服务设施委托外部单位进行运营管理模式。不同类型产业下的不同经营模式，产生了不同的业财税管理内容，需要区分清楚，分别进行管理。

七、城市更新项目移交阶段

经过合同期运营后，项目实施主体最终会将城市更新项目移交给政府部门、政府部门授权的地方国企等进行后续管理，移交模式大有不同，例如，建成物业的无偿移交，项目内的基础设施和公共服务设施、保障用房、公共住房等实物资产的移交，将项目公司股权进行出让、重组等股权移交方式。不同的移交模式会有不同的业务处理内容，进而也会有不同的财税管理模式。

第五节　城市更新当前发展特征

一、系统性强

城市更新项目是一项实施流程复杂、参与方多、实施环节多、开发周期长、存在部分复杂的工作，而且不同城市更新采用不同模式也影响着城市更新这项系统性工作。同时，目前城市更新项目基本都采用先由市场土地或原业主提出申请，当地政府再审批的“自下而上”的申报机制，政府尚未系统全面地开展城市更新各项工作。政府方统筹好城市更新项目的时间和空间规划工作后，各方实施主体才能统筹城市更新项目各项系统化工作。

二、多方参与

城市更新项目中有政府、社会资本方、原业主三个主要参与主体，各个主体都有不同的利益诉求。政府作为主导方，统筹城市更新项目，主导城市更新规划、方案审批、过程监督，协调各利益主体并兼顾公共利益，意在通过城市更新项目实现提升城市功能、改善生态环境、升级产业结构、推动社会和经济持续发展。社会资本方对城市更新项目投资、融资、拆迁、建造、移交、运营管理进行全面管控，保证项目落地实施，追求经济利益的最大化。原业主在城市更新项目中作为配合方需要进行搬迁、拆迁、改造，可获得货币补偿或物业补偿，其往往是较大利益获取方。因此，城市更新项目的三方参与主体需要高度配合，整个项目才能实现三赢。同时，各个主体之间形成的不同法律关系增加了城市更新项目不同主体的税务处理难度。

三、实施流程演变

城市更新根据实施内容主要分为六个流程，但实操中，上述实施流程又会受到实施项目所在地的市场环境、政府方参与度、物业主体利益诉求、社会资本方投融资能力等多方面因素的影响，因而实施流程会发生演变。例如目前市场上推广的REITs融资模式，未来随着其发展成熟，房地产租赁类的城市更新项目将会从目前的投资、建设、运营或移交的运作流程改变为投资、建设、运营、再融资、移交的运作流程。

四、面临新机遇

随着科技的快速发展，人类未来将迈入“互联网+”“人工智能+”时代，工业和信息产业及现代服务业高度融合，硬件产品与软件产品高度融合，产业边界越来越模糊，城市更新项目作为一种集合性产业，涉及建筑行业、房地产业、服务行业等，未来其发展必然受“互联网+”“人工智能+”的影响。例如，目前，基于容积率、绿地率、建筑密度、建筑形态、配套设施比重等指标的传统单一供地模式难以适应土地复合利用比重等指标下的复合供地模式发展要求。同时，伴随着技术快速更迭和信息化进程的与时俱进，产品生命周期快速缩短交替，项目从立项到落地开发建设周期要求更短、时间更紧。因此，城市更新迎来了新的挑战，同时也面临着新的机遇。未来，城市更新实施主体如何利用最新的技术、融合最新的信息工具，简化实施流程、缩短实施周期、利用信息技术助力各个实施环节、高效利用资源，进而推动城市更新科技化、信息化，也是城市更新的发展趋势。

五、业财税融合化

近年来，我国财税体制不断改革，企业遇到的财税问题越来越多，税务管理工作愈发受到重视。业界开始将税务从财务中分离出来，在“业财融合”的基础上，提出了“业财税融合”，提升了财务管理、税务管理在企业运营中的地位和价值。

“业财税融合”本质上是在“互联网+”和大数据技术的背景下形成的现代企业财税管理理念与运营模式。借助现代信息技术手段，在企业内部构建包含业务共享、财务共享、数据共享的信息管理平台，通过业务、财务、税务流程再造，实现企业业务活动与财务及税务管理的深度融合，全方位提升企业管理效率。企业的财务管理工作不再局限于财务基础核算与事后控制，而是通过信息化管理平台将财务管理、税务管理与业务活动相匹配，推动财务、税务管理向前端业务延伸，更高效地控制经营成本与经营风险，达到财税管理创效的目标。城市更新项目势必要从以下几个方面做好业财税融合化工作。

（一）优化企业内部管理

在传统的财务管理模式下，受限于技术和管理方法，大多数企业的财务、税务与业务活动是割裂的，分别由不同部门负责，相互独立又偶有联系。这样一来，一方面将企业内部的工作复杂化，消耗大量人力资源的同时又提高了企业的管理成本；另一方面在这种传统模式下，各部门信息交互存在滞后性，很难快速而准确地获取企业整体信息，也就难以发现企业存在的问题和可能面临的风险。同时，财税管理辅助经营决策的作用被大大弱化了。

通过实施业财税融合，构建信息管理平台（业务信息管理平台、财务共享平台、税务管理平台），对原来的业务、财务、税务工作流程进行重塑优化，可打破三者之间的信息壁垒，实现信息的集成共享。同时，业财税融合将促进企业业务流程规范化、标准化，原先重复化、机械化的部分将被信息管理工具所取代。不但降低了人力资源成本，而且三者的有效融合能够重构管理职能，有助于消除信息不畅通带来的风险。

（二）加快财务及税务管理职能转型

在业财税融合的背景下，很多企业的财务管理流程和内部逻辑发生了较大转变。在信息化驱动下，企业对财务管理的要求已经从事后反馈向实时介入、动态分析转变，传统的核算会计已经不能满足现代企业经营发展的需要，财务人员向管理会计转型已经是必由之路。

首先是管理理念的转变。企业内部要树立业财税融合的理念，业务部门不能单打独斗，财税部门不能不闻不问，各部门之间需要相向而行、相互协同。其次是管理模式的转变。信息化手段的应用，实现了业务、财务、税务信息的跨部门整合与共享，企业内部准确、高质量数据的获取变得简单，财税管理人员可以根据需要对信息进行提取，通过对信息的分析来判断决策的可行性以及存在的各种风险和问题，进而对公司的经营活动提出建议，更好地发挥辅助决策职能。最后是提高管理人员的能力素质。在企业推进业财税融合的背景下，精通财税知识、了解业务情况和掌握信息系统操作技巧的复合型人才是当前企业所急需的。由此，也倒逼财务人员加快转型，要求企业加强人才队伍建设。

（三）建立业财税管理机制

如今，许多大型企业已经建立了财务共享中心，将企业中的成本核算、资金收支以及总账报表等财务基础工作放入财务共享中心，进行集中式、流程化的处理。有些企业认为财务共享中心能加快组织优化和财务转型，同时，还有些企业将其作为强化内部管控的手段并寄予厚望。然而，财务共享中心管理模式存在管控弱、滞后化管理等问题，实际财税管理应用中的成效往往达不到预期。究其原因，财务共享中心管理模式不是真正的业财税融合，仅仅是将财务工作上移至电子平台集中处理而已，并没有与前端的业务和后端的税务有机关联起来，同时，目前国家对城市更新项目未制定明确的财税政策，只有部分地区出具了相应的政策，例如，广州市出台了《广州市城市更新税收指引（2021年版）》（穗税发〔2021〕93号）。

总之，一方面，目前城市更新的具体财税政策尚不明确，加大了更新项目业财税管理难度。另一方面，企业内部管理方面各个部门之间的跨部门管理约束了企业进行城市更新项目的业财税融合化管理。这就需要企业管理人员建立新的业财税融合管理机制，打破跨部门管理混乱、内部沟通不畅、工作推动慢等管理掣肘，例如，一方面，企业做好内部管理工作，首先要从内部建立跨部门的业财税管理制度，再搭建跨部门的业财税信息管理平台，其次任用复合型人才进行专项管理，配套建立内部的人员培训管理办法、人才激励管理办法、业财税管理办法等管理制度；另一方面，企业要积极组织内部工作人员研究国家的财税政策，并充分考虑政策的适用性、局限性，在业务实践中积极探索应用，保持与有关部门的有效沟通，从而避免城市更新业务相关的财税风险。

第二章 城市更新全周期管理

城市更新是一个系统复杂的工程，参与实施的主体多、实施项目内容繁杂、开发建设周期长、受市场等宏观经济因素影响大，使得政府在规划每个城市更新项目时即进行了全周期的管理。同时，社会资本方的央企、国企作为主要参与方，在参与项目过程中也会面临上述复杂问题，因此也需根据获取的不同类型的城市更新项目进行全周期的业财税管理，从而圆满完成城市更新项目，保证人民能获得宜居城市空间，促进城市的可持续发展。

第一节 城市更新全周期管理概述

城市更新是城市发展的重要内容，也是城市治理的重要任务。城市更新不仅涉及城市空间的改造，还涉及城市功能的优化、城市文化的传承、城市社会的协调等多个方面。同时，每个城市在实施城市更新时，都需根据自身城市特点编制城市更新规划、制定具体的城市更新计划，进而确认城市更新实施主体、编制及确定城市更新方案，再实施城市更新项目，待城市更新项目建成验收后，需要进行经营管理移交。因此，城市更新的复杂性、周期长等特点需要实施全周期管理，即对每个流程都需进行评估、规划、组织、实施，对每个流程都需进行系统的分析、协调和监督，以保证城市更新的质量和效果。

全周期管理是一种先进的管理理念和方法，它强调对管理对象的全生命周期进行跟踪和干预，以提高管理效率和效果。在城市更新领域，全周期管理要求对城市更新项目的各个环节进行全面的评估、规划、组织、实施、监控和评价，以实现城市更新的目标和价值。

一、城市更新全周期管理概念

城市更新全周期管理是指在城市建设和发展的全过程中，从规划、实施、运行到评估等各个环节，进行系统的协调、监督和服务，以提高城市更新的效率和质量，促进城市可持续发展。城市更新的全周期管理强调在城市治理过程中注重全流程贯通管控，在城市治理活动中的各环节需要管理者做到前后连贯、紧密相扣、形成闭环，并抓好每个环节的质量安全管理，让权力指挥运行、指令下发传达、信息系统流转、资源结构配置、应急行动处置等变得更加顺畅规范。

城市更新全周期管理是一种科学化、精细化、智能化的治理方式，它能够充分发挥各方力量的作用，有效协调各方利益的关系，有效解决各种问题所带来的挑战，有效提升城市更新的水平和质量。

二、城市更新引入全周期管理的意义

城市更新全周期管理是一种综合考虑城市更新的各个阶段和方面的管理模式，它能够更好地满足城市发展的新趋势，是推动城市现代化高质量发展的必然要求。随着我国城镇化普及进度加快，城市发展面临许多新的问题和挑战，如“城市病”“老旧小区”“城中村”等。这些问题不仅影响了城市的功能和品质，也影响了人民群众的生活质量和幸福感。实施城市更新全周期管理，可以有效解决这些问题，推动城市结构调整优化和品质提升，转变城市开发建设方式，把资本和土地等资源汇集起来，根据市场和国家的规划，把资源安排到更优的地方，从而改变经济发展的方式。

因此，城市更新全周期管理的必要性不言而喻，其意义主要体现在以下几个方面。

一是适应城市发展新形势，推动城市开发建设方式转型，从粗放型外延式发展转向集约型内涵式发展，从房地产主导的增量开发转向以提升城市品质为主的城市更新存量化发展趋势。通过系统集成思维来解决城市治理问题，从全过程、全要素、全场景的角度，统一理念、目标、组织以及规则，形成系统、协调、完备的治理体系，增强社会弹性和城市韧性。

二是可以促进城市空间结构优化，完善城市生态系统和公共及基础设施，强化历史文化保护和风貌塑造，加强居住社区建设和公共及基础服务设施配套，提高城市人民群众居住环境质量和生活品质。

三是通过信息化、数字化、智能化等新型城市基础设施配备更新改造，推进城市各类设施配备建设升级更新，全面提升城市形象。

四是增强城市应急处突的能力，使对周边城市形成策应，建立和完善城市群发展的协调机制，调动城市发展的积极性，打开思路并充分利用每个城市的优势，促进城市之间的互联、互动、互通，让大城市对中小城市进行辐射带动，形成区域热点，提升国际形象和影响力，并有序提升特大城市在国内以及区域中的核心功能。

五是拓展经济增长点和增长空间。要实施城市更新，挖掘城市的发展潜力，谋划推进城市建设领域的民生发展工程，比如改善住房条件、提升公共服务水平、优化交通出行等，以此充分激活我国发展的巨大潜力，形成新的经济增长面，培育发展城市新热点，比如文化旅游、数字经济、绿色产业等，产生人流量促进内循环，产生概念经济吸引外来资本。

三、城市更新全周期管理的内容

城市更新从发起到结束，较完整的城市更新全周期管理包括以下七个方面：城市更新规划编制、城市更新计划制定、城市更新实施主体确认、城市更新方案编制及确定、城市更新项目实施、城市更新项目经营管理、城市更新项目移交管理，详见图2–1。

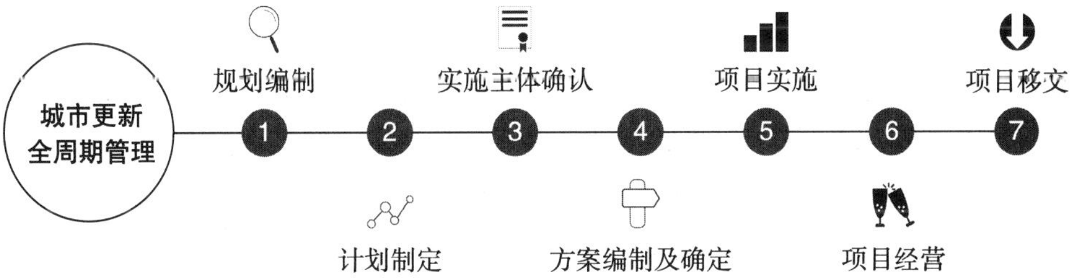

图2–1　城市更新全周期管理

（一）城市更新规划编制

通常情况下，城市更新规划由各个城市自然资源和规划部门编制，编制时需要结合当地的国土空间规划的总体目标，通过翔实的城市体检评估，分析城市建设现状、规划建设效果、居民满意度，进而确定城市更新总体目标、空间布局、功能规划等内容。

在上述过程中，各个城市可以建立自身的城市更新规划编制管理制度文件，例如，可参考《中共中央办公厅 国务院办公厅关于推动城乡建设绿色发展的意见》（中办发〔2021〕37号）建立自身的城市体检评估制度；结合各省国土空间规划总目标制定本市的规划建设空间目标，同时保持住永久基本农田、生态保护红线。

（二）城市更新计划制定

各个城市自然资源和规划部门制定城市规划后，由城市更新主管部门拟定城市更新年度计划，一般包括年度实施项目、原物业权利人改造意愿征集、实施主体条件、城市更新的边界和规模、项目投资计划及进度安排等内容。城市更新年度计划实行常态申报和动态调整机制。这一过程中，需要加强计划制定各个方面的管理，要求计划制定时既要兼顾城市更新目标，又要保护好生态环境、基本农田；既要兼顾城市更新的整体建设目标，又要避免城市的大拆大建；既要兼顾城市空间基础公共设施建设，又要兼顾历史文物的保护；既要兼顾城市居民的生活环境的改善，又要兼顾产业及经济发展目标。

（三）城市更新实施主体确认

政府、原物业权利人可作为城市更新实施主体，也可由政府、原物业权利人通过委托、公开招标等方式引入相关市场主体作为实施主体，进而由实施主体获得实施城市更新项目的资格。确认各类实施主体时，政府有关部门需要充分评估实施主体的实施能力，管理好委托、招投标过程，保证委托、招投标处理过程的公平、公正。

同时，政府有关部门需要明确实施主体的职责和权力，例如，明确实施主体的以下职责：负责达成城市更新意愿、整合各方资源、编制城市更新实施方案并落地推进更新项目的实施等，接受项目动态监管。同时，实施主体可享有查阅城市更新计划资料、了解招投标流程等相关知情权。

实施主体需要研究城市更新有关的招投标要求、计划、时间、投标人的权利及义务、竞标对手分析等内容，按照政府有关部门的流程规定进行招投标及其他流程，进而获取城市更新项目。

（四）城市更新方案编制及确定

项目实施主体确认后应在做好区域现状调查、征询更新意愿等工作基础上，编制城市更新项目方案。较全面的项目方案主要包括更新范围、内容、模式及规模、供地方式、投融资模式、规划设计调整方案、建设移交方案、运营管理方案等内容。编制项目方案过程中，实施主体一方面要与区域内原物业权利人充分协商，另一方面也要征询相关政府部门以及专家委员会、利害关系人的意见。

城市更新方案经城市更新管理部门需要加强方案的审批管理，注重对城市更新方案范围是否超城市空间规划范围、供地是否破坏生态环境及农田的保护、投融资计划的可行性、规划设计方案的适用性等方面的审批，进而才可确定最终方案。

（五）城市更新项目实施

城市更新项目常见的实施内容不同于一般建设工程项目，包括项目立项、投资、融资、规划、用地、征收拆迁、建设施工。城市更新在投资、融资、用地上可采用现有及未来出现的各种业务模式，例如，在投资方面，城市更新项目可采用获取财政拨款直接投资、政府授权国企投资、PPP项目政企联合投资、多个实施主体共同合作投资、实施主体引入城市更新基金投资等各种投资方式对项目进行部分或整体实施；在融资方面，城市更新项目可通过地方政府财政资金直接融资、发行项目地的政府债券融资、各类金融机构贷款等其他形式的融资、项目资产证券化融资、基础设施REITs基金类融资等多种融资渠道进行融资投入项目整体实施；在用地方面，城市更新项目可运用一级土地开发、一二级联动开发模式予以实施。

这一过程中，政府有关部门需要加强对实施中投融资模式的合规性、项目征收拆迁及土地开发的合法性、项目建设质量的监督管理，保证实施项目顺利实施。

（六）城市更新项目经营管理

项目建设完成时项目实施主体组织竣工验收，之后会涉及部分或全部项目的运营管理，可根据不同的不动产物业形态采取不同的运营管理方式，也可分别针对不同的建成物业采用不同的运营管理模式，例如，对商业地产采取对外租赁方式，对公共服务设施委托外部单位进行运营管理。

在此过程中，政府有关部门需要加强对城市更新项目经营管理方式、经营管理主体合规经营、经营管理的绩效管理等方面的管理，以实现带动城市产业及经济发展的目的，进而提高居民的收入。

（七）城市更新项目移交管理

项目建设完成后或进过经营管理后，会涉及部分或全部项目的移交，例如，区域内的基础设施和公共服务设施、保障用房、公共住房等实物资产的移交或将项目公司股权进行出让、重组等移交方式。

这一过程中，政府需组织有关部门要先对物业达标情况及完好程度进行检测，并对物业市场价值进行合理评估；再对移交物业流程进行公平、公正、公开化操作管理，保证城市居民及相关单位能获得可用物业；若涉及股权转让、重组等方式时，需要加强对股权转让及重组主体合规确认、股权转让价值及重组资产价值的合理确认、处理过程公开方面的管理，保证移交过程合法合规、公开公允。

四、城市更新全周期管理的建议

（一）建立健全城市更新全周期管理体制机制

明确城市更新的主体责任、协调机制、监督机制、激励机制等，形成政府引导、市场主导、社会参与的城市更新治理格局。

（二）加强城市更新全周期管理的信息化建设

利用新一代信息技术，构建城市更新全周期管理平台，实现城市更新规划、项目、资金、土地等数据的采集、整合、共享和分析，提高城市更新管理的透明度和效率。

（三）推进城市更新全周期管理的数字孪生技术应用

利用数字孪生技术，建立城市更新的数字模型，实现对城市更新规划、项目、运营等各个环节的动态模拟和优化，提高城市更新管理的精准度和智能度。

（四）加强城市更新全周期管理的绩效评价和考核

建立科学合理的城市更新绩效评价指标体系，定期对城市更新规划实施情况、项目运营效果等进行评价和考核，及时发现问题并采取措施进行整改，不断提升城市更新质量和水平。

第二节　城市更新项目全周期业财税融合管理

一、城市更新项目全周期业财税融合管理的概念

城市更新项目全周期业财税融合管理，是指在城市更新项目全生命周期的业务、财务、税务的融合管理中，区别于以往的事前管理、事中管理、事后考核管理的传统分离式管理机制，通过新的管理方法贯通城市更新项目全生命周期前端业务管理、事

中财税管理、事后考核管理，使业财税管理相互配合不分离，形成的一种融合化的业财税管理机制。

二、城市更新项目全周期业财税融合管理的意义

城市更新项目涉及多个方面的问题，其中业务、财务、税务是重要的方面。这三个方面的融合是非常必要的，因为它们彼此相互关联，相互影响，互相促进和协同作用，一起构成了城市更新的整个管理体系。只有这三者有机融合，才能建造一个贴近市场需求、合规、健康、可持续发展的现代城市。

（一）打破业务、财务、税务之间的管理分离

在城市更新项目中，业务、财务、税务管理内容紧密关联，要想成功管理一个城市更新项目，需要在业务管理的决策中嵌入财务和税务管理元素，同时，通过财务管理和税务管理的后续管理推动业务发展。因此，需要打破三者管理分离的机制，建立业务、财务、税务管理的融合化的管理机制，为城市更新项目的顺利实施提供保障。

（二）提高效率和管理水平

业务、财务和税务的融合可以提高企业的效率和管理水平。与单独维护三个部门相比，将它们融合到同一个部门中，可以在执行业务、财务和税务活动时节省时间和资源。

（三）优化合规性和风险管理

业务、财务和税务的融合可以帮助企业更好地管理风险，确保合规性。这些元素需要相互协同和协调，以确保企业在法律和道德框架范围内工作。在规章制度和政策变化的情况下，实现融合可以减少企业因意外事件而带来的财务损失和商业损害风险。

（四）提升信任与稳定性

业务、财务和税务的融合可以构建信任和稳定性。当这些元素被以透明、及时和准确的方式得到管理时，企业在客户和投资者中的声誉更容易提高，同时还能大大提升交易的透明度性和公正性。

三、城市更新项目全周期业财税融合管理的内容

城市更新项目全周期业财税融合管理包括获取项目阶段、投资阶段、融资阶段、用地阶段、开发建设阶段、经营阶段和融资阶段，企业应全面考虑各阶段的业务、财务和税务管理，制定相关特定策略和计划。

（一）获取阶段

1.业务管理

每个城市在开启城市更新项目时，政府部门都会针对不同类型的城市更新项目采用不同的模式确定实施主体，例如，对于复杂的拆除再开发类城市更新项目，政府可通过招投标方式确定实施主体；也可通过先授权地方平台公司主导项目实施，进而由其进行招投标确定实施主体。当然，企业方除了通过招投标方式获取城市更新项目外，也可采用股权收购、资产收购等方式获取城市更新项目。企业方需要根据城市更新项目的特点，采用不同的获取模式来获取城市更新项目。

2.财务管理

企业财务人员应参与城市更新项目获取方式的决策，分析项目不同获取方式下的财务管理要求和整体收益等指标，并考虑项目整体的财务估算和现金流情况，为采用何种获取方式提供财务管理决策依据。

3.税务管理

在获取阶段，企业财务人员应参与城市更新项目获取方式的决策，分析项目不同获取方式下的后期税务管理难点问题、可运用的税收优惠政策，为采用何种获取方式提供税务管理决策依据。

（二）投资阶段

1.业务管理

在投资阶段，由于投资方式不同，形成了政府拨款及政府授权的地方国企、政企合作、社会资本方投资、产业基金投资等投资方式，而作为企业方参与城市更新项目时，应该了解各个城市更新主管部门制定的规划、年度计划、宏观环境等，以便确定自身城市更新项目的投资目标和策略、计划项目的投资模式和经营管理方式。

2. 财务管理

在投资阶段，企业财务人员应参与城市更新项目前期调研决策，分析项目不同模式下的投资财务管理要求和投资回报率等指标，并考虑项目投资收益估算和现金流情况，为是否投资项目提供财务管理决策依据。

3. 税务管理

在投资阶段，企业财务人员应参与城市更新项目前期调研决策，分析项目不同模式下的投资税务管理风险、可用税收优惠政策和税费支出等指标，为是否投资项目提供税务管理决策依据。

（三）融资阶段

1. 业务管理

在融资阶段，由于融资方式不同，形成了政府财政资金融资、政府债券融资、银行融资、产业基金投资等融资方式，企业在参与城市更新项目时，需要结合城市更新项目的规模、宏观环境、业务模式，确定自身城市更新项目的融资模式和融资渠道，为项目的实施提供稳定可靠的资金。

2. 财务管理

在融资阶段，企业财务人员应参与城市更新项目融资方案决策，分析项目不同模式下的融资财务管理要求和融资费用率、项目整体的现金流等指标，为采取何种融资方式提供财务管理决策依据。

3. 税务管理

在融资阶段，企业税务人员应参与城市更新项目融资方案决策，分析项目不同模式下的融资税务管理风险、可用税收优惠政策等事项，为采取何种融资方式提供税务管理决策依据。

（四）用地阶段

1. 业务管理

在用地阶段，由于各种方式大不相同，形成了招拍挂方式、协议出让方式、出租方式、划拨方式、出资入股方式等，企业在参与城市更新项目时，应该参与城市更新计划的具体设计和规划，提出业务建议和要求，确保项目符合市场需求。

2. 财务管理

在用地阶段，会涉及拆迁补偿等特殊业务，因此会影响项目资金流、整体收益，需要分析项目在不同土地取得方式下取得土地的财务管理要求、项目净利润率、项目整体的净现金流等指标，为采取何种土地取得方式提供财务管理决策依据。

3. 税务管理

在用地阶段，会涉及拆迁补偿等特殊业务，增加了税务管理工作的难度，需要分析项目在不同土地取得方式下的不同涉税税种、税务管理风险、可用税收优惠政策等事项，为采取何种土地取得方式提供税务管理决策依据。

（五）开发建设阶段

1. 业务管理

在开发建设阶段，由于获取土地方式的不同，形成了直接取得土地使用权开发建设、代工代建等方式，企业需要制定和执行项目计划，监督和管理施工人员，确保施工质量和细节，保证项目成功交付和获得收益回报。

2. 财务管理

在开发建设阶段，因直接取得土地使用权开发建设、代工代建等方式的业务内容差别大，需要分析项目在不同开发建设方式下的会计核算要求及相关的财务管理要求、项目净利润率、项目整体的净现金流等指标，为采取何种土地取得方式提供财务管理决策依据。

3. 税务管理

在开发建设阶段，因直接取得土地使用权开发建设、代工代建等方式的业务内容差别引起了税务管理内容差别较大，需要分析项目在不同开发建设方式下的税务管理工作差异、税务管理风险等事项，为采取何种开发建设方式提供税务管理决策依据。

（六）经营阶段

1. 业务管理

在经营阶段，由于实施城市更新项目的方式及产品等不同，形成了产业园区运营、商业地产运营、产业地产运营、公共服务运营、社区深度运营等经营方式，确保项目能够满足市场需求。

2. 财务管理

在经营阶段，企业因经营管理物业、前期经营模式等的不同，使得相应的财务管理工作差别很大，需要分析项目在不同经营方式下相关的财务管理要求、项目应收账款周转率、总资产净利率、项目的净现金流等指标，为采取何种经营方式提供财务管理决策依据。

3. 税务管理

在经营阶段，企业因移交模式的不同，增加了相应的税务管理工作难度，需要分析项目在不同经营方式下的不同涉税税种、税务管理风险等事项，为采取何种经营方式提供税务管理决策依据。

（七）移交阶段

1. 业务管理

在移交阶段，由于实施城市更新项目的方式及产品等不同，形成了物业无偿移交、资产移交、股权移交、资产及股权处置清算等移交方式，企业应该监督运营活动，营销项目，持续关注市场需求和竞争状况，稳定项目的市场地位。

2. 财务管理

在移交阶段，企业因移交模式的不同使得相应的财务管理工作差别很大，需要分析项目在不同模式下相关的财务管理要求、项目权益净利率、项目的净经营资产等指标，为采取何种移交方式提供财务管理决策依据。

3. 税务管理

在移交阶段，企业因移交模式的不同增加了相应的税务管理工作难度，需要分析项目在不同移交模式下的不同涉税税种、税收优惠政策、税务管理风险等事项，为采取何种移交模式提供税务管理决策依据。

四、城市更新项目全周期业财税融合管理的方法

在城市更新项目中，业务、财务、税务协同管理是项目成功的关键要素。企业应

建立完整的组织机构，实施全员培训计划，推动税务管理创新等，确保城市更新项目的顺利实施。

（一）建立完善的组织体系

在城市更新项目中，企业应当建立一个跨部门的业务、财务和税务管理机制，设立专门负责该项目的管理人员和部门。同时，也应和政府部门紧密联系，了解相关法规和政策，充分利用各种优惠政策。

（二）建立全局风险管理机制

在城市更新项目中，风险是不可避免的。企业应建立一个全员参与的风险管理机制，包括制定预算、风险分析、实时监控、及时回应等措施，通过信息化和数字化手段，及时识别和解决项目中的风险问题。

（三）实施全员培训计划

通过培训，提高员工的财务和税务知识，使他们能够更好地理解项目、更好地制定预算和方案，更好地防范风险，为项目的顺利完成提供保障。

（四）创新税务管理方式

城市更新项目涉税业务内容复杂、涉税环节多、涉税税种多，需要建立新的税务管理方式，以规避税务管控风险。需要运用业财税融合化管理方法，每项业务发生前，先评估相应的税务管理风险并提出应对管理建议，杜绝税务管理风险于萌芽中。

（五）建立项目财务报告系统

建立完善的财务报告系统，及时反馈城市项目的财务状况和重要信息，以便于及时调整经营策略和做出决策。通过共享智能化发展，推动业财一体化建设。进一步深化部门间数据共享，打通部门间数据壁垒，全方位展现企业经营状况，借助于数智析平台，可视化展示，为生产经营、战略规划提供数据支撑。

城市更新项目全周期业财税管理指南

中篇

城市更新全周期业财税管理

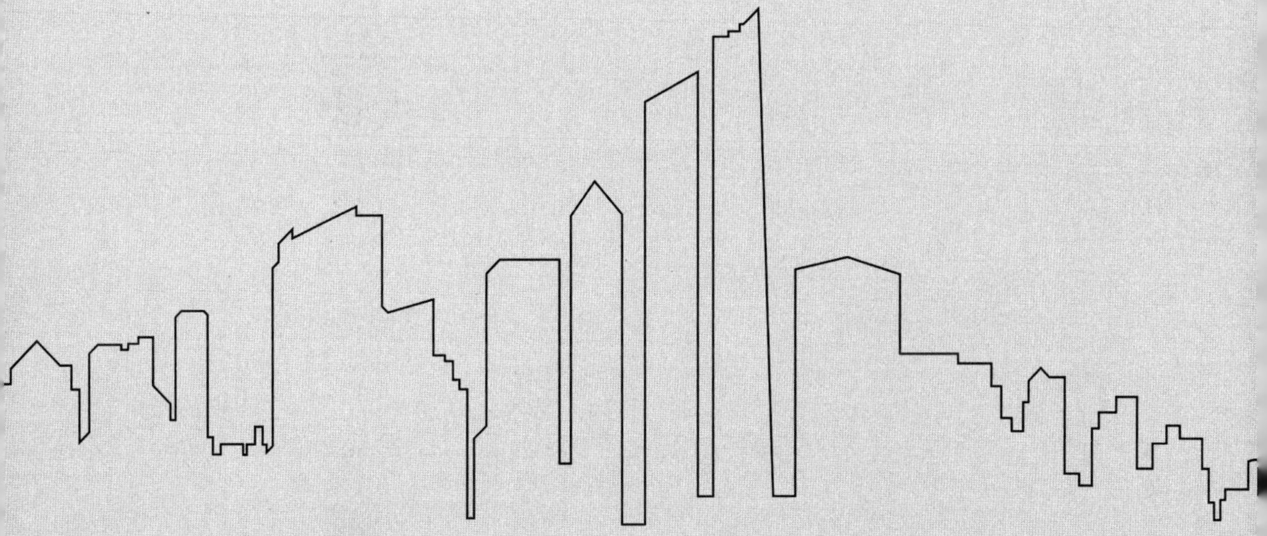

第三章 城市更新项目获取的业财税融合管理

城市更新项目的获取途径主要包括招投标方式、股权收购和资产收购方式。招投标方式主要关注可行性研究、投标报价、合同协议签订三个阶段的业务管理和财税管理；股权收购方式重点需关注收购洽谈、尽职调查、股权转让三方面的业务事项和财税管理；资产收购方式主要关注尽职调查、合同谈签、资产变更登记三方面的业务事项和财税管理。

第一节 城市更新项目获取途径

城市更新项目根据投资内容的不同，分为公益性城市更新项目、半公益性城市更新项目和经营性城市更新项目。公益性城市更新项目主要由政府主管部门作为实施主体，开展老旧房屋改造、河道整治、综合环境治理等内容，由于项目没有经营性现金流，更新改造资金主要通过政府财政预算解决；半公益性城市更新项目主要由政府授权平台公司作为实施主体，开展城市综合开发、老旧房屋改造、历史文化保护与开发、环境整治及商业运营等内容，项目通过商业运营获取一定的经营性现金流，但经营性现金流无法覆盖整个项目投资，更新改造资金一部分来源于项目商业运营的经营性现金流，一部分来源于政府财政预算；经营性城市更新项目主要是政府通过竞争性方式选择社会投资人作为实施主体，开展园区智慧化改造、老旧房屋改造、环境综合开发等内容，项目具有较强的商业运营能力，商业运营的经营性现金流能够覆盖城市更新项目投资。

作为社会投资人，能够参与的城市更新项目主要为半公益性城市更新项目和经营性城市更新项目。社会投资人获取城市更新项目的主要途径一般为招投标方式、股权收购方式和资产收购方式。具体包括下述几点：一是通过公开招投标的方式获取城市更新项目。由于城市更新项目投资额大，地方政府或平台公司在选择社会投资人阶段，为规避招投标风险，一般都采取公开招标的方式选择社会投资人。二是通过股权收购的方式获取城市更新项目。近几年，各地城市更新项目像雨后春笋般孕育而生，城市更新项目成为拉动地方投资的重要途径，但城市更新项目的质量良莠不齐，项目运作模式也存在较大差异。随着市场对城市更新项目以及社会投资人的二次选择，对于有经验的头部企业，股权收购方式将成为获取城市更新项目的重要途径，通过对项目的收购与兼并，完成城市更新项目的二次经营，也为顺利完成项目实施提供合适的主体。三是通过资产收购的方式获取城市更新项目，当转让方或转让项目存在一定特殊情况，如资产转让涉及税费过高而项目公司名下并非仅有拟收购资产此一项资产导致股权并购无法顺利进行，而买卖双方采取其他诸如分地块合作、融资代建、小股操盘等方式无法协商一致的情况下，就需要对转让方进行资产剥离，收购方需要采取资产剥离收并购方式。

一、招投标方式获取城市更新项目

招投标方式获取城市更新项目是目前社会投资人参与城市更新项目的主要方式，招标主体一般为地方政府授权作为城市更新项目实施主体的平台公司，由平台公司通过公开招标的方式，选择社会投资人共同投资城市更新项目。作为社会投资人，如何更有利地获取城市更新项目，在招投标阶段应重点关注哪些内容，都将对能否获取城市更新项目起到决定性作用。

（一）招投标方式获取项目流程

不同地区、不同操作模式下的城市更新项目，其操作流程具有一定的差异。城市更新项目的类型不同，其实施的流程也有所不同，比如公益性城市更新项目一般由政府部门或指定的平台公司作为实施主体，操作流程相对简单；半公益性城市更新项目和经营性城市更新项目在引入社会投资人阶段，一般通过公开招标方式选择社会投资人。从各地政策及实际操作模式来说，通过招投标方式引入社会投资人的城市更新项目，实施流程主要包括项目确定实施主体、编制实施方案、招标引入社会投资人、签订合作协议等内容。城市更新项目采取招投标方式的主要流程见图3-1。

（二）招投标方式获取项目注意事项

城市更新项目具有范围广、模式多、投资大、产业链长等特点，因此在投标过程中，与传统的工程总承包、EPC项目、PPP项目等存在较大差异。作为社会投资人，如何有效提高获取城市更新项目的效率，应重点做好项目前期跟进、投标文件编制、选择合适联合体成员等工作。主要包括以下几方面工作。

1.项目前期跟进工作

所谓预则立，不预则废。在激烈的市场竞争中，很多企业成立区域经营机构，作为深入城市一线的经营触角，及时了解所在地区的项目信息，做好项目的前期跟进工作，是获取城市更新项目的基础。城市更新项目涉及面广、方案复杂，一般前期流程较长，作为社会投资人要及时关注项目进展情况，在对项目基本条件初步判断的基础上，做好投标准备工作。

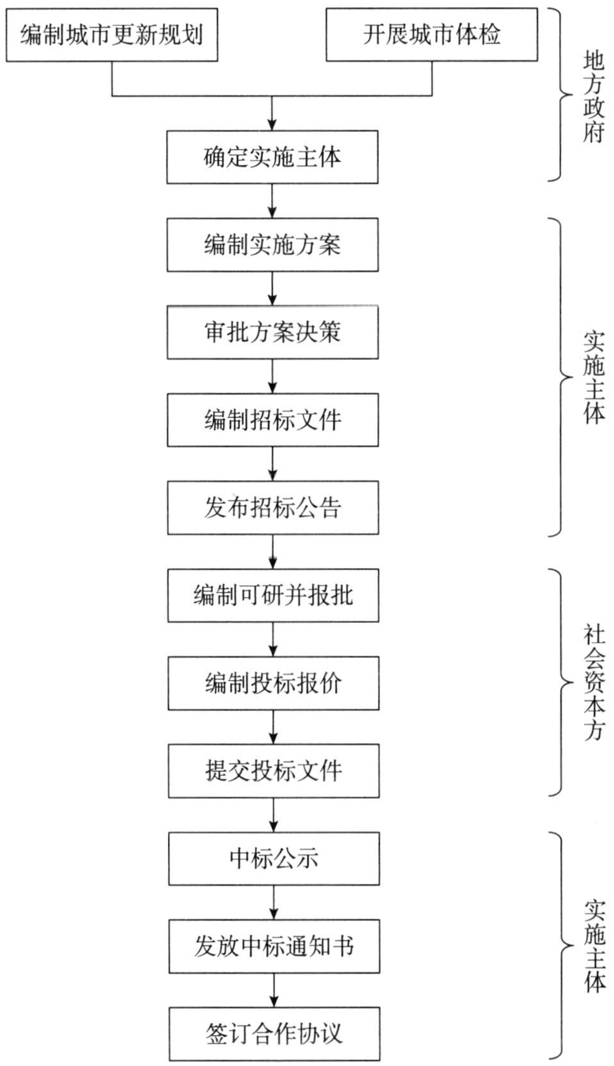

图3-1　城市更新项目采取招投标方式的主要流程

2. 深度解读招标文件

对招标文件的深度掌握与理解是编制投标文件的基础，也是推进项目中标的首要环节。在对招标文件的解读过程中，投标人应深入理解招标人的要求和需求。投标文件中商务部分和经济部分主要包括：对投标人资格的要求，对投标报价的要求，对投标过程程序性的要求等硬性要求，投标人不能突破，需要根据企业实际情况据实编写。投标文件中的方案部分主要是招标人提供的方向性、概念性的指引，投标人可以根据企业智慧编制优化方案，如在国土空间规划、地区详细规划的基础上，编制规划设计方案、工程建设方案、施工技术方案、绿色建筑方案、商业运营方案等。

在对招标文件解读的过程中，应重点关注以下几个方面。

（1）项目概况及招标范围。在理解项目概况及招标范围时，不仅要关注项目的实施内容、边界范围、建设工程、立项主体、建设期及运营期、实施模式、回报机制等项目显性信息，还要重点关注项目区位、人口流量、人文环境、经济环境、营商环境、土地政策、产业布局、发展趋势等项目隐性信息。对项目显性信息和隐性信息的深入解读可参照表3–1。

表3–1　项目概况及招标范围信息解读

显性信息	实施内容及实施主体	了解项目包含哪些投资内容，同时还要了解项目的实施主体，了解实施主体的级别、实施主体的评级等
	项目范围及建设内容	了解区域内土地性质、土壤污染情况、地上建筑物、产权信息、老旧社区更新改造范围、更新改造内容、社区街道管理情况等
	实施模式及回报机制	重点关注项目的合法性、合规性，是否涉及政府隐性债务，是否能够实现资金平衡，分析项目融资的可融性，了解同质项目的融资成本
隐性信息	项目区位及市场情况	重点对项目所在区域的交通、教育、医疗、商业、基础设施及房地产市场情况进行深入分析
	区域内人口流量及存量房产情况	关注近五年的人口变动情况，还要根据地区产业政策、产业布局、人文环境，分析区域内未来人口流量情况。结合当前的存量土地与存量房产，预测未来房产销售及产业运营情况
	地区营商环境及人文环境	在招投标阶段要详细了解地区营商环境和人文环境，分析项目征地拆迁、报规报建、更新改造、配套建设等的难易程度，提前做好接洽

（2）投标人资格。要充分解读城市更新项目对投标人资格的要求，严格按照资格审查要求，提交投标人资格文件。社会投资人应重点关注以下几方面内容。

①是否接受联合体投标以及对联合体成员的要求。城市更新项目一般要求社会投资人具有一定的财务投资能力、具备勘察设计资质和施工资质，因此，一般都采用联

合体招标方式，同时要符合招标文件对联合体成员的要求。

②对社会投资人财务状况的要求。城市更新项目招标文件一般都要求社会投资人具备良好的财务状况，具有较强的投资能力，要求社会投资人提供经会计师事务所审计的财务报告，提供银行授信总额及企业信用评级等情况。社会投资人要严格按照要求提供相关资料，避免因提供虚假资料而废标。

③对社会投资人资质的要求。因城市更新项目涉及勘察、设计及工程建设等内容，对社会投资人都会有明确的勘察、设计及施工资质要求，需要商业运营的项目一般还会有运营资质的要求。在资质要求方面，重点是寻找合适的联合体成员，联合体成员中一般包括投资公司、勘察设计院和施工企业，通过互补的方式满足城市更新项目招标的资质要求。

④对业绩方面的要求。城市更新项目一般对投资人投资、设计、施工、运营等方面的业绩有详细的要求，要求投资人提供相关的证明材料。社会投资人应根据招标资格要求，组成合适的联合体，在后期项目实施过程中充分发挥联合体成员优势，降低项目实施风险。

（3）投标报价。投标报价是投标工作的核心，直接影响项目的后期收益情况。社会投资人应在充分了解项目实施范围、操作模式、难易程度、回报机制等的基础上，审慎研究招标文件中的报价方式及评标规则，在综合考虑项目成本控制、收益要求的基础上，合理报价。避免因误读招标文件或误解评标规则，造成报价虚高，影响项目的中标。同时也要避免恶意低价中标，造成项目后期的亏损。在投标报价方面，社会投资人应重点关注以下内容。

①了解项目报价规则，如投标报价的标的、投标限价等。

②了解项目评标规则，如投标报价的评分规则及权重。在充分理解评标规则的基础上，综合考量自身优势、潜在竞争对手等情况，报出有竞争力的价格。

（4）投标文件的递交。投标人应认真阅读招标文件要求，详细了解是否需要缴纳投标保证金、如何提交投标文件、对投标文件的加密要求等，避免因事务性工作失误导致废标。

①严格按照招标文件要求缴纳投标保证金。大部分城市更新项目要求投标人缴纳投标保证金或开具投标保函。缴纳投标保证金的方式，要重点关注投标保证金的金额、转账方式要求、转账备注信息、收款账户信息等内容。采用开具投标保函的方式，要重点关注投标保函的格式要求、投标保函的开立银行要求、投标保函的受益人等。

②严格按照招标文件要求提交投标文件。包括是否要求提交电子投标文件、对电子投标文件的加密要求、提交电子投标文件的方式等，对纸质投标文件要求的交标时

间、交标地点，开标的时间、地点及开标程序等。

（5）合同主要条款。在对招标文件解读的过程中，还要重点关注招标文件中的合同主要条款。合同主要条款是后期签订合作协议的主要参考，内容包括合作模式、合作内容、回报机制、双方权利义务、退出机制等，是投标人后期实施项目的重要指引。因此，在投标阶段要重点关注合同条款内容，评估合同内容的合理性、合规性，对合同的主要条款提前做法律审核。

3.优化投标文件编制

投标文件包括商务部分、经济部分和方案部分。投标文件商务部分主要指资信业绩方面的内容，包括投标人的基本情况、投标人的业绩情况及招标文件要求提交的其他基础性材料等。投标文件经济部分主要指项目的投标报价，城市更新项目投标报价的标的一般为年化收益率、工程勘察设计费下浮率、建筑安装工程费下浮率等。投标文件方案部分主要指项目总体方案、融资方案、勘察设计方案、施工方案和运营方案等。

（1）投标文件的商务部分。在准备投标文件商务资料的过程中，要严格按照招标文件要求提供，避免因缺少资料或造假而影响中标。

①按照招标文件要求提供投标人基本情况表及基础资料，如为联合体投标，应提供联合体所有成员的基本情况。

②按照投标文件要求提供业绩说明及证明材料，一般需提供实施同类项目的中标通知书及合作协议等，如为联合体投标，一般还需要提供联合体协议，在联合体协议中明确牵头人、各联合体成员在项目实施过程的分工，以及牵头人代表联合体开展投标工作等内容。

③按照招标文件要求提供企业信用评级资料、授信证明、经审计的财务报表等资料。

（2）投标文件的经济部分。投标文件的经济部分主要是对投标报价的响应，社会投资人应在充分开展成本收益测算的基础上，结合同类项目的市场报价情况及潜在竞争对手的报价预期，填写报价文件。城市更新项目的报价标的主要为内部收益率、勘察设计费下浮率、建设工程费下浮率等。社会投资人在投标报价阶段应重点开展以下几项工作。

①根据项目实施周期和建设时序，测算年度现金流量。测算项目现金流量应区分建设期和运营期，建设期现金流出主要包括征地拆迁资金的投入、基础设施及公共配套的建设支出、招拍挂土地出让金支出、安置房建设及房地产开发支出、老旧社区改造支出、相关税费支出及管理成本、财务成本支出等。建设期现金流入主要包括安置房政府回购回款、房地产销售回款等；根据项目运营内容的不同，运营期现金流量存在较大差异，

一般主要包括商业资产的运营、市政设施的运营、租赁住房的运营、文旅项目的运营等。运营期现金流出主要包括未还借款利息支出、项目运营成本支出等，运营期现金流入主要包括租金收入、特许经营权收费、物业管理收入及文旅项目收费等。

②根据以往项目经验，对勘察设计费下浮率、建设工程费下浮率开展压力测试。城市更新项目一般将勘察设计费下浮率、建设工程费下浮率作为投标报价标的，社会投资人应结合同类勘察设计项目和工程建设项目进行成本测算，在确保合理利率的基础上，确定对勘察设计费下浮率、建设工程费下浮率的报价。

③在投标报价阶段要考虑项目融资成本预期。城市更新项目具有资金需求量大、资金占用周期长等特点，融资成本对项目的收益影响巨大。为提高投标报价的准确性，社会投资人在投标阶段应提前与金融机构对接，了解项目所在地区的金融市场情况及融资成本情况，科学研判项目融资成本，并以此作为投标报价基础，部分城市更新项目也将融资成本作为投标报价的标的。

④测算项目涉税及税负情况。城市更新项目具有产业链长、运作模式多等特点，涉税情况复杂。社会投资人在投标报价阶段也要综合考虑项目实施过程中涉及的税种及税负情况，应提前做好纳税策划工作。

⑤考虑项目预期现金流的风险。现金流量表是测算项目内部收益率的基础，内部收益率测算的准确性直接取决于现金流测算的合理性。城市更新项目实施周期长、不确定因素多，社会投资人在测算项目年度现金流量时，应充分考虑各种不确定因素，准确把握各种对现金流造成不利影响的风险，合理调整现金流入、流出的估计数。

（3）投标文件的方案部分。城市更新项目在评分规则上，一般方案标具有重要权重，占比较高，因此，编好投标文件的方案部分尤为重要。优化投标文件的方案部分不仅是社会投资人对项目了解程度的体现，也是社会投资人项目操控水平和能力的体现。方案部分一般包括总体方案、融资方案、设计方案、施工方案和运营方案，针对每一项有明确的评分规则。社会投资人应在满足评标规则的基础上，充分发挥企业智慧，融入先进的管理理念和智能管理模式。

①在总体方案中说明项目建设思路及建设时序、对项目组织管理的把控措施等。

②在融资方案中，发挥企业融资优势，强化企业融资能力，编制项目融资方案。

③在设计方案中，融入城市风貌保存的理念，确保历史元素的最大限度保留，发挥社会投资人的设计优势，在设计阶段充分考虑对项目成本的控制。

④在施工方案中融入建筑信息模型BIM（building information modeling）、智慧化工地等先进管理方式，并在安全、质量管理中编制优化方案。

⑤在运营方案中结合社会投资人项目运营的经验和能力，考虑自主运营或委托运营，结合商业运营的内容不同，在运营方案中融入先进的运营理念。

下面，以A城市更新项目招标文件中的评分规则为例，本项目方案部分共50分，占比50%，说明了方案部分在评分规则中的绝对权重。该项目评分规则根据地方政府及项目实施主体招标要求设定，不具有广泛应用性，本段仅作为案例进行分析。A城市更新项目评标规则见表3–2。

表3–2　　A城市更新项目评标规则

评分因素		分值	评分标准
可行性建议评分		5分	可行性建议是否详细可行（好，得3.1~5分；较好，得1.1~3分；一般，得0~1分；缺项不得分）
资信业绩评分标准	企业荣誉	4分	投标人曾获得过鲁班奖或国家优质工程奖（含金质奖或银质奖）中的一个，得1分，最多得4分
	投资业绩	4分	投标人近5年参与过单个项目总投资金额不低于60亿元的投资项目得2分，在此基础上每增加1个得2分，本项最高得4分
	设计业绩	2分	投标人近5年承担的国内单项合同额不少于300万元或项目总投资不少于1亿元的市政工程或建筑工程项目设计业绩，每有一个得1分，本项最高得2分
	施工业绩	5分	投标人近5年承担的国内单项合同额不少于5亿元的市政公用工程或建筑工程项目施工业绩，每有一个得1分，本项最高得5分
实施方案评分	总体方案	5分	1.项目建设总体思路以及对本项目的特点、难点和重点的分析及采取的应对措施（好，得1.6~2分；较好，得1.1~1.5分；一般，得0~1分） 2.项目管理组织方案合理，提出的技术建议合理全面，技术过程措施妥当，符合项目实际（好，得2.1~3分；较好，得1.1~2分；一般，得0~1分）
	融资方案	10分	方案合理，能提出合理全面的建议，融资过程措施妥当，符合项目实际。包括资金筹措方案、资金筹措保证措施等（好，得6.1~10分；较好，得3.1~6分；一般，得0~3分）
	设计方案	15分	1.项目设计思路（好，得3.1~5分；较好，得1.1~3分；一般，得0~1分） 2.项目设计理念（好，得2.1~3分；较好，得1.1~2分，一般，得0~1分） 3.成本管控措施（好，得0.6~1分；较好，得0.3~0.5分；一般，得0~0.2分） 4.设计进度保证措施（好，得0.6~1分；较好，得0.3~0.5分；一般，得0~0.2分）
	施工方案	15分	1.施工顺序及主要工序的施工方案等技术方案及控制措施（好，得2.1~4分；较好，得1.1~2分；一般，得0~1分） 2.单位工程（或分部工程）质量保证措施（好，得1.1~3分；较好，得0.5~1分；一般，得0~0.4分） 3.安全生产、文明施工的计划及目标管理的措施（好，得1.1~3分；较好，得0.5分；一般，得0~0.4分）
	运营方案	5分	运营规划及方案（好，得3.1~5分；较好，得1.1~3分；一般，得0~1分）

续表

评分因素	分值	评分标准
投标报价	30分	投标报价分值划分及计算方法： 1.投资年化收益率：10分投标报价得分=（基准价/投标报价）×10。 2.工程勘察设计费（以最终评审金额）：5分投标报价得分=（基准价/投标报价）×5。 3.建筑安装工程费（以最终评审金额）：15分投标报价得分=（基准价/投标报价）×15

4.选择合适的联合体成员

城市更新项目一般采用联合体投标方式，选择合适的联合体成员，不仅是中标的需求，也是后期项目实施的基础。城市更新项目联合体成员一般包括联合体牵头人（投资公司）、勘察设计公司、建筑工程公司，存在财务投资人的一般还包括基金公司。联合体成员在项目实施过程中各司其职，勘察设计公司主要实施项目的地质勘查、施工图设计等工作，建筑工程公司主要负责项目工程建设，基金公司主要负责项目权益资金的投入。项目在选择联合体成员时应重点关注联合体成员的资质、业绩、信誉以及以往合作情况等。

二、股权收购方式获取城市更新项目

城市更新项目股权收购活动频繁，已经逐渐取代城市更新项目合作，成为市场主体获取城市更新项目的主要途径。

（一）股权收购方式获取项目流程

股权收购型城市更新并购的操作流程以常规的股权并购交易流程为主线，在相关环节中需要注意其城市更新项目的交易特征。股权收购方式获取项目流程见图3-2。

图3-2 股权收购方式获取项目流程

（1）寻找转让方。城市更新公司作为转让方，需要提供公司股权转让方案及相关资料。

（2）尽职调查。尽职调查为交易双方确定收购方式，设计交易结构，合理安排协议各方权利义务提供基础和依据。

（3）协商转让价格。股权转让价格一般根据城市更新项目的投资规模、风险程度、回报周期等因素进行评估，双方协商确定转让价格。

（4）签署转让协议。在双方达成一致意见后，正式签署股权转让协议。

（5）办理相关手续。按照相关法律法规规定，针对不同股权收购方式办理登记手续，并进行公告。

需要注意的是，城市更新项目股权变更涉及较大的资金和权利变更，需要遵守相关法律法规和规定，确保合法合规。同时，在进行股权变更前，建议城市更新公司进行充分的调查和评估，以确保转让对象依法履行出资义务和要求。

（二）股权收购方式获取项目注意事项

1. 严格遴选收购项目

股权收购模式下的城市更新项目通常具备两方面特点。一是作为并购标的的项目开发权益主体通常是实际控制人/控股母公司为实施该项目设立的特殊目的公司，该公司的主要经营活动为该项目的城市更新合作、意愿征集、查丈测绘、历史用地处理、搬迁补偿等工作，公司名下不持有与该项目无关的资产，亦不负有与本项目无关的债务。二是被并购标的公司应该已经取得了阶段性的城市更新工作成果，例如签署了城市更新相关协议、取得了权利人的申报委托、通过了相关集体资产决策合作筛选程序、已经递交相关申报审批资料、获取了阶段性的城市更新主体资格等，否则收购方就没有必要选择该模式承担主体风险。

2. 开展深入的尽职调查

收购方在进行实质性收购交易前，应当对项目进行充分的尽职调查，将其作为项目收购方案的必要组成部分，并以尽职调查报告、尽职调查备忘录等方式书面确认双方认可的尽职调查结果，进而以此作为确认交易标的及调整交易价款的依据。尽职调查可谓是城市更新项目转让过程中最基础、最重要的步骤，对确定项目转让的可行性、股权的对价、风险防范等重要交易要素起着决定性的作用，也为交易双方确定收购方式、设计交易结构、合理安排协议各方权利义务提供基础和依据。

3. 股权收购的风险防控措施

股权收购过程面临交易相对方风险、标的公司风险、项目风险、交易风险、税务风险等诸多项风险，通常可采取以下风险防控措施。

（1）及时签署意向协议或框架协议。确定项目交易对价及该对价对应的标的项目应当满足的核心要求，从而对交易双方形成约束力，锁定项目交易条件，避免合作方中途变更交易条件。

（2）明确对价构成，设置阶段付款安排。通过约定交易标的的具体组成，厘清收购范围的具体边界，明确约定对所收购城市更新项目现状、规划指标、非农指标、审批决策进程、实施进度等方面的要求，并将该等项目要件作为确定项目交易对价的依据；约定交易对价及明细，以便当标的项目特定条件未能全部满足但项目尚有交易价值时，收购方能够掌握交易的主动权，通过降低收购价款、延缓价款支付、要求对方支付赔偿金等方式，继续推进标的项目并购交易，在一定程度上防控标的项目瑕疵造成的并购风险；合理安排付款进度，与项目交割进度挂钩。

（3）完善交易相关的其他约定。主要是约定负债及或有负债的承继方式，约定资产及债务剥离方式、期限、责任及违约赔偿措施，明确税费承担及缴纳方式及收款方提供合法收款凭证及票据的具体安排；设定适当的违约责任，为保障双方诚信交易，可在框架协议或意向协议中约定双方认可的合理违约金金额，并设置定金罚则。双方可就项目唯一合作方约定、标的项目应具备的核心特征、正式合作协议的签署及实质履行等设置相应的违约金，或纳入定金罚则适用范围，从而以较高的违约成本降低对方违约的风险。

三、资产收购方式获取城市更新项目

城市更新项目中资产收购活动不太常见，但也属于市场主体获取城市更新项目的途径。

（一）资产收购方式获取项目流程

资产收购型城市更新并购的操作流程与股权收购型城市更新并购类似，以常规的资产并购交易流程为主线，在相关环节中需要注意其城市更新项目交易特征。资产收购方式获取项目流程见图3-3。

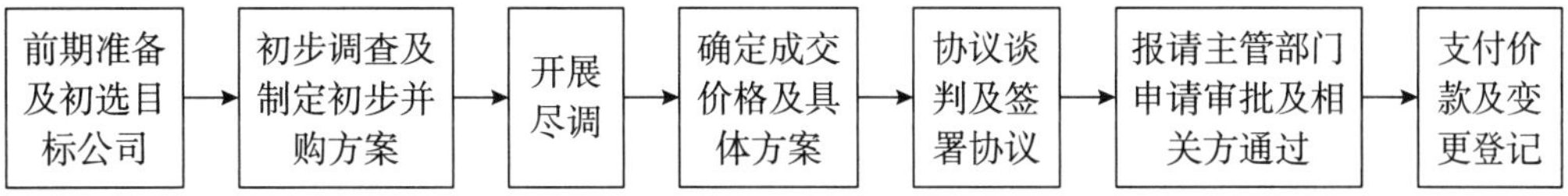

图3-3　资产收购方式获取项目流程

（1）前期准备及初选目标公司。收购方进行收购，一般均有明确的并购标的要求，一般包括下述两种情形：第一，收购标的与收购方属于相同的行业，收购标的具有收购方需要的资源、市场和技术等，能够为收购方带来业务协同或者规模的扩大等；第二，收购方进行收购主要基于战略合作、资产调整以及多元化战略等。

（2）初步调查及制定初步并购方案。收购方与目标公司或其股东进行洽谈，初步了解情况，进而达成收购意向，签订收购意向书。

（3）开展尽职调查。收购方在目标公司的协助下对拟收购的目标公司资产及其上权利进行清理，进行资产评估。

（4）确定成交价格及具体方案。收购双方及目标公司债权人代表组成小组，草拟并通过收购实施预案。大多数情况下应以资产净值为基础、资产评估价为主要依据，综合交易目的、商业谈判和目标资产所属企业经营状况等进行定价。

（5）协议谈判及签署协议。收购双方正式谈判，协商签订收购合同。

（6）报请主管部门申请审批及相关方通过。双方根据公司章程或公司法及相关配套法规的规定，提交各自的权力机构如股东会就收购事宜进行审议表决；双方根据法律法规的要求，将收购合同交有关部门批准或备案。

（7）支付价款及变更登记。收购合同生效后，双方按照合同约定履行资产转移、经营管理权转移手续，除法律另有规定外，应当依法办理产权变更手续。

需要注意的是，城市更新项目资产权属变更涉及较大的资金和权利变更，需要遵守相关法律法规和规定，确保合法合规。同时，在进行资产所有权变更前，建议城市更新公司进行充分的调查和评估，以确保转让资产无瑕疵。

（二）资产收购方式获取项目注意事项

1.明确与收购目的相关的、必要的应收债权

通常情况下，收购方不会收购目标公司的应收债权。但在实务中，目标公司的应收债权往往与其经营业务密切相关，并且这也是收购方需要的业务，那么在这种情况下，收购方就需要接受这些应收债权。例如，涉及在建工程或物资设备采购预付款项等，应当作为目标公司的资产随之转让。

2.有负担标的资产的处理

有负担标的资产是指相关资产存在有抵押或者质押等的情形。在这种情况下，收购方收购其资产就显得不那么恰当了，就出现了损益状况，违背了收购目的。如果在尽调时发现这种情形，为了保证资产权利无瑕疵，一般会采用收购方、目标公司及银行等抵押权人签署“三方协议”的方式来解决。

3.善用兜底条款

在实务中，为了防范固定资产等明细清单的局限性，以避免可能导致的收购方的损失，一般还会协商确定一个有关标的资产的兜底条款。这样可以最大限度地保障双方的权益，特别是收购方的权利。也利于减少不必要的纠纷。

第二节 招投标模式下的业财税管理

城市更新项目涉及的产业链条长、业务场景多、财税业务复杂，为能够有效获取城市更新项目，合理规避在项目获取阶段的财税风险，在项目招投标阶段就应该有财务团队的参与。财务团队在项目招投标阶段主要考虑结合城市更新项目的不同业务场景，应采取哪种核算模式；在不同业务场景下涉及的税种，如何依法纳税；同一业务场景下，会计核算与税务处理的差异，即税会差异；在招投标阶段为避免后期的财税风险，提出财税管理建议；梳理城市更新项目全周期的开发时序、业务场景，结合不同阶段的财税管理，编制财税规划蓝图，为项目后期顺利实施打下坚实基础。下面将分不同阶段讲述如何进行财税管理。

一、招投标的业务模式

（一）可行性研究阶段

可行性研究报告是对城市更新项目的全面评估，也是在项目获取阶段的关键文件，决定着项目能否通过评审过会。城市更新项目的可行性研究报告一般包括以下几方面内容：项目实施背景及概况、区域市场分析、项目实施模式、投融资方案、投资收益测算、风险及控制措施、结论与建议。

社会投资人在对招标文件深度解读的基础上，对项目实施模式、交易结构、回报机制等进行评估，结合企业管理经验，优化编制项目可行性研究报告。在优化项目可行性研究报告阶段，社会投资人要考虑项目建设期和运营期的边界范围，建设期一般包括征地拆迁、基础设施建设、公共配套设施建设、老旧社区改造、商业房地产开发、安置房建设等内容，运营期一般包括基础设施运营、商业租赁、文旅项目运营等。评估投资成本的完整性、运营收入的合理性及项目预期风险，根据联合体成员各专业优势，编制风险分担及风险控制措施。

（二）投标组价阶段

投标组价主要是依据招标文件、工程定额、市场测算等，对项目全周期的收入、成本进行详细测算。与传统的施工企业投标组价相比，城市更新项目投标组价范围更广、内容更多、复杂程度更大。因此，城市更新项目在投标组价阶段，应做到全面充分考虑、发挥专业优势、做好市场调研、规避财税风险。

1.成本支出考虑全面

城市更新项目涉及产业链条长、实施范围广、业务模式多，一般涉及征地拆迁、工程建设、物业销售、物业租赁、商业运营等内容。在投标组价阶段，要充分考虑全面，避免成本漏项，以开发时序为基础，模拟项目实施全过程，考虑每个阶段、每项业务的成本支出，同时考虑融资成本、税金支出、管理费用等事项。

2.收入测算依据充分

失败的城市更新项目往往是由于招投标阶段对后期收入测算过于理想，导致项目实施过程中收入不及预期，造成项目亏损。投标组价阶段要重点关注对预期收入的测算，一般使用市场法结合一定的年度增长率进行测算，要充分调研市场情况，合理预期市场的张力，有效评估年度增长率。如涉及房地产销售的城市更新项目，要关注项目的区位、城市配套、人口流量以及项目的核心竞争力等，以此为基础，合理测算项目预期收入。

3.成本测算依据充分

城市更新项目涉及的成本支出范围广，对每一项成本测算要参考招标文件、工程定额和市场评估情况。一般城市更新项目的招标将工程定额的下浮率作为一项评标标准，因此，在投标组价阶段，要对工程定额下浮率做敏感性分析，避免报价虚高或虚低。在没有成本定额的测算中，要充分调研市场，评估市场平均成本，在此基础上，根据企业的成本优化方案，编制有竞争力的成本报价。

（三）协议签订阶段

社会投资人在项目中标后，重点是与政府部门或平台公司签订项目合作协议。项目合作协议以招标文件中的合同主要条款为基础，根据中标条件，起草项目合作协议模板，经双方评审后予以签订。城市更新项目合作协议的主要内容包括合作内容、合作期限、项目公司组建及股权结构、项目投资额、回报机制及各方权利义务等。

二、招投标模式下的财务处理

在招投标模式下，社会投资人应根据城市更新项目实施范围、回报机制等，结合招标文件及合同主要条款，编制项目后期的会计核算模式规划。城市更新项目会计核算模式一般包括金融资产模式、无形资产模式、混合模式、资产租赁模式和房地产开发模式。

（一）金融资产模式

金融资产模式比较适用于公益性城市更新项目，项目的投资支出主要来源于政府财政预算，由政府直接付费的项目且付费金额确定。项目投资支出通过“合同资产”进行核算，政府或平台公司对项目投资支出进行审核确认后，转入“应收账款”或“长期应收款”。

（二）无形资产模式

无形资产模式比较适用于经营性城市更新项目，项目的投资支出主要来源于对基础设施运营的收入，且收入金额不确定。基础设施的产权仍属于政府或平台公司，授权城市更新项目公司作为运营主体，在一定的运营期限内享有收费权，即特许经营权。项目建设期投资支出通过“合同资产”进行核算，项目建成具备运营条件后转入“无形资产”。在运营期内对无形资产进行摊销，同时核算运营收入和运营成本。

（三）混合模式

混合模式是同一城市项目中区分不同业务模式，分别采用上述核算方式。实践中，城市更新项目往往存在范围广、内容多、多种回报机制并存等特点，给项目的核算带来极大挑战。城市更新项目公司应根据实质重于形式的原则，结合企业会计准则，通过对项目成本、收益、回款的业务场景进行深入分析，有效区分不同业务模式的核算规则，实现同一项目、不同业务采取不同核算模式的方法。同时，在编制项目核算模式规划后要积极与会计师事务所的会计师进行沟通，提前取得审计机构的认可。

（四）资产租赁模式

资产租赁模式比较适用于经营性城市更新项目，项目的投资支出主要来源于对商业资产或文旅项目的运营。城市更新项目公司对建成的商业资产或文旅项目享有所有权，并在项目建成后进行商业运营，如在老旧社区改造中，建设经营性配套设施，通过对经营性配套设施的运营，弥补更新改造成本。项目建设期投资支出通过“在建工程”进行核算，项目建成后具备运营条件后转入“投资性房地产”或“固定资产”。在运营期内对投资性房地产或固定资产进行折旧，同时核算运营收入和运营成本。

（五）房地产开发模式

房地产开发模式比较适用于特殊类型的城市更新项目，项目的投资支出主要通过房地产销售回款进行弥补，如对房地产项目所在地块周边基础设施的改善支出，对周边公共配套设施的修建等，这部分支出一般列入房地产项目的土地成本。

三、招投标模式下的税务处理

招投标模式下的税务管理重点是根据城市更新项目的实施内容、业务场景，了解城市更新项目的涉税税种，提前规划好项目全周期涉及的税种、纳税义务时点、税负情况，以及对涉税税种的计算缴纳、核算业务等。

根据城市更新项目的实施内容，涉及的税种有增值税、企业所得税、城市维护建设税、印花税、耕地占用税、城镇土地使用税、房产税、环境保护税、资源税、个人所得税等，涉及土地交易及房地产开发模式的，还将涉及契税、土地增值税等。

不同类型的城市更新项目在建设期和运营期所涉及的具体实施项目不同，涉及税种及税负存在很大的差异。企业应结合项目自身条件和实施范围，提前梳理项目涉及的税种，并对每个税种的征税对象、计税方法、纳税义务发生时间、税目、税率等进行了解。投标组价阶段，为确保投资测算的准确性，应重点关注涉税税种的税负测算、合同金额的含税情况。同时，应充分研究各税种的税收优惠政策，考虑城市更新项目适用的相关税收优惠，降低税负成本。

（一）增值税

由于增值税为价外税，在测算投资现金流时，应考虑含税金额，但在计算收入、成本、利润时，应考虑不含税金额。在成本测算时，要考虑各项成本支出能否取得可抵扣的增值税专用发票，以及能够取得税率为多少的增值税专用发票，提前做好增值税策划；对于销售端，根据销售业务性质的不同，要开具不同税率的增值税销项发票，并考虑能否享受特定的税收优惠政策。

（二）企业所得税

在投标组价阶段，重点考虑是否存在房地产销售业务，是否存在预收款项，对存在预售房款的，应考虑预缴企业所得税的税金支出。研究城市更新项目所在区域的所得税相关政策，考虑能否享受税收优惠。对存在房地产销售业务的城市更新项目，需提前了解房地产开发项目的性质，对属于经济适用房、限价房和危改房的，可以享受预售阶段不低于3%的计税毛利率，具体计税毛利率按地方政策执行。

（三）土地增值税

城市更新项目一般存在涉房涉地业务，在投标组价阶段，考虑是否存在土地、房屋等产权转移情况，是否涉及土地增值税。由于土地增值税税负较重，在投标组价阶段，要重点对土地增值税进行测算，包括预缴土地增值税的测算以及项目完成对土地增值税的清算情况。在能够决策转让价格的情况下，要综合考虑税负和收益情况，合理确定转让价格。

（四）印花税

在投标组价阶段，根据城市更新项目实施内容，考虑是否能够按照《财政部 国家税务总局关于棚户区改造有关税收政策的通知》（财税〔2013〕101号）第一条的规定，对改造安置住房经营管理单位、开发商与改造安置住房相关的印花税以及购买安置住房的个人涉及的印花税予以免征，享受印花税优惠政策。

四、招投标模式下的税会差异

根据城市更新项目模式的不同，在增值税、企业所得税以及土地增值税的税务处理中，会存在一定的税会差异。

（一）增值税税会差异

增值税纳税义务时点是合同约定收讫价款时间、实际收取价款时间、开具发票三者孰先的时点，与会计核算按照权责发生制的原则存在一定程度的差异，在确认增值税销项税额上与会计处理存在差异。

对于配建安置房、经营性设施等建成后无偿移交政府的城市更新项目，由于无法取得经济收益，会计处理中无法确认收入的实现，但是税法规定，此种情况下，应做视同销售处理，确认销项税额。

（二）企业所得税税会差异

企业所得税法规对税前可扣除项目的具体扣除作出明确规定，由此造成税会差异。如广告与业务宣传费的限额扣除、业务招待费的限额扣除、减值损失的扣除调整、研发费用加计扣除、固定资产加速折旧等。

对于上述增值税视同销售的无偿配建移交的安置房等，企业所得税税务处理中依然要做视同销售处理，同等金额的确认视同销售成本，在计算企业所得税广告费和业务宣传费扣除限额的计算基数有所增加，将增加可扣除的广告费和业务宣传费金额，或可降低企业所得税税款。

（三）土地增值税税会差异

对于上述增值税、企业所得税视同销售的无偿配建移交的安置房等，土地增值税税务处理中依然要做视同销售处理，将配建的安置房按本企业同类房产的市场销售价格确认销售收入，同时将此金额确认为房地产开发项目的拆迁补偿费，计入房地产开发成本，在土地增值税清算中扣除。视同销售计入拆迁补偿费的金额，可作为土地增值税清算项目加计扣除的基数，可降低土地增值税增值率，降低土地增值税税额。

（四）项目退出阶段税会差异

在协议签订阶段，还要策划项目退出时的涉税处理，提前做好税务风险防范。

1.资产移交模式

在资产移交退出模式中，重点考虑资产是有偿转让还是无偿转让。对有偿转让资产的，考虑是否符合资产重组业务，《财政部 国家税务总局关于全面推开营业税改征增值税试点的通知》（财税〔2016〕36号）附件2《营业税改征增值税试点有关事项的规定》第一条第（二）项第5点规定，在资产重组过程中，通过合并、分立、出售、置换等方式，将全部或部分实物资产以及与其相关联的债权、债务和劳动力一并转让给其他单位和个人，其中涉及的不动产、土地使用权转让行为不征收增值税。对有偿转让资产，城市更新项目公司应根据转让收益情况缴纳企业所得税。对存在转让土地使用权、地上建筑物及其附着物的，还应当缴纳土地增值税；对无偿转让资产的，是否按照视同销售处理，实践中存在一定争议。城市更新项目公司按金融资产模式核算，在项目实施过程中项目公司已收回全部价款，且项目资产的所有权不属于项目公司的，在转让环节不需确认增值税和企业所得税收入；城市更新项目公司按无形资产模式核算，特许经营权到期后，无形资产摊销完毕，且项目资产的所有权不属于项目公司的，无偿移交过程中不属于视同销售，不应确认增值税和企业所得税收入；城市更新项目公司按固定资产模式核算，从项目全流程看，转让价格为零是公允的，因为项目公司已通过运营收回成本及收益。转让环节项目公司将剩余固定资产价值全部折旧，此环节一般认为不属于视同销售，不确认增值税和企业所得税收入。

2.股权转让模式

企业所得税方面，社会投资人转让城市更新项目公司股权，应于转让协议生效且完成股权变更手续时，确认股权转让收入，并以转让定价扣除取得股权所发生的成本为股权转让所得，缴纳企业所得税；增值税方面，根据财税〔2016〕36号文件规定，非上市公司股权转让不属于增值税的征税范围，不征收增值税；印花税方面，社会投资人签订的股权转让协议应按产权转移书据税率0.05%缴纳印花税。

五、招投标模式下的管理经验总结

（一）充分发挥业财融合作用

在城市更新项目可行性研究和招投标阶段，不仅要考虑项目的风险性和收益性，同时，也要研究项目全周期的业务模式、会计处理和纳税优化工作。城市更新项目的业务模式复杂，财税风险高，同时，项目融资成本、税负测算等都将对项目预期收益带来较大影响。因此，项目在可行性研究阶段要充分发挥业财融合作用，由业务人员和财务人员共同编制可行性研究报告，充分考虑项目实施过程中的财税风险，对各类风险制定有效的风险应对措施。

（二）做好项目前期财税规划工作

招投标阶段是城市更新项目财税管理的第一步，在编制可行性研究报告和投标报价时，需要考虑项目的会计核算模式、涉税税种、税基、税率、纳税义务时点等内容，确保会计核算方向的正确性，确保涉税税种的全面统计测算。

（三）提前策划项目融资方案

城市更新项目一般具有投资额大、期限长等特点，项目资金需求量大，除股东投入的项目资本金外，主要靠项目融资解决。因此，融资对城市更新项目来讲是重头戏，能否顺利融资、融资成本的高低都将对项目起到重要影响。兵马未动，粮草先行，只有融资顺利解决，项目才能有效推进。在城市更新项目可行性研究阶段，就要针对项目的可融性进行深入研究，同时提前与金融机构对接，避免闭门造车。

（四）积极参与项目现金流测算

城市更新项目在可行性研究和招投标阶段，现金流测算是评价项目收益性的基础。现金流测算不仅涉及项目建设期、运营期直接成本测算、项目运营期收入测算、项目物业销售收入的测算等，同时还要考虑项目的融资成本支出、税金支出及限制类资金（如房地产监管资金等）对现金流的影响。因此，在可行性研究阶段，财务人员要参与项目现金流测算的编制工作。

第三节　股权收购模式下的业财税管理

城市更新项目股权收购模式是指通过股权转让、增资扩股或企业合并等方式获取城市更新公司股权，从而开展城市更新项目实施。这种方式一方面是因为政府或原业主单位无法直接承担或完成改造任务，另一方面是因为收购方基于税务管理方面的策划。

一、股权收购的业务模式

（一）股权收购洽谈阶段

城市更新项目收购洽谈阶段应全盘考虑项目风险，收购关键条款要明确清晰界定，避免争议；收购全过程和关键节点要有时限并制定违约责任；要有合同评估转让方的承诺，必要时终止合同收回资金；须在股权收购中通过各种手段降低或有负债的影响，如要求原股东提供担保措施、通过合同约定原股东对股权转让前的或有负债承担全部责任、保留原股东的部分权益共担风险；应高度重视资金安全，充分考虑退出机制的设置；转让方对项目后续开发有重要作用又有持股意愿的，可以考虑保留对方一部分股权；市场行情不明确时，可以争取将对价与项目将来的售价挂钩，共担风险；准确评估项目开发经济效益；深入研究决策依据，关注土地规划条件、瑕疵、开发进度、预期市场售价、融资安排等因素，确保后续开发可操作性；留够充足的尽职调查时间，避免或有债务或其他潜在风险；收购标的的选择要充分考虑收购完成后具备处置条件的项目。

（二）尽职调查阶段

尽职调查是城市更新项目收购过程中最基础、最重要的步骤，对确定项目转让的可行性、股权的对价、风险防范等重要交易要素起着决定性的作用，也为交易双方确定收购方式、设计交易结构、合理安排协议各方权利义务提供基础和依据。总的来说，尽职调查的基本原则就是调查一切可能影响项目收购方利益的因素，主要从项目公司主体调查及目标项目调查两个角度出发展开调查。

1.项目公司主体调查

该部分尽职调查工作与一般公司股权收购的调查工作差别不大，主要对目标公司的整体情况进行审慎的调查与评估，包括下述内容。

（1）公司的基本资料调查。如公司是否依法设立，出资是否真实，公司章程是否合法完整，公司是否正常经营，转让标的是否适合，对外转让是否合法。这类信息可以到公司住所地登记机关查询工商登记详档，并到目标公司核实与工商登记是否一致。

（2）公司的资质等级及年检情况调查。根据我国法律规定，房地产开发企业应当依法申请核定企业资质等级。目标公司的资质等级是房地产项目开发能否顺利进行的前提，应当到行政主管部门核实目标公司的资质等级及年检情况，并确定目标公司具备承担目标房地产项目开发的资质。这有别于一般公司的股权转让要求，应予以注意。

（3）公司的经营管理情况调查。主要审查公司年检报告，财务、税收情况等；审查公司有无完善的合同审查程序、严格公章管理制度、财务管理制度和人事管理制度；审查公司目前员工和管理人员的状况。

2.城市更新项目调查

项目是否合法以及能否顺利开发并获取投资回报才是收购方收购项目公司股权的最终目的。因此，此部分尽职调查工作至关重要，主要包括下述内容。

（1）项目许可和行政审批情况调查。城市更新项目的申报及审批流程十分烦琐与复杂，在核查中应当注意从以下几个方面展开核查。

①核查已经提交和取得的城市更新项目有关的各类申报和审批文件。

②核查相关审批手续是否已经依法办妥，包括城市更新单元计划的申报与审批、单元规划的编制与审批、土地建筑物核查汇总、项目实施主体确认、可行性研究报告

申请和审批、环境影响报告书的申请与审批、国有土地使用权证书、建设用地规划许可证、建设工程规划许可证、施工许可证等。

③核查项目仍需办理的行政审批文件，以及取得审批可能面临的障碍。

④核查项目土地使用权是否依法取得、取得方式、土地用途、使用年限、地价款是否欠缴、需要无偿移交给政府的独立用地面积是多少。

⑤核查项目的规划设计用途等是否符合受让方的投资需求，若不符合需求可否依法变更。

⑥核查项目规划中保障性住房、创新型产业用房、城市基础配套设施建设配建、独立占地的基础设施代建条件如何。

⑦核查项目公司的申报主体资格、实施主体资格是否明确清晰，是否存在合作开发方。这里需要特别注意的是，城市更新项目计划申报主体并不当然取得项目实施主体确认。

（2）项目实施情况调查。项目勘察、设计、监理、施工和设备材料采购的情况，项目工程建设施工的进展，项目施工有无障碍，项目的相邻关系是否存在纠纷或者潜在危机。

（3）项目搬迁安置补偿情况调查。

第一种情况，未完成搬迁的项目。搬迁补偿是城市更新项目能否成功的核心与关键，在尽职调查中需要结合项目范围内权利主体情况进行全面细致的核查，包括四个方面。

①核查项目搬迁安置的总体情况，包括调查搬迁补偿安置协议的签署进度情况；调查项目内的土地建筑物情况并进行汇总；调查被搬迁房屋权利人、权属性质、用途、面积、年限、权利限制（抵押、查封）、是否属于经处理的违法建筑物、是否存在钉子户等相关情况。

②核查项目对外公布的《搬迁安置补偿标准》和《搬迁安置补偿协议》范本，审查已经签订的《搬迁安置补偿协议》及其履行状况。

③核查搬迁安置工作实施方式，如存在委托搬迁，还需核查搬迁公司的实施方案。

④核查未签订安置补偿协议的业主意愿和要求，以及项目存在“钉子户”情况时的应对方案。

城中村改造项目或者旧屋村改造项目，还应与村集体组织或者股份合作公司进行沟通，并审查项目公司与其签订的各种协议文件。此外，搬迁安置补偿协议签署工作完成后，还应就房屋拆除的工作安排、房屋拆除实施单位选定及其合同文件拟定、拆除方案的制定和报备等相关情况进行审查。

第二种情况，已经完成搬迁的项目。对于已完成搬迁的项目，则主要审查项目的全部《搬迁安置补偿协议》，包括审查协议内容、双方履行协议的情况；核实房地产权利证书是否注销等等。同时，根据目前项目的实施情况，审查项目公司可能对被搬迁人承担的违约责任，例如，对被搬迁人的房屋置换延期将导致临时安置费的费率大幅度增加。

（4）项目合同协议、或有债务情况调查。项目公司在项目转让时往往存在已经签订的大量合同文件，这类合同文件涉及的主体繁多，有政府主管部门、村集体股份合作公司、项目合作方、融资银行、监理、勘察、设计、承包商、分包商、材料供应商、搬迁公司、评估机构、测绘机构、预售商品房的小业主等。应当审查这些合同文件的条款内容、合同双方履行的状况、履行合同中相关材料的存档等情况。

在审查项目合同文件时，要特别注意对项目公司对外抵押担保、合同违约等或有债务的审查，特别是公司的对外担保情况应重点审查，物权法大大拓宽了公司担保财产的范围，这无疑增加了核实公司对外担保真实情况的难度。但为全面调查项目情况，需要逐一到相关登记机关核实，以期最大限度地反映公司的真实状况。若项目是在建工程，还要特别审查施工总包合同和分包合同，详细了解工程质量、工期进度、工程签证索赔、工程款结算等详细的情况。

二、股权收购模式下的财务处理

（一）收购企业的会计处理

由于股权收购的目的是对被投资方实施控制，收购方应当依据企业合并会计准则进行账务处理。

1. 同一控制下控股合并取得长期股权投资的初始计量

《企业会计准则第20号——企业合并》规定，合并方以支付现金、转让非现金资产或承担债务方式作为合并对价的，应当在合并日按照取得被合并方所有者权益账面价值的份额作为长期股权投资的初始投资成本。初始投资成本与支付的现金、转让的非现金资产及所承担债务账面价值之间的差额，调整资本公积（资本溢价或股本溢价）；资本公积（资本溢价或股本溢价）不足冲减额的，调减留存收益。合并方以发行权益性证券作为合并对价的，应按发行股份的面值总额作为股本，长期股权投资的初始投资成本与所发行股份面值总额之间的差额，调整资本公积（资本溢价或股本溢价）；不足冲减的，调整留存收益。

按照被合并方账面所有者权益的份额确定长期股权投资的初始投资成本，前提是合并前合并方与被合并方采用的会计政策应当一致。企业合并前合并方与被合并方采用的会计政策不同的，应当按照合并方的会计政策对被合并方资产、负债的账面价值进行调整，在此基础上确定形成长期股权投资的初始投资成本。

2. 非同一控制下控股合并取得长期股权投资的初始计量

非同一控制下的控股合并中，购买方应当按照确定的企业合并成本作为长期股权投资的初始投资成本。企业合并成本包括购买方付出的资产、发生或承担的负债、发行的权益性证券的公允价值以及为进行企业合并发生的各项直接相关费用之和。其中，支付非货币性资产为对价的，所支付的非货币性资产在购买日的公允价值与其账面价值的差额应作为资产处置损益，计入企业合并当期的利润表。

（二）被收购企业的会计处理

根据《企业会计准则第20号——企业合并》规定，非同一控制下的企业合并中，购买方通过企业合并取得被购买方100%股权的，被购买方可以按照合并中确定的可辨认资产、负债的公允价值调整其账面价值。除此之外，其他情况下被购买方不应因企业合并改记有关资产、负债的账面价值。被收购企业股东发生变更，应根据被收购股权、股份的比例调整实收资本（股本）明细科目。

（三）被收购企业的股东的会计处理

根据《企业会计准则第2号——长期股权投资》规定，处置长期股权投资时，其账面价值与实际取得价款的差额，应当计入当期损益（投资收益）。

《中华人民共和国公司法》（以下简称《公司法》）第七十一条规定，有限责任公司的股东之间可以相互转让其全部或者部分股权。

股东向股东以外的人转让股权，应当经其他股东过半数同意。股东应就其股权转让事项书面通知其他股东征求同意，其他股东自接到书面通知之日起满三十日未答复的，视为同意转让。其他股东半数以上不同意转让的，不同意的股东应当购买该转让的股权；不购买的，视为同意转让。

经股东同意转让的股权，在同等条件下，其他股东有优先购买权。两个以上股东主张行使优先购买权的，协商确定各自的购买比例；协商不成的，按照转让时各自的出资比例行使优先购买权。公司章程对股权转让另有规定的，从其规定。

三、股权收购模式下的税务处理

直接收购目标公司股权的方式获取更新改造项目主要涉及的税费如表3–3所示。

表3–3　　直接收购股权涉及税费

纳税主体	税种	税率
转让方	增值税	免征
	增值税附加	免征
	土地增值税	免征
	企业所得税	25%
	个人所得税	20%
	印花税	0.05%
受让方	印花税	0.05%

（一）增值税及附加的处理

股权转让增值税的处理分为转让上市公司股权和非上市公司股权。

转让的标的是上市公司股权，则根据《营业税改征增值税试点有关事项的规定》（财税〔2016〕36号文件附件2），营改增试点期间，试点纳税人［指按照《营业税改征增值税试点实施办法》（财税〔2016〕36号文件附件1）缴纳增值税的纳税人］转让金融商品，按照卖出价扣除买入价后的余额为销售额。转让金融商品出现的正负差，按盈亏相抵后的余额为销售额。若相抵后出现负差，可结转下一纳税期与下期转让金融商品销售额相抵，但年末时仍出现负差的，不得转入下一个会计年度。金融商品的买入价，可以选择按照加权平均法或者移动加权平均法进行核算，选择后36个月内不得变更。金融商品转让，不得开具增值税专用发票。

如果转让标的为非上市公司股权，根据财税〔2016〕36号文件，金融商品转让，是指转让外汇、有价证券、非货物期货和其他金融商品所有权的业务活动。其他金融商品转让包括基金、信托、理财产品等各类资产管理产品和各种金融衍生品的转让，不属于金融商品转让，不需要缴纳增值税。即非上市公司转让股权，不属于增值税征收范围。

（二）企业所得税的处理

实务中，股权收购主要涉及企业所得税和印花税两个税种，本书在此主要介绍股权收购的企业所得税处理。

根据《财政部 国家税务总局关于企业重组业务企业所得税处理若干问题的通知》（财税〔2009〕59号）的有关规定，股权收购业务的企业所得税处理分为一般性税务处理和特殊性税务处理。

1.一般性税务处理

（1）收购企业的税务处理。

①支付对价涉及的所得税处理。当收购企业支付的对价包括固定资产、无形资产等非货币资产时，虽然财税〔2009〕59号文件未明确规定应确认所涉及非货币资产的转让所得或损失，但由于资产的所有权属发生了变化，因此收购企业以固定资产、无形资产等非货币资产进行支付的，应按税法规定确认资产的转让所得或损失。

②取得被收购企业股权计税基础的确定。由于收购企业支付的对价无论是股权支付还是非股权支付均是按公允价值支付的，根据财税〔2009〕59号文件的规定，收购企业应按公允价值确定被收购企业股权的计税基础。

（2）被收购企业股东的税务处理。

①放弃被收购企业股权涉及的所得税处理。在股权收购过程中，被收购企业股东放弃被收购企业股权而取得收购企业支付的股权和非股权，其实质应分解为两项业务，即先转让被收购企业股权，然后再以转让收入购买股权或非股权支付，因此依据财税〔2009〕59号文件的规定，被收购企业股东应确认股权转让所得或损失。

②取得股权支付和非股权支付计税基础的处理。由于被收购企业股东确认放弃了被收购企业股权的转让所得或损失，因此，对其取得的股权支付和非股权支付均应按公允价值确定计税基础。

【例3–1】A项目公司账面资产价值总额5 000万元，公允价值6 000万元，所有者权益为1 000万元，公允价值为1 200万元。B公司以200万元货币资金、其持有的C公司价值640万元的股权为对价，采取股权收购方式，收购A公司70%股权。

分析：B公司收购A公司全部股权的70%，超过了A公司全部股权的50%，支付对价中股权支付额640万元未达到交易支付总额的85%（640÷840=76.19%），故只能按一般性税务处理。

对A公司而言，其70%股权变更为B，实质控制人成为B公司，只需办理公司章程变更，不存在相关税收问题。

对原股东来说，相当于按公允价格处置其持有A公司的股权，需缴纳企业所得税、印花税（产权转移书据税目，税率万分之五），会计分录为：

借：长期股权投资——C公司　　6 400 000
　　银行存款　　2 000 000
　贷：长期股权投资——A公司　　7 000 000
　　　投资收益　　1 400 000

所以应当确认股权转让所得140万元，申报缴纳企业所得税。

对收购方B来说，需缴纳印花税（产权转移书据税目，税率万分之五），取得的股权应当以840万元来计量，会计分录为：

借：长期股权投资——A公司　　8 400 000
　贷：长期股权投资——C公司　　6 400 000
　　　银行存款　　2 000 000

2.特殊性税务处理

（1）股权收购业务的特殊性税务处理的条件。

根据财税〔2009〕59号文件第五条、第六条和《财政部 国家税务总局关于促进企业重组有关企业所得税处理问题的通知》（财税〔2014〕109号）的规定，在对股权收购业务进行特殊性税务处理时，应同时符合以下条件：

①具有合理的商业目的，且不以减少、免除或者推迟缴纳税款为主要目的；

②股权收购，收购企业购买的股权不低于被收购企业全部股权的50%，且收购企业在该股权收购发生时的股权支付金额不低于其交易支付总额的85%；

③企业重组后，连续12个月内不改变重组资产原来的实质性经营活动；

④重组交易对价中涉及股权支付金额符合上述规定的比例；

⑤企业重组中取得股权支付的原主要股东，在重组后连续12个月内不得转让其所取得的股权。

（2）收购企业涉及的税务处理。

①支付对价涉及的所得税处理。收购企业支付非股权对价涉及的所得税问题，同前面所述一般性处理规定。即根据财税〔2009〕59号文件的规定，无论是一般性税务处理还是特殊性税务处理，凡收购企业支付对价涉及非股权等其他非货币性资产的，均应按税法规定确认其转让所得或损失。即对股权收购方而言，非股权支付对应的资产转让所得应该直接按照其公允价值扣除计税基础计算。

②取得被收购企业股权计税基础的确定。根据财税〔2009〕59号文件第六条第（二）项的规定，收购企业取得被收购企业股权的计税基础，以被收购股权的原有计税基础确定。

（3）被收购企业股东涉及的所得税处理。

①放弃被收购企业股权是否确认股权转让所得或损失。根据财税〔2009〕59号文件的规定，符合特殊处理条件的股权收购业务，被收购企业股东可暂不确认股权转让所得或损失。这里应注意，如果被收购企业股东除取得收购企业的股权外，还取得收购企业支付的非股权支付，被收购企业股东应确认非股权支付对应的股权转让所得或损失。公式如下：

非股权支付对应的资产转让所得或损失=（被转让资产的公允价值–被转让资产的计税基础）×（非股权支付金额÷被转让资产的公允价值）

《国家税务总局关于企业重组业务企业所得税征收管理若干问题的公告》（国家税务总局公告2015年第48号）第一条第（二）项规定，股权收购中当事各方，指收购方、转让方及被收购企业。基于以上税法规定，股权收购中的收购方、转让方及被收购企业，对交易中股权支付暂不确认有关资产的转让所得或损失，其非股权支付仍应当在交易当期确认相应的资产转让所得或损失。

②取得股权支付和非股权支付计税基础的确定。虽然财税〔2009〕59号文件规定，符合特殊处理条件的股权收购业务，在涉及非股权支付的情况下，应确认非股权支付对应的资产所得或损失，并调整相应资产的计税基础，但未明确应如何调整相应资产的计税基础。按照企业所得税对等理论，被收购企业股东应以被收购企业股权的原计税基础加上非股权支付额对应的股权转让所得，作为取得的股权支付额和非股权支付额的计税基础。其中，非股权支付额的计税基础应为公允价值，所以取得收购企业股权的计税基础应为被收购企业股权的原计税基础加上非股权支付额对应的股权转让所得减去非股权支付的公允价值。

【例3–2】A公司账面资产总额为5 000万元，公允价值为6 000万元，所有者权益为1 000万元，所有者权益的公允价值为1 500万元。B公司采用以150万元自有银行存款和其直接持有的C公司公允价值为1 350万元的股权作为对价，采取股权收购方式收购A公司的全部股权，A公司的单一股东为法人甲。

分析：对被收购方A公司而言，其股东由甲变更为B，实质控制人成为B公司，只需办理公司章程变更，不存在相关税收问题。

特殊性税务处理的首要前提是以甲在A公司所有者权益的份额即1 000万元作为长期股权投资的计税基础。

股东甲转让持有的全部股权，收购企业收购的股权达到被收购企业全部股权的100%（大于50%），股权支付占全部支付额比例为90%（1 350÷1 500×100%>85%），符合特殊性税务处理的条件，股东甲取得的股权支付额1 350万元对应的资产转让所得可以选择暂时不缴企业所得税，而对非股权支付额150万元对应的资产转让所得应在交易当期确认相应的资产转让所得或损失并调整相应资产的计税基础。其计算公式为：

非股权支付对应的资产转让所得或损失=（被转让资产的公允价值-被转让资产的计税基础）×（非股权支付金额÷被转让资产的公允价值）=（1 500-1 000）×150÷1 500=50（万元），应纳企业所得税=50×25%=12.50（万元）。

原股东甲取得C公司股权计税基础应以被收购企业股权的原计税基础（即1 000万元）加上非股权支付额对应的股权转让所得（50万元）减去非股权支付的公允价值（150万元），其中，非股权支付额的计税基础应为公允价值。倒挤则可得出长期股权投资——C公司为：1 000+50-150=900（万元），以其作为计税基础。

会计处理分录为：

借：长期股权投资——C公司　　13 500 000
　　银行存款　　1 500 000
　贷：长期股权投资——A公司　　10 000 000
　　　资产处置收益　　5 000 000

会计账面价值与计税基础之间的差额为：1 350-900=450（万元），由于在重组后连续12个月内不得转让其所取得的股权，则应纳税调减所得额450万元，会计分录为：

借：所得税费用　　1 125 000（4 500 000×25%）
　贷：递延所得税负债　　1 125 000（4 500 000×25%）

B公司会计分录为：

借：长期股权投资——A公司　　15 000 000
　贷：长期股权投资——C公司　　13 500 000
　　　银行存款　　1 500 000

1 500万元为新取得A公司投资的账面价值，其计税基础为1 050万元，差额450万元，需确认递延所得税负债：

借：所得税费用　　1 125 000（4 500 000×25%）
　贷：递延所得税负债　　1 125 000（4 500 000×25%）

（三）土地增值税的处理

一般而言，股权转让并非土地增值税的征税对象。根据《中华人民共和国土地增值税暂行条例》（以下简称《土地增值税暂行条例》）的规定，股权转让并非房地产的转让。股权转让系股东之间对股权的交易，房地产的权利并未发生变动，仍为目标公司所持有。目标公司和其股东在法律上是不同的主体，其财产相互独立，股东对股权的处分并不导致目标公司产权的变动，因此目标公司股权变动并未导致目标公司持有房地产权利发生变动。股权变动并未发生房地产权利变动，不属于土地增值税的征税对象。但需注意，以股权转让的形式转让不动产成为常见的方式，由于国家税务总局和部分地方政府对该形式征收土地增值税具有规范性文件规定，各地税务机关在执行口径上存在差异。国家税务总局的批复与上位法《土地增值税暂行条例》的规定相冲突，扩大了纳税人的义务。转让方在股权转让前需要评估是否有被认定为实质转让不动产被征收土地增值税的风险，如果被税务机关认定为转让不动产，则可能需要补缴税款、滞纳金，甚至被认定逃避缴纳税款并处以罚款。若产生争议，应积极与税务机关沟通，维护自身合法权益。

（四）个人所得税的处理

个人转让股权，以股权转让收入减除股权原值和合理费用后的余额为应纳税所得额，按“财产转让所得”20%税率缴纳个人所得税。

合理费用是指股权转让时按照规定支付的有关税费。

个人股权转让所得个人所得税，以股权转让方为纳税人，以受让方为扣缴义务人。

（五）印花税的处理

《中华人民共和国印花税法》（以下简称《印花税法》）第五条第二款规定，应税产权转移书据的计税依据，为产权转移书据所列的金额，不包括列明的增值税税款。

第六条规定，应税合同、产权转移书据未列明金额的，印花税的计税依据按照实际结算的金额确定。

计税依据按照前款规定仍不能确定的，按照书立合同、产权转移书据时的市场价格确定；依法应当执行政府定价或者政府指导价的，按照国家有关规定确定。

产权转移书据印花税税率为万分之五。

（六）契税的处理

两个或两个以上的公司，依照法律规定、合同约定，合并为一个公司，且原投资主体存续的，对合并后公司承受原合并各方土地、房屋权属，按照《财政部 税务总局关于继续执行企业、事业单位改制重组有关契税政策的公告》（财政部 税务总局公告2021年第17号）第三条的规定，免征契税。

四、股权收购模式下的税会差异

（一）财务与税务认可的转让价格不同

与受让方签署《股权转让协议》并约定低价，实现平价或者0元股权转让，就可以避免纳税。然而，在实际操作中是不可行的。对于股权原值，税务机关有明确的规定，不仅仅依据《股权转让协议》来判断出让方是否有所得。

此外，平价或者0元股权转让，会让税务机关认为股权转让价格缺乏公允性或股权原值严重偏颇，引发税务机关的关注，从而行使核定权。

（二）名股实地，利用股权转让规避土地增值税

这种行为在过去比较常见，但正如前文所述，目前已经行不通了，虽然各地税务机关的判定可能会有区别，但只要股权转让的价值跟土地价值相近，那就是明显的逃税行为，所以不建议大家以身试法。

（三）企业所得税特殊性税务处理的税会差异

收购企业支付对价的形式包括股权支付、非股权支付或两者的组合。股权收购在税务上存在两种处理方式：一般性税务处理和特殊性税务处理。其中，特殊性税务处理与企业的会计处理存在差异，需要对企业的应纳税所得额进行相应的调整，以便如实反映企业的税务状况。

下面以案例形式分析企业所得税特殊性税务处理的税会差异。

【例3–3】A企业净资产（股权）账面价值为200万元，公允价值为1 000万元。B企业净资产（股权）账面价值为400万元，公允价值为800万元。A企业以现金60万元和A企业的股权540万元从B企业股东（法人股东）处购买B企业75%的股权。

（1）收购方的长期股权投资计量及处理。A企业取得的B企业股权的计税基础为B企业原计税基础的75%股权，即400×75%=300（万元），与A企业的会计处理中反映的对B企业的长期股权投资600万元存在差异。当A企业处置对B企业的长期股权投资时，其计税投资成本应按300万元计算扣除，而非公允价值600万元。

（2）被收购方股东的投资收益计量及处理。由于适用特殊性税务处理，对于交易中股权支付部分，B企业股东暂不确认有关资产的转让所得或损失，但就取得现金应确认相应的股权转让所得为：（被转让股份的公允价值–被转让股份的计税基础）×

（现金÷被转让股份的公允价值）=（600–300）×（60÷600）=30（万元）。这与B企业会计处理中反映的投资收益300万元存在差异，在进行企业所得税申报时要进行纳税调减，调减金额=300–30=270（万元）。

（3）被收购方股东的长期股权投资计量及处理。B企业股东取得的A企业股权的计税基础=被转让股份的初始计税基础–（非股权支付金额–股权转让所得）=300–（60–30）=270（万元）（注：300×90%=270），与B企业股东的会计处理中反映的对A企业长期股权投资540万元存在差异。当B企业股东处置对A企业的长期股权投资时，计税投资成本按270万元计算扣除，而非公允价值540万元。

综上，股权收购方式获取城市更新项目，一般为非同一控制下企业合并方式。同时，采用一般性税务处理和特殊性税务处理也存在较大差异，一般性税务处理情况下，以被收购企业股权公允价值为基础进行转让，同时需确认股权转让过程的企业所得税；特殊性税务处理情况下，收购企业取得被收购企业股权的计税基础，以被收购股权的原有计税基础确定，且不需确认股权转让过程中的企业所得税，但要符合特殊性税务处理的相关要求。因此，从股权转让过程中的税负考虑，应尽量采取特殊性税务处理方式。

五、股权收购模式下的管理经验总结

（一）股权收购必须做好尽职调查

股权收购财税规划的前提，要达到并购方与出让方在信息获知处于平衡状态，具体需要调查目标公司的主体资格、公司现状、公司股东和实际控制人、股权结构情况，以及核实公司注册资本出资是否实缴到位，核实主营业务情况和是否存在关联方或同业竞争，公司的财务、税务、劳务情况，是否存在未结诉讼、仲裁或行政处罚，是否存在合同纠纷、目标公司的股权、资产等有无设定抵押或存在权利瑕疵以及是否存在重大债权债务等法律风险。就目标公司的整体法律状况及所涉法律问题进行审慎调查，揭示目标公司的法律现状、存在问题以及可能的法律风险，向行政管理部门核实考证。

（二）股权收购必须考虑税务风险

鉴于特殊性税务处理可以实现递延纳税的效果，节约现金流，因此应积极进行交易结构设计，使交易方案可以适用特殊性税务处理的条件。实务中，应注意收购的股权比例不得低于50%，股权支付金额不低于其交易支付总额的85%。另外，还需考虑股权转让价格的公允性、以股权名义转让不动产等税务风险。

（三）股权收购必须考虑税务备案

实务中，有的企业股权收购方案符合财税〔2009〕59号文件第五条规定的条件，但没有备案，后续也未做纳税申报，这样不但不能实现递延纳税，被税务机关发现还可能被认定为偷税，税务风险极大。因此，股权收购还需考虑税务备案事宜，走完税收规划程序上的最后一步。

第四节 资产收购模式下的业财税管理

一、资产收购的业务模式

（一）资产收购的定义

资产收购是指一家企业（受让企业）购买另一家企业（转让企业）实质经营性资产的交易。实质经营性资产，是指企业用于从事生产经营活动、与产生经营收入直接相关的资产，包括经营所用各类资产、企业拥有的商业信息和技术、经营活动产生的应收款项、投资资产等。

受让企业支付对价的形式包括股权支付、非股权支付或两者的组合。

资产收购包括前期论证、签订框架协议及正式协议、逐一办理相关证照的变更、完成企业所得税/土地增值税等相关税费缴纳、办理国有土地转让手续、完成过户等其他手续。

（二）尽职调查阶段

具体参见前文“股权收购的业务模式”相关内容。

（三）合同签订阶段

1.标的条款

（1）应当采用“合同条款+附件”形式，约定标的资产情况。在合同条款中，逐条列明每一类型资产的情况，如转让范围等，并采用附件形式，逐项列明每类型资产项下的拟转让资产的详细情况。

（2）根据资产并购交易的特点，资产并购协议一般会约定整体转让若干种类的资产，例如固定资产、存货、土地使用权等。

（3）应当就标的资产设置“兜底条款”，即标的资产除逐条列明的资产类型外，还包括根据交易目的或方式应当包含在转让范围内的资产。

2. 价款条款

（1）应当约定标的资产的定价方式。根据资产并购交易的特点，应当区分不同类型的资产约定有针对性的计价方式。

（2）对于固定资产、无形资产等，一般采取“固定总价+列明明细单价+交割日盘点扣减”的计价方式。

（3）对于存货等流动资产，一般采用“约定盘点纳入转让范围的原则+约定种类单价+约定盘点验收标准+交割日盘点验收计算最终价款”的定价方式。

（4）协议中应当明确约定标的的对价以及受让方支付价款的义务，否则如受让方未就标的资产支付合理对价，可能导致法院认为受让方应在标的资产价值范围内对转让方的债权人承担连带责任。

（5）协议中还应明确转让价款的支付方式、支付期限。

应当明确约定转让价款的支付方式（例如银行转账），并在协议正文或者附件中约定收款账户的详细信息。并且应当根据实际情况，决定是否约定转让价款应付至监管账户。

应当明确约定转让价款的支付期限。根据资产并购交易的特点及习惯，对于资产体量较大的交易，转让价款一般采用分期支付的方式。例如分三期付款，合同生效后支付首期；交割完成后支付第二期；标的资产涉及的相关证照全部变更后，或者甚至是证照全部变更后且资产已经全部移交给受让方并运营一段时间以确保资产和业务过渡顺利完成后，支付第三期。同时，约定受让方有权从转让价款中扣除的部分，例如资产盘点中发现的短缺/损毁资产对应的价格，以及受让方替转让方垫付的款项（如有）。

3. 交割条款

（1）应明确约定标的资产涉及的证照办理义务及相应后果。受让方购买目标公司的整体经营性资产，其主要的交易目的很可能是通过取得上述资产运营某项业务。因此，及时将标的资产涉及的证照办理到己方名下，是受让方的重要诉求。如果相关协议中对证照的变更、过户没有约定，或者虽有约定但约定不明确（例如未明确约定证照的名称、证照的变更是否作为支付转让价款的前提、未将无法取得相关证照作为受让方行使单方解除权的条件等），将增加协议履行过程中转让方与受让方之间发生争议的风险，导致交易的不确定性和成本增加。并且受让方将难以主张先履行抗辩权或单方解除权，陷入支付了高额价款却无法实现交易目的的窘境。

（2）资产的移交与清点，合同中要明确约定期限，履行时也应注意及时清点和提出异议。受让方未及时清点资产的，会被视为转让方已经按协议约定交付。结合《中华人民共和国民法典》第六百二十条和第六百二十一条的规定，在资产收购中，标的资产系目标公司的整体经营性资产，因此一般涉及多个类型的多项资产。受让方在转让方交付标的资产后，应当及时清点。如受让方未及时清点，而是在相隔较长时间、部分资产已使用的情况下才通知转让方资产与合同约定不符，在受让方无其他证据的情形下，法院认定转让方已履行了合同约定的交付义务，受让方应当按合同约定支付转让价款。

（3）应对债权债务是否随资产一并移转作出说明，并明确追索责任。

二、资产收购模式下的财务处理

（一）受让方的会计处理

受让方以发行权益工具，或者以其持有的控股子公司股权作为对价，以及与其他非股权支付额组合一并支付对价，所取得的固定资产、无形资产、存货等经营资产，分别适用《企业会计准则第4号——固定资产》及其应用指南、《企业会计准则第6号——无形资产》及其应用指南、《企业会计准则第1号——存货》及其应用指南、《企业会计准则第7号——非货币性资产交换》及其应用指南等，按照取得非现金资产的公允价值进行初始计量。

（二）转让方的会计处理

转让方以非现金资产作为对价取得受让方的股权，按照《企业会计准则第2号——长期股权投资》及其应用指南、《企业会计准则第20号——企业合并》及其应用指南对长期股权投资进行初始计量。

转让方以非现金资产作为对价取得受让方持有的控股子公司的全部或部分股权，如果转让方对受让方实施控制，应按照《企业会计准则第20号——企业合并》及其应用指南对长期股权投资进行初始计量。如果不构成控制，应按照《企业会计准则第7号——非货币性资产交换》及其应用指南入账。

受让方：

借：固定资产等

　贷：实收资本

　　　资本公积——资本溢价

转让方：

（1）固定资产转入清理。

借：固定资产清理

　　累计折旧

　　固定资产减值准备

　贷：固定资产

（2）取得股权。

借：长期股权投资

　贷：固定资产清理

　　　应交税费——应交增值税

　　　资产处置损益——处置非流动资产利得

三、资产收购模式下的税务处理

（一）企业所得税的处理

1.重组日资产收购

重组日资产收购，以转让合同（协议）生效且当事各方已进行会计处理的日期为重组日。

2.一般性税务处理

《财政部 国家税务总局关于企业重组业务企业所得税处理若干问题的通知》（财税〔2009〕59号）规定，对资产收购的一般税务处理为：被收购方（转让企业）应确认资产转让所得或损失，受让企业（收购方）取得资产的计税基础应以公允价值为基础确定。

【例3-4】甲公司于2021年6月1日将计税基础720万元的三项经营性资产（设备100万元，应收账款20万元，房屋600万元）转让给乙公司，乙公司支付了对价：本公司30%的股权，计税基础960万元，公允价值1 080万元。

按一般性税务处理，甲公司取得乙公司股权的计税基础按照公允价值1 080万元确定，应确认转让资产所得：1 080-720=360（万元）。受让方乙公司取得资产的计税基础按公允价值1 080万元确定，确认转让乙公司股权所得：1 080-960=120（万元）。

3.特殊性税务处理

（1）特殊性税务处理条件。企业重组适用特殊性税务处理，需同时符合下列条件：

①具有合理的商业目的，且不以减少、免除或者推迟缴纳税款为主要目的。

②被收购、合并或分立部分的资产或股权比例符合本通知规定的比例。

③企业重组后的连续12个月内不改变重组资产原来的实质性经营活动。

④重组交易对价中涉及股权支付金额符合本通知规定比例。

⑤企业重组中取得股权支付的原主要股东，在重组后连续12个月内，不得转让所取得的股权。

⑥受让企业收购的资产不低于转让企业全部资产的50%。资产收购比例=资产转让方所转让资产的公允价值÷资产转让方全部资产的公允价值。

⑦受让企业在该资产收购发生时的股权支付金额不低于其交易支付总额的85%。

（2）交易中的股权支付部分，可以按以下规定进行特殊性税务处理：

①转让企业取得受让企业股权的计税基础，以被转让资产的原有计税基础确定。

②受让企业取得转让企业资产的计税基础，以被转让资产的原有计税基础确定。

③上述交易中非股权支付（非股权支付是指以本企业的现金、银行存款、应收款项、本企业或其控股企业股权和股份以外的有价证券、存货、固定资产、其他资产以及承担债务等作为支付的形式）应在交易当期确认相应的资产转让所得或损失，并调整相应资产的计税基础。其计算公式为：

非股权支付对应的资产转让所得或损失=（被转让资产的公允价值-被转让资产的计税基础）×（非股权支付金额÷被转让资产的公允价值）

（3）特殊性税务处理的备案资料。根据《国家税务总局关于企业重组业务企业所得税征收管理若干问题的公告》（国家税务总局公告2015年第48号）附件2企业重组所得税特殊性税务处理申报资料一览表，备案资料如下：

①股权收购业务总体情况说明，包括股权收购方案、基本情况，并逐条说明股权收购的商业目的；

②股权收购、资产收购业务合同（协议），需有权部门（包括内部和外部）批准的，应提供批准文件；

③相关股权评估报告或其他公允价值证明；

④12个月内不改变重组资产原来的实质性经营活动、原主要股东不转让所取得股权的承诺书；

⑤工商管理部门等有权机关登记的相关企业股权变更事项的证明材料；

⑥重组当事各方一致选择特殊性税务处理并加盖当事各方公章的证明资料；

⑦涉及非货币性资产支付的，应提供非货币性资产评估报告或其他公允价值证明；

⑧重组前连续12个月内有无与该重组相关的其他股权、资产交易，与该重组是否构成分步交易、是否作为一项企业重组业务进行处理情况的说明；

⑨按会计准则规定当期应确认资产（股权）转让损益的，应提供按税法规定核算的资产（股权）计税基础与按会计准则规定核算的相关资产（股权）账面价值的暂时性差异专项说明。

【例3–5】2020年10月，甲公司购买乙公司的部分资产，该部分资产计税基础为6 000万元，公允价值为8 000万元；乙公司全部资产的公允价值为10 000万元。甲公司向乙公司支付一部分股权（计税基础为4 500万元，公允价值为7 000万元）以及1 000万元银行存款。假定符合资产收购特殊性税务处理的其他条件，且双方选择特殊性税务处理。

1.转让方乙公司把资产转给甲公司，取得甲公司给的股权和现金。需要确认拿到的甲公司股权的计税基础=被转让资产的原有计税基础（即乙公司卖这部分资产原来的计税基础）+交易当中非股权支付确认的所得（已纳税，税法承认的增值部分）–收到的现金（要计算股权的价值，而非股权和现金的价值）。

非股权支付对应的资产转让所得或损失=（被转让资产的公允价值–被转让资产的计税基础）×（非股权支付金额 ÷ 被转让资产的公允价值）=本次股转毛利率（8 000–6 000）×1 000/8 000=250（万元）。

资产的计税基础，是指企业收回资产账面价值过程中，计算应纳税所得额时按照税法规定可以自应税经济利益中抵扣的金额。所得完全不确认的话，计税基础平移不变；所得被确认了一部分就会影响计税基础，250万元所得已交过税将来可抵扣，应增加计税基础。

因此，乙公司取得甲公司股权的计税基础=6 000+250–1 000=5 250（万元）。

2.收购方甲公司以股权和现金相组合的方式取得乙公司的资产，原则上平移，由于部分所得已在对方交过税，这笔增值应该作为资产计税基础的一部分进行确认。甲公司取得乙公司资产的计税基础=被转让资产的原有计税基础+非股权支付确认的所得=6 000+250=6 250（万元）。

（二）增值税的税务处理

《国家税务总局关于纳税人资产重组有关增值税问题的公告》（国家税务总局公告2011年第13号）规定，只要是与资产相关的债权、负债和劳动力随同资产一并转让，由于转让的不再是一个单项的资产，而是构成企业的全部或部分产权，产权转让不属于增值税征税范围，转让中涉及的货物转让、不动产、股权不征收增值税。

《国家税务总局关于纳税人资产重组增值税留抵税额处理有关问题的公告》（国家税务总局公告2012年第55号）规定，办理注销税务登记的，其在办理注销登记前尚未抵扣的进项税额可结转至新纳税人处继续抵扣。

（三）土地增值税的税务处理

在资产收购中涉及土地、房产的，按照转让国有土地使用权、地上的建筑物及其附着物并取得收入的情况，向税务机关提交相关资料，在税务机关要求的期限内申报缴纳土地增值税。

如果是以房地产作价入股进行投资，根据《财政部 税务总局关于继续实施企业改制重组有关土地增值税政策的公告》（财政部 税务总局公告2021年第21号）的规定，单位、个人在改制重组时以房地产作价入股进行投资，对其将房地产转移、变更到被投资的企业，暂不征土地增值税。但不适用于房地产转移任意一方为房地产开发企业的情形。

（四）契税的税务处理

在资产收购中涉及土地、房产的，按照在境内转移土地、房屋权属，承受的单位和个人应向土地、房屋所在地税务机关办理契税纳税申报。即由受让企业应按规定征收契税，若受让企业支付的对价也涉及不动产时，对转让企业也应按规定征收契税。

根据《财政部 税务总局关于继续实施企业、事业单位改制重组有关契税政策的公告》（财政部 税务总局公告2023年第49号）第六条的规定，母公司以土地、房屋权属向其全资子公司增资，即全资子公司收购其母公司的土地、房屋，以本企业股权支付（增资），视同划转，免征契税。

（五）印花税的税务处理

根据《印花税法》第一条、第二条的规定，在中华人民共和国境内书立应税凭证的单位和个人应当按规定缴纳印花税，应税凭证，是指《印花税税目税率表》列明的合同、产权转移书据和营业账簿。根据《印花税税目税率表》，资产收购中如书立的是动产买卖合同（不包括个人书立的动产买卖合同），按照价款的万分之三申报缴纳印花税；如书立的是土地使用权、房屋等建筑物和构筑物所有权转让书据（不包括土地承包经营权和土地经营权转移），按照价款的万分之五申报缴纳印花税。

四、资产收购模式下的税会差异

收购企业支付对价的形式包括股权支付、非股权支付或两者的组合。资产收购在税务上存在两种处理方式：一般性税务处理和特殊性税务处理。其中，特殊性税务处理与企业的会计处理存在差异，需要对企业的应纳税所得额进行相应的调整，以如实反映企业的税务状况。

下面以案例形式分析企业所得税特殊性税务处理的税会差异。

【例3–6】A公司2022年1月1将非现金资产转让给B公司，B公司向A公司支付本公司股权和非股权支付额，完成A公司资产转让，假设不考虑增值税及其附加税费。A公司转让时点资产账面价值8 150万元，公允价值15 150万元，计税基础9 150万元，其中现金资产150万元。B公司转让时点资产构成情况为账面价值7 250万元，公允价值15 000万元，计税基础7 250万元，其中现金1 000万元，其余均为股权支付部分。

1. A公司方面的转让涉税分析。

（1）受让企业B公司收购的资产占转让企业A公司全部资产的比例=交易前收购资产的计税基础÷交易前全部资产的计税基础=9 000÷9 150=98%>50%。

（2）受让企业B公司在该资产收购发生时的股权支付金额占其交易支付总额的比例=14 000÷15 000×100%=93%>85%。假设其他条件亦符合规定，则上述A公司的资产转让应适用特殊性税务处理。A公司资产转让应适用免税重组，即不确认资产转让所得或损失。

（3）A公司非股权支付对应的资产转让所得=（15 000–9 000）×（1 000÷15 000）=400（万元），应纳税额=400×25%=100（万元）。

（4）确定A公司收到股权及非股权支付的计税基础。

被转让资产的原计税基础是9 000万元，转让企业取得股权的计税基础应是9 000万元的一部分，转让企业取得现金1 000万元。

（5）确定A公司收到股权及非股权支付的计税基础。

由于非股权支付部分对应的转让资产需要确认400万元的所得，即这些非股权支付部分对应的转让资产的原计税基础=1 000–400=600（万元），则转让企业取得股权对应的被转让资产的原计税基础=9 000–600=8 400（万元）或9 000+400–1 000=8 400（万元）。即非股权支付额的计税基础应为公允价值，取得收购企业股权的计税基础应为被收购企业股权的原计税基础加上非股权支付额对应的股权转让所得减去非股权支付的公允价值。

A公司的会计处理及纳税调整分析：

借：长期股权投资　　140 000 000

　　银行存款　　10 000 000

　贷：固定资产等　　80 000 000

　　　营业外收入——资产处置利得　　70 000 000

A公司获得的长期股权投资的账面价值大于计税基础5 600万元（14 000–8 400），增加未来期间的应纳税所得额，进而增加未来期间的应交所得税，会计处理上视同应纳税暂时性差异，应确认与其相关的递延所得税负债。即：

借：所得税费用　　14 000 000（5 600万元×25%）

　贷：递延所得税负债　　14 000 000

上述7 000万元营业收入中，其中6 000万元（15 000–9 000）为特殊资产收购，暂不确认有关的资产转让所得，但400万元为非股权支付对应的资产转让所得，所以在当年汇算清缴时可纳税调减5 600万元（6 000–400）（时间性差异），1 000万元（9 000–8 000）为转让不动产和存货计税基础与账面价值的差异，如以前年度纳税调增，可在当年度汇算清缴时做纳税调减处理。

股权今后卖出或清理时，应在账面会计处理上同时纳税调增5 600万元（6 000–400）（时间性差异）。

2. B公司方面的转让涉税分析。

（1）股权支付部分取得资产的计税基础：8 400万元。

（2）非股权支付部分取得资产的计税基础：1 000万元。

B公司的会计处理及纳税调整分析：

B公司用股权支付和支付补价（现金1 000万元）与A公司的资产进行交换，应按照非货币性资产交换进行会计处理。即B公司换入A公司的不动产和存货的入账价值是B公司换出资产的公允价值1 400万元+支付的补价（现金1 000万元）=1 500万元，B公司换入A公司的资产的入账价值为15 000万元。

B公司的会计处理及纳税调整分析：

借：固定资产等　　150 000 000

　贷：长期股权投资　　62 500 000

库存现金	10 000 000
投资收益	77 500 000

投资收益7 750万元（14 000–6 250）为特殊重组收益，暂不确认有关资产的转让所得，因此，在当年汇算清缴时应纳税调减7 750万元。1 000万元是非股权支付，应确认资产转让所得。

五、资产收购模式下的管理经验总结

（一）资产收购必须约定保证条款

由于资产并购交易涉及事项较多，尤其是受让方尽职调查的程度有限，不可能穷尽一切有重大影响的事项，为确保收购的资产价值符合收购定价预期，应当详细约定转让方的陈述保证条款。转让方的陈述与保证一般包括以下内容：转让方合法拥有标的资产；除转让方另有披露外，标的资产上不存在任何形式的第三方权利；除转让方另有披露外，标的资产不涉及任何诉讼、仲裁及行政处罚。

（二）资产收购必须约定过渡期条款

一是应当明确约定过渡期的起止节点。一般情况下，过渡期自计价基准日起，自标的资产交割日止。

二是应当明确约定过渡期内标的资产的经营损益归属。根据资产并购交易的特点，采用固定价格方式的，过渡期损益一般由受让方享有及承担。采用预约定价方式的，由于双方在交割日需要重新调整价格，可以约定过渡期损益由转让方享有及承担。

（三）资产收购必须约定伙伴资源

一是资产收购交易的目的往往在于取得某种业务，标的资产的范围划定以该业务为中心，但业务的开展除了标的资产外，通常还离不开其他资源，如供应商及客户，协议中应考虑约定这些资源的移交安排。

二是应当约定标的资产涉及的转让方人员的安置事宜。例如由受让方接收的，应当约定重新签署劳动合同以及工作年限是否连续计算事宜；受让方不接收的，应当约定补偿金的支付事宜。

（四）资产收购必须考虑税务风险

鉴于资产收购与股权收购二者均有特殊性税务处理，也需要进行备案，因此应积极进行交易结构设计，使交易方案可以适用特殊性税务处理。实务中，应注意收购的资产比例不得低于50%，股权支付金额不低于其交易支付总额的85%。另外，还需考虑资产转让价格的公允性以及税负问题。如果资产股权收购方案符合财税〔2009〕59号文件第五条规定的条件，需要及时进行备案并进行纳税申报。

第四章　城市更新投资的业财税融合管理

第一节　城市更新投资模式

按照不同的划分标准可将城市更新划分为不同的类型。目前最为常见的分类方式是按照改造力度将城市更新项目分为整治类、改建类和拆建类三种类型。虽然不同地区对城市更新类型命名略有差异，但实质相近，例如深圳将城市更新项目分为综合整治类、功能改变类和拆除重建类（分别对应整治、改建和拆建）；广州分为全面改造（对应拆建）和微改造（对应整治和改建）；中山分为微改造、局部改造和全面改造（分别对应整治、改建和拆建）。随着城市更新重要性的不断提升，对城市更新的研究更加深入，越来越多的地方出台了城市更新相关工作指引等文件，丰富了城市更新类型的划分。北京结合城市发展阶段和区域发展实际，将城市更新项目分为首都功能核心区平房（院落）申请式退租和保护性修缮、恢复性修建，老旧小区改造，危旧楼房改建和简易楼腾退改造，老旧楼宇与传统商圈改造升级，低效产业园区“腾笼换鸟”和老旧厂房更新改造，城镇棚户区改造六种类型。河北也将城市更新分为六种类型，具体包括居住类城市更新、产业类城市更新、设施类城市更新、公共空间类城市更新、区域综合性城市更新和其他城市更新行动。上海按照城市更新方式分为区域更新和零星更新。重庆按照更新对象将其分为老旧小区改造提升、老旧工业片区转型升级、传统商圈提档升级、传统风貌区保护传承、公共服务设施与公共空间优化升级等五大城市更新类型。青岛将城市有机更新分为历史文化街区保护与更新、城市公共空间品质提升、老旧小区和传统商圈改造、老工业厂房改造、传统商务楼宇改造五个重点类型。

城市更新项目具有涉及利益主体较多、资金需求较大、收益回报和开发周期不确定、规划程序复杂等特点。顺利实施城市更新项目的关键在于将项目科学分类，选择契合的投融资模式，建立可行的收益回报机制。对于不同的投资主体，投资项目的目标存在差异，出资较多的投资主体能获得项目的主导权，同时承担更大的投资风险，在投资过程中为实现其投资目标，对项目全周期的运行决策影响更大。因此，本章以谁出资谁主导为原则，按照主导投资主体的不同将现有城市更新业务模式分为四大类：政府主导投资模式、市场主导投资模式、多元合作开发投资模式及其他创新型投资模式。

一、政府主导投资模式

政府主导投资模式主要包含三种：财政拨款投资、政府授权国有企业投资和政府专项债投资。

（一）财政拨款投资模式

财政拨款投资模式是由地方政府部门作为项目建设主体，并使用国家财政资金直接参与项目建设。政府财政直接资助是该模式工程经费的主要来源，因此比较适合公益性较强的民生工程、投资规模不大的综合防治工程和收益不确定的土地前期开发项目。选择该模式需要当地政府具备较好的财力基础，并严格按照《政府投资条例》（国务院令第712号）的要求进行投资。该模式具有项目启动速度快、政府整体把控度高等优势，劣势也比较明显，财政资金总量有限，投资强度不高。

（二）政府授权国有企业投资模式

政府授权国有企业投资模式通常是以地方国企为实施主体，通过承接债券资金与配套融资、发行债券、政策性银行贷款、专项贷款等方式筹集资金。该模式一般适用于需要政府整体把控和规划、投资回报周期长、有一定经营收入但也需要政府补贴的项目。该模式优点是能够充分发挥国企在资源和融资方面的优势，不追求短期回报，对投资回报期限承受度较高且能多元整合城市更新各种收益；缺点是当前我国投融资体制政策对该种模式的融资支持度不高，实现收支平衡的期限较长、较难。

（三）政府专项债投资模式

政府专项债投资模式是以政府为实施主体，通过城市更新专项债或“财政资金+专项债”形式进行投资。该模式一般适用于投资项目者具备一定获利能力的经济实力，并且可以覆盖所有专项债券本息，从而达到资本自平衡的项目。该模式优点是专款专用，资金成本低，运作规范；缺点是专项债总量较少，投资强度受限，经营提升效率不高。

二、市场主导投资模式

市场主导投资模式主要包含两种：开发商主导投资、属地企业或居民自主更新投资。

（一）开发商主导投资模式

开发商主导投资模式通常由政府出让用于城市更新的土地，由开发商按照建设条件承担建设项目的拆迁、安置、施工和经营管理。整个城市更新由开发商自主实施，过程中地方政府只履行规划审批职责，并不具体参与。该模式一般适用于规划清晰、商业改造价值高、运营属性强的项目。该模式优点是政府只履行规划和监管职能，并不干涉项目具体实施，项目建设及运营推进较快；缺点是缺乏整体统筹，开发商利益至上，容易疏忽公共设施或空间建设，特别是当前政策对地产融资限制较多，给项目可持续融资带来很大挑战。

（二）属地企业或居民自主更新投资模式

属地企业或居民自主更新投资模式是由属地企业或居民（村集体）自主进行更新改造，以满足诉求者的合理利益诉求，分享更新收益。该模式一般适用于主体自主诉求高、经营价值高的项目。该模式优点是能够减轻政府财政压力，更新方式灵活多样，能更好地满足更新需求；缺点是政府无法及时有效把控项目进度，监管难度大，容易忽视公共区域的改善提升。

三、多元合作开发投资模式

多元合作开发投资模式主要包含三种：PPP投资、“投资人+EPC”投资以及多主体共同合作投资。

（一）PPP投资模式

PPP投资模式通常由政府公开选择社会资本方，社会资本方再与政府出资共同成立项目公司，由项目公司具体负责项目的投融资、建设及运营管理。项目公司投入资金主要来源于股东资本金和外部市场化融资。该模式一般适用于经营需求明确、经营边界清晰、回报机制成熟的项目。该模式优点是市场化程度高，可减轻政府财政压力，风险收益合理分摊，引入社会资本能有效提高城市更新项目的经营效率和价值；缺点是受制于财政部“对PPP项目财政支出责任超过10%红线的地区，不得新上PPP项目”的政策要求，目前满足回报条件的项目较少且运营周期较长。

相较于其他投资模式，PPP项目在通过财政部“两评一案”审核并完成管理入库后，在向金融机构寻求贷款时，审批较为容易，有利于解决项目后续建设中的大额资金需求，是推进投资项目的优先选项。

（二）“投资人+EPC”投资模式

“投资人+EPC”投资模式一般是以地方政府授权国有平台公司（一般指城投公司）作为项目实施主体，负责本项目整体运作。平台公司作为招标人以“投资人+EPC”招标方式引进社会投资人。社会投资人与平台公司再签署投资合作协议，共同组建项目公司，由项目公司承接社会投资人在投资合作协议或者合作合同下的权利义务及其他所有相关事项，并以项目公司为主体负责项目的投融资和建设管理等工作。该模式一般适用于成片区域需要更新开发的项目，收益主要来源于运营收入和政府专项补贴。

该模式的优点是通过引入大型建筑施工企业及专业运营商，整合资金优势，实现对大体量城市更新项目的推动实施；缺点是目前满足这样回报机制的片区开发项目较少，特别是受土地政策制约，现有项目的主要收益还是政府专项补贴和施工利润，存在隐性债务风险，另外融资难度也比较大，综合成本较高。

（三）“地方政府+房地产企业/国有企业+产权所有者”投资模式

“地方政府+房地产企业/国有企业+产权所有者”投资模式一般是由当地政府承担项目配套建设投资，房地产公司承担工程改造和经营，产权所有者协调配合分享收益。通过三方合作，既能有效加快项目进度，也能提升项目运营收益。该模式适用于盈利能力较好、公共属性及配套要求较强、项目产权较为复杂的项目。

该模式的优点是可以整合各方优势资源，较快解决更新区域产权问题，推进项目有效运营；缺点是涉及主体多，协调难度高，往往受村集体影响较大。

四、其他创新型投资模式

其他创新型投资模式主要是城市更新基金投资模式。该模式作为城市更新的一种新探索，一般适用于资金需求量大、政府重点推进、收益回报机制较为清晰的项目，通常由国有企业在政府支持下联合社会资本成立城市更新基金。该模式的优点是能够整合各方优势资源，多元筹集资本金和项目融资，项目推进速度较快；缺点是目前投资回报收益水平、期限等与基金投资资金的匹配性不强，成本较高，退出机制不明确，具体付诸实施还面临很多挑战。

第二节　政府主导投资模式的业财税管理

本节主要将政府主导的投资模式分为三类，分别是财政拨款投资模式、政府授权国企投资模式和政府发行专项债投资模式，其中财政拨款和政府发行专项债投资模式的投资主体为政府，其会计处理涉及政府会计等相关业务，故其会计处理和税务处理在本章节中不做阐述，而政府授权国企投资模式通过政府授权将权利下放国企，国企作为项目的主要投资主体，在财税处理过程中较为复杂，会存在一定的税会差异。

一、财政拨款投资模式业财税管理

财政拨款投资模式主体投资人是政府，主要适用于资金需求不大、公益属性较强、未来收益不明确的综合整治、土地前期开发、社会民生等项目。这些投资项目一般涉及基础设施建设、公共服务设施改善、教育、医疗、环保等领域。选择该模式需要当地政府具备较好的财力基础，并严格按照《政府投资条例》的要求进行投资。

（一）业务描述

财政拨款投资是指政府将财政预算中的一部分资金用于投资项目或支持特定领域的发展。财政拨款资金来源一般为本级政府财政收入，一般用于公共事业（教育、卫生、交通、市政、科研、国家大中型建设项目等）的资金。这种投资方式是通过财政部门将资金拨付给特定的项目或领域，以推动经济发展、改善基础设施、促进社会福利等。

1. 模式特点

（1）政府主导。财政拨款投资由政府部门决定和管理，根据政府的发展目标和政策来确定投资方向和项目。

（2）公共利益导向。财政拨款投资主要用于改善公共设施、提供公共服务和满足社会需求，以促进社会福利和经济发展。

（3）长期和稳定。通常财政拨款投资都具有长期性的特点，需要持续的资金支持和管理，以确保项目的顺利进行和运营。

2. 实施过程

在财政拨款投资的城市更新项目中，财政部门在财税管理方面起到重要的作用，确保了财政拨款投资的合理性、透明性和效益性。

在财政拨款投资项目实施之前，项目单位需要编制项目建议书、可行性研究报告、初步设计等相关文件，并按照政府投资管理权限和规定的程序，将这些文件提交给投资主管部门或其他相关部门进行审批。这种审批制度确保了财政拨款投资项目在实施前经过严格的审查和批准程序。

由于财政拨款投资的经营性项目是由国有企业作为项目业主实施的，所以，国有企业承担的政府投资项目也需要报投资主管部门或其他有关部门审批。按照现行权限规定（《政府投资条例》），根据经营性项目的类型，前期的审批通常涉及发展改革委、农牧业局、水利局（初步设计）、交通局（初步设计）等职能部门。

3. 实施主要流程

财政拨款投资通常根据国家的发展战略和政策来确定投资方向和重点，政府相关部门作为项目实施主体，由政府部门负责管理和执行，并使用国家财政资金直接参与项目建设。其工程经费的主要来源为政府财政直接资助，利用财政资金直接投资，通过市场化方式，选聘具体执行主体，完成城市更新项目。财政拨款投资实施流程见图4-1。

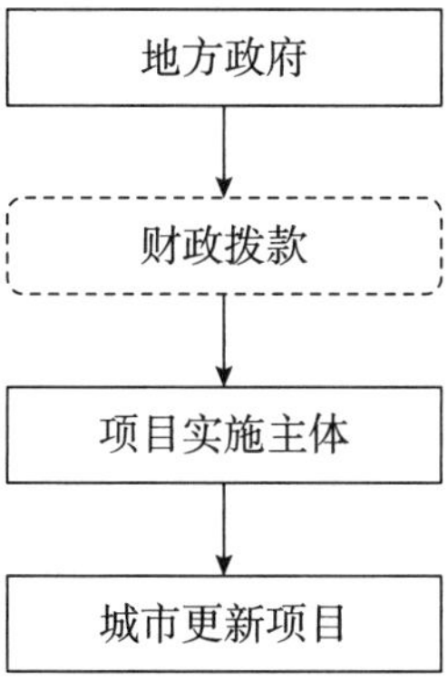

图4-1 财政拨款投资实施流程

（二）典型案例

2018年10月，为缓解香林寺沟、黑臭河及周边棚户区等集中连片配套基础设施的不全和拥堵等问题，进一步提升城市环境形象，南京玄武区政府宣布启动香林寺沟片区环境综合整治工作。建设项目共投入4.1亿元，资金全部来自政府财政拨款，用于城市更新项目。建设项目主要包括了河道景观工程、游园绿地建设工程项目、建筑物外立面出新、街道整治工程等。

该项目由玄武区建设房产和交通局负责实施，涉及征收非营业用房1 300平方米、营业用房2 300平方米，都需要从财政拨款资金中划拨一部分用于征地补偿。根据国务院《国有土地上房屋征收与补偿条例》《江苏省贯彻实施〈国有土地上房屋征收与补偿条例〉若干问题的规定》《南京市国有土地上房屋征收与补偿办法》的相关规定，结合征收范围内的实际情况，拟定对香林寺沟沿线环境综合整治项目（一期）征收范围内国有土地上房屋的征收实施补偿方案。被征收人可以选择货币补偿，也可以选择房屋产权置换。另外，该工程建设新增绿道200米，新建绿化景观，道路硬质铺装改造2.5千米。截至2021年2月，项目拆迁和立面整治已基本完成。

二、政府授权国企投资模式业财税管理

政府授权国企投资的城市更新项目旨在发挥国企的优势和资源，推动城市的发展和改善。通过国企的投资和参与，可以促进城市基础设施建设、提升居民生活质量、改善城市环境等。政府与国企之间的合作，有助于实现城市更新目标，推动城市的可持续发展。

（一）业务描述

政府授权国企投资的城市更新项目是指政府授予国有企业（国企）进行城市更新项目投资的权利和责任。在这种情况下，政府将国企视为城市更新的主要投资方和执行主体，授权其参与和推动城市更新项目的规划、实施和管理。由政府授权单位履行业主职责，依约提供所需公共产品及服务，政府履行规则制定、绩效考核等职责，同时支付授权运营费用。项目实施主体单位一般为政府方授权的属地国企或公益企业，被授权方可以将项目主要或部分职能再次委托给其他社会资本方企业。

该类项目实质是一种企业与企业之间的合作模式，项目过程中的各类审批不必经过政府方审批，仅通过政府授权的方式完善项目采购流程，通过公开招标选定合作企业，规避了政府风险但加大了企业风险。并且在目前政府各项规章制度下，许多事项

仅仅是未明确禁止，因此项目实施过程存在政策合规性的风险。

1. 主要特点

（1）投资主体特殊化。国企作为政府授权的投资主体，负责城市更新项目的投资和实施。国企在项目中具备较强的资金实力和管理经验，可以提供必要的投资和资源支持。

（2）参与规划与实施。国企参与城市更新项目的规划和实施。这包括与政府和相关部门协同合作，制定项目规划和实施方案，进行土地征收、拆迁、建设等工作。

（3）资金来源多渠道。国企可能通过自身资金或者政府拨款等渠道获得项目所需的资金。这些资金可以用于土地征收、建设设施、改善城市环境等方面。

（4）责任与权利共担。政府授权国企投资的城市更新项目，国企在项目中承担相应的责任和义务。同时，国企也享有相应的权利和收益，例如通过土地开发和销售获得收益。

2. 实施环节

（1）政策制定和规划。政府根据城市发展规划和政策，确定城市更新项目的需求和方向。在制定政策和规划时，政府可能会明确支持国企参与城市更新项目的意向和要求。

（2）项目申报和审批。国企根据政府的政策和要求，向相关政府部门提出城市更新项目的申报。申报材料通常包括项目的背景、目标、可行性分析、投资计划等。政府部门会对申报项目进行审批和评估，确定是否授权国企投资。

（3）协议签订。一旦政府批准授权，国企与政府部门会签署合作协议或合同，明确双方的权责和合作细则。合作协议通常包括项目范围、投资金额、时间表、风险分担、利益分配等内容。

（4）资金拨付和管理。政府根据合作协议的约定，将资金拨付给国企用于城市更新项目的投资。资金拨付可能根据项目进展和需要进行分阶段的划拨。国企需要按照相关规定进行资金管理和使用，并进行相应的会计核算和报表填报。

（5）项目实施和监督。国企按照合作协议的约定，负责城市更新项目的实施和管理。政府可能设立相关部门或委托第三方进行项目的监督和评估，以确保项目按计划进行并达到预期效果。

（6）盈亏分配和回报机制。国企与政府可能根据合作协议或相关规定，就项目的盈亏分配和回报机制达成协议。这有助于确保国企的合法权益和项目的可持续发展。

3. 实施主要流程

地方政府通过授权方式，授予地方国企特许经营权，负责项目的规划设计、投融资、建设、运营维护等开发工作；以地方国企为实施主体，通过承接债券资金与配套融资、发行债券、政策性银行贷款、专项贷款等方式筹集资金。项目收入来源于项目收益、专项资金补贴等方面。工程建设完成后进行土地出让，项目实现运营，地方财政获得土地、税收等收益，国企获得经营项目收益；地方财政部门根据经营绩效向国企支付特许经营服务费和绩效奖补；国企利用服务费和运营收益偿还金融机构贷款。政府授权国企投资实施流程见图4–2。

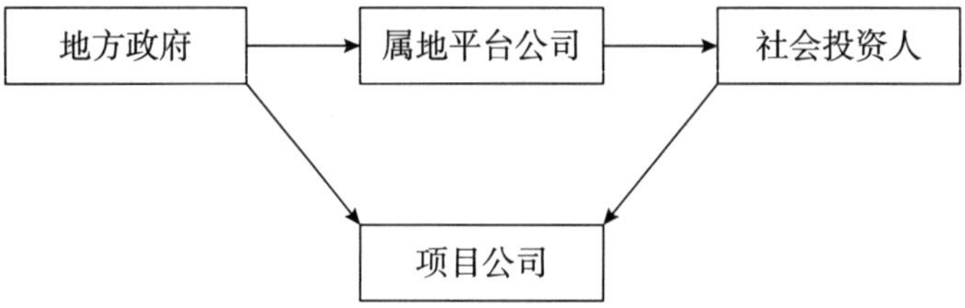

图4–2 政府授权国企投资实施流程

（二）典型案例

河西区红旗西里位于天津市文化中心标志区，项目现状多为2000年以前建成的老旧小区，公共服务设施存在短板，社区商业品质低端，道路通达性不足，现状条件与周边发展环境反差较大。

河西区红旗里项目由河西区人民政府授权天津市河西城市基础设施投资有限公司（以下简称“河西城投”）作为河西区红旗西里项目的实施主体，2022年9月，顺利完成政策性开发性金融工具的申报工作，已与国家开发银行天津市分行签订贷款合同筹集资金用于项目投资，资金额度为4 000万元，期限36个月，目前此项基金已投入使用；2022年10月，顺利完成项目3.2亿元银行贷款审批，中国银行已下达批复，期限12年。

政府通过授权国企的投资模式（即由天津市政府授权河西城投履行业主职责，河西城投按照授权负责整合各类市场主体资源）推动城市更新，项目实施后能够有效改善人居环境，改善民生福祉，促进产业转型升级，实现存量空间资源提质增效，提升城市活力。项目实施符合国家和天津市战略发展要求，建设方案、投资规模合理，建设资金来源有保障。

河西区红旗西里城市更新项目融资流程见图4–3。

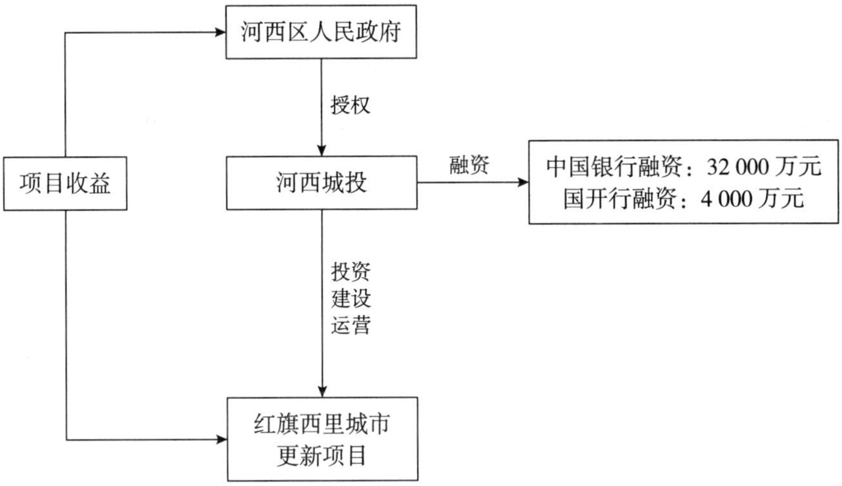

图 4–3 河西区红旗西里城市更新项目融资流程

（三）会计处理

政府授权国企的投资模式，其项目实施主体为国企单位，国企可以寻找社会投资方成立项目公司。本章节的会计处理主要站在社会投资方的角度进行分析，只对社会资本方会计处理进行列示，不包括政府方的会计处理。社会资本方如能控制项目公司的经营管理，则按照成本法核算其持有的股权。社会资本方如不能控制项目公司的经营管理，只能施加重大影响，则按照权益法核算其持有的股权。

1. 初始阶段

社会资本方以货币资金方式投入资本金的会计处理如下：

借：长期股权投资（成本法/权益法）

　贷：银行存款

2. 持有阶段

（1）成本法。当社会资本方能控制项目公司的经营管理，长期股权持有期间的核算采用成本法，被投资单位宣告分派的现金股利或利润，都确认为当期投资收益，会计处理为：

借：应收股利

　贷：投资收益

当项目公司派发现金股利时，会计处理为：

借：银行存款

贷：应收股利

（2）权益法。当社会资本方不能控制项目公司的经营管理，长期股权持有期间的核算采取权益法，应按项目公司实现的净利润中企业享有的份额确认投资收益，会计处理如下：

借：长期股权投资——损益调整

贷：投资收益

项目公司宣告发放现金股利或利润时，会计处理如下：

借：银行存款

贷：应收股利

3.后续处置阶段

（1）成本法。处置长期股权投资，其账面价值与实际取得价款之间的差额，应当计入当期损益。会计分录如下：

借：银行存款

贷：长期股权投资——投资成本

投资收益（差额）

（2）权益法。采用权益法核算的长期股权投资，在处置该项投资时，其会计处理如下：

借：银行存款

贷：长期股权投资——投资成本

——损益调整

投资收益

持有期间，因其他综合收益变化计入其他综合收益的金额转入投资收益。

借：其他综合收益

贷：投资收益

（四）税务处理

1.初始阶段

以现金投资，投资方不涉及增值税和企业所得税的税务处理。

2.持有阶段

根据《中华人民共和国企业所得税法》（以下简称《企业所得税法》）第二十六条

第（二）项和第（三）项的规定，符合条件的居民企业之间的股息、红利等权益性投资收益免税，持有期不涉及税务处理。

3.后续处置阶段

（1）增值税。营改增之后，转让非上市公司股权、转让债权，都不属于增值税征收范畴。目前我国未将股东减资及股权转让业务纳入增值税征税范围，因此无须缴纳增值税。

（2）企业所得税。《国家税务总局关于贯彻落实企业所得税法若干税收问题的通知》（国税函〔2010〕79号）规定，企业转让股权收入，应于转让协议生效且完成股权变更手续时，确认收入的实现。转让股权收入扣除为取得该股权所发生的成本后，为股权转让所得。企业在计算股权转让所得时，不得扣除被投资企业未分配利润等股东留存收益中按该项股权所可能分配的金额。对于股权转让涉及的企业所得税按税法要求确认收入，扣除为取得该股权所发生的成本后的差额，需就差额缴纳企业所得税。

《国家税务总局关于企业所得税若干问题的公告》（国家税务总局公告2011年第34号）第五条规定，投资企业撤回或减少投资的税务处理投资企业从被投资企业撤回或减少投资，其取得的资产中，相当于初始出资的部分，应确认为投资收回；相当于被投资企业累计未分配利润和累计盈余公积按减少实收资本比例计算的部分，应确认为股息所得；其余部分确认为投资资产转让所得。被投资企业发生的经营亏损，由被投资企业按规定结转弥补；投资企业不得调整减低其投资成本，也不得将其确认为投资损失。

（3）印花税。《印花税法》规定，对于股权转让涉及的印花税应按“产权转移书据”缴纳。

三、政府发行城市更新专项债投资模式业财税管理

（一）业务描述

以政府为实施主体，通过城市更新专项债或“财政资金+专项债形式”进行投资。城市更新专项债券主要收入来源包括商业租赁、停车位出租、物管等经营性收入以及土地出让收入等。该种模式适用对象为项目具有一定盈利有能力，能够覆盖专项债本息，实现资金自平衡。

从已发行的城市更新专项债券分析，项目类型涵括范围较为广泛，涉及土地储

备、棚户区改造、保障性住房、市政建设、老旧小区等。2023年专项债主要投向十大方向，包括交通基础设施、能源项目、农林水利、生态环保项目、社会事业、城乡冷链物流设施、市政和产业园区基础设施、国家重大战略项目、保障性安居工程、新基建。其中，市政基础设施、城镇老旧小区改造、保障性租赁住房等城市更新强相关领域依然是专项债的重点投资方向。积极利用专项债券与城市更新的有效结合，既为项目资金筹集拓宽了渠道，也为其他地区提供了新思路，有利于加快推进城镇补短板进度，对城市结构调整优化具有深远的意义。

1.模式特点

（1）专项性。有明确的投资方向，侧重于服务国家重大战略及当期国民经济重点工作。

（2）政府性。项目实施主体为政府可控的平台公司，形成资产产权属于地方政府。

（3）收益性。有可靠的稳定的收益来源，可覆盖项目还本付息，项目收益只能用于偿还专项债。

（4）公益性。公益性项目而非纯市场化的商业项目。

2.实施环节

专项债要与项目对应，专项债发行流程自然需要对应的项目的立项过程，要准备项目前期资料，立项、可行性研究报告及批复、规划选址及用地预审意见、环评批复。此外，以下资料可以证明项目成熟度较高：初步设计批复、施工图设计文件的批复、工程公开招标的过程文件、已签订的施工合同、土地使用权证书、建筑工程规划许可证、项目施工许可证、建设用地规划许可证等。成熟度越高的项目在评审时分值越高，越容易获批，主要原因是为了避免专项债资金下达后无法形成实物工作量，造成资金闲置和资源浪费。

3.主要实施流程

相比政府财政资金直接投资的模式，发行城市更新专项债的模式在流程上与财政拨款趋同，关键在于对缓解政府财政压力和要求项目运营收益这两方面规划内容的优化改善。此类模式在项目设计准备阶段就对未来的运营期利润及还本付息金额进行了严格把控，该种投资模式适用于具有一定盈利能力、能够覆盖专项债本息、实现资金自平衡的项目，往往以政府或者地方国企为实施主体，通过城市更新专项债或“财政资金+专项债”形式进行融资。政府发行城市更新专项债投资实施流程见图4–4。

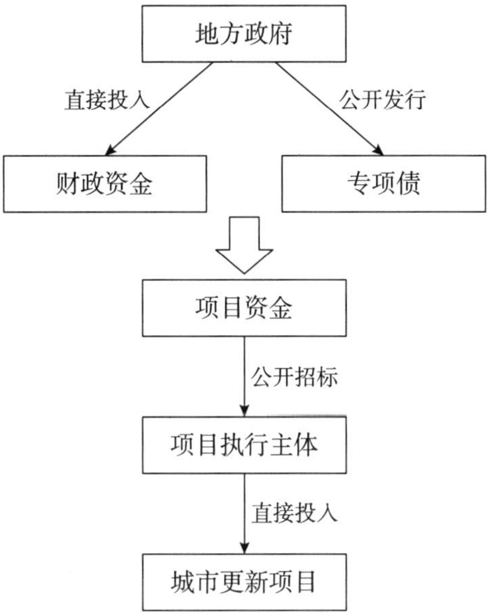

图4-4 政府发行城市更新专项债投资实施流程

4.财税管理内容

（1）税务管理。政府在发放专项债券时，也需要遵守相关的税收政策和法律法规，如按规定缴纳利息税、增值税等税款。

（2）会计处理。按照《财政总预算会计制度》规定，对专项债券用途调整，地方各级财政部门应按有关规定及时对原项目对应的预算科目收入、支出进行调减，对调整安排的项目对应的预算科目收入、支出进行调增。原项目调减的金额应等于调整安排的项目调增的金额。涉及跨地区专项债券调整的，要对专项债券的债务（转贷）收入、债务（转贷）支出等预算科目进行相应调整。涉及跨年度专项债券调整的，要按照收付实现制核算要求，在当年预算收支中对相关预算科目进行调整。

（3）信息公开与监督。政府通过发行专项债券筹集的资金需要缴纳利息和偿还本金，政府应当对专项债券的使用情况要进行公开，包括专项债券的发放渠道、专项债券的使用情况、专项债券的偿还情况等，以便纳税人对政府的税收行为进行监督。

（二）典型案例

济南路片区位于青岛市南区中山路街道。中山路街道位于青岛市主城区的西南边缘，西北临近胶州湾，南接青岛湾，地处青岛历史城区的核心位置。20世纪时，中山路区域作为青岛市政治、经济、文化中心发挥了重要的窗口作用。20世纪90年代之后，随着城市发展进程的加快，青岛市经济中心向东部沿海地区迁移，历史古迹特别是中山路区域逐渐衰退。由于旧区居民居住的房屋多数年久失修，基本生活设施不配套，周边环境质量较差，历史建筑与城市改造缺乏有机结合，制约了区域经济社会的进一步发展，危旧房亟待更新改造。

项目建设内容为区域内居民房屋征收及修缮改造工程，具体包括如下内容。

1. 房屋征收

完成济南路周边剩余未征收居民住宅与非住宅的征收补偿，其中拟征收住宅户数227户，建筑面积9 263平方米；征收非住宅户数6户，建筑面积6 820平方米。

2. 修缮工程

将济南路周边所征收房屋进行拆除（含本次征收及先前已征收的房屋），拆除面积约23 211平方米；完成中山路街道区域内部分已征收房屋的修缮工作，修缮面积约37 249平方米，同时完成区域内部分基础设施工程建设。

济南路片区历史文化街区城市更新项目总投资116 091万元，其中资本金31 091万元，占总投资的26.78%。拟申请政府专项债券资金85 000万元，占总投资的73.22%。

项目收入主要有商业出租收入、客房出租收入，债券存续期内收入合计240 032万元。

2020年9月22日，2020年青岛市（区市级）基础设施专项债券（十一期）–2020年青岛市政府专项债券（二十六期）正式发行，利率3.82%，期限为15年。其中本期发行50 000万元。青岛市政府采取发行专项债券的投资模式促使城市更新得到进一步发展。

第三节　市场主导投资模式的业财税管理

市场主导投资城市更新项目是指由社会资本自主投资、建设、运营的城市更新项目。这类项目主要是由社会资本主导，政府以政策、土地等方式提供支持。这类项目的主要特点是以市场为导向，注重项目的经济效益。

一、开发商主导投资模式业财税管理

（一）业务描述

开发商主导模式是指政府通过出售城市更新用地，将拆迁、安置、建设和经

营管理等责任交由开发商负责，政府仅承担规划审批的职责，不直接参与城市更新过程。

该模式的优点是开发商出于自身利益考虑，会快速推进项目建设、运营，政府只需做好规划和监管；缺点是开发商利益至上，可能会忽视公共设施和空间建设，缺乏整体统筹，且在地产融资受限的情况下，可持续融资面临更大的挑战。这种模式适用于商业改造价值高、规划明确、开发与运营属性强的项目。开发商主导投资模式业务流程如图4–5所示。

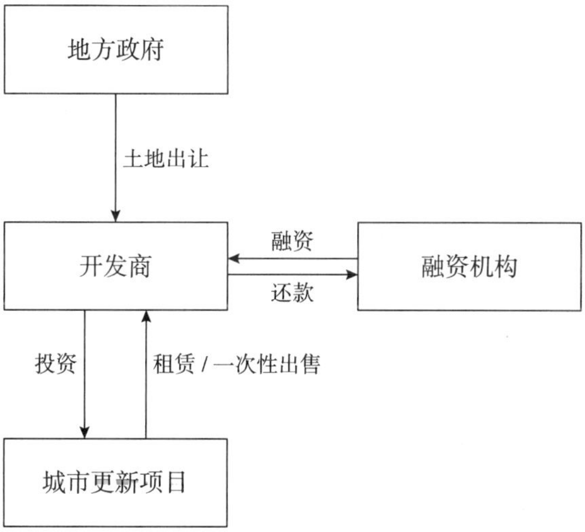

图4–5　开发商主导投资模式业务流程

该开发模式的关键是能够成功获得土地，并在更新改造过程中实现容积率的突破，以平衡投资。否则，开发商将缺乏实施动力，也难以持续发展。深圳、广州在城市更新发展早期主要采取这种方式，并出台了土地协议出让及容积率奖励政策，但国家层面尚未制定相应的引导规定，因此实施效果受到一定限制。

（二）典型案例

广州市海珠区琶洲村实施全面改造项目。琶洲村位于琶洲岛中部珠江南岸，紧邻国际会展中心，地铁4号线与8号线在村东南侧交汇，区位十分优越。

本项目以村社为主体，通过公开招拍挂引进社会资金进行改造。2009年10月，琶洲村全面改造范围内四幅地块开拍，最终保利房地产（集团）股份有限公司（以下简称“保利地产”）以1.42亿元的出让底价拍得该地块，成为琶洲村全面改造项目的唯一投资主体，负责改造项目范围内的安置拆迁、安置区建设及所有市政道路与绿化建设等工作。

本项目改造规划总用地面积75.76万平方米，划分为十三个地块。其中地块一、三、四、五为融资地块，总面积39.85万平方米，政府挂牌出让后，土地使用权归保利公司，改造完成后，批准开发建筑面积为104.2万平方米；地块十与地块十一为回迁安置地块，改造完成后土地使用权归村集体所有；地块十三为中小学用地，改造完成后学校将整体移交政府相关部门，其权属及土地使用权均为国有；其余地块为道路、绿化用地，改造完成后将整体移交政府相关部门。

该项目总投资成本约170亿元，其中地价1.4亿元，改造成本约47亿元，向政府提供琶洲地区综合整治费用3亿元，此外还有大约117亿元的开发用地建设投资。为保障按期回迁，保利地产将自有的260亿元净资产、物业作担保。该项目的投资收益主要来源于融资地块的开发收益。

（三）管理经验总结

1.项目估值方法的选择

城市更新项目的投前阶段价值评估过程中，如果对项目价值的分析与判断过于乐观会出现很大偏差，投前评估大致有以下三个维度。

项目不同阶段的估值模型。第一种：项目各年经济绩效收入按照企业最理想的资本成本作为折现率，计算出当前现值作为目前的估值，该方法适用于成熟运营期的项目；第二种：项目已投入成本+项目预计各年净利润折现值+项目溢价=目前估值，该方法适用于已处于改造中但尚未运营的项目；第三种：通过敏感性分析来计算项目内含报酬率及净现值指标均在最理想状态时项目各敏感经济指标，如单方获取成本、改造成本等，对比市场行情越低越优，该方法适用于仍处于规划阶段尚未改造的项目。

2.构建多维度财务评价指标体系

财务评价是项目投资决策分析的核心内容，为投资者进行决策提供依据。构建多维度财务评价指标体系，可以更全面科学地评价项目的可行性。城市更新项目投资金额大、回报周期长、资金成本高，项目投资回报受资金流因素影响很大。财务评价指标体系中不应只反映项目盈利能力，还需反应项目抗风险能力。

（1）投资项目盈利能力分析主要运用指标：一是销售净利率，分解分析销售净利率时须关注销售毛利率和销售费用率的合理性和可行性。另外，税负率分析要关注各业态土地增值税的计算增值率，合理运用普通住宅增值率20%临界点和各级超率累进税率临界点税务规划策略，审查各业态定价的经济性。二是资本回报率即ROIC（return on invested capital），投入资本为股东权益、有息负债、长期无息负债之和，该指标衡量对项目所有投入资本的使用效率，资本回报率高于加权平均资本成本时投资项目才具有经济可行性。

（2）投资项目抗风险能力分析主要运用指标：一是现金流回正周期，该指标衡量项目回收投资和抗风险能力，应从时间维度和规模维度进行分析。其中规模维度重点分析地价、建设与销售计划、支付计划三大因素，分析现金流回正因素对明确项目经营模式和定位有重要的指导作用。二是内部收益率，即IRR（internal return rate），该指标衡量项目考虑货币时间价值后的预期收益率，分为全投资内部收益率和自有资金内部收益率，分别评价项目的可行性以及股东自有资金的获利能力，通过与股东必要报酬率比较来衡量项目抗风险能力的强弱。

3.充分考虑各种风险因素实施敏感性分析

相比新开发的房地产项目，城市更新项目风险性较大，不确定性因素较多，投资风险较高，因此需要运用敏感性分析方法就各种不确定性因素对财务评价指标带来的影响程度进行分析评价，发现可造成评价指标重大偏差的敏感因素，并充分评估投资风险以及明确风险控制的重点。根据项目的特点选取多种因素分别计算对内部收益率、销售净利率、现金流回正周期等主要财务指标的影响范围。

4.加强投资项目后评价管理，防范投资决策和实施风险

企业应充分认识后评价工作的意义，提高对项目后评价管理的重视，建立和健全以经济效益后评价为核心的后评价管理制度，制定与本企业自身特点和投资项目情况相适应的、操作性强的后评价工作实施细则。城市更新投资项目后评价应重点运用对比分析法，将投资项目阶段性成果及预测整体结果与决策时的各项目标和指标进行对比，评价项目是否达到预期目标，找出偏差和变化，分析原因，得出结论以及改进整改指导意见。

后评价工作应注意遵循定量定性结合原则，后评价报告的编制可从经济效益评价出发，动态计算及预测项目销售净利率、资本回报率、现金流回正周期、内部收益率等财务评价指标，与可行性研究预期目标进行对比分析，找出引起差异的变动因素，针对差异因素展开分析营销、成本、开发、设计等业务关键数据，判断是否按既定的管理目标或设计标准运行。通过业务数据的定量分析，对项目经营管理能力和实现目标能力进行定性评价，找出管理薄弱环节，提出有针对性的整改措施意见。

二、属地企业或居民自主更新投资模式业财税管理

（一）业务描述

属地企业或居民自主更新投资模式是指由属地企业或居民（村集体）自行进行更新改造，以满足诉求者的合理利益诉求，并分享更新收益。

该模式的优势在于更新方式具有较大的灵活性，能够满足多样化的需求，同时减轻了政府财政方面的压力；劣势在于政府的监管难度增大，很难掌控项目的进度，而且容易忽视公共区域的改善提升。该模式适用于具有较高经营价值的项目，主体具备较高的自主诉求。属地企业或居民自主更新投资模式业务流程如图4-6所示。

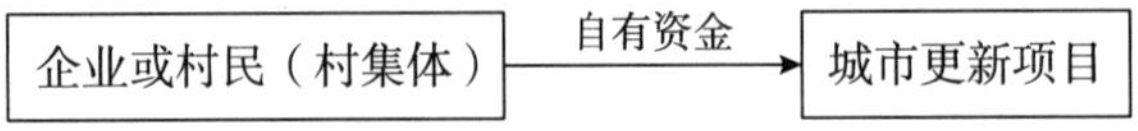

图4-6　属地企业或居民（村集体）自主更新投资模式业务流程

（二）典型案例

广州市黄埔区南岗街沙步旧村改造项目位于广州市黄埔区东部，南邻广州保税区，西临开发大道，东至南岗村，广深公路由北侧经过，处于连接广州开发区东区、西区的咽喉部位。

2010年12月，沙步村表决通过改造方案，采取全面改造、村自主开发的模式进行改造。2021年，沙步旧村改造项目的改造模式由自主改造调整为合作改造，融资地块由村集体经济组织申请协议出让给广州市黄埔区南岗街沙步股份经济联合社（以下简称“沙步股份经联社”）与广州万科企业有限公司的全资公司（以下简称“万科”）共同设立的广州市沙步广裕实业发展有限公司（以下简称“沙步实业”）。沙步实业为沙步旧村项目改造实施主体，沙步股份经联社持股51%，万科持股49%。

改造范围内规划总用地面积158.27公顷，计算容积率总建筑面积403.76万平方米。规划复建安置区总用地87.98公顷，计算容积率总建筑面积207.27万平方米，平均净容积率4.31。经沙步经联社全部股东代表表决，决定将沙步城中村改造中安置地块由集体土地转变为国有土地。融资区面积总计70.29公顷，计算容积率总建筑面积196.49万平方米，平均净容积率约4.16。由村集体经济组织在完成拆补安置后，再按规定申请转为国有土地，直接协议出让给沙步实业，由沙步实业与国土部门直接签订土地出让合同。

本项目投资总额超260亿元，其中改造总成本预计125.51亿元，改造成本包含前期费用、拆迁费用、复建费用和其他费用。

（三）会计处理

此处只对合作企业方会计处理进行列示，不包括联合社的会计处理。合作企业如能控制改造主体公司的经营管理，则按照成本法核算其持有的股权。合作企业如不能控制改造主体公司的经营管理，只能施加重大影响，则按照权益法核算其持有的股权。本案例中万科持股49%，应按权益法进行核算。

1.初始计量

合作企业以货币资金方式投入资本金的会计处理：

借：长期股权投资——投资成本

　贷：银行存款

2.后续计量

合作企业取得长期股权投资后，应当按照应享有或应分担的改造主体公司实现的净损益的份额，确认投资收益，同时调整长期股权投资的账面价值，即改造主体公司产生盈利时：

借：长期股权投资——损益调整

　贷：投资收益

合作企业按照改造主体公司宣告分派的利润或现金股利计算应享有的部分，相应减少长期股权投资的账面价值，即合作企业收到现金股利时：

借：应收股利

　贷：长期股权投资——损益调整

借：银行存款

　贷：应收股利

3.处置

企业处置长期股权投资时，应相应结转与所售股权相对应的长期股权投资的账面价值，出售所得价款与处置长期股权投资账面价值之间的差额，应确认为处置损益。采用权益法核算的长期股权投资，若存在计入其他综合收益、资本公积——其他资本公积中的金额，在处置时亦应进行结转，将与所出售股权相对应的部分在处置时自其他综合收益、资本公积——其他资本公积转入当期损益。

处置以权益法核算的长期股权投资的一般会计分录为：

借：银行存款

  长期股权投资减值准备

 贷：长期股权投资——投资成本

        ——损益调整

        ——其他权益变动（或借方）

        ——其他综合收益（或借方）

  投资收益（倒挤）

同时结转与所出售股权相对应部分的原计入其他综合收益、资本公积——其他资本公积中的金额。

借：其他综合收益

  资本公积——其他资本公积

 贷：投资收益

（四）税务处理

1.初始投资阶段

以现金投资，合作企业不涉及增值税和企业所得税的税务处理。

2.持有阶段

《企业所得税法》第二十六条规定，企业的下列收入为免税收入：……符合条件的居民企业之间的股息、红利等权益性投资收益……《中华人民共和国企业所得税法实施条例》（以下简称《企业所得税法实施条例》）第八十三条规定企业所得税法第二十六条第（二）项所称符合条件的居民企业之间的股息、红利等权益性投资收益，是指居民企业直接投资于其他居民企业取得的投资收益……

合作企业从改造主体公司取得符合条件的股息红利免征企业所得税；股息红利不属于增值税应税范围，不征收增值税。

3.股权处置阶段

（1）增值税。转让非上市公司股权、股东减资均不属于增值税征收范围，无须缴纳增值税。

（2）企业所得税。投资方处置长期股权投资时，需根据处置方式的不同分别确认应纳税所得额。

①股权转让。国税函〔2010〕79号文件规定，企业转让股权收入，应于转让协议生效且完成股权变更手续时，确认收入的实现。转让股权收入扣除为取得该股权所发生的成本后，为股权转让所得。企业在计算股权转让所得时，不得扣除被投资企业未分配利润等股东留存收益中按该项股权所可能分配的金额。股权转让所得=股权转让收入-投资计税基础。

②撤资或减资。依据国家税务总局公告2011年第34号第五条规定，投资企业从被投资企业撤回或减少投资，其取得的资产中，相当于初始出资的部分，应确认为投资收回；相当于被投资企业累计未分配利润和累计盈余公积按减少实收资本比例计算的部分，应确认为股息所得；其余部分确认为投资资产转让所得。

③清算。《财政部 国家税务总局关于企业清算业务企业所得税处理若干问题的通知》(财税〔2009〕60号)规定，被清算企业的股东分得的剩余资产金额，其中相当于被清算企业累计未分配利润和累计盈余公积中按该股东所占股份比例计算的部分，应确认为股息所得；剩余资产减除股息所得后的余额，超过或低于股东投资成本的部分，应确认为股东的投资转让所得或损失。

(五)管理经验总结

1.建立完善有效的管理机制

市场主体主导开发的模式下，市场主体在土地开发时注重短期回报和经济效益，容易忽视城市整体经济和社会更新基础，造成利益冲突、空间失序、分配失衡等问题，企业应建立包括项目决策机制、组织架构、资金管理、财务管理、风险管理等方面的管理机制，明确职责分工、流程规范，确保项目管理的顺畅和有效。

2.加强项目资金管理

城市更新项目需要精细的资金管理，包括预算管理、成本控制、资金监管等方面。项目资金管理需要建立规范的制度和流程，确保项目资金的使用安全、有效、透明。

3.加强社会资本与政府的协调合作

社会资本自主投资城市更新项目需要加强社会资本与政府的协调合作，确保项目能够在政策、土地、环保等方面得到政府的支持和配合。同时，社会资本需要积极参与政府的决策，协调好政府和社会资本的关系，确保项目能够按计划顺利进行。

4.增强项目可持续发展能力

城市更新项目需要具备可持续发展能力，包括环保、社会责任、创新等方面。项目建设过程中需要注重环境保护、社会责任，同时要不断创新，提高项目的竞争力和发展潜力，确保项目的可持续发展。

第四节　多元合作开发投资模式的业财税管理

城市更新项目巨大的资金投入，单独依靠政府转移支付较难实现，需要更多引进国有平台公司、开发商、金融企业等各类主体共同投资。对于公益性要求高、收益回报机制还需要政府补贴、规划调整较复杂的项目，适宜采用多元合作开发，包括PPP、“投资人+EPC”、共同合作等方式。

一、PPP投资模式业财税管理

PPP投资模式充分利用社会资本的价值，支撑政府分散债务，推动政府债务治理向标准化方向发展，已逐渐成为利用社会资本推动城市更新的新方法。由PPP模式下的项目公司作为实施运营主体，负责全过程的投融资、建设、运营、后续维护等工作。该模式适用于公共产品领域、适宜市场化运作，有一定市场收益的项目，如老旧小区改造、历史文化街区改造等。

（一）业务描述

1. PPP投资模式的定义

PPP，即政府和社会资本合作模式，是在基础设施及公共服务领域建立的一种长期合作关系。通常，该模式是由社会资本承担设计、建设、运营、维护基础设施的大部分工作，并通过“使用者付费”及必要的“政府付费”获得合理投资回报；政府部门负责基础设施及公共服务价格和质量监管，以保证公共利益最大化。[1]

PPP项目应同时满足“双特征”与“双控制”的条件。“双特征”包括：（1）社会资本方在合同约定的运营期间内代表政府方使用PPP项目资产提供公共产品和服务；（2）社会资本方在合同约定的期间内就其提供的公共产品和服务获得补偿。“双控制”包括：（1）政府方控制或管制社会资本方使用PPP项目资产必须提供的公共产

[1] 参见《财政部关于推广运用政府和社会资本合作模式有关问题的通知》（财金〔2014〕76号）。

品和服务的类型、对象和价格；（2）PPP项目合同终止时，政府方通过所有权、收益权或其他形式控制PPP项目资产的重大剩余权益。

2. PPP投资的业务运作模式

PPP投资模式作为新开辟出来的政府融资合作形式，以政府和社会资本方相互合作和联系，在公共融资的基础上实现“双赢”或“多赢”目标。政府通过招标的方式选择社会资本方加入公共基础设施项目的规划和建设，同时又通过特许经营合作管理的方式给予社会资本方一定期限的自主运营权利，双方共同出资成立项目公司（即特殊目的公司SPV，special purpose vehicle），项目公司通过提高运营水平实现收益。运营期结束后，项目公司只需要将该项目运营权移交给政府。

PPP投资模式现已被逐步运用到社会中的多个领域，针对资金需求较大和人力、物力需求较高的项目是非常有利的，比如城市更新项目。世界银行通过全面系统分析资产产权归属、商业风险、投资法律关系等几个层面，将广义经济学解释下的传统PPP合作模式大致分为六种运作形式：管理外包运作模式、特许与专营合作模式、服务外包合作模式、租赁模式、剥离模式、BOT模式（建设–经营–移交模式，Build–Operate–Transfer）。比较典型的PPP投资模式下的业务流程如图4–7所示。

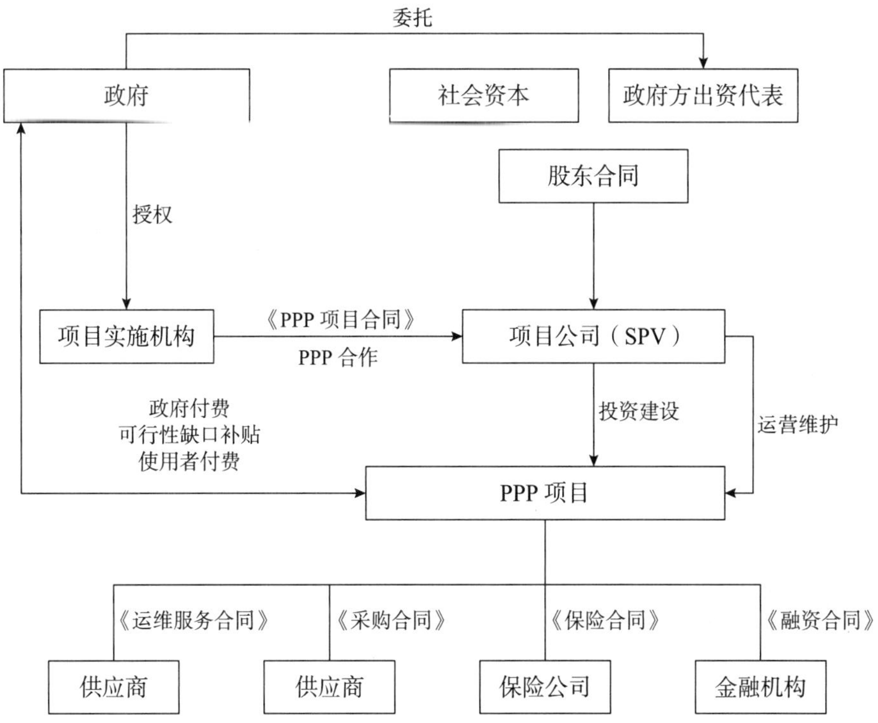

图4–7 PPP投资模式下的业务流程

3. PPP投资退出

社会资本股权转让退出，是指社会资本将其拥有的项目公司股权依法转让给符合条件的受让方，并获取相应的股权对价，从而退出项目公司。即股权转让发生变化的是项目公司的内部股权的变更，项目资产的产权或管理经营权并不发生变化，仍为项目公司所有。

国家现有政策允许PPP项目社会资本有条件退出，如《关于加强中央企业PPP业务风险管控的通知》（国资发财管〔2017〕192号）提出，积极盘活存量投资，完善退出机制。根据自身和项目需要，持续优化资金安排，积极通过出让项目股份、增资扩股、上市融资、资产证券化等多渠道盘活资产、收回资金，实现PPP业务资金平衡和良性循环。

因此，PPP合同可以约定向股东以外的第三人的转股，提前退出项目，也可以约定运营期结束后股权转让给政府方。PPP投资股权转让业务流程如图4-8所示。

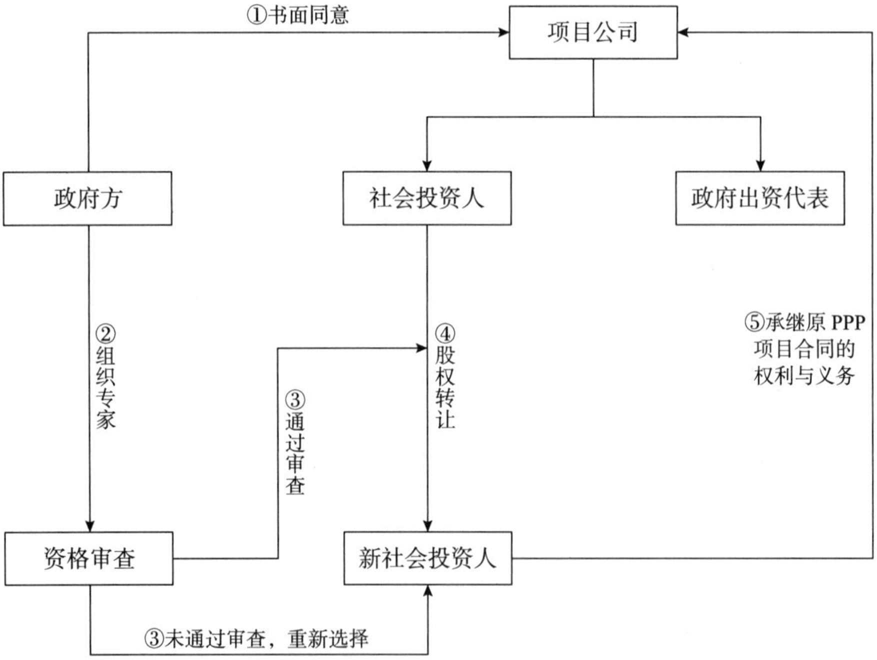

图4-8 PPP投资股权转让业务流程

（二）典型案例

1. 九龙坡区城市有机更新老旧小区改造项目

2020年9月，重庆市住房和城乡建设委员会正式启动九龙坡区城市有机更新老旧小区改造项目，本项目为全国首个采用PPP模式改造老旧小区的项目。项目涉及九龙坡区六个老旧小区改造，改造小区总建筑面积约102万平方米，改造楼栋数366栋，主要改造内容包括基础设施改造、完善工程建设和提升工程建设，项目总投资估算37 180万元。

项目通过公开招标选择社会资本方：北京愿景华城复兴建设公司（78%）、核工业金华建设集团（1%）、九源国际建筑公司（1%），由重庆渝隆资产经营（集团）有限公司（政府出资方20%）与中选的社会资本共同出资组建SPV项目公司——重庆愿景渝隆城市建设发展有限公司，负责老旧小区改造全过程投融资、建设、运营、维护及移交等所有工作。本项目采用ROT运作方式（改扩建–运营–移交，Renovate–Operate–Transfer），项目合作期限为11年（建设期1年，运营期10年）。项目回报机制为可行性缺口补助：老旧闲置办公楼宇和商业楼的有偿使用，沿街铺面、便民服务用房等租赁收费以及停车、物业管理等管理收入均可用作项目成本覆盖，经测算，项目年均经营收入1 068万元，年均可行性缺口补助收入约4 947万元，运营期收入可覆盖投资成本，待合作期满后，项目资产将无偿移交至政府或其指定单位。

该项目采用PPP模式具有六大可行性。

（1）符合国家的宏观政策导向，国家大力鼓励采用PPP模式推动基础设施和公共服务发展。

（2）在当前中央严控政府债务风险的大背景下，采用规范的PPP模式符合政府控债要求。

（3）有利于加快政府职能转变，政府角色从“单一的公共产品提供者”逐步向“公共服务的购买者”转变；从“公共产品生产与监管双重角色”逐步向“公共产品生产与全过程服务的监管者”转变。

（4）有利于缓解财政压力，采用PPP模式政府方前期投入少甚至可以不出资，将财政支出责任后移，可以平滑财政支出，以较少的资金撬动更多的项目。

（5）充分发挥政府的行政优势和社会资本方在施工、项目管理、运营维护等方面的比较优势，有利于提高项目效率和质量。

（6）有利于降低项目全寿命周期成本。评估报告通过物有所值定量、定性分析得出结论，该项目采用PPP模式相较于政府传统采购模式，在提供基础设施及公共服务上可获得更高的效率和更好的效果。

本项目社会资本方北京愿景华城复兴建设公司持股78%，采用成本法核算，核工业金华建设集团与九源国际建筑公司分别持股1%，采用权益法核算。退出时，项目资产将无偿移交至政府或其指定单位，按照合同约定进入清算程序，实现退出。

2. 何棠下村改造项目[1]

何棠下村位于广州市黄埔区中新知识城核心区域龙湖街，南临洋田村、旺村，北临佛塱村、枫下村，东至埔心村、迳下村，西至黄田村。广州开发区城市更新工作领导小组2019年第六次会议审议同意《知识城何棠下旧村改造实施方案》，改造范围（拆旧范围）内总户数为5 490户，总人数为8 114人。改造范围（拆旧范围）内现状实测总建筑面积110.34万平方米，其中村民住宅104.52万平方米，集体物业5.77万平方米，历史文保478.17平方米。另有集体经营性收入场地用地面积3 526.7平方米（地上建筑面积4 055.86平方米），国有经营性收入场地用地面积16 830平方米（建筑面积4 378.71平方米）。

该村改造分为复建地块和融资地块，何棠下村改造工程总成本133.619 7亿元，旧改项目范围内复建安置地块和融资地块均按规定转为国有用地，复建地块和融资地块中的其他部分产权归村个人或村集体或政府所有，融资地块中住宅产权归社会资本所有。项目拟采用"PPP+类REITs"组合融资模式，分两期开发，第一期建设包括整个复建地块和融资地块中商业地产部分，从《龙湖街何棠下旧村改造实施方案》得知，商业用地占总用地的11.05%，预计建筑面积为50.82万平方米。

建设期：采用PPP融资，政府出资方为广州市城市更新局平台公司，乙方为广州市景腾房地产投资有限公司（以下简称"景腾公司"），签订出资协议，合同订立后，成立SPV项目公司，协议中规定政府出资10%，景腾公司出资90%，股权按1：9分配，SPV公司注册资本金总额不低于项目总投资的20%，接着广州城市更新局平台公司与SPV项目公司签订PPP项目合同，合同规定景腾公司对本项目进行投资、融资、设计、建设、运营及移交，复建地块建成后无偿移交政府，对于商业地产政府给予10年特许经营权。其运作模式如图4-9所示。

运营期：商业地产建成后每年产生稳定的租金收益，运营3年后景腾将商业地产作为标的，打包成基础资产进行"类REITs"融资。

特许经营权期满后商业地产无偿转交给政府，由城市更新主管部门平台公司委托运营团队进行日常管理。

项目社会资本方景腾公司持股90%，采用成本法核算退出时，项目资产将无偿移交至政府或其指定单位，按照合同约定进入清算程序，实现退出。

[1] 陈玲燕，王幼松，李嘉鸿. 城市更新项目"PPP+类REITs"融资模式探究［J］. 建筑经济，2023，44（01）.

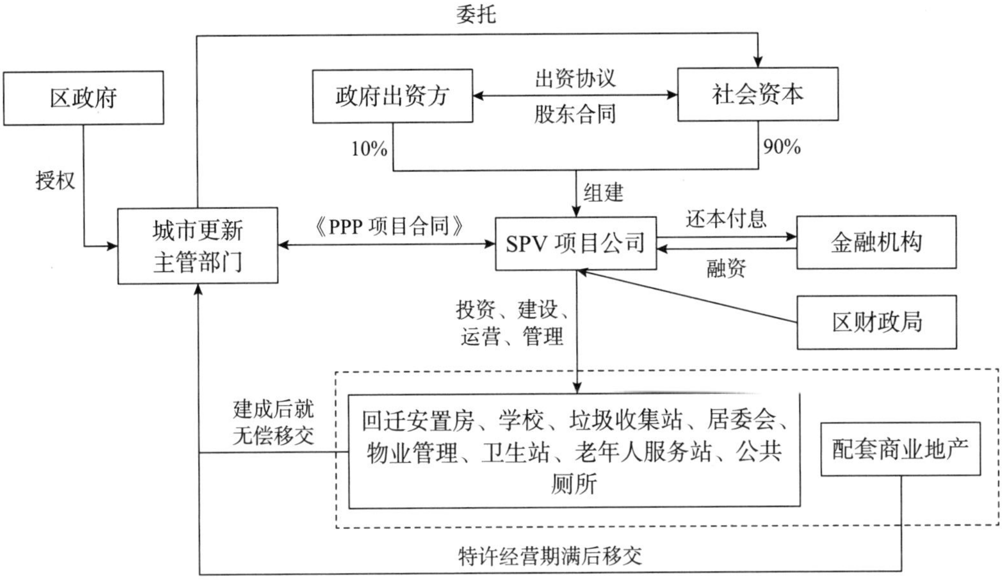

图4-9 城市更新PPP项目运作模式

（三）会计处理

本书只对社会资本方会计处理进行列示，不包括政府方的会计处理。社会资本方如能控制项目公司的经营管理，按照成本法核算其持有的股权。社会资本方如不能控制项目公司的经营管理，只能施加重大影响，按照权益法核算其持有的股权。

1.社会资本方以货币资金方式投入资本金的会计处理

借：长期股权投资（成本法/权益法）

　贷：银行存款

2.社会资本方持有期间的会计处理

（1）成本法。长期股权持有期间的核算为成本法。按照相关准则规定，采用成本法进行核算时，应当按照初始投资成本进行计价，被投资单位宣告分派的现金股利或利润，都确认为当期投资收益。

在会计核算基础上，企业进行长期股权投资与持有的目的不单只是为获取被投资企业实现的利润，更重要的是对被投资企业实施控制或施加影响。因此，在企业长期股权持有期间内，能够对企业的经济利润起到一定的调节作用。

在长期股权持有期间，要对其成本与收益、股息等进行核算与划分。其中的核算包括核算股利和投资收益的积累计算法。即将所持有长期股权从持有之日起到持有至到期后的利润、本金和股利与之相应的不同时期累计的收益作比较，正确地判断企业自投资起到清算长期股权这一时间段内的全部收益。

社会资本方持有长期股权投资期间被投资单位宣告、派发现金股利或利润时，应根据项目公司宣告发放的股利中归属于社会资本方的部分确认投资收益，会计处理为：

借：应收股利

　贷：投资收益

当项目公司派发现金股利时，会计处理为：

借：银行存款

　贷：应收股利

（2）权益法。企业应按项目公司实现的净利润（以取得投资时被投资单位可辨认净资产的公允价值为基础计算）中企业享有的份额确认投资收益，会计处理如下：

借：长期股权投资——损益调整

　贷：投资收益

当项目公司宣告发放现金股利或利润时，会计处理如下：

借：银行存款

　贷：应收股利

3. 社会资本方退出的会计处理

根据我国现行会计制度，股权转让社会资本方适用的会计准则为《企业会计准则第2号——长期股权投资》，具体规定为："处置长期股权投资，其账面价值与实际取得价款之间的差额，应当计入当期损益。采用权益法核算的长期股权投资，在处置该项投资时，采用与被投资单位直接处置相关资产或负债相同的基础，按相应比例对原计入其他综合收益的部分进行会计处理"。

（1）成本法。处置长期股权投资，其账面价值与实际取得价款之间的差额，应当计入当期损益。会计分录如下：

借：银行存款

　贷：长期股权投资——投资成本

　　投资收益（差额）

（2）权益法。采用权益法核算的长期股权投资，在处置该项投资时，采用与被投资单位直接处置相关资产或负债相同的基础，按相应比例对原计入其他综合收益的部分进行会计处理。会计分录如下：

借：银行存款

　贷：长期股权投资——投资成本

长期股权投资——损益调整

投资收益

持有期间，因其他综合收益变化计入其他综合收益的金额转入投资收益。会计分录如下：

借：其他综合收益

　贷：投资收益

（四）税务处理

1.初始投资阶段

以现金投资，投资方不涉及增值税和企业所得税的税务处理。

2.持有阶段

根据《企业所得税法》第二十六条第（二）项的规定，符合条件的居民企业之间的股息、红利等权益性投资收益为免税收入，因此持有期不涉及税务处理。

实务中，考虑到对社会资本风险的补偿，部分PPP合同中可能约定政府方不参与分红或者少参与分红，此时社会资本方取得分红比例高于持股比例，所取得分红是否可以全额享受免税政策呢？

《公司法》第二百一十条规定："公司弥补亏损和提取公积金后所余税后利润，有限责任公司按照股东实缴的出资比例分配利润，全体股东约定不按照出资比例分配利润的除外；股份有限公司按照股东所持有的股份比例分配利润，公司章程另有规定的除外。"同时《企业所得税法》并未进行特殊规定。《国家税务总局所得税司关于企业所得税年度纳税申报表部分填报口径的通知》（税总所便函〔2015〕21号）规定，《符合条件的居民企业之间的股息、红利等权益性投资收益优惠明细表》（A107011）填报说明（一）明确，"依决定归属于本公司的股息、红利等权益性投资收益金额"中填报纳税人按照投资比例计算的归属于本公司的股息、红利等权益性投资收益金额，修改为：填报纳税人按照投资比例或者其他方法计算的，实际归属于本公司的股息、红利等权益性投资收益金额，根据合同约定，社会资本方取得的股息、红利可以享受企业所得税免税优惠。

3.退出阶段

（1）增值税。非上市企业未公开发行股票，其股权不属于有价证券，转让非上市公司股权不属于增值税征税范围。营改增之后，转让非上市公司股权，转让债权，都不属于增值税征收范畴。

目前我国未将股东减资及股权转让业务纳入增值税征税范围，无须缴纳增值税。

（2）企业所得税。股权转让涉及的企业所得税按税法要求确认收入，扣除为取得该股权所发生的成本后，就差额缴纳企业所得税。分红加股东减资与直接转让股权方式相比，哪种方式更省税？

根据《企业所得税法》第二十六条第（二）项，符合条件的居民企业之间的股息、红利等权益性投资收益为免税收入。根据国家税务总局公告2011年第34号第五条，投资企业从被投资企业撤回或减少投资，其取得的资产中，相当于初始出资的部分，应确认为投资收回；相当于被投资企业累计未分配利润和累计盈余公积按减少实收资本比例计算的部分，应确认为股息所得；其余部分确认为投资资产转让所得。被投资企业发生的经营亏损，由被投资企业按规定结转弥补；投资企业不得调整减低其投资成本，也不得将其确认为投资损失。

根据国税函〔2010〕79号文件，企业在计算股权转让所得时，不得扣除被投资企业未分配利润等股东留存收益中按该项股权所可能分配的金额。

依据上述政策规定，股东在采用先分红后减资方式下，股东方需要缴纳的企业所得税税额比股权转让方式下少，实际操作中结合项目自身情况，根据可采用的退出方式进行选择。

（3）印花税。《印花税法》第五条第（二）项规定："应税产权转移书据的计税依据，为产权转移书据所列的金额，不包括列明的增值税税款。"

《印花税税目税率表》规定，产权转移书据中股权转让书据（不包括应缴纳证券交易印花税的）税率为价款的万分之五。

对于股权转让涉及的印花税应按"产权转移书据"缴纳。

二、"投资人+EPC"投资模式业财税管理

（一）业务描述

"投资人+EPC"是将投融资与传统的EPC相结合的一种创新模式，地方政府通过招标方式选择投资人，投资牵头人与设计单位和施工单位组成联合体参与项目投标，并在中标后与政府的平台公司组建项目公司负责合作区域内的项目策划、投融资、建设与运营，待建设完成后将工程移交地方政府或其指定单位。地方政府以合作区域内新增的土地出让收入，税费收入等支付社会资本的投资成本及收益。

在"投资人+EPC"模式下，项目资本金一般主要由社会资本出资，项目融资由

中标人负责。项目资金主要用于征地拆迁、公共服务设施和市政基础设施建设等方面。社会资本投入的征地拆迁费用、工程建设成本等，经政府方审计后作为总投资确认。政府支付的投资成本及收益的支付资金来源，主要是合作区域内新增经营性用地的土地出让金扣除地方留存部分以及区域内新增税费收入。

“投资人+EPC”模式的基本特点为以下四个。①整体授权：规避隐形债务风险，由于“投资人+EPC”模式下，最大的合规问题在于该模式实际挂钩政府方财政，形成政府隐性债务。②滚动开发：投资建设计划与土地收储及出让计划匹配，控制投资峰值，减少资金占用。③封闭运作：项目合作范围内的土地出让金、物业资产和部分增量税收等资金来源专项用于本项目的支出。④自求平衡：在测算平衡的前提下，不占用项目合作范围外的财政资金或经营性资源，实现项目的支出平衡。

“投资人+EPC”模式的一般流程是：①地方政府授权地方国企招投标及项目实施；②地方国企通过招投标程序选择社会资本方；③社会资本方单独或与地方国企成立项目公司；④项目公司与社会资本方签署EPC协议；⑤项目公司进行投资、建设、运营；⑥地方政府向地方国企拨入财政资金；⑦地方国企向项目公司支付投资回报；⑧社会资本方通过出让股权等方式实现退出。“投资人+EPC”模式的典型模式如图4–10所示。

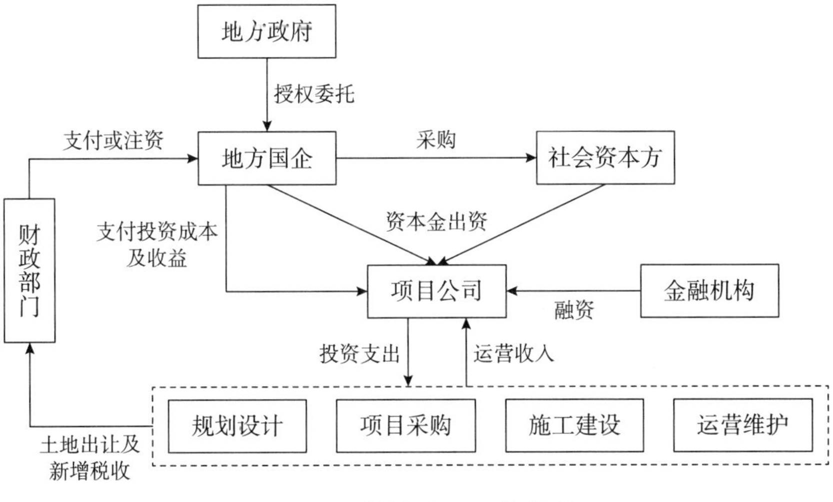

图4–10 “投资人+EPC”模式

“投资人+EPC”模式与PPP模式的区别为以下三个。（1）合作模式不同。“投资人+EPC”模式从某种意义上来讲，是业主单位由于缺乏充足的资金，需要施工单位进行项目资金的融贷投入或者进行辅助融贷工作，从而获得投资回报与工程合同。PPP模式是一种政府与社会资本进行合作的模式，主要合作方是政府和有一定资金实力与技术实力的社会资本，其主要合作范围界定于“公共服务类与基础设施类”。（2）合作对象不同。“投资人+EPC”模式的合作双方可以是企业与企业，也可以是政府与企业，而PPP模式的合作方主要是政府与社会资本方。（3）合作流程不同。“投资人+EPC”模式的合作流程在企业之间、企业与政府之间往往差异较大，企业与政府合作需要考虑“不增加政府负债、项目合规性”等一系列细节问题，企业与企业合作，则较少需要考虑这些问题。PPP模式是合规性比较强的政府进行资金开源合作的项目投资合作模式，其主要符合国家发展改革委、财政部发布的一系列合规性文件要求，如“双特征、双控制”。

（二）典型案例

濮阳市东北旧城更新改造项目位于濮阳主城区东北部，是外部交通经由京开大道、卫都大街、文明路、文化路、绿城路进入城市核心区的必经区域，规划总面积13.44平方千米。项目范围呈不规则形状，整体由两部分组成，京开大道东侧部分与京开大道西侧部分。合作内容包括项目范围内的投融资、勘察、设计、施工、维护（如有）、移交。本项目实施内容主要包括项目规划范围内市政基础设施建设、公共服务设施建设、河道提升改造工程、棚户区改造等。

本项目采用“投资人+EPC”模式。政府方通过公开招标方式选择社会资本方，并与社会资本方共同出资组建项目公司，负责本项目规划范围内的基础设施、公共服务设施、河道提升改造工程、棚户区改造等建设。项目合作期8年，分期开展。

项目公司（濮阳国冶城发建设有限公司）注册资本为10 000万元，政府代表方出资35%，即3 500万元；社会资本方联合体出资65%（重大影响），即6 500万元；项目资本金比例为项目总投资的20%，按投资开发周期及项目建设进度进行匹配。

项目合作期满后，社会资本方在项目公司的全部股权经清算后转让给政府代表方。

项目总投资约117.23亿元，其中工程费用87.94亿元，建设工程其他费19.95亿元（含征地拆迁、安置补偿费用约12.5亿元），预备费4.77亿元，财务费用2.81亿元，项目公司管理费1.76亿元。

征地拆迁、安置补偿由项目公司按初步设计概算金额12.5亿元提供费用，可用于区域内土地的征拆（含可出让土地）包干使用，并计入项目总投资，根据工程建设进度逐步投入。

本案例中，社会资本方中国一冶集团有限公司持股31%，社会资本方五矿证券有限公司持股34%，应采用权益法核算。建设过程中，按EPC合同约定确认收入与成本。项目合作期满后，社会资本方在项目公司的全部股权转给政府代表方，实现退出。

（三）会计处理

社会资本方股权投资会计处理同“PPP投资财税管理”，此处不再赘述，社会资本方提供EPC服务会计处理如下。

1. 单项履约义务判断

对于社会资本方提供EPC服务，根据新收入准则，需要首先识别合同中的单项履约义务，判断E、P、C构成三个单项履约义务还是一或两个单项履约义务。新收入准则中，企业与客户之间的合同同时满足下列条件的，企业应当在客户取得相关商品控制权时确认收入：（1）合同各方已批准该合同并承诺将履行各自义务；（2）该合同明确了合同各方与所转让的商品（或服务）相关的权利和义务；（3）该合同有明确的与所转让的商品相关的支付条款；（4）该合同具有商业实质，即履行该合同将改变企业未来现金流量的风险、时间分布或金额；（5）企业因向客户转让商品而有权取得的对价很可能收回。不满足收入确认前提收到的款项，应确认为负债。根据新收入准则确认的相关原则，建议EPC合同收入可以分项进行确认。在合同签订后可以对合同进行评估，识别出该合同中所包含的设计、施工、建安等单项业务，按照各单项履约义务所承诺的设备或服务的单独售价的比例，将交易价格分摊至各单项履约义务，在控制权转移时分项确认相应的收入。

2. 各单项业务的控制权转移分析

（1）设备采购业务的控制权转移分析。在EPC合同中，主要设备采购是重要的组成部分。工程总承包人根据初步设计及可研报告中规定的设备技术参数、技术条件、功能要求和使用要求，编写采购计划报业主批准后负责组织设备的采购、出厂检验、到达现场后的质量检验、现场入库并维护、施工安装、设备调试等工作。采购设备的供应商也应经过业主同意，为合同中约定的或者需要履行一定的招标程序。承包单位提供的工程设备，在运抵项目现场后，安装调试完成后，控制权即已转移。

（2）设计业务的控制权转移分析。在EPC模式中，Engineering不仅包括具体的设计工作，而且可能包括整个建设工程内容的总体策划以及整个建设工程实施组织管理的策划和具体工作。在整个合同中，属于一种典型的劳务服务。主要工作包括：在设计实施工作中，根据项目的性质和技术要求，提出初步设计方案，编制工程量清单，提交项目预算书；在设计阶段，在确保设计进度、质量、控制投资的前提下，对工艺流程进行审查，进行设计计算，完成施工图设计；后期设计工作包括完成操作手册编写、准备预试车和试车方案，编制备品备件清单等。承包方在向业主提交包括初步设计方案、工程量清单、施工图等相关成果时，应作为控制权转移的标志。

（3）建筑施工业务的控制权转移分析。建筑施工工作主要包括土建、设备安装、试运行等工作。工程承包单位根据承包合同约定的质量标准进行施工，根据合同约定编制项目进度计划，合理有序地组织建筑施工、设备安装等工作。发包方主要负责审查是否按规定的标准规划和时间计划进行施工，并负责对已完工的单项工程进行验收。一般来说，EPC工程采用分步移交验收方式，按照单体建筑物、单体构筑物、设备机组移交验收。移交验收由发包人主持，邀请质监等有关部门和监理人参加组成移交验收小组，按国家有关部门颁发的移交验收管理办法进行验收，并协助移交验收部门报上级主管部门。承包人应当根据相关国家和行业规范标准准备相关备查文件和资料，提交设计报告、施工报告和设备调试报告，说明待移交工程完成质量的现实程度及相关资料。EPC工程合同中施工业务的控制权随着业主对已完工程的检查验收而转移。

3.联合体牵头方净额法、总额法判断

发行人采用净额法与总额法的判断实质在于区分从事交易时为“主要责任人”还是“代理人”，即“在向客户转让商品前是否拥有对该商品的控制权”。企业在向客户转让商品前能够控制该商品的，该企业为主要责任人，应当按照已收或应收对价总额确认收入；否则，该企业为代理人，应当按照预期有权收取的佣金或手续费的金额确认收入，该金额应当按照已收或应收对价总额扣除应支付给其他相关方的价款后的净额，或者按照既定的佣金金额或比例等确定。联合体牵头方一般不承担主要责任，仅承担连带责任，企业在转让商品之前或之后并不承担商品的存货风险，也无权自主决定商品价格，不能主导第三方代表本公司向客户提供服务，不存在将其与其他商品整合或组合转让给客户的情况，采用净额法进行会计核算符合企业会计准则的规定，可参考其他公司EPC项目的收入确认方法（见表4–1）。

表4–1　　其他公司EPC项目的收入确认方法

公司名称	主营业务	确认方法	具体内容
华蓝集团	工程设计	净额法	工程总承包业务是指依托设计专业技术、经验优势和品牌影响力，通过联合具有专业优势的施工单位参与联合体投标，按照合同约定代表业主对工程项目的组织实施进行全过程或若干阶段的管理和服务。在该种模式下，公司并不承担主要设备材料的采购以及主体工程的建设义务，仅负责项目的设计、勘测咨询、项目全过程管理等专项工作。一般而言，合同会对设计费与项目管理费分别约定结算金额和支付方式，设计费收入参照工程设计的规则进行收入确认；项目管理服务收入以工程监理或其他第三方确认的完工进度进行确认

续表

公司名称	主营业务	确认方法	具体内容
深城交	交通规划设计	净额法	公司作为联合体牵头方的项目，联合体成员之间相对独立，内部分工明确，各自工作成果可直接或简单汇总后提交给客户。公司按照合同约定属于公司的部分确认对应的收入，企业作为代理人按照已收或应收对价总额扣除应支付给其他相关方的价款后的净额确认收入，公司收到的联合体成员其他方的款项作为代收代付款
奥雅设计	景观设计	净额法	本公司以设计为主导的EPC总承包业务系公司与建设单位组成联合投标体，共同作为EPC总承包项目总承包商，对工程的“设计、采购、施工”整个过程共同负责。其中，“施工”工作由联合投标体单位负责完成；“设计”“采购”工作均由公司负责完成。报告期内，公司EPC总承包业务系与建设单位组成联合投标体，由公司负责“设计”和“采购”，联合投标体负责“施工”，公司与联合投标体独立开展业务并分别与甲方进行结算。公司仅针对“设计”和“采购”相关的工作成果确认收入，工程施工部分对应的收入并未纳入公司财务核算体系

（四）税务处理

社会资本方股权投资税务处理同“PPP投资财税管理”，此处不再赘述，EPC合同涉税情况如下。

1. EPC总承包方（单一法人单位）与项目公司签订EPC合同

（1）EPC合同保函设计、采购、施工三类业务，属于兼有不同税率的业务。其中设计税率6%，采购税率13%，施工税率9%。根据各地税务机关执行标准，EPC总承包方与业主签订EPC合同，如果合同未分别列示设计、采购、施工价款，存在从高适用税率缴纳增值税的风险。

（2）为防范从高适用税率缴纳增值税的风险，需要对EPC合同价款进行拆分，分别确定价款，向项目公司开具相应税率发票。

（3）EPC总承包方需要与参与方签订设计、采购和施工合同，并取得发票。

2. 由设计、采购、施工单位组成联合体模式与项目公司签订EPC合同

方式一：联合体参与单位分别向项目公司开具发票。

EPC合同中明确约定各联合体成员负责的合同内容及合同价款，分别向项目公司开具发票。

方式二：确定联合体的牵头单位，由牵头单位统一向业主开票。

EPC合同中明确联合体的牵头单位，由牵头单位负责与业主结算，并开具发票。因牵头单位与联合体其他成员没有合同关系，一般仅为联合体协议，因此需要与其他参与单位以合同方式约定，参与单位将发票开具给牵头单位。

EPC合同中分别列示设计、采购、施工价款，应分别按设计（万分之三税率）、采购（万分之三税率）、施工（万分之三税率）计算缴纳印花税。

在EPC模式中，采用方式二会导致重复缴纳印花税。

（五）管理经验总结

1. 加强与主管税务机关沟通

在“投资人+EPC”模式下，无论服务费适用哪种增值税应税项目（实务界存在多种方式），其收入确认和收入确认时间点都存在差异。在财税管理过程中，加强与主管税务机关沟通，明确税务局可接受的税务处理方式，能规避项目公司税务风险，保障企业合法合规经营。

2. 提高经办财务人员业务能力

在“投资人+EPC”模式下，不同的城市更新项目对投资成本和收益收取金额、方式的约定有很大的不同，可能并非都如本节案例能无条件收取可确定金额的服务费。因此服务费的确认可能还要判定为无形资产模式，或者金融资产模式和无形资产模式兼有的混合模式。采用混合模式进行核算需要对无形资产和金融资产进行拆分，核算较为复杂，更需要经办会计人员具备一定的业务能力。

三、“地方政府+房地产企业/国有企业+产权所有者”模式业财税管理

（一）业务描述

地方政府+房地产企业/国有企业+产权所有者模式是指由地方政府负责公共配套设施投入，房地产企业或国有企业负责项目改造与运营，产权所有者协调配合分享收益。通过三方合作，既能够有效加快项目进度，也能提升项目运营收益。该种模式适用对象为盈利能力较好、公共属性及配套要求较强、项目产权较为复杂的项目。

优势是整合各方资源优势，较快解决更新区域产权问题，推进项目有效运营；劣势是涉及主体多，协调难度高，往往受村集体影响较大。

（二）典型案例

深圳市福田区水围村综合整治项目规划面积约8 000平方米，共35栋统建农民楼。

项目2016年启动，2018年完成，为福田区政府提供了504套人才公寓。

项目公共配套部分，由区政府投资，对管道燃气、给排水管网、供电系统等配套设施进行综合整治。针对村民楼部分，由深业集团作为公寓改造和运营方，向水围股份公司（产权所有者）统租29栋村民楼，按照人才住房标准改造后出租给区政府，获得经营收益实现各方共赢。

2017年3月，水围股份公司（产权所有者）将29栋楼的二层以上物业的使用权移交给深业，深业负责这部分房屋的改造和运营，同时向水围股份公司定期缴纳租金（每月70~80元/平方米），二层及以下物业保留集体使用权。深业投资4 000万元对这29栋农民房的内部布局及外部基础设施进行升级改造，2017年12月改造完成。福田区住建局担任项目监理人，在项目改造完成后以每月150元/平方米的价格从深业租赁其负责的物业作为区属公共租赁住房定向分配给福田区相关企业的员工使用。

福田区政府选拔目标企业，并向其员工开放公寓租赁申请通道，租金为每月75元/平方米，与水围村其他私宅租金相当，远低于周边商品房租金（100~120元/平方米）。

人才公寓的升级改造模式在社会和经济成果方面与传统城中村“拆除–重建”模式存在明显差异。第一，“拆除–重建”方法为建筑物和土地确立明晰的正规产权，而人才公寓项目则保留了原始的非正规产权。第二，拆迁过程中财产的原产权通常在村民、开发商、公众间重新分配，而升级改造过程只发生使用权转移，财产所有权仍归原权利人所有。第三，改造升级模式中建筑物的建筑结构保持不变，而“拆除–重建”模式完全推倒重新建造了新的建筑结构。第四，“拆除–重建”给予原业主一次性的补偿，升级改造模式则通过稳定且递增的租金收益保障了业主长期利益。其运作模式如图4–11所示。

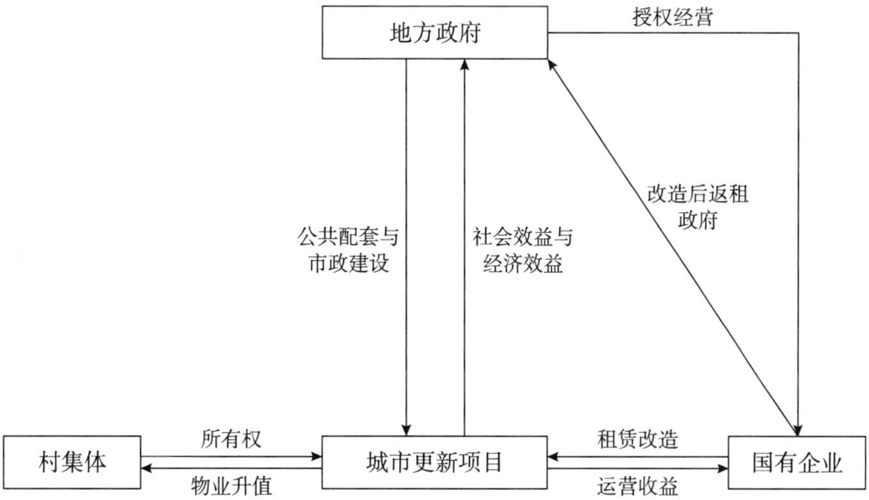

图4–11 地方政府+国有企业+产权所有者模式

（三）会计处理

本节只考虑房地产企业或国有企业的会计处理，以上述案例为例，企业与产权所有人签订长租合同，根据《企业会计准则第21号——租赁》规定，在租赁期开始日，承租人除对采用简化处理的短期租赁和低价值资产租赁之外，应当对租赁确认使用权资产和租赁负债。

1.初始计量

租赁付款额，是指承租人向出租人支付的与在租赁期内使用租赁资产的权利相关的款项，具体包括五项内容。

（1）固定付款额及实质固定付款额，存在租赁激励的，扣除租赁激励相关金额，但不包括合同中约定根据租赁期开始日后的事实或情况发生变化而支付的可变租赁付款额。

（2）取决于指数或比率的可变租赁付款额。

（3）承租人合理确定将行使的合同中约定的购买选择权的行权价格。

（4）合同中约定的承租人行使终止租赁选择权需支付的款项，该选择权应该是合同期内承租人估计将行使的终止租赁选择权。

（5）根据承租人提供的担保余值预计应支付的款项。担保余值是与出租人无关的一方，向出租人提供担保，保证在租赁结束时租赁资产的价值至少为某指定的金额，如果承租人提供了对余值的担保，租赁付款额应包含该担保下承租人预计将支付的金额。

使用权资产是承租人可在租赁期内使用租赁资产的权利。在租赁期开始日，承租人应当按照成本对使用权资产进行初始计量，该成本具体包括：

（1）租赁负债的初始计量金额；

（2）在租赁期开始日或之前支付的租赁付款额，存在租赁激励的，应扣除已享受的租赁激励相关金额；

（3）承租人发生的初始直接费用，初始直接费用是指为达成租赁所发生的增量成本，即若企业不取得该租赁，则不会发生的成本；

（4）承租人为拆卸及移除租赁资产、复原租赁资产所在场地或将租赁资产恢复至租赁条款约定状态预计将发生的成本。

会计分录如下：

借：使用权资产

　　租赁负债——未确认融资费用

银行存款（收到的佣金补偿）

应交税费——应交增值税（进项税额）

贷：租赁负债——租赁付款额

银行存款（租赁付款额及增值税）

银行存款（支付的佣金）

2.后续计量

在租赁期开始日后，承租人应当按照固定的周期性利率计算租赁负债在租赁期内各期间的利息费用，计入当期损益或者相关资产成本。在确认租赁负债的利息时，同时增加租赁负债的账面金额。在按照合同约定实际支付租金时，应减少租赁负债的账面金额。因重估或租赁变更等原因导致租赁付款额发生变动时，重新计量租赁负债的账面价值。

使用权资产折旧的计提方法参照《企业会计准则第4号——固定资产》有关规定，自租赁期开始日起对使用权资产计提折旧。使用权资产通常应自租赁期开始的当月计提折旧，当月计提确有困难的，为便于实务操作，也可以选择自租赁期开始的下月计提折旧，但应对同类使用权资产采取相同的折旧政策。计提的折旧金额应根据使用权资产的用途，计入相关资产成本或者当期损益。

承租人在确定使用权资产的折旧方法时，应当根据与使用权资产有关的经济利益的预期实现方式做出决定。一般按直线法对使用权资产计提折旧。如果其他折旧方法更能反映使用权资产有关经济利益预期实现方式的，可以采用其他折旧方法。在确定使用权资产的折旧年限时，如果承租人能够合理确定租赁期届满时取得租赁资产所有权的，应当在租赁资产剩余使用寿命内计提折旧，承租人无法合理确定租赁期届满时能够取得租赁资产所有权的，应当在租赁期与租赁资产剩余使用寿命两者较短的期间内计提折旧。

会计处理如下：

借：财务费用

贷：租赁负债——未确认融资费用

借：管理费用

贷：使用权资产累计折旧

借：租赁负债——租赁付款额

应交税费——应交增值税（进项税额）

贷：银行存款

3.租赁改良

根据租赁准则第十四条和第十六条，使用权资产是指承租人可在租赁期内使用租赁资产的权利。使用权资产应当按照成本进行初始计量。对于承租人为拆卸及移除租赁资产、复原租赁资产所在场地或将租赁资产恢复至租赁条款约定状态预计将发生的成本，属于为生产存货而发生的，适用《企业会计准则第1号——存货》，否则计入使用权资产的初始计量成本；承租人应当按照《企业会计准则第13号——或有事项》进行确认和计量。参照《企业会计准则——应用指南》(2006)会计科目和主要账务处理，长期待摊费用科目核算企业已经发生但应由本期和以后各期负担的分摊期限在1年以上的各项费用。

承租人发生的租赁资产改良支出不属于使用权资产，应当记入“长期待摊费用”科目。对于由租赁资产改良导致的预计复原支出，承租人应当按照租赁准则第十六条处理。

会计分录如下：

借：长期待摊费用

　贷：银行存款等

借：管理费用等

　贷：长期待摊费用

4.再转租核算

转租期覆盖了原租赁的所有剩余年限，实质上转移了该使用权资产有关的几乎全部风险和报酬，应分类为融资租赁。

(1)终止确认与原租赁相关的使用权资产，并确认转租赁投资净额；

(2)将使用权资产与转租赁投资净额之间的差额转入资产处置损益；

(3)在资产负债表中保留原租赁的租赁负债，该负债代表应付原租赁出租人的租赁付款额；

(4)在转租期内，中间人既要确认转租赁的融资收益，也要确认原租赁的利息费用。

会计分录如下。

(1)转租赁开始日。

借：应收融资租赁款——租赁收款额

　　使用权资产累计折旧

　　使用权资产减值准备

贷：使用权资产

应收融资租赁款——未实现融资收益

资产处置损益

（2）确认转租赁融资收益。

借：银行存款

贷：应收融资租赁款——租赁收款额

应交税费——应交增值税（销项税额）

借：应收融资租赁款——未实现融资收益

贷：其他业务收入、租赁收入

（3）租赁负债的后续计量。

借：租赁负债——租赁付款额

应交税费——应交增值税（进项税额）

贷：银行存款

借：财务费用

贷：租赁负债——未确认融资费用

（四）税务处理

1.企业所得税

《企业所得税法实施条例》第四十七条规定："企业根据生产经营活动的需要租入固定资产支付的租赁费，按照以下方法扣除：

（一）以经营租赁方式租入固定资产发生的租赁费支出，按照租赁期限均匀扣除；

（二）以融资租赁方式租入固定资产发生的租赁费支出，按照规定构成融资租入固定资产价值的部分应当提取折旧费用，分期扣除。"

在税法上，企业所得税法将承租人的租赁支出区分为资本性支出和费用性支出两种情况，将属于经营租赁方式租入资产发生的支出作为费用进行确认并税前扣除。

在会计上，会计准则规定，承租人不再将租赁分类为经营租赁和融资租赁，除采用简化处理方法的租赁之外，均确认使用权资产和租赁负债，并且根据周期性利率进行折算，按现值计量。对承租人所发生的支出，根据经济实质分解为利息支出和使用权支出两部分，分别确认为财务费用和使用权资产折旧费用。

税法与会计对该业务的确认方法、计量属性均存在差异。在进行纳税调整申报时，可以简化处理，仅将计入会计利润中的金额与计入应纳税所得额的金额进行比较，调整其差额，也可以将会计确认计量的各项费用全部纳税调增，按税法的规定计算租赁费或折旧费申报扣除。

租入房屋建筑物固定资产的改扩建支出，按《企业所得税法》第十三条、《企业所得税法实施条例》第六十八条，在税收上作为长期待摊费用处理，按照合同约定的剩余租赁期限分期摊销。会计处理与税务处理一致，不产生税会差异。

关于对外转租，根据《企业所得税法实施条例》第十九条规定，《企业所得税法》第六条第（六）项所称租金收入，是指企业提供固定资产、包装物或者其他有形资产的使用权取得的收入。租金收入，按照合同约定的承租人应付租金的日期确认收入的实现。转租收入应按合同确定企业所得税收入。

2. 增值税

《纳税人提供不动产经营租赁服务增值税征收管理暂行办法》（国家税务总局公告2016年第16号发布）第三条规定："一般纳税人出租不动产，按照以下规定缴纳增值税：

（一）一般纳税人出租其2016年4月30日前取得的不动产，可以选择适用简易计税方法，按照5%的征收率计算应纳税额。

（二）一般纳税人出租其2016年5月1日后取得的不动产，适用一般计税方法计税。

一般纳税人出租其2016年4月30日前取得的不动产适用一般计税方法计税的，按照上述规定执行。"

改造公寓支出应按"建筑服务"取得9%税率的进项发票。

关于转租不动产如何纳税的问题，国家税务总局明确按照纳税人出租不动产来确定。一般纳税人将2016年4月30日之前租入的不动产对外转租的，可选择简易办法征税；将5月1日之后租入的不动产对外转租的，不能选择简易办法征税。

3. 印花税

财产租赁合同属于《印花税法》列举的应纳税凭证之一，按租赁金额千分之一计算缴纳印花税。

第五节 其他创新型投资模式的业财税管理

城市更新投资除了以上提到的投资模式之外，还存在其他创新型投资模式。目前由政府支持，国有企业牵头，联合社会资本设立城市更新基金，成为一种新的模式探索。本节主要对城市更新基金的募集、运营及退出环节在税会处理方面进行探讨。

一、业务描述

（一）城市更新基金概念

城市更新基金是城市更新领域的融资产品，组织形式有公司制、契约制或有限合伙制基金。城市更新基金通过股权融资、债权融资、夹层融资等多种方式，投资于城市更新领域的各个阶段，包括拆迁安置、土地整治、复建工程、商品房建设等[1]。城市更新基金是城市发展基金的一类，属于产业投资基金的一种模式，也是私募性质的股权基金，是通过非公开方式向特定投资者募集资金，主要服务于城市更新建设项目，是一种利益共享、风险共担的基础设施建设投融资工具。根据中国证券投资业基金协会网站公示的信息，截至2023年5月末，有57只私募基金的名称中含有“城市更新”这个词组，仅2023年1月至5月就新增备案4只，随着未来城市更新项目的逐步落地，城市更新基金也会得到快速发展。

（二）城市更新基金投资模式

城市更新项目，尤其是片区综合开发城市更新项目，其投资额动辄几十亿元或上百亿元，所需投入的资本金数额较大，而通过引入城市更新基金就可以缓解投资人面临难点。2019年11月，国务院发布《关于加强固定资产投资项目资本金管理的通知》（国发〔2019〕26号），鼓励项目法人和项目投资方利用发行权益型、股权类金融工具等多种渠道，进行规范筹措投资项目的资本金，但不得超过资本金总额的50%。

相较于银行、保险、信托等金融机构对于房地产企业或地产项目进行融资存在诸多限制，城市更新基金用款限制小，可以用于征拆、拿地。在城市更新项目中征地拆迁安置补偿费用占据城市更新项目较大部分成本支出，且这部分资金受到政策限制，难以通过商业银行贷款解决。而征地拆迁安置费用是城市更新面临的首要问题，它直接涉及项目实施进度，是需要首先解决的一大笔资金。

城市更新基金相对前几年成立政府引导基金或其他产业投资基金而言，出资方除了少部分金融机构外，多数是建筑施工企业出资，如上海城市更新基金、北京海淀区设立城市更新基金。这些企业不仅有较高工程资质，且具有很强融资能力和管理能力，通过基金平台将这些企业捆绑在一起，由企业按照工程量先认购对应的基金份额，解

[1] 陈彦文，谢毓祯.产业基金参与广州市城市更新的融资模式探讨［J］.广东经济，2017（5）：28-31.

决前期资金的瓶颈。

通过对现有不同类型的城市更新基金运作模式和在施城市更新基金投资项目的分析总结，城市更新基金投资一般模式如图4–12所示。

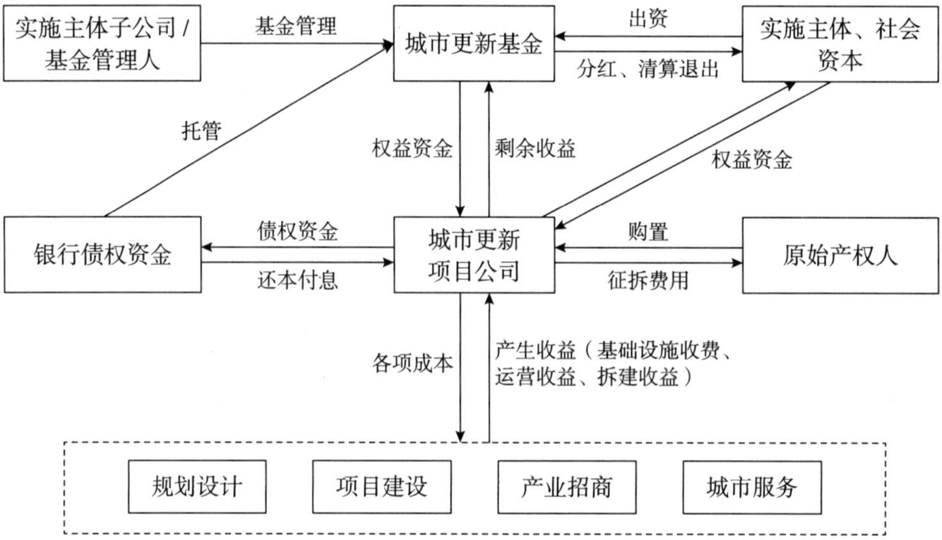

图4–12 城市更新基金投资模式

根据图4–12所示的城市更新基金投资模式，城市更新基金投资模式的主要环节可以分为：基金募集、基金运营、基金清算、项目融资、项目建设、项目运营六个环节。

二、典型案例

根据《“绍芯谷”城市更新基金社会投资方公开征集文件》，“绍芯谷”城市更新基金信息如下。

（1）基金总规模：100亿元。

（2）基金组成（认缴金额）：由绍兴市城市更新基金出资10亿元、滨海新区（三江口公司）出资10亿元，公开征集社会资本80亿元。

基金投资方向：本基金主要投向袍江马海片区“绍芯谷”范围内的产业园区（社区）、综合体、双创基地、人才社区等优质片区更新项目，具体包括：土地、厂房等资产征收（收购），厂房更新改造，拆除重建及周边配套设施建设等。可根据实际需要扩面至袍江片区全域。项目收益主要来源于厂房、办公场地、公寓等租赁收入、广告牌、停车场、物业等社区运营收入。

（3）合作模式：“绍芯谷”城市更新基金按照“政府主导、市场化运作”思路，采取“总-分”合作模式，实行“两步走”。第一步：组建规模100亿元左右的“绍芯谷”城市更新开放式基金总池。第二步：根据片区规划建设实际，按照“成熟一个、落地一个”的原则分期设立项目基金，实行定向投资。

（4）基金存续期：基金存续期不少于5年。

（5）退出方式：基金一般通过到期清算、股权转让、发行REITs等方式实现退出。

从2023年1月16日公示的“绍芯谷”城市更新基金首批社会投资方名单来看，既有中建八局、中建七局、中交建筑集团等建筑施工企业，也有银行等金融机构。

三、会计处理

（一）在基金募集环节投资的会计处理

在基金募集环节，目前市场主流的城市更新基金的组织形式为合伙制，并且房地产和建筑施工企业作为投资人参与合伙制城市更新基金也主要为有限合伙人（LP）。

根据《企业会计准则第2号——长期股权投资》的规定，有限合伙人对城市更新基金的投资应当作为长期股权投资核算，在有限合伙人认缴城市更新基金份额时，其会计处理为借记“长期股权投资——成本”科目，贷记“银行存款”科目。

（二）基金运营环节的会计处理

在长期股权投资核算模式下，由于有限合伙人一般对城市更新基金不具控制或者共同控制，因此按照长期股权投资会计准则，对该笔长期股权投资后续计量采用权益法核算。

当城市更新基金的所有者权益发生变动时，会计处理为借记或贷记“投资收益”科目，同时贷记或借记“长期股权投资——损益调整”科目。

当城市更新基金宣告进行基金分红时，会计处理为借记“应收股利”科目，贷记“长期股权投资——损益调整”科目。

当有限合伙人收到城市更新基金的分红时，会计处理为借记“银行存款”科目，贷记“应收股利”科目。

（三）基金退出环节的会计处理

1.基金清算方式退出

当城市更新基金运作期限届满，或者城市更新基金从城市更新项目退出后不再进行新的城市更新项目股权投资，需要进行基金清算。此时，有限合伙人的会计处理为借记“银行存款”科目，贷记“长期股权投资”科目，同时将投资收回的款项和长期股权投资账面价值的差额借记或贷记“投资收益”科目。

2. 发行REITs方式退出

近年来REITs发展迅速，政府出台各种支持政策，本案例“绍芯谷”基金是首个提出REITs退出方式的百亿城市更新基金。城市更新基金以发行REITs的方式退出，将极大提高城市更新基金投资模式在城市更新中的应用。

公募REITs的一般操作步骤为：原始权益人将底层资产剥离划入干净的SPV公司；基金管理人代表资产支持证券（专项计划）向原始权益人购买SPV公司股权；REITs审批通过后，公募基金向投资者和原始权益人募集资金，并将资金用于认购资产支持证券ABS，然后资产支持证券将资金支付给原始权益人作为项目公司股权转让款。

对城市更新项目公司来说，在发行REITs的各环节中，关键的两个环节为城市更新项目公司将底层资产剥离划入干净的SPV公司的资产转让环节和基金管理人代表资产支持证券（专项计划）向城市更新项目公司购买SPV公司股权的股权转让环节。

城市更新项目公司将底层资产转让设立SPV公司，同时取得其100%的股权，其会计处理为：借记“长期股权投资”科目，贷记“相关基础设施资产”科目。长期股权投资初始确认金额为所支付相关基础设施资产的账面价值。

城市更新项目公司必须将其持有的SPV公司的股权100%转让给REITs下的资产支持专项计划，在对SPV的股权转让环节中的会计处理为：借记“银行存款”科目，贷记“长期股权投资”和“投资收益”科目。银行存款为REITs下的资产支持专项计划所支付的现金，投资收益为股权转让收益。

四、税务处理

（一）基金募集环节税务处理

在基金募集环节，有限合伙人认缴城市更新基金份额不涉及税务处理。

（二）基金运营环节税务处理

针对合伙制城市更新基金对城市更新项目公司投资分回的股息红利所得，《企业所得税法》第二十六条规定符合条件的居民企业之间的股息、红利等权益性投资收益为免税收入。但合伙制城市更新基金不属于居民企业，因此城市更新基金的法人合伙人按照“先分后税”的原则从城市更新基金分回的股息红利所得需要缴纳企业所得税[1]。

针对合伙制城市更新基金产生的亏损，根据《财政部 国家税务总局关于合伙企业合伙人所得税问题的通知》（财税〔2008〕159号）的规定，合伙人在计算缴纳企业所得税时，不得用合伙企业的亏损抵减其盈利。因此有限合伙人按“先分后税”原则从城市更新基金分得的亏损，在计算有限合伙人的企业所得税时不得抵其盈利。会计上法人合伙人会按照城市更新基金的所有者权益变动按比例确认该笔投资亏损，税法中不允许用合伙企业的亏损抵减其盈利，此处存在税会差异，在计算法人合伙人应纳税所得额时需要进行纳税调增。

（三）基金退出环节的税务处理

1. 基金清算方式退出

在城市更新基金清算环节涉及的税种仅有企业所得税。

针对合伙制城市更新基金的投资于城市更新项目公司的股权转让收入，根据财税〔2008〕159号文件的规定，该股权转让收入属于财产转让收入，属于城市更新基金的生产经营所得。依据合伙企业生产经营所得“先分后税”的原则，对于城市更新基金的法人合伙人，应当按适用税率计算缴纳企业所得税。

2. 发行REITs方式退出

城市更新基金以发行REITs的方式退出，对于城市更新项目公司来说，在资产转让和股权转让过程中涉及的税种主要有：企业所得税、增值税、土地增值税。

（1）企业所得税。在城市更新项目公司将底层资产转让至SPV公司，底层资产的评估值一般比其账面价值高，存在金额较高的资产转让所得，应计入城市更新项目公司的企业所得税应纳税所得额。但是，根据《财政部 税务总局关于基础设施领域不动产投资信托基金（REITs）试点税收政策的公告》（财政部 税务总局公告2022年第3号）规定，在设立基础设施REITs前，城市更新项目公司在向SPV公司划转基础设施资产相应取得SPV公司的股权，可以适用特殊性税务处理，即SPV公司取得基础设施资产的计税基础，以基础设施资产在城市更新项目公司的原计税基础确定。因此城市更新项目公司将底层资产剥离划入干净的SPV公司的资产转让环节无须缴纳企业所得税。

---

[1] 谢家珍.基础设施公募REITs企业所得税处理探讨[J].中国注册会计师，2022（6）：113-115.

在城市更新项目公司向REITs下的资产支持专项计划转让其持有的SPV公司股权，存在股权转让所得，应纳入城市更新项目公司的企业所得税应纳税所得额。但是，根据财政部、税务总局公告2022年第3号，基础设施REITs设立阶段，城市更新项目公司在向基础设施REITs转让SPV公司股权实现的资产转让评估增值，在股权转让当期可暂不缴纳企业所得税，可以递延至基础设施REITs完成募资并支付股权转让价款后缴纳[1]。对城市更新项目公司因按照战略配售要求而持有的基础设施REITs份额所对应资产转让的评估增值部分，可以递延至实际转让时缴纳企业所得税。但城市更新项目公司在向基础设施REITs转让SPV公司股权实现的资产转让评估增值，在会计处理时当期会确认投资收益，因此会产生税会差异。

（2）增值税。根据《国家税务总局关于纳税人资产重组有关增值税问题的公告》（国家税务总局公告2011年第13号）的规定，纳税人在资产重组过程中，通过合并、分立、出售、置换等方式，将全部或者部分实物资产以及与其相关联的债权、负债和劳动力一并转让给其他单位和个人，不属于增值税的征税范围，其中涉及的货物转让，不征收增值税。城市更新项目公司将底层资产剥离划入干净的SPV公司时，若将全部或者部分实物资产以及与其相关联的债权、负债和劳动力一并转让给其他单位和个人，不属于增值税的征税范围，则无须缴纳增值税。

（3）土地增值税。根据《财政部 税务总局关于继续实施企业改制重组有关土地增值税政策的公告》（财政部 税务总局公告2021年第21号）以及《财政部 税务总局关于继续实施企业改制重组有关土地增值税政策的公告》（财政部 税务总局公告2023年第51号），按照法律规定或者合同约定，两个或两个以上企业合并为一个企业，且原企业投资主体存续的，对原企业将房地产转移、变更到合并后的企业，暂不征土地增值税；按照法律规定或者合同约定，企业分设为两个或两个以上与原企业投资主体相同的企业，对原企业将房地产转移、变更到分立后的企业，暂不征土地增值税；单位、个人在改制重组时以房地产作价入股进行投资，对其将房地产转移、变更到被投资的企业，暂不征土地增值税；上述改制重组有关土地增值税政策不适用于房地产转移任意一方为房地产开发企业的情形。

城市更新项目公司若非房地产开发企业，则将底层资产剥离划入干净的SPV公司的资产转让行为符合该条款规定，因此不征收土地增值税。

---

［1］ 陈斌才.不动产投资信托基金（REITs）设立阶段税务处理案例分析［J］.财务与会计，2022（19）：46-51.

五、管理经验总结

（一）加强与主管税务机关的沟通

在目前资产划转很难避免土地增值税清算，具体需要和主管税务机关沟通，以及看地方政府是否还有进一步的支持政策，而对于城市更新项目公司而言，一般底层资产的账面值和评估值差异都很大，土地增值税的税负不容小视。城市更新项目公司向SPV公司划转基础设施资产是否满足暂免征收土地增值税的条件，建议纳税人提前与主管税务机关沟通确认。实际上，根据基础设施REITs的重组安排，城市更新项目公司为加快基础设施REITs申报进度，资产重组与股权转让到专项计划之间的时间间隔往往较短，通常会小于12个月。这可能会导致企业无法适用“免税重组”[1]，进而导致城市更新项目公司在基础设施REITs设立之初就承担较重的税负，影响基础设施REITs的后续发行与投资。

（二）约定强制分红条款

虽然城市更新基金收到城市更新项目公司投资分回股息红利所得的业务在会计处理和税务处理方面没有差异，但是有限合伙人可能并未实际收到按照合伙协议约定时间收取的基金分红，对有限合伙人来说增加了税款缴纳的资金负担。建议在合伙协议中约定基金盈利时的强制分红条款，以平衡合伙人的所得税现金支出。

（三）提高母基金出资份额

由于城市更新基金法人合伙人按照“先分后税”原则分得的亏损，不得抵减法人合伙人的盈利，因此城市更新项目的亏损风险增加了城市更新基金法人合伙人的风险。建议法人合伙人在通过城市更新基金参与城市更新项目时，提高在母基金（如有）中的出资份额，以平衡单个城市更新项目出现亏损的风险。

---

［1］ 王有松.发行高速公路公募REITs的思考与建议［J］.交通财会，2023（4）：8-14.

第五章　城市更新融资的业财税融合管理

第一节　城市更新融资政策环境

一、概述

城市更新项目多为系统性工程，项目整体开发周期及投资回报不一，一般为多元股东，经济关系多元化，对资金需求较大，对各股东方及项目自身的融资能力要求较高，能否成功融资是城市更新项目成败与否的关键所在。

近几年我国非常重视政府隐性债务，根据中国人民银行、国家金融监督管理总局、证监会、财政部、农业农村部《关于金融支持全面推进乡村振兴　加快建设农业强国的指导意见》（银发〔2023〕97号）的政策规定，“严禁新增政府隐性债务”。地方政府债券融资是城市更新项目融资模式之一，由于受国家政策的影响，在融资过程中，一方面需要确保项目融资机制及回报机制符合国家政策，另一方面也需要确保股权资金和债务资金投资进度安排满足项目建设资金需求，保障城市更新项目能顺利完成建设并交付使用、可用于经营。

城市更新项目另一种融资模式——股权融资，即项目股东出资，是指在项目投资总额中，由投资方以项目股东身份出资投入的金额，该部分资金主要用于项目建设，各股东根据项目建设进度和融资机构的要求将项目资本金及时、足额注入项目公司，且按其出资比例享有项目所有者权益，该部分资金对应的融资为股东权益资金投入，一般由各股东方承担该部分资金融资的利息和债务。

除股东方注入的股权资金外，其余一般是以项目公司为融资主体进行债权融资，若项目公司无法融资或融资不及时，为保证项目正常施工进展，社会资本方一般会以股东借款或股东担保等方式协助项目公司进行融资，按照项目建设进度要求分批提款。融资方式包括但不限于银行贷款、股东借款、基金、信托等方式，融资金额应全部用于本项目的建设和运营，并足以保证完成本项目的全周期实施。

二、政策限制

城市更新项目股权融资、债权融资的融资主体不同，受政策限制也各不相同。为规范融资活动，相关部门针对不同的融资主体制定了管控政策。

（一）融资主体为政府方

为防范化解地方政府隐性债务风险，国家相关部门相继出台《关于加强地方政府性债务管理的意见》（国发〔2014〕43号）、《关于进一步规范地方政府举债融资行为的通知》（财预〔2017〕50号）、《关于坚决制止地方以政府购买服务名义违法违规融资的通知》（财预〔2017〕87号）、《关于做好2018年地方政府债务管理工作的通知》（财预〔2018〕34号）及《政府投资条例》（国务院令第712号）等规范地方政府投融资行为、防控隐性债务风险的一系列政策，明确"地方政府不得要求企业为其举债""除发行地方政府债，不得以任何形式变相举债""不得以政府购买服务名义违法违规融资""不得授权融资平台公司承担土地储备职能和进行土地储备融资""不得从事违法违规担保承诺行为"等。2021年以来，化解存量地方政府隐性债务，杜绝或控制新增地方隐性债务基本成为当前地方政府隐性债务防控的主旋律；2021年12月中央经济工作会议强调坚决遏制地方政府隐性债务，2023年政府工作报告提出"防范化解地方政府债务风险，优化债务期限结构，降低利息负担，遏制增量、化解存量"。

（二）融资主体为地方城投、平台公司

城投公司是由地方政府设立且承担政府投资和融资职能的独立法人企业，在地方上起着促进经济与产业发展的重要作用。2010年国务院《关于加强地方政府融资平台公司管理有关问题的通知》（国发〔2010〕19号）发布，首次对地方政府融资平台进行规范、清理和整顿，地方政府投融资平台市场化转型由此拉开序幕；2016年中共中央、国务院印发了《关于深化投融资体制改革的意见》（中发〔2016〕18号），明确了投融资体制改革的顶层设计，新一轮投融资体制改革全面展开，地方政府融资平台市场化转型加快推进。2020年6月中央全面深化改革委员会第十四次会议审议通过《国企改革三年行动方案（2020—2022年）》，城投公司市场化转型进入了全面实施阶段。

我国政府相继发布了《关于加强地方政府性债务管理的意见》（国发〔2014〕43号）、《中华人民共和国预算法》、《关于进一步规范地方政府举债融资行为的通知》（财预〔2017〕50号）和《关于坚决制止地方以政府购买服务名义违法违规融资的通知》（财预〔2017〕87号）等法规文件，规范政府投融资平台融资，要求各地地方政

府将政府的融资职能从地方政府的融资平台公司中剥离出去，且地方政府融资平台公司不得新增政府债务，要尽快完成市场化运营国有企业的转型，依法合规开展市场化融资。鼓励投融资平台与社会资本合作，为城市更新提供投融资支撑。

（三）融资主体为社会资本方

社会资本方主要是市场化融资，利用金融市场特别是资本市场进行融资，依据不同的融资产品，对于社会资本方的资质、项目资本金等设有不同条件。近年来，国家出台相关的各项政策，如，国务院《关于加强固定资产投资项目资本金管理的通知》（国发〔2019〕26号），中国银保监会办公厅、住房城乡建设部办公厅和中国人民银行办公厅发布的《关于防止经营用途贷款违规流入房地产领域的通知》（银保监办发〔2021〕39号），《政府投资条例》（国务院令第712号），财政部《关于进一步做好政府和社会资本合作项目示范工作的通知》（财金〔2015〕57号）。具体规定包括但不限于："项目借贷资金和不符合国家规定的股东借款、'名股实债'等资金，不得作为投资项目资本金"；"筹措投资项目资本金，不得违反国家关于国有企业资产负债率相关要求"；"金融工具认定为投资项目资本金的，不得超过资本金总额的50%"；"经营用途贷款不能流入房地产"；"政府投资项目不得由施工单位垫资建设"；"严禁通过保底承诺、回购安排、名股实债等方式进行变相融资，将项目包装成PPP项目"。另外，对于房地产开发商，2020年8月20日，中国人民银行和住房城乡建设部会同相关部门，在前期广泛征求意见的基础上，经过近两年的酝酿，出台了重点房地产资金监管和融资管理规则，根据政策规定，房企融资新规有三条红线不能触碰——"房企剔除预收款后的资产负债率不得高于70%，净负债率不得高于100%，现金短债比不小于1，否则会影响直接融资"。

三、当前形势

结合以上政策背景，当前城市更新融资政策的总体形势如下。

（1）首先是地方政府债券的发行规模无法满足项目需要，政府债券的发行规模与新增项目融资需求不匹配，且地方政府化解大额存量隐性债务的手段及措施不够清晰明朗，地方政府合法合规的低成本融资渠道受限颇多，各方缺乏稳定、理性、长期的合作预期。

（2）其次是地方政府融资平台已相继剥离政府融资职能，不再依附于地方政府信用进行融资，虽然部分地方政府融资平台相继出现融资暴雷事件，但是各金融机构或投资方前后开始设立红色预警名单或者高风险关注区域，在进行投融资时进行多方面衡量与测评，融资平台的重要作用逐渐得到各方认可，融资条件显著好转。

（3）再次是由商业银行主导的金融机构，中长期债权融资难度较大受限较多，且因监管政策限制也无法提供足够的中长期债权性资金，债券的发行及资产证券化等融资工具的应用不够深入和广泛，审批及发行进程缓慢以致其整体流动性较差，银行放款进度与项目资金需求期限或者还款期限无法匹配，部分项目存在用新债还旧债的行为，金融机构面临缺乏优质项目和主体的结构性资产荒，信用分层突出。

（4）最后是央企鉴于资产负债率红线的限制，对于表外融资的需求日益增强，在项目投资中逐渐倾向于投资能实现现金流自平衡的城市更新项目，基础设施REITs和资产证券化的融资方式也逐渐成为各方探索的新目标。

第二节　财政资金融资业财税管理

一、业务描述

（一）概念

各级财政拨付的城市更新资金是城市更新项目重要资金来源之一，地方财政资金直投模式是以政府主导城市更新主要模式之一，利用地方财政资金直接投资城市更新项目建设中的模式。该模式下，各地地方政府通过市场化公开招标引入项目实施主体，负责实施完成老旧小区综合整治、旧区改造等公益性较强的、以地方政府财政收入资金为主要资金来源的城市更新项目。

地方财政资金来源一般为本级政府财政收入，主要为预算内财政资金以及政策性收费资金，融资模式多由政府主导。

（二）分类

财政资金融资是城市更新项目实施中主要的融资模式之一，作为法人单位的企业一般取得以下四种类型财政资金。

第一类资金，指的是公司所接受的国家直接投入的财政资金，以上类型的资金都是由国家对公司所投入的资金，必须作为国家资金。针对一些已经超过注册资本的资金投入来说，必须加大相应的资金溢价。在这之中，关于已经溢出的实收资金，需通过会计师事务所提交有关验资报表可纳入公司的资金溢价。与此同时，公司进行经营时，需要按照国家有关规定，积极投入各种类型的活动之中，贯彻国家相应政策，从而获得来自国家提供的相关政策性资金。这些资金可以被纳入公司正常的资金之中。通常，企业所得到的资金类型具体包括：①政策方面的投入；②国债资金方面的投入；③国家援建工程方面的投入。

除此之外，国家还会向企业投入补贴方面的财政资金。此种资金与第一种资本之间的区别较大。该资金主要是政府提供给公司一个具有指导性作用的资金。同时，在公司接收了此种指导性资金的过程中，还应当依据政府相关部门的文件规定，合理增加部分实收资本，增加部分的实收资本为公司中全体投资人所共有。

第二类资金，国家及有关政府部门为企业提供各种种类的补贴资金，如：企业安置职工就业的奖励款、贷款贴息、税收返还（先征后退、即征即退）、出口退税、科技发展资金、研发经费补助、高新技术企业申报奖励补贴、中小企业发展专项资金、产业技术研究与开发资金、中小企业国际市场开拓资金等。

第三类资金，国家向企业转贷、投入偿还性资助的财政资金，如世界银行贷款项目资金等。这类资金使用后要求企业归还本金。

第四类资金，国家向企业投入的具有专项或特定用途的资金，作为国家的一项资本性投资，其形成企业的专项应付款。

（三）适用项目及主要投向

因该种模式在实际操作中会面临诸如地方财政资金短缺、地方政府筹资能力不足、不能有效利用市场化融资能力等挑战，且地方财政资金投放时需纳入政府投资预算体系内，需按照政府投资条例的要求进行投资，所以该种模式要求地方政府拥有较为雄厚的财力或者具有良好的筹资能力，多适用并投向于资金需求不大的、带有民生公益性质的公益性城市更新项目，如老旧小区改造，片区综合整治项目等。

（四）城市更新项目中的优势及劣势

地方财政资金直投模式的优势是资金流程启动快、付款周期用时短、便于政府对项目的整体投资建设进度把控；缺点是对地方财政资金占用额度较大，受地方财政水平影响大，项目整体更新强度受限。

近年来，其他省份政府针对国家财政资金对城市更新项目的引入也取得了不同成果。2018年10月，为解决香林寺、黑臭河和附近棚户区等集中连片相关设施的不全和堵塞等问题，改善城市环境形象，南京市玄武区人民政府表示将启动香林寺片区环境综合整治工作。项目主要涵盖了河流景观工程、游园绿地工程、楼宇外立面出新等。建设项目由玄武区建设房产局和交通运输局管理并开展实施，涉及征收非经营用房

1 300平方米、经营用房2 300平方米。新建绿道200多米，建设绿化景观，路面硬质铺装改建2.5千米。项目共投资41 000万元，改资金额全部来源于国家财政资金，截至2021年2月，项目的征拆和立面已基本实现。

二、会计处理

根据《企业会计准则第16号——政府补助》、《企业会计准则——应用指南》附录——会计科目和主要账务处理、《企业财务通则》（财政部令第41号）、《企业财务通则（公开征求意见稿）》等规定，结合上述四类资金分别介绍相应的会计处理。

（一）国家直接投入及投入补贴方面的财政资金

企业在取得国家直接投入、投入补贴方面的财政资金后，借记“实收资本——国家资本”科目，而超过注册资本的投资则应增加“资本公积——资本溢价”，同时根据实际情况出具会计师事务所的验资审计报告。

（二）国家及有关政府部门为企业提供各种种类的补贴资金

企业在取得国家及有关政府部门为企业提供各种种类的补贴资金后，根据会计准则的规定分情况进行会计处理。

（1）与收益相关的政府补助。用于补偿企业以后期间费用或损失的，在取得时先借记“银行存款”科目，贷记“递延收益”科目，然后在确认相关费用的期间借记“递延收益”科目，贷记“营业外收入”科目。

（2）用于补偿企业已发生费用或损失的，在取得时借记“银行存款”科目，贷记“营业外收入”科目。与资产相关的政府补助。企业应在收到款项时，按照到账的实际金额，借记“银行存款”等科目，贷记“递延收益”科目。将政府补助用于购建长期资产时，相关长期资产的购建与企业正常的资产购建或研发一致，通过“在建工程”“研发支出”等科目归集，完成后转入固定资产或无形资产。自相关资产可供使用时起，在相关资产计提折旧或摊销时，按照长期资产的预计使用期限，将递延收益平均分摊转入当期损益，借记“递延收益”科目，贷记“营业外收入”科目。相关资产在使用寿命结束或结束前被处置（出售、转让、报废等），尚未分摊的递延收益余额应当一次性转入资产处置当期的“营业外收入”，不再予以递延。

（三）国家向企业转贷、投入偿还性资助的财政资金

企业在取得国家向企业转贷、投入偿还性资助的财政资金后，企业收到时应当借

记“银行存款”科目，贷记“短期借款”或“长期借款”科目，企业进行偿还时，借记“短期借款”或“长期借款”科目，贷记“银行存款”科目。

（四）国家向企业投入的具有专项或特定用途的资金

企业在取得国家向企业投入的具有专项或特定用途的资金后，企业收到时应当借记“银行存款”等科目，贷记“专项应付款”科目。将专项或特定用途的拨款用于工程项目时，借记“在建工程”等科目，贷记“银行存款”“应付职工薪酬”等科目。工程项目完工形成长期资产的部分，借记“专项应付款”科目，贷记“资本公积——资本溢价或股本溢价”科目；对未形成长期资产需要核销的部分，借记“专项应付款”科目，贷记“在建工程”等科目。拨款结余需要返还的，借记“专项应付款”科目，贷记“银行存款”科目。

【例5–1】A省B市于2020年启动了其下某区的城市更新项目，预计总投资700 000万元，政府部门授权有关部门进行招标实施该项目，并要求政府方出资代表与社会资本方共同组建C项目公司。C项目公司资本金为项目总投资的20%，其中，政府方出资代表占股比例为10%，社会资本方占股比例为90%，要求社会资本方不得引入其他社会资本或基金等财务投资人。项目公司和社会资本方的会计核算如下：

社会资本方对项目资本金出资额=700 000×20%×90%=126 000（万元）

政府方对项目资本金出资金额=700 000×20%×10%=14 000（万元）

则C项目公司相关账务处理如下：

借：银行存款	1 400 000 000
贷：实收资本——社会资本方	1 260 000 000
——政府方	140 000 000

【例5–2】（沿用上例）C项目公司于2021年3月15日与企业所在地地方政府签订合作协议，根据协议约定，当地政府将向C项目公司提供1 000万元奖励资金，用于企业的人才激励和人才引进奖励，C项目公司必须按年向当地政府报送详细的资金使用计划，并按规定用途使用资金。协议同时还约定，C项目公司自获得奖励起10年内注册地址不迁离本区，否则政府有权追回奖励资金。C项目公司于2020年4月10日收到1 000万元补助资金，分别在2021年12月、2022年12月使用了400万元、600万元，用于发放给总裁级别类高管年度资金。

C项目公司应当在实际收到补助资金时应当先判断是否满足递延收益确认条件：

如果客观情况表明甲企业在未来10年内离开该地区的可能性很小，比如通过成本效益分析甲企业迁离该地区的成本远远高于收益，这家企业在收到补助资金时，应当记入“递延收益”科目，实际按规定用途使用补助资金时，再结转计入当期损益。

C项目公司选择净额法对此类补助进行会计处理，其账务处理如下。

（1）2020年4月10日，C项目公司实际收到补贴资金。

借：银行存款　　10 000 000

　贷：递延收益　　10 000 000

（2）2021年12月、2022年12月，C项目公司将补贴资金发放高管奖金时，相应结转递延收益。

借：递延收益　　4 000 000

　贷：管理费用　　–4 000 000

借：递延收益　　6 000 000

　贷：管理费用　　–6 000 000

注意，如果C项目公司在收到补助资金时暂时无法确定能否满足政府补助所附条件（如在未来10年内不得离开该地区），则应当将收到的补助资金先记入“其他应付款”科目，待客观情况表明企业能满足政府补助所附条件后，再转入“递延收益”科目。

【例5–3】（沿用上例）按照国家有关政策，C项目公司购置环保设备可以申请补贴以补偿其环保支出。C项目公司2021年1月向政府有关部门提交了210万元的补助申请，作为对其购置环保设备的补贴。2021年3月15日，C项目公司收到了政府补贴款210万元。2021年4月20日，C项目公司购入不需安装环保设备，实际成本为480万元，使用寿命10年，采用直线法计提折旧（不考虑净残值）。假设2029年4月（过去了8年），C项目公司的这台设备发生了毁损。（不考虑相关税费）

（1）2021年3月15日实际收到财政拨款，确认递延收益。

借：银行存款　　2 100 000

　贷：递延收益　　2 100 000

（2）2021年4月20日购入设备。

总额法：

借：固定资产　　4 800 000

　贷：银行存款　　4 800 000

净额法：

借：固定资产　　4 800 000

　贷：银行存款　　4 800 000

同时：

借：递延收益　　2 100 000

　贷：固定资产　　2 100 000

（3）自2021年5月起每个资产负债表日（月末）计提折旧，同时分摊递延收益（假设该设备用于污染物排放测试，折旧费用计入制造费用）。

总额法：

①计提折旧：

借：制造费用　　40 000（4 800 000÷10年÷12个月）

　贷：累计折旧　　40 000

②分摊递延收益（月末）：

借：递延收益　　17 500（2 100 000÷10÷12）

　贷：其他收益　　17 500

净额法：

借：制造费用　　22 500

　贷：累计折旧　　22 500

说明：22 500=（4 800 000–2 100 000）÷10年÷12个月

（4）假设2026年4月设备毁损，同时转销递延收益余额。

总额法：

①设备毁损：

借：固定资产清理　　960 000

　　累计折旧　　3 840 000（8年折旧=40 000×12个月×8年）

　贷：固定资产　　4 800 000

②转销递延收益余额：

借：营业外支出　　960 000

　贷：固定资产清理　　960 000

同时：

借：递延收益　　420 000（2 100 000÷10×2年）

　贷：固定资产清理　　420 000

借：固定资产清理　　420 000

　贷：营业外收入　　420 000

净额法（设备毁损）：

借：固定资产清理　　　　540 000

　累计折旧　　2 160 000（8年折旧=22 500×12个月 ×8年）

　贷：固定资产　　　　2 700 000

借：营业外支出　　　　540 000

　贷：固定资产清理　　　　540 000

总额法和净额法对比见表5–1。

表5–1　　总额法和净额法

事　项	总额法	净额法
（1）2021年3月15日实际收到财政拨款，确认递延收益	借：银行存款　2 100 000 　贷：递延收益　2 100 000	
（2）2021年4月20日购入设备	借：固定资产　4 800 000 　贷：银行存款　4 800 000	借：固定资产　4 800 000 　贷：银行存款　4 800 000 同时： 借：递延收益　2 100 000 　贷：固定资产　2 100 000
（3）自2021年5月起每个资产负债表日（月末）计提折旧，同时分摊递延收益（假设该设备用于污染物排放测试，折旧费用计入制造费用）	①计提折旧： 借：制造费用 40 000（4 800 000÷10年 ÷12个月） 　贷：累计折旧　40 000 ②分摊递延收益（月末）： 借：递延收益 17 500（2 100 000÷10÷12） 　贷：其他收益　17 500	借：制造费用　22 500 　贷：累计折旧　22 500 说明：22 500=（4 800 000–2 100 000）÷10年 ÷12个月

三、税务处理

企业作为参与城市更新项目主体之一，主要涉及增值税、企业所得税的处理，具体情况如下。

（一）增值税处理

根据《国家税务总局关于取消增值税扣税凭证认证确认期限等增值税征管问题的公告》（国家税务总局公告2019年第45号）第七条，自2020年1月1日起，纳税人取得的财政补贴收入，与其销售货物、劳务、服务、无形资产、不动产的收入或者数量直接挂钩的，应按规定计算缴纳增值税；纳税人取得的其他情形的财政补贴收入，不属于增值税应税收入，不征收增值税。

因此，企业在取得的与收入、数量直接挂钩的财政补贴，需要按照其销售货物、劳务、服务、无形资产、不动产的适用税率计算缴纳增值税，并按适用税率开具增值税发票；而取得的与收入、数量不直接挂钩的财政补贴，无须缴纳增值税。

同时，当企业收取款项但未发生销售货物、应税劳务、服务、无形资产或不动产的情形，可以向收款方开具增值税发票。根据《国家税务总局关于营改增试点若干征管问题的公告》(国家税务总局公告2016年第53号)，使用“未发生销售行为的不征税项目”编码，发票税率栏应填写“不征税”，开具“不征税”普通发票，不得开具增值税专用发票。

(二)企业所得税处理

当前，《企业所得税法》第七条已经明确规定了三个类别的不征税收入，分别是财政拨款、国务院规定的其他不征税收入和依法收取并纳入财政管理的行政事业性收费、政府性基金。

同时，《企业所得税法实施条例》第二十六条规定，财政拨款，指各级人民政府对纳入预算管理的事业单位、社会团体等组织拨付的财政资金，但国务院和国务院财政、税务主管部门另有规定的除外。

《国家税务总局关于企业所得税若干政策征管口径问题的公告》(国家税务总局公告2021年第17号)规定，关于企业取得政府财政资金的收入时间确认问题，企业按照市场价格销售货物、提供劳务服务等，凡由政府财政部门根据企业销售货物、提供劳务服务的数量、金额的一定比例给予全部或部分资金支付的，应当按照权责发生制原则确认收入。除上述情形外，企业取得的各种政府财政支付，如财政补贴、补助、补偿、退税等，应当按照实际取得收入的时间确认收入。

《财政部 国家税务总局关于专项用途财政性资金企业所得税处理问题的通知》(财税〔2011〕70号)规定：

(1)企业从县级以上各级人民政府财政部门及其他部门取得的应计入收入总额的财政性资金，凡同时符合以下条件的，可以作为不征税收入，在计算应纳税所得额时从收入总额中减除：①企业能够提供规定资金专项用途的资金拨付文件；②财政部门或其他拨付资金的政府部门对该资金有专门的资金管理办法或具体管理要求；③企业对该资金以及以该资金发生的支出单独进行核算。

(2)根据《企业所得税法实施条例》第二十八条的规定，上述不征税收入用于支出所形成的费用，不得在计算应纳税所得额时扣除；用于支出所形成的资产，其计算的折旧、摊销不得在计算应纳税所得额时扣除。

（3）企业将符合财税〔2011〕70号文件第一条规定条件的财政性资金作不征税收入处理后，在5年（60个月）内未发生支出且未缴回财政部门或其他拨付资金的政府部门的部分，应计入取得该资金第六年的应税收入总额；计入应税收入总额的财政性资金发生的支出，允许在计算应纳税所得额时扣除。

《财政部 国家税务总局关于财政性资金、行政事业性收费、政府性基金有关企业所得税政策问题的通知》（财税〔2008〕151号）规定：

（1）企业取得的各类财政性资金，除属于国家投资和资金使用后要求归还本金的以外，均应计入企业当年收入总额。

（2）对企业取得的由国务院财政、税务主管部门规定专项用途并经国务院批准的财政性资金，准予作为不征税收入，在计算应纳税所得额时从收入总额中减除。所称财政性资金，是指企业取得的来源于政府及其有关部门的财政补助、补贴、贷款贴息，以及其他各类财政专项资金，包括直接减免的增值税和即征即退、先征后退、先征后返的各种税收，但不包括企业按规定取得的出口退税款；所称国家投资，是指国家以投资者身份投入企业、并按有关规定相应增加企业实收资本（股本）的直接投资。

企业在收到财政资金后需要根据政策规定，对于取得的不满足不征税收入规定的财政资金，在取得当期确认为当期应税收入，若取得的财政资金满足不征税收入规定条件的可从收入总额中扣除；在费用的纳税处理方面，对于用取得财政资金支出形成的费用不得在当期企业所得税税前扣除，需要进行纳税调增处理。

（三）印花税处理

企业取得的地方财政资金融资后，对于股权融资产生的实收资本，根据《印花税法》，在取得实收资本后应按万分之二点五在当期申报纳税；属于印花税应税税目，需按万分之二点五税率依法申报纳税；对于债权性融资，在签订借款合同后需按万分之零点五税率依法申报纳税，若债权性融资下未签订相关的应税合同则不需缴纳印花税。

四、税会差异

（一）取得财政资金时处理不同

会计处理根据取得资金的不同分别计入实收资本及其他所有者权益科目、递延收益、专项应付款、营业外收入等；在增值税处理方面，则区分是否与其销售货物、劳务、服务、无形资产、不动产的收入或者数量有关，相关的则确认增值税应税收入，无关的则不确认营业收入；而在企业所得税处理方面，一般取得时计入当期收入总额，在满足不征税收入条件时则可从收入总额中扣除。

（二）取得税收返还时处理不同

在会计处理上，税收返还是政府按照国家有关规定采取先征后返（退）、即征即退等办法向企业返还的税款，属于以税收优惠形式给予的一种政府补助。

在税务处理上，企业按照国务院财政、税务主管部门有关文件规定，实际收到具有专门用途的先征后返（退）、即征即退等办法向企业返还的所得税税款，按照会计准则规定应计入取得当期的利润总额，暂不计入取得当期的应纳税所得额；其他没有国务院财政、税务主管部门有关文件明确规定免税的税收返还，除企业取得的出口退税（增值税进项）外，一般都应作为应税收入征收企业所得税。

五、管理经验总结

（一）建立财政资金专项管理办法

财政资金的管理必须有明晰的办法规定约束，方能有效控制贪污、错算、误算行为。所以，企业必须明晰制度规定，管理人员要根据目前发展和运营状况，掌握财政资金款项的性质，结合企业内部的管理规范和会计制度，在建立财政资金专项管理办法，实现落地见效。按照“专款专用、封闭运行”“一个账户、分项核算”的原则，按照上级批文来确定不同拨款的用途，同时严禁不明原因的挤占、贪污、借用、调整、改变用途等情况出现，同时严禁将其和一般计划费用混淆处理。有关责任人在收到款项的第一时间，立即呈现书面报告，并提交给主管领导和财务总监，同时提供收款证明、款项使用说明等，并逐级传递款项的使用要求，以保证做到“专款专用”，在制度的约束下，科学合理选用会计核算方法，确保工作无纰漏出现。

（二）运用好信息管理平台

传统的财税人员的管理思路以报表为出发点进行相应的财税处理，尽管可以充分反映经营业绩，列账处理好各项费用支出，但效率没有提升，同时在会计核算的流程上，面对庞大的收付体系和烦琐的业务量，极容易发生差错，不利于后期的查账和管控，甚至会干扰管理者的数据使用。引进财务软件等企业内部信息化管理平台，设立财政资金财税处理的专门模块，既可以提高财税人员工作效率，同时也可使得财税人员适时掌握企业自身取得财政资金的相关信息，并对财政资金的财税处理进行专项处理。

（三）建立内部培训机制

如今，虽然财务软件等信息化平台在各个企业中得到普遍运用，但财税人员的流动加大了企业管理难度，同时，企业财税人员日常工作量较大且进行分业务模块化处理，使得财税人员未必能适时准确地处理日常财政资金的财税业务。因此，企业应做好财政资金财税处理的定期培训制度，使财税人员能始终掌握好财政资金财税处理的相关政策及具体处理要求，提高企业财税管理水平。

第三节　地方政府债券融资业财税管理

一、业务描述

（一）概念

地方政府债券融资是以地方政府财力为还本付息担保，以发行债券作为债务筹资凭证，由地方政府承担还本付息责任为筹集地方财政收入而融资的行为。该融资需纳入地方政府的财政预算体系，由地方政府进行统一调配使用，发行主体多为省级政府。地方政府债券实行额度审批制，在发行前需向财政部申请相应额度方可发行。

（二）分类

按照还本付息的资金来源及融资资金用途可将地方政府债券分为地方政府一般债券和地方政府专项债券，二者既有属性相同点，又在发行目的、项目投向、发行期限等方面存在差异。

相同点主要表现在：同属地方政府债券，都纳入地方政府财政预算体系，发行主体都必须是省级政府，都具有地方财政背书和财政担保，债券利息收入都免征企业所得税和个人所得税，资金均仅用于项目建设，不能偿还到期借款，不能用于地方财政日常收支。

不同点主要为：第一，发行目的不同。一般债券是地方政府为了缓解财政临时性的资金压力而发行的地方债券；专项债券是地方政府为了实施某具体项目而发行的债券。第二，项目投向不同。一般债券不限制投向某具体项目，可由政府统筹后投向没有收益的项目，属于哪里需要用哪里；专项债券是就具体项目而发行的，要求专款专用，不得挪用，主要投向于有一定收益的公益性项目。第三，还款资金来源及担保不同。一般债券的还款来源主要是当地政府的一般公共预算收入，其担保主要以地区财政收入为主；专项债券的还款来源及担保主要是具体的项目预期收入或对应的政府性基金收入。第四，收益不同。一般债券收益相对较为稳定，同时也较低；专项债券一般是保本保收益，收益机会相比一般债券较大，收益也略高。第五，发行期限不同。一般债券发行期限主要为1年、3年、5年、7年和10年，2018年又增加了2年、15年、20年三种期限，各地可以根据实际情况确定具体期限，但单一期限占比不得超过当年发行总额的30%；专项债券分为7年和10年，发行规模不得超过全年债券发行量的50%，2020年财政部新增专项债券平均发行期限14.5年。第六，适用管理角度不同，一般债券遵循收支两条线分管模式，纳入一般公共预算体系中管理；专项债券要求专款专用，不能调剂，不得挪用，主要遵循《地方政府专项债券用途调整操作指引》（财预〔2021〕110号）规定，纳入政府性基金预算管理。

从项目投向及还款资金来源来看，地方政府一般债券与地方政府专项债券具有一定的互斥性，某项目如发行一般债券，说明其没有收益，则无法就此项目发行专项债券；同理，如某项目发行专项债券，意味着该项目有收益，则无法就此项目发行一般债券。

虽然二者都用于项目建设，但是因为一般债券主要用地方财政的一般公共预算收入来偿还，而专项债券可用具体对应项目的预期未来收益来偿还，能够在项目层面实现现金流平衡，且纳入政府性基金管理，不计入财政赤字，不占用一般公共预算收入，因此，自推出地方政府债券后，专项债券额度整体呈上升趋势，一般债券额度整体呈下降趋势。为抢抓专项债券发行的政策给予，地方政府多通过政府配套财政资金+发行专项债券形式进行项目投资。

（三）地方政府专项债券概述

地方政府专项债券是指省级政府为有一定收益的公益性项目发行的，约定一定期限内以公益性项目产生的政府性基金或专项收入还本付息的政府债券。《国务院关于加强地方政府性债务管理的意见》（国发〔2014〕43号）及《地方政府专项债务预算管理办法》（财预〔2016〕155号）等相关文件对地方政府专项债券予以明确，明确指出省级政府为地方政府专项债券发行主体，是以对应的政府性基金或专项收入偿还而发行的有偿还计划和稳定偿还资金来源的债券，适用项目为有一定收益的公益性事业发展项目。

省级（省、自治区、直辖市）政府的专项债券额度需在全国人大或其常委会批准的专项债务限额（余额限额和当年新增限额）内发行，市县级政府的专项债券由省级（省、自治区、直辖市）政府在上述经批准的专项债务限额内代为发行后，由省级财政拨付至市县级财政。根据地方政府专项债券的投向来看，其适用的项目类型广泛，从国家重大战略项目、土地储备、棚户区改造、保障性安居工程、收费公路，再到交通基础设施、产业园区、乡村振兴、城镇污水处理、生态环保等。

地方政府专项债券的核心目的是补齐基础设施短板，为重点领域或项目的融资需求提供保障，是稳投资、稳经济、稳发展、扩内需、补短板的重要举措，是近几年地方政府的重要融资工具。

随着地方政府专项债券的应用及不断发展，其种类也随着逐渐丰富和创新，现已具有棚户区改造专项债券、土地储备专项债券、收费公路专项债券、城市更新专项债券等多种类型。

（四）地方政府专项债券的投资方向及主要路径

地方政府专项债券模式多适用并投向于带有营利性质的城市更新项目，要求项目预期未来收益能满足还本付息的要求，能实现现金流自平衡的项目。

地方政府专项债券正面清单主要支持以下九大领域：农林水利、交通基础设施、市政和产业园区基础设施、物流基础设施、保障性安居工程、生态环保、社会事业、能源项目、国家重大战略项目。2023年支持领域在原有九大领域的基础上扩大范围，新增了新型基础设施领域，由九大领域扩展到十大领域。其中，城镇老旧小区改造、保障性租赁住房及市政基础配套设施建设等城市更新相关范畴项目依旧是地方政府专项债券投放的重中之重。

根据《地方政府专项债券资金投向领域禁止类项目清单》（财预〔2021〕115号）要求，地方政府专项债券资金禁止投向楼堂馆所、形象工程和政绩工程、房地产开发等项目，另禁止高风险地区（指上年度地方政府债务风险等级评定为红色的省本级、市本级和县区）投向交通基础设施、社会事业、市政基础设施、棚户区改造项目。

结合项目实操，从城市更新项目的现金流来看，地方政府专项债券用于项目建设的主要投放路径如下：

1. 以项目公司资本金形式投放

地方政府将专项债券资金以资本金形式投放至项目公司，作为符合条件的重大项目资本金。按照《中共中央办公厅 国务院办公厅关于做好地方政府专项债券发行及项目配套融资工作的通知》（厅字〔2019〕33号）规定，其规模占该省份专项债券规模比例不得超出25%。其中，可将地方政府专项债券用作重大项目资本金的10个投向领域分别是：城镇污水垃圾处理、天然气管网和储气设施、铁路、水利、收费公路、城市停车场、干线机场、内河航电枢纽和港口、供水、城乡电网。以项目公司资本金形式投放至项目后，由项目公司通过股权分红、股权转让及减资形式进行还本付息。

2. 以政府直投模式作为补贴资金投放

政府以发债主体招标选定项目的实施主体，以政府直投模式将专项债券投放至项目，还本付息来源为政府性基金收入或经营性专项收入，此种形式一般用于政府直投项目，不涉及其他经济主体利益，无其他社会资本方参与投资，社会资本方多以EPC模式及委托代建模式参与项目建设。

3. 以债务资金形式投放

针对具体项目专门成立项目公司，政府方及其平台公司以股东借款形式或以债权资金形式将专项债券资金转借给项目公司，项目公司以项目未来预期收益进行平衡，以项目收益扣除其他财务成本后的其他收益归还政府方或其平台公司的股东借款，政府方或其平台公司以收到的项目公司还款来进行专项债券的还本付息。

（五）城市更新项目中地方政府专项债券的优势

1. 项目融资与收益平衡，整体风险较低

一般来讲地方政府专项债券较地方政府一般债券的风险更低，原因有三：第一，资金管理风险低。与地方政府一般债券以公共预算还本付息不同，地方政府专项债券是以政府性基金收入或专项收入作为还本付息资金来源，以项目未来预期收益来平衡项目融资资金，一般会要求开立资金专户使得资金专款专用，从而降低专项债券的资金管理风险，隔离市场风险。第二，债券的发行主体决定了专项债券的背书担保风险低。专项债券的发行主体主要为地方政府，其发行以地方政府的财力及信用进行背书担保，为专项债券的发行提供了强有力的信用支持，且项目的收益和资产的管理责任也由地方政府承担，大大降低了专项债券的背书及担保风险。第三，专项债券债务风险低。专项债券是由政府分发的，具体的发行工作由当地财政部门办理，责任主体一般为省级政府，还款来源及担保主要是具体的项目预期收入或对应的政府性基金收入，如当地政府发行的专项债券对应的单项政府性基金不足以进行还本付息，可通过从其相对应的公益性项目中调入专项收入进行弥补，从而降低了债务风险。

2.发债规模和发债主体均有严格限定

从发债规模来看，虽然发达国家的市政债券和我国专项债券都是根据其经济实力和财政状况以及自身建设需求而自主发行的，但是不同的是，发达国家的市政债券在债券规模上是自主决定的，不受限制的，而我国地方政府的专项债券的发行规模有着严格限定，需要控制在国务院设定的规模内，从而达到控制政府整体债务风险及规模的目的。从地方政府专项债券的发行主体看，我国地方政府专项债券的发行主体也被严格限定为省级财政部门。

3.发行成本低且整体收益高

与国债和地方政府一般债券相比，地方政府专项债的主要作用是用来支持具有一定收益的公益性项目。且地方政府专项债券是以地方政府的信用背书，其利率水平及整体稳定性均高于国债和地方政府一般债券，地方政府专项债券的平均发行利率比同期国债利率约上浮25个BP，较市场上一般金融机构的融资成本而言，优势更加明显。且国家对企业和个人所取得的专项债券利息收入免征企业所得税和个人所得税，这在很大程度上为企业和个人降低了投资的成本，还提高了整体的债券收益。

4.期限选择灵活且专款专用

我国专项债券期限选择种类多。《财政部关于进一步做好地方政府债券发行工作的意见》（财库〔2020〕36号）规定："地方财政部门应当保障专项债券期限与项目期限相匹配。新增专项债券到期后原则上由地方政府安排政府性基金收入、专项收入偿还，债券与项目期限不匹配的允许在同一项目周期内接续发行，再融资专项债券期限原则上与同一项目剩余期限相匹配。"同时，专项债券是就具体项目而发行的，其还款来源也来自该具体项目的未来收益，这不仅规范了资金的投放与使用，也便于政府根据专款专用的原则对资金进行监督和管理。另外，有明确的管理办法约定专项债券是不能用于经常性支出的，在设立各主体时，为限制专项债券的特定用途，需设立与单一政府性基金相对应的最低层次主体进行约束和管理。

（六）城市更新项目中地方政府专项债券的劣势及不足

1.项目投资额度及强度会受到限制

地方政府发行城市更新专项债券，虽然在一定程度上协助地方政府解决了财政压力，便于地方政府灵活进行融资，但是因为受到新冠疫情的影响，各地地方政府的经济实力均受到了冲击，地方政府的财政均存在一定压力甚至存在一定缺口，且鉴于土地出让金和部分地方财政税收收入的下降，使得地方政府专项债券总额受限，额度相对项目总投资而言较少，使得项目投资额度及强度会受到限制，更新改造效率不高。

2.出现“资金等项目”的局面

由于城市更新项目前期工作不够扎实，或地方政府对项目包装及策划不足，对相关政策理解不到位，使得发行专项债券必要条件不具备；或城市更新项目实施条件发生变化，达不到专项债券支出条件，造成出现“资金等项目”的局面。

3.资金错配

项目实际推动中受项目征地拆迁、建设用地指标、审批手续流程时间、规划调整、设计需求变更、重大决策变更等客观因素影响或叠加影响，使得专项债券资金到位时间与项目工程施工进度款支付时间出现错配。

二、会计处理

2015年，财政部颁布了《财政部关于地方政府专项债券会计核算问题的通知》（财库〔2015〕91号），文件仅对各地人民政府发放专项债券、获取筹集资助、各级政府部门层层转贷、融资机构从国库中支付使用等多个环节，从政府部门视角给出了会计操作方法，而不涉及政府部门视角的会计核算处理。企业在实操中取得地方政府专项债券融资资金有两种方式：一种是企业以融资方式取得，即地方政府发行专项债券取得资金后，企业向地方政府融资取得该类资金融资；另一种是企业以其他方式取得，例如，政府注入项目公司资本金、政府直投模式投入资金。

（一）企业以融资方式取得

对企业以融资方式取得地方专项债券的会计管理方法的研究必须深入至公司的财务报告中。综合考虑个案和数据的可得性，本节主要针对接收过专项债券资金以及在公开市场发行过企业信用类债务的地方政府类企业主体进行国债募集说明书以及年度报告的采集工作，并同时对财务报表进行了分析（见表5–2）。

表5–2　　部分财政类企业进行专项债资金募集的会计处理

序号	公司名称	投向项目领域	相关处理方法	数据来源
1	SZRC安居公司	保障性安居工程	长期借款	超短融募集说明书（2022）

续表

序号	公司名称	投向项目领域	相关处理方法	数据来源
2	JXJK投资公司	公路	其他权益工具	中票募集说明书（2020）
3	ZJJT投资集团		其他非流动负债	超短融募集说明书（2020）
4	JNSC建设集团		长期应付款	超短融募集说明书（2021）
5	NMGGL交投发展		专项应付款	超短融募集说明书（2022）
6	GXDKW投资集团		长期应付款	超短融募集说明书（2022）
7	FJGS公路集团		长期应付款	超短融募集说明书（2022）
8	WHDT集团	地铁	长期应付款	超短融募集说明书（2020）
9	CDGD交通运输公司		长期应付款	中票募集说明书（2020）
10	SZDT集团公司		专项应付款	中票募集说明书（2020）
11	SHJS有限公司		长期应付款	2020年年度报告
12	BJJC设施投资		长期应付款	超短融募集说明书（2022）
13	SDJC管理集团	机场	长期应付款	公司债券年度报告（2020）
14	SZJC公司		长期应付款	公司债募集说明书（2020）
15	AHTZ控股控股	铁路	长期应付款	超短融募集说明书（2021）
16	GDGJ投资集团		长期借款	超短融募集说明书（2022）
17	JXTL投资集团		其他权益工具	超短融募集说明书（2022）
18	FJTZ开发集团		长期应付款	公司债募集说明书（2022）
19	WHCJ集团	市政与产业园区基础设施城市及产业园区的基础设施、管廊、路面等排水工程	应付债券、资本公积、长期应付款	超短融募集说明书（2021）
20	UXCJ集团	市政基础设施棚改、城市道路施工	长期应付款、资本公积	公司债募集说明书（2021）
21	QDSB城发集团	文化街区修复停车	资本公积	中票募集说明书（2021）
22	QDJZ城发投资	产业园区基础设施	长期应付款	中票募集说明书（2022） 中票募集说明书（2022）
23	UXSW集团公司	城市基础设施路面排水工程雨污分流、防汛排涝	资本公积	中票募集说明书（2022）
24	JTJN城建投资	城市基础设施污水处理、河流整治、老旧住宅改造	专项应付款	超短融募集说明书（2022）

表5-2中多数主体选择了省会的政府类企业龙头，外部资信评估为AA，少数主

体资信评估为AA+。从表格中可以看到，正如前文所述，企业获得专项债券资金既有计入负债的情形，也有计入所有者权益的情况，并且还有先计入负债（长期应付款）再转换为所有者权益（资产公积）的现象。对表5–2中公司获得专项债券资金后的会计处理方法综合整理，进一步剖析有关会计科目的基本概念以及常用会计核算内容，具体如表5–3所示。

表5–3　　专项债券投资公司会计核算有关科目

会计要素	科目	定　义	常见核算内容
负债	长期应付款	本科目核算公司除长期贷款和应付债券之外的其余所有应付款项	包括应付融资租入固定资产的租赁费、以分期付款方法购入固定资产所出现的应付款项等
	长期借款	本科目核算公司向商业银行或其他机构借入的时间为一年以上（不包括一年）的各种贷款	商业银行贷款、信托公司贷款等
	应付债券	本科目核算公司为筹措（长期）资金而发行债券的本金与利息	公司债券、公司债券中期票据等
	其他非流动负债	除长期应付款、长期贷款、应付债券、递延收益之外的非流动负债	—
所有者权益	资本公积	本科目核算公司获得的投资者出资额大于其在注册资本及股本中所占比例的部分。直接计算股东的利得或损失也通过本科目核算	可转换公司债券行权等
	其他权益工具	本科目核算公司发行的除普通股之外的归类为权益工具的各项金融工具。股权工具应当同时符合以下两个要求：该金融工具不包含交付现金或其他金融资产给其他方，或是在潜在的不利条件下与其他方交换金融资产或金融负债的合同义务；二是将来需用或可用公司的自身权益工具支付该金融工具	优先股、永续债等
参照依据：《财政部关于印发〈金融负债与权益工具的区分及相关会计处理规定〉的通知》（财会〔2014〕13号）、《企业会计准则第37号——金融工具列报》（财会〔2017〕14号）			

分析的例子中，在公司获得专项债券资金时最常用的会计处理方法就是列入“长期应付款”项目（包括“专项应付款”）。按照《企业会计准则——应用指南》附录——会计科目和主要账务处理，“长期应付款”项目核算公司除长期贷款和应付债券之外的其余所有应付款项目，比如融资租赁款项，都可视为有息债务的主要组成部分。

少数案例将专项债券资金列入“所有者权益”中的“资本公积”或“其他权益工具”。这里，“资本公积”可理解为地方政府作为企业出资者通过专项债资对公司注入，但是理论上必须符合《政府投资条例》提到的“对确需支持的经营性项目，主要采取资本金注入方式”，并且税收政策上允许专项债券作为项目资本金的特殊投入领域要求。将专项债券资金作为“其他权益工具”项目的个案相对较少，从“其他权益工具”科目的定义出发，“将来须用或可用公司自身权益工具结算该金融工具”这一规定隐含着专项债券成为“权益用具”可进一步周转接续的含义。必须注意的是，因为专项债券的发行者都是地区政府而不是公司，所以当地政府部门作为出资者把专项债券资金投入公司总体上符合《国务院关于加强固定资产投资项目资本金管理的通知》（国发〔2019〕26号）中对企业资本金管理的有关规定。所以，在特殊情况下，专项债券资金可以用来减少公司资产负债率，起到调整财务报告的效果。

（二）企业以其他方式取得

企业以项目公司资本金、政府直投模式等方式取得的地方政府专项债券融资资金，可根据企业会计准则、企业财务通则等政策规定，区分如下情况处理（见表5–4）。

表5–4 《企业财务通则（公开征求意见稿）》关于企业获得财政资金的会计管理方法

处理方式	对应情况
收益或冲减成本	为引导企业进行研究业务、提供市场稀缺商品服务、提高员工技术技能、安置员工等一次性予以的奖励、贴息以及税收返还，冲减有关成本（费用）或者作为收益处理
收益	对企业由于天灾、意外事件、政府征收征用等造成经济损失的援助、赔偿，作为收益处理
负债	企业在约定期内或达到约定要求时应支付的信贷、贷款的资产处理
实收资本或资本公积	1. 对基建项目、重大技术改造等重大工程项目投入予以的补贴，作为实收资本和资本公积，由所有投资人按照获得补贴后的持有份额获得股权。 2. 国家以股东身份注入资金，提高公司的国家资金。拟接受注资的企业必须制定注资方案，确定国家资金所占份额，由占注入前表决权三分之二以上的股东审议通过
收入	企业承担政府采购项目、建设运营政府和社会资本合作（PPP）项目收到的财政资金，应当作为公司进行商品和服务的收入处理

针对上述划分的会计处理，可参考第二节“财政资金融资业财税管理”中的“会计处理”有关内容。对于企业收到有专门用途的地方政府债券专项资金时，通常通过“长期应付款”科目进行核算，在取得时，借记“银行存款”科目，贷记“长期应付

款——地方债券专项资金补助”科目；企业将资金投入相应的建设项目时，借记“相应的资产、费用”科目（如“在建工程”“管理费用——技术改造支出”等科目），贷记“现金、银行存款、应付账款”等科目；建设项目结束后，如果相应的资产要回拨给国家，则借记“长期应付款——地方债券专项资金补助”科目，贷记“固定资产”“在建工程”科目，如果是留在企业形成资本公积或者作为国家的一项出资，那相应的借记“长期应付款——地方债券专项资金补助”科目，贷记“资本公积——地方投资”科目。

三、税务处理

（一）增值税处理

企业取得的地方政府债券融资分情况进行处理，若属于股权性融资，因不属于增值税应税范围无须纳税；而对于取得补贴性的融资资金，则根据国家税务总局公告2019年第45号规定，对于企业取得的补贴性融资资金，判别是否与企业主营业务销售收入或数量相关，若无关则不需要缴纳增值税。

而企业取得的地方政府债券融资后发生的资金存款利息收入属于不征收增值税项目。

（二）企业所得税处理

国家允许地方政府发行地方政府债券，并采取财政部代理发售或者还本付息的方式。在这个“代办”方式下，地方债券信用等级更接近于一般国债。按照企业所得税法、《财政部 国家税务总局关于地方政府债券利息所得免征所得税问题的通知》（财税〔2011〕76号）及《财政部 国家税务总局关于地方政府债券利息免征所得税问题的通知》（财税〔2013〕5号）的要求，对地方税收政策所规定的国债利息减免收入扩围，对企业和个人取得的2009年、2010年、2011年、2012年和2012年以后年度发放的地方政府债券利息收入，作为减免企业所得税和个人所得税范围。现结合地方税收案件分析。

【例5-4】某企业于2023年发生如下地方政府专项债务：

2023年4月1日，在某证券市场上认购了某地区人民政府所签发的2023年债券，票面数额合计约80万元，票面注明的年利率为1.5%，付息时间为每年4月1日。2024年4月1日，该企业获得当地政府国债利息收入1.2万元，并在同年七月一日将该债券出让，出让价款合计83.5万元。

上述业务中实现的当地政府债券利息收入1.2万元减免征税，转让政府债券投资收益3.5万元（83.5–80）应申报缴纳企业所得税。

（三）印花税处理

企业取得的地方政府债券融资分情况处理，若取得股权性融资则企业相应的取得实收资本，根据印花税法规定，在取得实收资本后应按万分之二点五在当期申报纳税；对于债权性融资，在签订借款合同后需按万分之零点五税率依法申报纳税，若债权性融资下未签订相关的应税合同则不需缴纳印花税。

四、管理经验总结

（一）建立地方政府债券融资专项管理办法

地方政府债券融资作为实施城市更新项目企业的主要融资方式之一，在可融金额、融资方式、财税处理方面与其他方式不同，因此，企业必须制定相关管理办法，明确企业管理人员如何进行地方政府债券融资、融资后资金管理等相关内容，帮助企业管理人员做好此项融资资金的管理。例如，当企业管理人员在进行该项资金融资时，掌握项目所在地地方政府债券发行规模、期限、利率等相关重要信息；根据上述信息掌握当地政府对该资金使用安排计划、融资取得部分资金的具体规定；结合地方政府债券资金可融金额进行项目财税策划的前期管理，保障项目的前期资金需求和项目顺利开展。

（二）建立外部信息日常管控机制

与企业自己发债融资不同，通过地方政府债券融资，需要管理人员及时掌握城市更新项目所在地的地方债券的发行规模、使用计划、取得使用的制度规定，对于企业管理人员是一大挑战。在此类资金融资过程中，企业管理人员应通力配合。例如，市场开拓人员积极与当地政府沟通，了解当地地方债权发行规模、具体主管部门等信息，随后及时反馈项目工作人员，进一步了解当地地方债券的适用计划、取得使用的具体规定。企业管理人员要一方面积极与当地政府各部门取得联系，另一方面自身结合城市更新项目经营需要做好财税处理方面的策划，明确地方债券融资的适用金额、可接受融资利率等经济数据，为后续融资决策提供依据。

第四节 银行融资业财税管理

一、业务描述

银行融资是城市更新项目筹资的主要方式，银行主要以“城市更新专项贷款”的形式向城市更新项目提供资金支持。根据银行性质的分类，可将银行融资分为政策性银行融资及商业性银行融资。

（一）政策性银行融资

1.概念

政策性银行贷款由各政策性银行在人民银行确定的年度贷款总规模内，根据申请贷款的项目或企业情况按照相关规定自主审核，确定贷与不贷。我国三大政策性银行分别为国家开发银行（以下简称“国开行”）、中国进出口银行、中国农业发展银行（以下简称“农发行”），三者均由政府创立，以贯彻政府的经济政策为目标，在特定领域开展金融业务的不以营利为目的的专业性金融机构。

在城市更新被列为重大战略后，三大政策性银行积极参与城市更新项目融资业务，全力支持城市更新项目建设，与各地地方政府建立良好的沟通机制，针对不同的项目实施老旧小区改造贷款、城市更新专项贷款、保障性租赁住房贷款等不同融资模式。2021年11月18日，国开行山东省分行与济南古城（明府城片区）项目签约的55.5亿元城市更新专项贷款投放落地；2021年11月12日，农发行苍南县支行针对龙港市沿江板块城市更新项目一期、二期工程获批的两笔城乡一体化贷款顺利投放3.4亿元；2021年12月，国开行大连分行对大连金普新区南部城区城市更新项目授信批复160亿元城市更新专项贷款；2022年，国开行广东省分行与江门市政府为江门人才岛科创示范基地城市更新项目（一期）签约64亿元城市更新专项贷款。

2.政策性银行融资的投资方向

政策性银行在投资方向上倾向于优先支持住建部确定的城市更新试点城市、经济发达地区及国家历史文化名城等；在项目类型选择上，倾向支持实施民生改善、生态环境治理、产业提升及配套、基础设施完善、老旧小区社区改造、园区提升改造、历史风貌保护及文化传承等城市更新项目，其主要投放于公益性及准公益性的城市更新项目。政策性银行对投向项目还本付息方面有较高要求，要求以项目自身未来预期现金流进行还本付息，要求项目自身具备稳定的经营性现金流或其股东可匹配其他强有力的偿债资金来源，要求项目未来预期现金流或股东担保措施可覆盖贷款还本付息金额。

3.政策性银行融资的准入条件

政策性银行融资与国家政策关联较为紧密，对于项目融资的准入审核较为严谨，在制度上会要求项目落实地方政府出台的《城市更新管理办法》或同等效力的政策性文件，以地方政策为基础推进项目建设；项目收益上要求项目收益偿债备付率达到1.2~1.4，要求项目未来预期现金流可覆盖贷款还本付息金额；要求项目整体期限一般不得超出20年；要求不得触碰政府隐性债务、土储贷款和商业房地产贷款三条政策红线；要求实施方案要经过市本级政府部门批准等。

4.政策性银行融资的优势

（1）资金实力雄厚，资金来源有保障。政策性银行属于中央金融机构，一般由政府创立或参股或保证，充当政府发展经济及宏观调控的金融机构，为项目提供国家政策性的专项贷款。政策性银行融资一般与国家或地方政府的政策联系较为紧密，主要资金来源是政府提供的资本金及发行政策性金融债券筹集的资金，资金实力较为雄厚，资金来源相对可靠稳定，能够保障城市更新项目的资金供应。

（2）成本低，利率可控。政策性银行是政府银行，依靠国家政策进行资金投放，不以营利为目的，以贯彻政府的经济政策为目标，在贷款投放时可以做到低息甚至无息。目前国家大力支持城市更新项目的建设发展，政策性银行在政策允许范围内可提供低成本低利率的城市更新专项贷款，在一定程度上可降低项目整体财务成本。

（3）贷款周期长，可与城市更新项目生命周期相匹配。政策性银行融资期限根据项目更新改造规模、拆迁难易度、生命周期等因素确定，多在5年以上，可长达20年，能较好地匹配城市更新项目周期长、资金回收慢的特点，满足城市更新项目整体生命周期融资需求。

（4）政策性银行拥有充足的城市更新项目投融资经验。从土地储备专项贷款，到棚户区改造专项贷款，再到现行的老旧小区改造专项贷款、城市更新专项贷款等模式，在城市更新发展历程中，政策性银行均扮演重要融资角色。其融资模式多样化，且随着城市更新政策的变动不断改进，在项目包装、策划、顶层设计及融资模式探索上积累了大量经验，可在项目实操中提供专业化的融资服务及经验借鉴。

5.政策性银行融资的劣势

（1）审批周期较长。鉴于政策性银行的特殊性，其项目准入及贷款投放条件均较为严苛，对项目准入及放款的审核周期较长，手续较为烦琐，一定程度上会影响项目整体资金流及项目建设进度。

（2）资本金使用监管较严。政策性银行融资对资本金到位有一定限制，放款时一般要求匹配25%的项目资本金，并且对项目资本金的使用进行监管，使得项目资金使用受限。

（3）受政策影响较大，长期贷款收回存在风险。政策性银行融资具有周期长的特征，最长可达20年，但其受政策影响较大，目前已投放的融资资金在政策稳定期影响不大，一旦出现政策变动，则期限长的已投放融资资金存在无法如期收回的风险，从政策性银行催收角度看，已投放资金的顺利收回将存在较大风险。

政策性银行在城市更新领域将继续发挥金融信贷主力军作用，积极探索并制定能够服务国家战略的市场化方式，持续加大重大项目的信贷支持。2021年11月18日，山东省国开行为济南古城（明府城片区）发放了55.5亿元的城市更新专项贷款。国开行城市更新专项贷款服务于城镇化发展，其信贷业务中新型城镇化建设和民生金融专题明确服务于城市更新。2021年11月12日，农发行苍南县支行批准了两笔城乡一体化贷款，总计金额15.5亿元。目前顺利实现贷款投放3.4亿元，用于支持龙港市沿江板块城市更新项目一期、二期。而进出口银行则以转贷款的形式参与到城市更新当中，利用金砖国家新开发银行专项贷款来为雄安新区垃圾综合处理设施一期工程项目提供支持，以使其顺利更新改造成新区内垃圾综合处理站。

（二）商业性银行融资

1.概念

与政策性银行相对，商业性银行是以营利为目的进行资金汇兑结算、吸收社会存款、发放银行贷款以及办理票据贴现等业务的金融机构，其资金来源主要依靠吸收社会存款。商业银行以由国家财政部、中央汇金公司直接管控的四个大型国有银行：中国银行、中国农业银行、中国工商银行、中国建设银行（以下分别简称“中行、农行、工行、建行”）为代表，以“城市更新专项贷款”的形式为城市更新项目建设提供资金支持。城市更新专项贷款是指为完善城市空间功能布局、推动城市高质量发展、促进产业转型升级等，由银行向符合条件的借款人发放的，专项用于解决城市更新项目建设的项目类贷款。

2020年，工行北京分行及北京银行分别为北京菜市口西片老城保护和城市更新项目及项目实施主体设立城市更新专项贷款及融资贷款，两家银行分别提供了13亿元城市更新专项贷款及13亿元融资贷款；2021年工行山东省分行为济南市中区上新街片区城市更新项目发放全省首笔城市更新贷款；2022年，工行及农行为胶州市临空经济区低效片区启动区城市更新项目，批复城市更新专项贷款45亿元。

2.商业银行融资的投资方向

商业银行在投资方向上与政策性银行一样，倾向于优先支持住建部确定的城市更新试点城市及经济发达地区及国家历史文化名城等；在项目类型选择上，倾向支持核心城市具备区位优势和商业升值潜力的城市更新项目，倾向于选择已发展成熟稳定的城市更新项目，适度支持规划条件及改造方案已落实、拆迁签约率已达到最低准入要求的城市更新项目；在投资项目还本付息上要求较高，同样要求以项目自身未来预期现金流进行还本付息，要求项目自身具备稳定的经营性收益或其股东可匹配其他强有力的偿债资金来源，要求项目未来预期现金流或股东担保措施可覆盖贷款还本付息金额。

3.商业银行融资的准入条件

商业银行一般要求项目必须符合国家城市更新的政策方针，已纳入当地城市更新规划，已取得合法合规手续；要求项目具有稳定的现金流，具备足够的偿债能力及信用背景，以确保融资资金的安全及贷款资金按预定期限回收；要求项目自有资金比例符合贷款行要求，各商业银行要求不一；要求按照各家银行白名单客户选择借款人。商业银行在对城市更新项目进行融资审批时侧重于关注项目是否符合当地城市更新政策及城市更新发展规划；项目是否符合《住房和城乡建设部关于在实施城市更新行动中防止大拆大建问题的通知》（建科〔2021〕63号）对项目拆旧比、拆建比、就地就近安置率、租金年度增长率的要求；项目所在地政府是否出具相关文件提供政策保障；项目一二级土地联动开发模式是否有政策支持；项目未来预期收益是否可覆盖还本付息等。

4.商业银行融资的优势

（1）资金来源及融资形式多样。商业银行的资金来源主要为吸收社会存款，资金来源多样，资源整合能力较强，在客户信用征询及资金管理方面有着较大优势。商业银行可根据项目需求及借款主体信用资质的不同匹配不同的融资形式，诸如开发贷、前期贷、供应链金融、流动性贷款、固定资产贷款、城市更新专项贷款等形式。

（2）受政策影响较小，授信流程及放款流程简化。较政策性银行融资而言，商业银行融资受政策影响较小，整体授信审批及放款审批手续简化，侧重于对借款主体信用或项目收益等方面进行审批，对政策要求较少，流程审批时间缩短，能较好地匹配项目建设进度需求。

5.商业银行融资的劣势

（1）不确定影响因素较多，项目风险不可控。城市更新项目从建设期到回购期或运营期的生命周期跨度一般较长，项目体量及资金需求均较大，项目收益进度受征地拆迁、开发建设、运营回购的影响较大，且因城市更新业务模式与房地产行业及土地出让有一定关联性，受房地产及土地的调控政策和市场波动的影响较大，使得商业银行对城市更新项目的融资存在不可控风险。

（2）贷款投放区域差异化大。商业银行在项目区域偏好上倾向于城市更新试点城市及经济发达的核心城市；在项目类型选择上，倾向于选择已发展成熟稳定的城市更新项目，使得贷款投放集中于珠三角、长三角、京津冀等发展较快的区域。因各地的地方法规不一、各地政府在城市更新项目上的实施专业化程度不一，使得商业银行在全国范围内城市更新专项贷款投放存在较大差异。

（3）融资期限不匹配，成本及履约风险较大。城市更新项目报批报建、征地拆迁等工作耗时较长，项目多会跨越土地开发和项目建设两个周期，整体融资需求时间较长，而商业银行城市更新专项贷款的融资投放周期一般较短，存在期限错配风险，一旦项目生命周期延长，则会显著增加项目整体财务成本及还款履约风险。

商业银行通过提供专项贷款的方式来参与城市更新项目。以四大行为例，中农工建全都发放了城市更新专项贷款。2021年1月14日，建行常州溧阳支行成功投放当地首笔城市更新类贷款6.6亿元，以支持溧阳经济开发区老城区改造和城市更新项目。农行武汉分行则于2021年9月30日发放归元西B片区城市更新改造项目贷款27亿元，并已拨款3.21亿元。中行在2010年11月6日落地了首笔城市更新专项贷款，共计6亿元，用于东西湖区域内28个城市更新项目。工行在2021年11月17日落地首笔城市更新专项贷款，用于济南市中区上新街片区城市更新。

二、会计处理

下文根据《企业会计准则第17号——借款费用》、会计准则应用指南等政策规定，分别介绍相应的会计处理。

（一）专门借款及一般借款账务处理

企业城市更新项目借款因用途不同可分为一般借款和专门借款两种形式，企业为自身某项活动而专门借入的款项为专门借款，其他形式的借款为一般借款。对于相关的借款费用，企业应依据准则要求进行相应处理，将达到资本化要求的费用计入相关资产成本，将其他的费用在发生时据实计入当期损益。

为了对发生的借款费用进行准确的确认和计量，企业应合理确定资本化期间。开始资本化需要同时满足以下三个条件：一是已经发生了为购建或者生产符合资本化条件的资产而支付现金、转移非现金资产或者承担带息债务的情形，此为资产支出已经发生；二是已经介入了专门借款或占用了一般借款从而产生了费用，此为借款费用已经发生；三是使资产达到预定可使用或者可销售状态所必要的购建或者生产活动已经开始，若仅持有资产而未进行任何改变其形态的实体建造或生产工作，则不应予以资本化。

对于专门借款产生的辅助费用，若是在资本化期间且达到资本化要求的，应该在发生时计入相关资产的成本；若其产生的辅助费用并不在资本化期间或者达不到资本化要求的，则应在发生时据其实际发生额确认为费用，计入当期损益，这与一般借款产生的辅助费用的会计处理一致。

在将借款费用资本化的过程当中，若企业资本化过程发生非正常中断连续超过三个月，应立刻暂停资本化。非正常中断通常是因为管理、决策方面的原因或者其他不可预见的原因，若中断是所购建资产达到预定用途所必须执行的程序，则不应停止资本化，应继续将相应借款费用计入资产成本。借款费用资本化计入的资产达到预定用途后，相应的借款费用应计入当期损益。

对于借款费用的会计处理，在资本化期间，每一会计期间的利息资本化金额，应按如下规定计算：为购买、建造或者生产符合资本化条件的资产而借入专门借款的，应当以此项借款在当期实际产生的利息扣除将尚未动用的资金存入银行所能取得的利息收入，或将尚未动用的资金暂时进行投资所能取得的投资收益后的金额确定。若购建或者生产符合资本化条件的资产占用了企业的一般借款，则企业应首先根据一般借款加权平均利率确定资本化率，再将超过专门借款部分的累计资产支出加权平均数乘以所占用一般借款的资本化率，计算确定一般借款应予资本化的利息金额。

基本建设期内，企业可予以资本化的借款利息应借记“在建工程或研发支出——资本化支出”科目，费用化的借款利息则借记“财务费用”科目，贷记“应付利息”科目。

【例5–5】C项目公司2022年1月1日专门借款800万元（借款期限1年，年利率12%，年末支付本金和利息），用于固定资产建设，1月1日正式开工建设，支付资金400万元，满足利息资本化条件。7月1日支付资金400万元，12月31日工程完工，并偿还借款本金和利息。专门借款中未支出部分全部存入银行，假定月利率为0.25%。

相关账务处理如下：

（1）1月1日。

借：银行存款　　8 000 000

　贷：短期借款　　8 000 000

借：在建工程　　4 000 000

　贷：银行存款　　4 000 000

（2）7月1日。

借：在建工程　　4 000 000

　贷：银行存款　　4 000 000

（3）12月31日。

借：在建工程　　900 000

　　应收利息　　60 000

　贷：应付利息　　960 000

借：固定资产　　8 900 000

　贷：在建工程　　8 900 000

借：短期借款　　8 000 000

　　应付利息　　960 000

　贷：银行存款　　8 960 000

借：银行存款　　60 000

　贷：应收利息　　60 000

具体的利息资本化金额如下：

专门借款一年的总利息费用（应付利息）=800×12%=96（万元）；

专门借款闲置资金收益（应收利息）=400×0.25%×6=6（万元）；

专门借款利息资本化金额（在建工程）=96–6=90（万元）。

专门借款当年利息资本化期间（本题是一整年）产生的总的利息费用（96万元）减去专门借款闲置资金产生的收益（6万元），从而得出专门借款需要资本化的利息费用为90万元，这就是专门借款利息资本化金额计算时为什么是减出来的原因。这里的减项主要是利息资本化期间闲置的专用资金所产生的收益。

（二）短期借款及长期借款账务处理

企业城市更新项目借款因向银行、其他金融机构借款期限不同，应设置“短期借款”或者“长期借款”账户来分别反映和核算借款的借入、利息、结存和归还情况。一般情况下，企业短期借款资金是用于弥补短期资金缺口，而借入长期借款则重点用于长期经营、扩大生产等。

1. 短期借款账务处理

企业从银行或者其他金融机构取得的一年及一年以内的借款需要通过“银行存款”科目、“短期借款”科目、“财务费用”科目、“应付利息”科目等进行反映和核算。

【例5-6】20××年1月1日A公司因日常经营需要，向银行借入半年期借款100万元，年利率6%，合同约定A公司应按月支付利息。

借款时，银行存款账户属于资产类账户，银行存款增加应登记在该账户借方，相应的，短期借款账户属于负债类账户，其增加应登记在短期借款账户的贷方。

会计分录如下：

借：银行存款　　　　1 000 000

　贷：短期借款　　　　1 000 000

按月计提利息时，1 000 000×6%÷12=5 000（元），短期借款的利息支出应计入财务费用账户，此为费用类账户，在增加时计入借方，减少时计入贷方，相应的，应付利息账户属于负债类账户，其贷方代表所计提的应付未付的利息，故应付利息的增加应登记在贷方。

会计分录如下：

借：财务费用——利息支出　　　　5 000

　贷：应付利息　　　　5 000

支付利息时，应付利息账户为负债类账户，借方登记减少额，故支付利息时，发生额应计入借方；相应的，所涉及银行存款账户为资产类账户，贷方表示减少额，因此使用银行存款支付的利息时，登记在银行存款的贷方。

会计分录如下：

借：应付利息　　　　5 000

　贷：银行存款　　　　5 000

2. 长期借款账务处理

长期借款是项目投资中的主要资金来源，企业因生产经营发展需要，向银行或者其他金融机构借入的还款期限一年以上的各类借款即为长期借款。企业对一年以上的借款通过“长期借款”账户进行核算。同时，“长期借款”账户设置本金、利息调整等明细账户。在进行账务处理时，当企业借入长期借款时，应按照实际收到的金额记入“银行存款”科目借方，按照借款本金金额记入“长期借款——本金”科目贷方，如有差额则记入“长期借款——利息调整”科目借方。资产负债表日，企业应计算确定因借入长期借款产生的利息费用，记入“财务费用”“制造费用”“在建工程”“研发支出”等科目的借方，并相应记入“应付利息”科目贷方，两者之间的差额应记入“长期借款——利息调整”贷方。

【例5–7】A公司为建造新厂房向银行借入两年期借款100万元，借款年利率为6%。

取得借款时：

借：银行存款	1 000 000	
贷：长期借款——本金		1 000 000

按月计提利息时：

借：在建工程	5 000	
贷：应付利息		5 000

支付利息时：

借：应付利息	5 000	
贷：银行存款		5 000

三、税务处理

（一）增值税处理

《营业税改征增值税试点实施办法》（财税〔2016〕36号文件附件1）第二十七条规定，下列项目的进项税额不得从销项税额中抵扣：购进的贷款服务、餐饮服务、居民日常服务和娱乐服务。《营业税改征增值税试点有关事项的规定》（财税〔2016〕36号文件附件2）规定，贷款服务，以提供贷款服务取得的全部利息及利息性质的收入为销售额。纳税人接受贷款服务向贷款方支付的与该笔贷款直接相关的投融资顾问费、手续费、咨询费等费用，其进项税额不得从销项税额中抵扣。

故企业在取得银行融资时发生的与融资直接相关的投融资顾问费、手续费、咨询费等费用的进项税额不得抵扣；之后每期发生的与贷款有关的利息费用增值税进项税额也不得抵扣。

（二）企业所得税处理

《企业所得税法实施条例》第三十七条规定，企业在生产经营活动中发生的合理的不需要资本化的借款费用，准予扣除。

企业为购置、建造固定资产、无形资产和经过12个月以上的建造才能达到预定可销售状态的存货发生借款的，在有关资产购置、建造期间发生的合理的借款费用，应当作为资本性支出计入有关资产的成本，并依照该条例的规定扣除。

《企业所得税法实施条例》第三十八条规定，企业在生产经营活动中发生的下列利息支出，准予扣除：非金融企业向金融企业借款的利息支出、金融企业的各项存款利息支出和同业拆借利息支出、企业经批准发行债券的利息支出；非金融企业向非金融企业借款的利息支出，不超过按照金融企业同期同类贷款利率计算的数额的部分。

《企业所得税税前扣除凭证管理办法》（国家税务总局公告2018年第28号发布）第五条规定，企业发生支出，应取得税前扣除凭证，作为计算企业所得税应纳税所得额时扣除相关支出的依据。

《企业所得税税前扣除凭证管理办法》第六条规定，企业应在当年度企业所得税法规定的汇算清缴期结束前取得税前扣除凭证。

《企业所得税税前扣除凭证管理办法》第八条规定，税前扣除凭证按照来源分为内部凭证和外部凭证。外部凭证是指企业发生经营活动和其他事项时，从其他单位、个人取得的用于证明其支出发生的凭证，包括但不限于发票（包括纸质发票和电子发票）、财政票据、完税凭证、收款凭证、分割单等。

企业在取得银行融资时发生的与融资直接相关的投融资顾问费、手续费、咨询费等费用、之后每期发生的与贷款有关的借款利息费用应取得增值税发票后才可在当期企业所得税税前扣除，否则难以扣除。企业取得融资后用于购建造资产时发生的借款利息费用进行资本化处理计入资产的成本中，之后在使用过程中以折旧、摊销等方式计入了费用中，进而可在企业所得税税前扣除。

（三）印花税处理

根据《印花税法》规定，自2022年7月1日起，在中华人民共和国境内书立应税凭证、进行证券交易的单位和个人，为印花税的纳税人，应当依照该法规定缴纳印花税。在中华人民共和国境外书立在境内使用的应税凭证的单位和个人，应当依照该法规定缴纳印花税。

该法所称应税凭证，是指该法所附《印花税税目税率表》列明的合同、产权转移书据和营业账簿。

印花税的纳税义务发生时间为纳税人书立应税凭证或者完成证券交易的当日。

企业向银行类金融机构和经国务院银行业监督管理机构批准设立的其他金融机构借款的借款合同属于印花税征税税目，税率为万分之零点五，在签订合同后应按期纳税；企业与银行签订银行授信协议不属于印花税应税凭证，在签订该协议时不需要缴纳印花税，待实际发生融资时根据借款额计算缴纳印花税。

四、管理经验总结

（一）拓宽融资渠道

新形势下，我国城市更新项目的融资工作面临重大挑战，实施主体要对城市存量资源进行优化和完善，对市场需求、建设中周边环境、竞争对手产品进行科学、详尽的分析，区分长期资金需求和短期资金需求，加快推动内部自筹资金及其他多种融资方式。对于一些风险较大的城市更新项目，实施主体可以在传统的银行贷款、民间融资方式基础上，积极探索多种融资模式，例如股权融资、债券融资、信托融资、合作开发等模式，从而进一步拓宽融资渠道。多种融资渠道融合发展的方式可以帮助企业进一步规避这一项目工作中的风险，但实施主体也应结合自身实际情况，确保融资工作在可控范围内。此外，融资工作要依托制度建设，以减少融资中的不稳定性因素，必要情况下，实施主体可以借鉴国内外优秀的融资案例，积极吸收其中的成功经验。

（二）强化项目控制

在中国特色社会主义新时代的背景下，我国城市更新项目融资过程更要将项目控制能力作为需要高度关注的内容，使得更新项目在融资市场上更具竞争力。一方面，实施主体要不断提高自身财务水平，逐步提高其在资产管理、银行信贷、股权融资等方面的实力，不断提升综合实力，提高各金融机构对实施主体贷款的信心，从而为城市更新项目在不同阶段的资金需求提供保障。另一方面，实施主体在项目建设过程中要对项目做出充分的评估，高度重视项目的可行性，结合周边的环境以及消费者的需求，合理规划城市更新项目内容，确保城市更新项目实施计划能够具有较高的合理性和可行性。同时，实施主体要通过科学的资金预算，确保融资方案切合实际，减少融资工作中的风险隐患。

第五节　城市更新产业基金融资业财税管理

一、业务描述

（一）概念

城市更新项目政策依附性强、投资金额大、投资周期长的特性决定了其资金需求大，对于政府方的支持也有较大需求。在此背景下，城市更新基金应运而生。其组织形式有公司制、契约制或有限合伙制基金。城市更新基金通过股权融资、债权融资、夹层融资等多种方式，投资于城市更新领域的各个阶段，包括拆迁安置、土地整治、复建工程、商品房建设等[1]。城市更新基金是城市发展基金的一类，属于产业投资基金的一种模式，也是私募性质的股权基金，通过非公开方式向特定投资者募集资金，主要服务于城市更新建设项目，是一种利益共享、风险共担的基础设施建设投融资工具。根据中国证券投资基金业协会网站公示的信息，截至2023年5月末，有57只私募基金的名称中含有“城市更新”这个词组，仅2023年1月至5月就新增备案4只，随着未来城市更新项目的逐步落地，城市更新基金也会得到快速发展。

城市更新项目一般体量较大、范围较广，在基金设立阶段无法针对性地就某一项目实施，因此城市更新基金从其架构组成来看，一般采取母子基金架构的形式。

首先，由政府方或地方平台城投公司与社会资本方就项目实施达成出资合作意向，设立母基金作为项目前期的筹措资金。一般由政府方拨付资金至城投公司出资或由地方平台城投公司独自出资，也可以与金融机构或大型央企、国企等社会资本方共同出资，成立基金后交由基金管理机构进行管理运作。

然后，由政府方或社会资本方引导母基金直接投资实施项目或与金融机构共同设立子基金参与投资城市更新项目。子基金根据具体项目的不同业态属性、不同建设内容、不同回报机制及投资人对项目的不同诉求等分别设立实施，子基金以其股权为限，各参股方分别承担基金风险并获得股权收益回报。详见图5-1。

---

［1］陈彦文，谢毓祯．产业基金参与广州市城市更新的融资模式探讨［J］．广东经济，2017（5）：28-31.

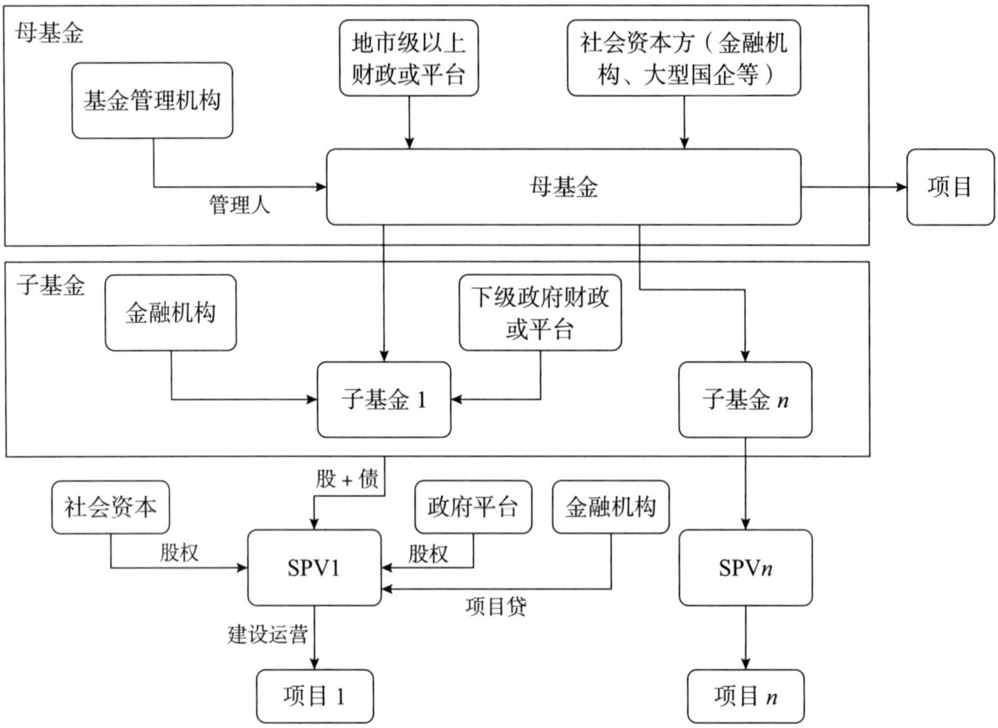

图5–1 母子基金架构

（二）分类

按照城市更新基金融资结构的主导地位及基金管理人性质分类，可将其划分为政府主导模式和政府引导市场参与模式两种。

1. 政府主导模式

政府主导模式下的城市更新基金，一般由政府财政部门发起实施，政府方委托地方国企或当地城投平台公司作为其代表方，代为履行出资人职责牵头成立城市更新基金。基金构成主要以地方城投、央企、国企组成，投资资金主要来源于政府或其城投平台公司或央企、国企，如北京、上海、无锡、天津等地的城市更新基金，其投资者以央企、国企、保险等机构为主，且基金规模均较大。政府主导模式下的城市更新基金设立的目的是参与城市更新项目的投资，发挥政府在城市更新项目中的引导和支持功能，在存在具体的城市更新项目时，引导基金通过参股跟投部分比例的方式（如10%、20%或者更少的比例，采用设立母子基金模式）去撬动更多的社会资本进行具体项目的投资。自六部委颁发财预〔2017〕50号文件之后，政府引导基金通过设立优先级和劣后级或者以明股实债保证投资者收益的增信方式已受到限制。当前，有些政府引导基金参考优先股做法，即投资人之间按约定回报率获取收益。

北京市海淀区政府于2021年5月设立了中关村科学城城市更新与发展基金，该基金的总规模为300亿元，成立目的在于发挥区级政府的资金杠杆作用，由地方财政资金撬动社会资本方资金，引导其参与城市更新项目中去，从而解决该项目资本金短缺问题。参与组建该基金的社会资本方均为大型央企、国企，分别为中国建筑第七工程局有限公司、北京建工集团有限责任公司、上海宝冶集团有限公司，三家企业分别另行引入金融机构共同设立基金。该次合作不仅能够提高各参与方的核心竞争力、促进不同单位不同区域的优势互补，还能为后续的项目实施奠定友好合作基础，达成政企合作共赢。

2.政府引导市场参与模式

政府引导市场参与模式又被称为企业主导模式，该模式下基金主要由企业作为基金发起人发起，政府方不作为出资方，不承担基金出资方的出资责任。一般由地方政府引导参与城市更新项目的大型建筑企业或带有房地产开发资质的房企或银行等金融机构发起设立基金，引入证券机构或私募机构或基金公司作为基金管理人，各参与方在地方政府的引导和支持下通过多样化融资手段为城市更新项目提供资金支持。该模式下风险主要由企业承担，募资规模一般为几千万至几亿元，与政府主导的规模动辄几十亿上百亿元的基金相比，不论是从基金规模、抗风险能力还是对基金的收益要求都有比较明显的差异。

随着城市更新项目的不断发展，各地片区更新、旧城改造等城市更新项目均具有较多的施工任务和投资空间，面对巨大的投资潜力，城市更新项目的投资建设应完善多元化投融资机制，加速形成各级财政资金、社会资本、金融机构的共同合作机制，调动社会资本方参与投资建设的积极性，尤其发挥大型央企、国企自身在投资、建设、施工及运营一体化的综合优势，让企业以市场化方式参与到城市更新项目中，充分运用权益类城市更新基金，以产业基金形式作为投资通道，吸引更多社会投资参与，放大其投资效应。

为吸引更多社会资本参与到上海旧城改造中去，促进上海旧城改造及上海市可持续更新的资金平衡，上海城市更新基金于2021年6月成立。该基金规模约800亿元，按照“政府指导、国企发起、市场运作”原则，由上海市国资委下属的上海地产集团联合招商蛇口、中保投资、中国太保、中交集团、万科集团、国寿投资、保利发展等多家房企和保险资金共同成立，其定向投资于上海市旧城改造等城市更新项目，以促进上海市城市品质提升、功能优化、风貌保护和民生保障。其整体架构为母子基金架构，由城市更新母基金、一级开发子基金和针对自持运营的子基金组成，上海地产集团为该基金管理人（GP），负责组建基金管理公司及基金的日常经营管理工作，收益为管理费和利润分成，其他参与方作为有限合伙人（LP），以其投资金额为限承担有限责任，不参与基金日常管理，收益为利润分成，其中保险等社会资本主要进行财务投资，地产商则是产业投资。基金整体投资期限为5+3+1+1年，原则上存续期为10年左右，投资期5年，回收期3年，普通合伙人可单独决定延长两次，每次1年。在投资期内，合伙企业已投资项目实现全部或部分退出而收回的投资成本和/或投资收益，基金管理人有权自行决定不予分配，继续进行循环投资。

（三）主要投向及其主要参与方式

城市更新基金主要投向于由政府大力支持推进的项目、有着明确收益回报且面临较大资金需求的项目。其参与不同类型的城市更新项目以及不同阶段的城市更新项目所提供的资金用途不尽一致，主要如下：

1. 在前融阶段参与项目征地拆迁安置

在项目处于可研或者立项阶段时，即将开始面临大量的征地拆迁，此时面对的难题就是征地拆迁安置费的前融难题，征地拆迁安置费用直接关系到项目整体更新进度，是项目前期开发实施时面对的首笔资金压力，但该部分资金受到政策限制，难以通过市场化融资解决，而城市更新基金可以在项目前融阶段为项目提供资金，协助解决项目征地拆迁安置费用筹资难题。为了不延误项目的实施进度，实施主体可通过私募基金的形式先把征拆款筹集到位。城市更新基金作为拿地的前融资金与普通的地产前融差别并不是很大，但目前资本市场对房地产前融资金的监控较为严格，且成本都很高，通过城市更新基金引入投资人共同承担拿地成本不失为一种好的融资策略。

2. 参与建设阶段撬动银行贷款

引入城市更新基金将可以为项目资本金的筹集提供合规的渠道，从而撬动银行贷款。此时项目大约处于建设期前期，资本金筹集完毕后，银行贷款通常便可落地，项目也可开始动工建设。

3. 参与实施阶段补足项目资金缺口

这种方式对应的是项目本身已进入实施阶段且资本金基本已经到位，但银行贷款可能尚不足以覆盖项目建设成本，城市更新基金仅作为一种融资工具补足建安费用。

但实践中此类情形不多见，在大部分资金已经到位的情况下，业主倾向于要求施工单位垫资施工或者延期付款。

（四）在城市更新项目中的优势

1.可解决征地拆迁安置费用筹资难题

征地拆迁安置费用是城市更新项目面临的重点难题，直接关系到项目整体更新进度，是项目实施时应首先解决的首笔资金，且这部分资金受到政策限制，难以通过市场化融资解决。从项目实操来看，若以政府相关部门作为立项和实施主体，征地拆迁费用可以通过政府专项债券、财政筹集及上级补贴等方式解决；若以城投公司作为实施主体，通常会采用“授权+投资人+EPC”方式实施，在不引入城市更新基金的情况下，征地拆迁安置补偿费通常只能采用投资人垫付、城投公司少量出资及专项信托资金等方式解决。因此，在此阶段可发挥私募基金投资灵活性特点，实施主体与投资人设立项目公司后，项目公司通过引入城市更新基金筹集资金，这部分资金可以作为城市更新项目的征收拆迁款，以此缓解投资人及城投公司垫资压力。

2.筹资便捷，可满足不同风险偏好投资人需求

城市更新基金多由参与城市更新的施工企业和房地产开发企业认购，其均具有较强的出资能力，可通过认购基金份额借机锁定工程项目以从中获得项目收益，可以将城市更新参与各方出资和利益捆绑在一起。

根据政策规定，符合条件的单位和个人均可投资私募基金，大到资产规模上千亿元的央企、国企，小到包工头或者实施主体的员工均可以认购基金份额。在基金的管理方面，各投资人可以通过相关协议约定利益分配的方式、比例以及退出方式等，还可以设置一定比例的优先级/劣后级，满足不同风险偏好投资人的要求。合伙制基金还可以设置有限合伙人与普通合伙人，以发挥各自的优势。使得城市更新基金无须依赖银行的理财资金，也无须设置太复杂的结构，不受政策限制，筹资便捷。

3.可以作为出表工具协助解决资产负债率压力

很多城市更新项目的实施主体为当地的平台公司、房地产公司或央企、国企（经政府授权），此类公司受国资委要求所限，对资产负债率的管控较为严格，在既不能大量举债又要承接项目的现实情况下，实施主体的资本运作均有较大压力，而城市更新基金作为一种权益性融资工具可以良好地解决该压力。首先，城市更新基金投入的是权益类资金，会计核算方面不会增加公司负债，反而会增加公司资产，当然

名股实债类的例外。其次，引入基金可以对并表与出表需求进行灵活处理，如果各参与方均想出表，则可以对股权比例进行分散化处理，且公司章程也不设置任何一方的实质控制权。如果某参与方想并表，也可以通过公司章程设置赋予其实质控制权以达到并表目的。

（五）在城市更新项目中的劣势及不足

鉴于城市更新基金的资金主要通过非公开形式向房地产开发企业和建筑施工企业为主的特定投资者募集，募集对象可提供资金的期限较短，对于项目的投资回报收益水平要求较高，资金成本较高，提出的附加条件多且较为苛刻，且对于基金退出机制的约定不明确，而城市更新项目一般整体期限较长，使得项目与基金的匹配性存在一定差异，面临实施上的诸多挑战。

中关村科学城城市更新和发展基金是北京海淀区进一步优化增强城市功能、提高产业导向和资源控制的重大措施。基金分为一号、二号两只基金，首期的认缴金额均为60亿元，其目的是充分发挥国家财政资金杠杆撬动功能，并引进社会资金共同促进城市建设，以缓解区属国企建设产业项目资本金的短缺问题。

2021年9月，北京市中关村科学技术城一号、二号城市更新与发展投资中心（有限合伙）完成工商注册，其中，2022年7月，北京市中关村科学技术城一号城市更新与发展投资中心（有限合伙）投资东升科技园二期1813–L25地块。该资金由北京引导基金出资引导，联合国有控股机构、施工公司等成立，可以推动资源优势互补，并通过政企协作共赢，共同增强各自核心竞争力，投资项目一般是园区建设，对带动城市更新基金投资于老旧居民小区、城中村以外的园区建设项目也有一定促进意义。

二、会计处理

（一）基金募集环节

在基金募集环节，目前市场主流的城市更新基金的组织形式为合伙制，并且大型央企、国企以投资方参与合伙制城市更新基金，主要形式为有限合伙人（LP），同时项目公司成为融资方。

根据《企业会计准则第2号——长期股权投资》（以下简称“会计准则第2号”），有限合伙人对城市更新基金投资的项目公司直接进行的股权投资应当作为长期股权投资核算，其会计处理为借记“长期股权投资——成本”科目，贷记“银行存款”科目；

根据企业会计准则第2号的第九条规定，投资方对联营企业的权益性投资，其中一部分通过风险投资机构、共同基金、信托公司或包括投连险基金在内的类似主体间接持有的，无论以上主体是否对这部分投资具有重大影响，投资方都可以按照《企业会计准则第22号——金融工具确认和计量》（财会〔2017〕7号）（以下简称“会计准则第22号”）的有关规定，对间接持有的该部分投资选择以公允价值计量且其变动计入损益，并对其余部分采用权益法核算。在有限合伙人认缴持有城市更新基金份额时，其会计处理为借记“可供出售金融资产”科目，贷记“银行存款”科目，可供出售金融资产应当按取得该金融资产的公允价值和相关交易费用之和作为初始确认金额。

项目公司由于既接受股权融资，又接受债权融资，因此根据《企业会计准则第37号——金融工具列报》第七条规定，企业应当根据所发行金融工具的合同条款及其所反映的经济实质而非仅以法律形式，结合金融资产、金融负债和权益工具的定义，在初始确认时将该金融工具或其组成部分分类为金融资产、金融负债或权益工具。根据会计准则第37号第十条，金融负债与权益工具的区分：（1）如果企业不能无条件地避免以交付现金或其他金融资产来履行一项合同义务，则该合同义务符合金融负债的定义。有些金融工具虽然没有明确地包含交付现金或其他金融资产义务的条款和条件，但有可能通过其他条款和条件间接地形成合同义务。（2）如果一项金融工具须用或可用企业自身权益工具进行结算，需要考虑用于结算该工具的企业自身权益工具，是作为现金或其他金融资产的替代品，还是为了使该工具持有方享有在发行方扣除所有负债后的资产中的剩余权益。如果是前者，该工具是发行方的金融负债；如果是后者，该工具是发行方的权益工具。在某些情况下，一项金融工具合同规定企业须用或可用自身权益工具结算该金融工具，其中合同权利或合同义务的金额等于可获取或需交付的自身权益工具的数量乘以其结算时的公允价值，则无论该合同权利或合同义务的金额是固定的，还是完全或部分地基于除企业自身权益工具的市场价格以外变量（例如利率、某种商品的价格或某项金融工具的价格）的变动而变动，该合同应当分类为金融负债。

在实务工作中，城市更新项目基金在入股项目公司前，一般会考虑自身退出方案，分别有两种方案：一是项目公司对基金持有股权进行回购。此时，项目公司在未来不能无条件地避免以交付现金或其他金融资产来履行合同约定义务，同时在回购时回购价格是可确认的，因此项目公司将该项融资确认为金融负债，借记“银行存款”科目，贷记“长期应付款”科目。二是由项目公司其他股东或其他股东关联方购买基金持有的项目公司股权。此时，因是由其他股东履行回购义务，项目公司无须履行相关合同义务，不发生现金支出，应当将基金融资款确认为权益工具，借记“银行存款”科目，贷记“实收资本——××基金公司”科目。

（二）基金持有环节

根据会计准则第22号第三十八条第二款规定，可供出售金融资产公允价值变动形成的利得或损失，除减值损失和外币货币性金融资产形成的汇兑差额外，应当直接计入所有者权益，在该金融资产终止确认时转出，计入当期损益。

可供出售金融资产应采用公允价值计量资产负债表日的价值，公允价值与账面价值间的差额记入“其他综合收益”科目。

（三）基金运营和清算环节

在长期股权投资核算模式下，由于有限合伙人一般对城市更新基金不具控制或者共同控制，因此按照企业会计准则第2号、会计准则第22号的有关规定，对该笔长期股权投资后续计量采用权益法核算。

当城市更新基金的所有者权益发生变动时，会计处理为借记或贷记“投资收益”科目，同时贷记或借记“长期股权投资——损益调整”科目。

当城市更新基金宣告进行基金分红时，会计处理为借记“应收股利”科目，贷记“长期股权投资——损益调整”科目。

当有限合伙人收到城市更新基金的分红时，会计处理为借记“银行存款”科目，贷记“应收股利”科目。

当城市更新基金运作期限届满，或者城市更新基金从城市更新项目退出后不再进行新的城市更新项目股权投资，需要进行基金清算。此时，有限合伙人的会计处理为借记“银行存款”科目，贷记“长期股权投资”科目，同时将投资收回的款项和长期股权投资账面价值的差额借或贷记“投资收益”科目。

三、税务处理

（一）基金募集环节

在基金募集环节，有限合伙人认缴城市更新基金份额不涉及增值税及企业所得税的纳税处理，项目公司取得城市更新基金融资时也不涉及增值税及企业所得税的纳税处理。

（二）基金持有环节

在基金持有环节，有限合伙人认缴城市更新基金份额不涉及增值税及企业所得税的纳税处理。

（三）基金运营和清算环节

在城市更新基金运营环节主要涉及分红，取得利息等产生的纳税行为，清算环节主要涉及股东退出等产生的纳税行为，发起人、项目公司涉及的税种主要有增值税和企业所得税。

1. 增值税

根据《销售服务、无形资产、不动产注释》（财税〔2016〕36号文件附件1的附）第一条第（五）项第一点规定，贷款，是指将资金贷与他人使用而取得利息收入的业务活动。各种占用、拆借资金取得的收入，包括金融商品持有期间（含到期）利息（保本收益、报酬、资金占用费、补偿金等）收入、信用卡透支利息收入、买入返售金融商品利息收入、融资融券收取的利息收入，以及融资性售后回租、押汇、罚息、票据贴现、转贷等业务取得的利息及利息性质的收入，按照贷款服务缴纳增值税。以货币资金投资收取的固定利润或者保底利润，按照贷款服务缴纳增值税。《财政部 国家税务总局关于明确金融 房地产开发 教育辅助服务等增值税政策的通知》（财税〔2016〕140号）明确，财税〔2016〕36号文件所称保本收益、补偿金等，是指协议中明确保证到期本金可全部收回的投资收益。

作为投资人之一的发起人取得的基金分红是否缴纳增值税取决于股息红利是否为固定收益，若基金认购合同约定了发起人取得固定收益则发起人在取得分红时需要缴纳增值税，反之则不需要缴纳增值税。

2. 企业所得税

根据《财政部 国家税务总局关于合伙企业合伙人所得税问题的通知》（财税〔2008〕159号）第三条，具体应纳税所得额的计算按照《财政部 国家税务总局关于个人独资企业和合伙企业投资者征收个人所得税的规定》（财税〔2000〕91号）及《财政部 国家税务总局关于调整个体工商户个人独资企业和合伙企业个人所得税税前扣除标准有关问题的通知》（财税〔2008〕65号）的有关规定执行。前款所称生产经营所得和其他所得包括合伙企业分配给所有合伙人的所得和企业当年留存的所得（利润）。

作为投资人之一的发起人对城市更新项目项目公司投资分回的股息红利所得，根据《企业所得税法》第二十六条规定，企业所得税免税收入情形包括符合条件的居民企业之间的股息、红利等权益性投资收益。直接投资下分得的股息、红利等权益性投资收益不需要缴纳企业所得税。但是其从合伙制城市更新基金分得的股息、红利处理情况则不同，根据《企业所得税法实施条例》第八十三条规定，企业所得税法第二十六条第（二）项所称符合条件的居民企业之间的股息、红利等权益性投资收益，是指居民企业直接投资于其他居民企业取得的投资收益。因合伙企业不属于居民企业，因此城市更新基金以合伙人法人股东身份从城市更新基金分回的股息红利所得需要缴纳企业所得税。

《国家税务总局关于企业混合性投资业务企业所得税处理问题的公告》（国家税务总局公告2013年第41号）第一条规定，“企业混合性投资业务，是指兼具权益和债权双重特性的投资业务。同时符合下列条件的混合性投资业务，按本公告进行企业所得税处理：（一）被投资企业接受投资后，需要按投资合同或协议约定的利率定期支付利息（或定期支付保底利息、固定利润、固定股息，下同）；（二）有明确的投资期限或特定的投资条件，并在投资期满或者满足特定投资条件后，被投资企业需要赎回投资或偿还本金；（三）投资企业对被投资企业净资产不拥有所有权；（四）投资企业不具有选举权和被选举权；（五）投资企业不参与被投资企业日常生产经营活动”。

第二条规定，“符合本公告第一条规定的混合性投资业务，按下列规定进行企业所得税处理：（一）对于被投资企业支付的利息，投资企业应于被投资企业应付利息的日期，确认收入的实现并计入当期应纳税所得额；被投资企业应于应付利息的日期，确认利息支出，并按税法和《国家税务总局关于企业所得税若干问题的公告》（2011年第34号）第一条的规定，进行税前扣除。（二）对于被投资企业赎回的投资，投资双方应于赎回时将赎价与投资成本之间的差额确认为债务重组损益，分别计入当期应纳税所得额”。

基金在持有项目公司股权后，在项目公司其他股东在固定的期限内按照固定的价格优先购买时，项目公司不需要承担履约的义务，无论基金投资人何时退出，其投资项目公司的资金作为股权投资款，项目公司自身不产生纳税义务，而基金投资人通过股权转让的方式退出时，应当作为股权转让行为，产生投资收益时应缴纳企业所得税。

四、税会差异

城市更新基金对城市更新项目投资分回的股息红利所得，按照合伙企业“先分后税”的原则计入法人合伙人当年度应纳税所得额并缴纳企业所得税。同时，法人合伙人按照城市更新基金的所有者权益变动按比例确认投资收益。此时不存在税会差异。

城市更新基金对城市更新项目的股权投资发生亏损时，法人合伙人按照城市更新基金的所有者权益变动按比例确认该笔投资亏损。但是根据财税〔2008〕159号文件的规定，法人合伙人按“先分后税”原则从城市更新基金分得的亏损，在计算法人合伙人的企业所得税时不得抵其盈利。所以，在计算法人合伙人应纳税所得额时需要进行纳税调增。同时还需要判断，城市更新基金对城市更新项目的投资亏损是暂时性的还是永久性的，以及未来是否有足够的盈利弥补城市更新基金当年度亏损，以判断是否确认递延所得税资产以及确认多少递延所得税资产。

五、管理经验总结

（一）深入研究项目的特点

城市更新包括多样化的建设形式，在项目执行中要多角度探讨，研究建设特点以及可能存在的挑战；同时要对项目建设的长周期有足够的了解，作好打持久战的准备；此外当牵涉到国家历史文化片区时，进行文物保护也是必不可少的。同时，要按照国土管理法等法律法规要求，规范土地征收、规划等程序，以确保项目合法合规。针对不同的项目特点，针对性地设立、选择城市更新基金。

（二）强化投融资管理工作

1. 匹配合适模式

总结了解各地城市更新建设项目的融资模式，对不同的建设项目加以归类整理，为不同的建设项目匹配更合理的融资模式，以确保城市更新建设平稳实施，保障其投资收益。

2. 严控财务风险

结合城市更新基金，积极考虑各种方法的投资途径，为项目找到最合理的资金来源和模式，从而降低投资经营风险。要减少土地价格损失，在收集改造意见前，还必须减少成本。在制定房屋赔偿办法中，应该结合实际问题，避免赔偿标准过高，导致地块成本上升。针对拆迁费用问题时，建设项目启动之前，要尽早进入各区域，明确建设范围和权属，避免建设项目启动时出现权限划分不清、互相扯皮现象。在履行赔偿合同内容时，注意明晰当事人权益，规避潜在的司法风险。为应付通胀、利率变动损失，科学管理利率危机，城市更新主体需使用科学措施预见收益率变动，优化调节债务计息方法，降低通胀、收益率变动所致风险。

（三）重视外部环境影响

1. 应对政策变动

首先，了解各地政府出台的有关政策，提出符合各自利益的方案。在执行计划中，必须与政府部门签订合同，确定政策方案、范围、期限等。其次，在编制城市更新标准规范时，必须注意政府部门政策动向，向政府部门咨询并协调政策，以确保城市更新项目管理规范与标准和政府部门标准规范一致。

2.统筹各方权益

城市更新中面临着多元化利益主体，在项目执行过程中要注重搞好各方权益的均衡与统筹。

（四）增强总承包管理实力

1.强化品质控制

在项目决策阶段，形成与项目档次相符的质量标准；提升审图品质，做好图纸会议，降低设计变更；根据城市更新工程项目特点，提升《施工组织设计》的制定水平；强化工程质量目标管理，严把材料质量关；推行实样交底制，做好样板引路；严格执行工程项目交接班管理制度，确保重点环节、关键部件的检测与验收。

2.夯实成本管理

加强全员、全过程成本核算管理工作，把成本核算目标责任到个人；通过对各项控制方法的调整，实现管理成本分配科学合理；按照项目管理进度规划，结合责任动态子项单价，动态制定项目管理当期责任成本，实施降本增效计划，剖析项目管理成本费用管控要点，发现管理风险点并提出预防措施。按期举办经营活动数据分析会，开展全成本盘点，对比目标成本找出差异，以数据为导向找到问题、制定对策、确定责任人、完成节点，对成本费用控制不断完善、纠偏。

第六节　类REITs融资业财税管理

一、业务描述

（一）概念

REITs起源于美国，是一种资产证券化产品，最初通过发行股份或收益凭证的方式，公开募集众多投资人的资金，由专业的管理机构进行不动产的投资和管理，从而使投资人能够在享有不动产的增值收益（或）和租金收益等收益，并将上述收益按协议分配给投资人的一种基金。

我国在引入REITs产品时相关法律法规还不健全，相较于成熟市场发行的REITs产品，目前我国发行的REITs产品在交易结构、募集范围、运营收入来源、收益分配模式、退出方式等方面存在差异，使得我国发行的REITs产品达不到成熟市场的REITs产品标准，因此行业内将我国市场中发行的非标准类REITs统称为类REITs。

我国在发展REITs产品过程中结合了自身经济发展特点，近几年探索出了基础设施公募REITs产品，我国公开募集基础设施证券投资基金（以下简称基础设施公募REITs）是指依法向社会投资者公开募集资金形成基金财产，通过基础设施资产支持证券等特殊目的载体持有基础设施项目，由基金管理人等主动管理运营上述基础设施项目，并将产生的绝大部分收益分配给投资者的标准化金融产品。按照规定，我国基础设施公募REITs在证券交易所上市交易。

基础设施资产支持证券是指依据《证券公司及基金管理公司子公司资产证券化业务管理规定》（中国证券监督管理委员会公告〔2014〕49号）等有关规定，以基础设施项目产生的现金流为偿付来源，以基础设施资产支持专项计划为载体，向投资者发行的代表基础设施财产或财产权益份额的有价证券。基础设施项目主要包括仓储物流，收费公路、机场港口等交通设施，水电气热等市政设施，污染治理、信息网络、产业园区等其他基础设施。

（二）我国类REITs产品发展近况

我国近几年加快了类REITs产品制度层面的建设，例如，国家发展改革委于2020年出台了《关于做好基础设施领域不动产投资信托基金（REITs）试点项目申报工作的通知》（发改办投资〔2020〕586号），国家发展改革委于2020年出台了《关于进一步做好基础设施领域不动产投资信托基金试点工作的通知》（发改投资〔2021〕958号），扩大明确了REITs产品可试点的行业范围：交通基础设施、能源基础设施、市政基础设施、生态环保基础设施、仓储物流基础设施、园区基础设施、新型基础设施、保障性租赁住房、其他基础设施领域。

近几年，我国基础设施公募REITs发展迅猛，截至2023年5月，市场已上市的公募REITs产品共计27只，底层资产范围涵盖产业园区、高速公路、仓储物流、污水处理、清洁能源、保障性租赁住房和新能源等多个行业领域。

目前，我国基础设施公募REITs发行过程中，国家对申报基础设施REITs的存量资产有明确的、一系列的要求，如国家发展改革委《关于进一步做好基础设施领域不动产投资信托基金（REITs）试点工作的通知》（发改投资〔2021〕958号）、国家发展改革委《关于规范高效做好基础设施领域不动产投资信托基金（REITs）项目申报推荐工作的通知》（发改投资〔2023〕236号）文件中明确要求：项目运营时间原则上不低于3年；项目近3年内总体保持盈利或经营性净现金流为正；申报发行基础设施REITs的特许经营权、经营收益权类项目，基金存续期内部收益率（IRR）原则上不低于5%；非特许经营权、经营收益权类项目，预计未来3年每年净现金流分派率原则上不低于3.8%。

（三）城市更新项目中的优势

1. 当前政策大力鼓励支持和引导的手段

2014年底，北京、广州、上海、深圳四个一线城市向住房和城乡建设部报送了试点保障房REITs方案，住房和城乡建设部确定试点范围初步定于租赁型保障房，包括廉租房、公共租赁住房，上述四个一线城市成为探索保障房REITs的先驱。2020年4月，证监会和国家发展改革委联合发布《关于做好基础设施领域不动产投资信托基金（REITs）试点项目申报工作的通知》（发改办投资〔2020〕586号），拉开公募REITs试点的大幕；同年8月，证监会正式发布《公开募集基础设施证券投资基金指引（试行）》（中国证券监督管理委员会公告〔2020〕54号），成为公募基础设施REITs监管的基础性文件；2023年3月24日，国家发展改革委和证监会两部委同时发布《关于规范高效做好基础设施领域不动产投资信托基金（REITs）项目申报推荐工作的通知》（发改投资〔2023〕236号）、《关于进一步推进基础设施领域不动产投资信托基金（REITs）常态化发行相关工作的通知》，意味着REITs的基础资产扩容至不动产领域，是基础设施公募REITs发展历程中的又一重大事件。

2. 提高资产流动性

REITs从本质属性上看，具有较高的收益率，且具有一定防御性，其通常采取公司制或者契约制的形式，通过资产证券化的形式，将大宗的、固化的、无法实时交易的固定资产进行转化，变为小份的、流动性较强的、可实时交易的REITs份额，提高基础资产资产转换为有价证券的变现能力，同时在现金流层面将不动产进行盘活。REITs作为房地产证券化的重要手段，为城市更新项目投资人提供了有效的退出路径。借助REITs，可以把流动性较低的房地产投资直接转化为资本市场上的证券资产进行变现，使得缺乏流动性的资产转化为可在资本市场交易、流动性高的金融商品，且发起人可以通过资产证券化来补充资金，进行其他投资。

3. 拓宽城市更新旧城改造的融资渠道

城市更新旧城改造项目资金需求量巨大，而REITs及资产证券化融资门槛相对较低且审核时间较短，产品准备及发行流程周期短，且可吸收包括个人投资者和机构投资者在内的多元化的投资者群体，支持资产证券化、REITs的融资政策，可大大降低投资方融资成本、提高其融资效率、盘活其资产、提高资产周转率，为城市更新旧城改造拓宽融资渠道。

4. 推动投资方资产运营形式的转变

REITs融资作为创新型的融资方式，在融资规模、融资期限方面具有优势，不仅可以为保障房项目带来长期的资金支持，还可以推动投资方资产运营形式由重到轻的转变，从而提高了投资方自身的运营能力。通过以社区运营为主导的多元化运营和城市化配套，或者采取土地一级开发、二级房地产开发、三级产业联动的全项目周期模式，促进投资方及城市更新项目进行转型与升级，是城市更新促流动的重要路径之一。

（四）城市更新项目中的劣势与不足

1. 资金募集存在风险

REITs类资产证券化产品的资金募集一般来源于社会大众或者法人机构，银行类REITs的投资人是以基金、银行和信托为主的法人机构，市场参与者比较单一；交易所类REITs对于资产质量、产品方案、物业持有人背景以及发行模式等方面有非常严格的要求和规定，门槛设置较高；资金募集受到市场景气和利率影响较大，存在一定风险。

2. 资金募集受地区限制

投资人投资时对于项目地区特性、项目区位条件和政策较为关注，目前政策主要倾斜于北京、上海、广州、深圳等经济相对发达城市，并不是所有地区都适用基础设施REITs及资产证券化融资。

3. 与项目适配性较差

发行REITs产品时，需要实施交易架构、实施资产回购及担保安排等工作，针对不同的评级结果，REITs产品需要提供相应的担保措施，以保证委托人在REITs终止时履行回购义务，而证监会的股权类产品审批流程更为复杂，整体审批时间较长，且对于资产的权属性质和证照齐备程度有严格标准，同时，产品设计需要基于所有权转移。城市更新项目一般期限较长，且涉及投资方较多，以致延长了沟通及审批的时间，执行的时间也会受到影响，短期内不易回收。

（五）资产证券化相关方

资产证券化由于交易结构比较复杂，涉及多个利益相关方，一般情况下包括以下几种：

1.发起人

发起人是基础资产的所有人，因此一般也被称为原始权益人。通常由发起人牵头进行资产证券化，目的在于增强企业资产流动性或者改善企业财务结构等。资产证券化发起人常见的有银行、融资租赁公司等。

2.特殊目的载体

特殊目的载体（SPV）指为取得基础资产完全所有权或经营权利，由本基金直接或间接全资拥有的法律实体，包括资产支持证券、项目公司等。

3.投资者

投资者一般指的是资产支持证券的购买方，既可以是机构也可以是个人，我国目前施行的是合格投资者准入制度，购买者一般情况下即是机构投资者。

4.管理人

管理人是基金资产的管理和运用者，其根据法律、法规及基金章程或基金契约的规定，对基金资产进行投资、经营管理，谋求基金资产的不断增值，为基金持有人创造更多的收益。

5.托管人

托管人是为了保障投资安全、监督保管相关资产而存在的银行或者其他机构，也对专项计划的运营情况进行日常监督，是保证资产证券化交易正常进行的重要环节。

6.其他服务机构

为资产证券化交易提供服务的机构主要有会计税务事务所、信用评级机构、律师顾问以及承销商等。

（六）类REITs资产证券化产品交易架构

资产证券化的交易流程和结构通常会因类型不同而有所差距，不同的交易类型所涉及的利益相关方、交易流程等要素都有所不同，但资产证券化主流的交易框架具有相同的主线。以基础设施公募REITs基本架构流程为例，为了募集公募REITs先成立项目公司，原始权益人将基础设施项目注入项目公司；然后申请设立公募基础设施REITs并完成募集；之后以认购资金设立专项计划，再通过专项计划向原始权益人购买项目公司100%股权及债权，如图5–2所示。

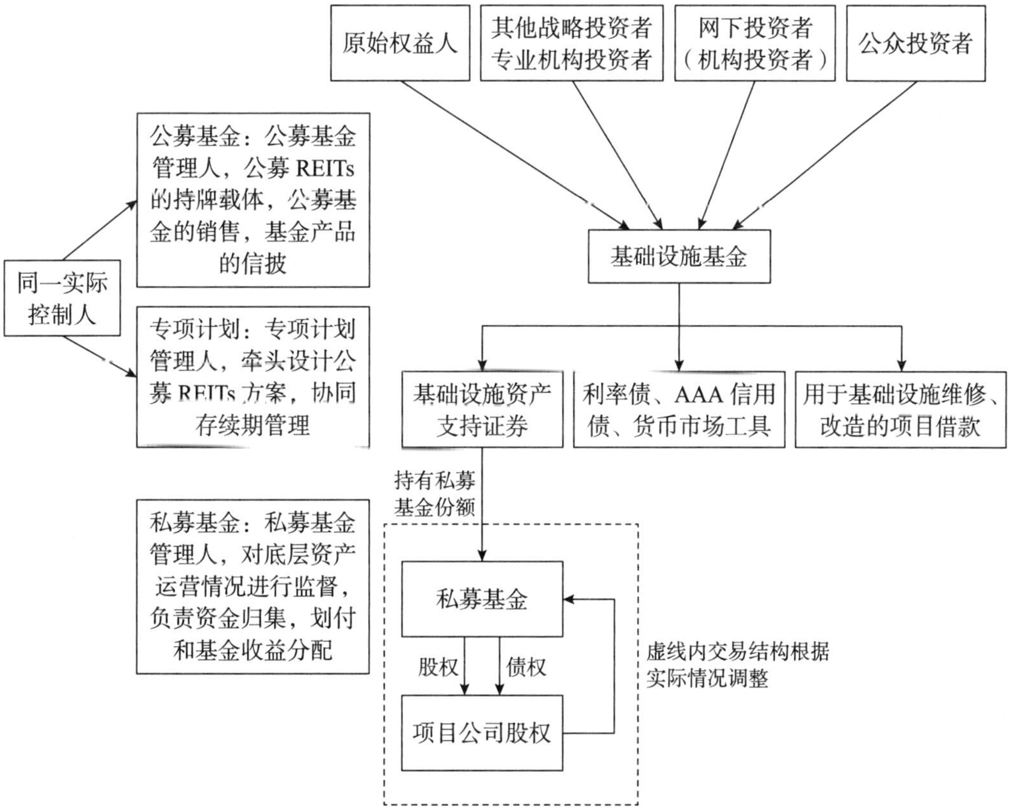

图5–2 基础设施公募REITs基本架构流程

二、会计处理

基础设施项目证券化是我国目前发行的资产证券化主要类型产品之一，近年来国家大力推动基础设施公募REITs，本节内容我们将围绕基础设施公募REITs的原始权益人、项目公司在资产划转阶段具体的会计处理流程来进行讨论。

项目公司作为基础设施公募REITs业务的发起人，其转移给资产支持专项计划，发行资产支持证券的基础设施项目属于一种混合型工具，既包括项目的资产，也包括项目的关联的负债。根据《企业会计准则第23号——金融资产转移》（以下简称“会计准则第23号”）规定的金融资产终止确认的条件，具体判断方式如下：

关于符合终止确认条件的转移。终止确认是指企业将之前确认的金融资产从其资产负债表中予以转出。金融资产满足下列条件之一的，应当终止确认：（1）收取该金融资产现金流量的合同权利终止。（2）该金融资产已转移，且该转移满足准则关于终止确认的规定。

（1）企业转移了金融资产所有权上几乎所有风险和报酬，应当终止确认被转移金融资产的常见情形有：①企业无条件出售金融资产。②企业出售金融资产，同时约定按回购日该金融资产的公允价值回购。③企业出售金融资产，同时与转入方签订看跌期权合同（即转入方有权将该金融资产返售给企业）或看涨期权合同（即转出方有权回购该金融资产），且根据合同条款判断，该看跌期权或看涨期权为一项重大价外期权（即期权合约的条款设计，使得金融资产的转入方或转出方极小可能会行权）。

（2）企业既没有转移也没有保留金融资产所有权上几乎所有风险和报酬的，应当根据其是否保留了对金融资产的控制，分别下列情形处理：①企业未保留对该金融资产控制的，应当终止确认该金融资产，并将转移中产生或保留的权利和义务单独确认为资产或负债。②企业保留了对该金融资产控制的，应当按照其继续涉入被转移金融资产的程度继续确认有关金融资产，并相应确认相关负债。

企业保留了被转移金融资产所有权上几乎所有风险和报酬而不满足终止确认条件的，应当继续确认被转移金融资产整体，并将收到的对价确认为一项金融负债。在继续确认被转移金融资产的情形下，金融资产转移所涉及的金融资产与所确认的相关金融负债不得相互抵销。在后续会计期间，企业应当继续确认该金融资产产生的收入（或利得）和该金融负债产生的费用（或损失），不得相互抵销。

根据《财政部关于做好执行会计准则企业2008年年报工作的通知》（财会函〔2008〕60号）的规定，企业接受的捐赠和债务豁免，按照会计准则规定符合确认条件的，通常应当确认为当期收益。如果接受控股股东或控股股东的子公司直接或间接的捐赠，从经济实质上判断属于控股股东对企业的资本性投入，应作为权益性交易，相关利得计入所有者权益（资本公积）。

同时，基础设施公募REITs也涉及债权及未来收益权的转移，即根据目前的会计准则第22号和会计准则第23号规定，需要分别进行会计处理，本节不进行赘述。

实务中，根据会计准则第23号和《企业会计准则第33号——合并财务报表》（以下简称“会计准则第33号”），基础设施公募REITs业务又因发起人将基础设施项目转移，根据控制权是否转移分为出表下和不出表下两种会计处理方式。本节仅以下以案例形式讨论基础设施项目控制权转移下会计处理。

【例5–8】2020年A原始权益人从事B市基础设施类城市更新项目，项目总投资600 000万元，并投入前期资本金200 000万元，另从金融机构融资400 000万元，于2022年12月31日建成该基础设施并支付了相应的外部款项，在2023年1月1日投入运营，2023年7月计划发行基础设施公募REITs，原始权益人取得借款，假设基础设施项目中不含不动产，购建基础设施会计处理如下：

借：银行存款　6 000 000 000

　贷：长期借款　4 000 000 000

　　　实收资本　2 000 000 000

借：固定资产——基础设施　6 000 000 000

　贷：银行存款　6 000 000 000

假设基础设施运营的半年内原始权益人按税法规定提取折旧15 000万元（税法折旧与会计折旧处理一致），归还借款15 000万元，则该基础设施此时计税基础=账面价值=600 000万元–15 000万元=585 000万元；该基础设施附带抵押贷款余额为385 000万元。原始权益人实施基础设施REITs计划。计划分为两个步骤：一是在设立REITs前，需成立C项目公司，经评估目前该基础设施评估价值750 000万元；二是REITs设立阶段，把C项目公司100%股权转让给REITs计划，转让价格为800 000万元，其中，原始权益人根据规定需要参与战略配售，自持份额20%，锁定期5年。

资产划转时相关数据：

固定资产账面价值=计税基础=585 000万元

固定资产评估价值=公允价值=750 000万元

固定资产抵押借款余额=385 000万元

该基础设施净资产评估价值=750 000万元–385 000万元=365 000万元

股权收购相关数据：

假设账面价值、计税基础不变仍为585 000万元。

固定资产购买价值=公允价值=800 000万元

假设固定资产抵押借款余额不变仍为385 000万元。

该基础设施净资产评估价值=800 000万元–385 000万元=415 000万元

资产划转阶段根据涉税业务处理应用条件不同，又分为应税划转资产方式、一般资产划转特殊税务重组处理方式、REITs资产划转特殊税务重组处理方式，下面与基础设施公募REITs关联度较大的一般资产划转特殊税务重组处理方式、REITs资产划转特殊税务重组处理方式分别以案例形式介绍。

【例5–9】（沿用上例）原始权益人将基础设施项目资产及关联的负债一同划转至C项目公司，假设该项基础设施资产不属于证监会、国家发展改革委规定范围内的基础设施REITs试点项目，满足一般资产划转特殊税务重组处理的条件，新成立的C项目公司注册资本金为50 000万元，则相应的原始权益人、C项目公司结合税收政策规定会计处理如下。

原始权益人不确认转让收益，以原计税价值基础入账，具体如下：

借：长期股权投资——项目公司　　5 850 000 000（原计税基础）

　贷：固定资产——基础设施账面价值　　5 850 000 000（原计税基础）

基础设施关联债务一同划转，由于是关联方之间划转债务，因此不确认债务重组收益，仅作为权益交易处理。

借：长期借款　　3 850 000 000

　贷：资本公积——其他资本公积　　3 850 000 000

C项目公司资产的入账价值等于资产原账面价值等于原计税基础，具体如下：

借：固定资产——基础设施　　5 850 000 000（原计税基础）

　贷：实收资本　　500 000 000（假设）

　　长期借款　　3 850 000 000（原始权益人随资产划入）

　　资本公积——股本溢价　　1 500 000 000（差额）

若REITs计划以800 000万元收购项目公司股权，原始权益人如下处理：

借：银行存款　　8 000 000 000

　贷：长期股权投资——项目公司　　5 850 000 000

　　投资收益　　2 150 000 000

【例5–10】（沿用上例）原始权益人将基础设施项目资产及关联的负债一同划转

至C项目公司，假设该项基础设施资产属于证监会、国家发展改革委规定范围内的基础设施REITs试点项目，满足REITs资产划转特殊税务重组处理方式的条件，则相应的原始权益人、C项目公司结合税收政策会计处理如下。

原始权益人确认转让收益，以公允价值入账，如下：

借：长期股权投资——项目公司　　7 500 000 000（公允价值）

　贷：固定资产——基础设施账面价值　　5 850 000 000

　　营业外收入——资产转让所得　　1 650 000 000

基础设施关联债务一同划转，由于是关联方之间划转债务，因此不确认债务重组收益，仅作为权益交易处理。

借：长期借款　　3 850 000 000

　贷：资本公积——其他资本公积　　3 850 000 000

C项目公司资产的入账价值按会计准则要求以公允价值入账，具体如下：

借：固定资产——基础设施　　7 500 000 000（原计税基础）

　贷：实收资本　　500 000 000（假设）

　　长期借款　　3 850 000 000（原始权益人随资产划入）

　　资本公积——股本溢价　　3 150 000 000（差额）

若REITs计划以800 000万元收购项目公司股权，原始权益人如下处理：

借：银行存款　　8 000 000 000

　贷：长期股权投资——项目公司　　7 500 000 000

　　投资收益　　500 000 000

三、税务处理

发起人（即原始权益人）转让基础资产环节的税务处理主要涉及增值税、企业所得税、土地增值税、契税、印花税等主要税种，在此先介绍有关的税收优惠政策，再沿用会计处理中的案例重点研讨原始权益人的增值税、企业所得税、印花税的税务处理。

（一）主要税种税收优惠政策

1.增值税

根据《营业税改征增值税试点有关事项的规定》（财税〔2016〕36号文件附件2），在企业重组过程中，通过合并、分立、出售、置换等方式，将全部或者部分实物资产以及与其相关联的债权、负债和劳动力一并转让给其他单位和个人，其中涉及的不动产、土地使用权转让行为，不征收增值税。

2. 企业所得税

根据《财政部 国家税务总局关于促进企业重组有关企业所得税处理问题的通知》（财税〔2014〕109号）及《国家税务总局关于资产（股权）划转企业所得税征管问题公告》（国家税务总局公告2015年第40号），对100%直接控制的居民企业之间，以及受同一或相同多家居民企业100%直接控制的居民企业之间按账面净值划转股权或资产，凡具有合理商业目的，不以减少、免除或者推迟缴纳税款为主要目的，股权或资产无偿划转完成日起连续12个月内不改变被划转股权或资产原来实质性经营活动（生产经营业务、公司性质、资产或股权结构等），且划出方企业和划入方企业均未在会计上确认损益的，可以选择按以下规定进行特殊性税务处理：划出方企业和划入方企业均不确认所得。划入方企业取得被划转股权或资产的计税基础，以被划转股权或资产的原计税基础确定。划入方企业取得的被划转资产，应按其原计税基础计算折旧扣除。

根据《国家税务总局关于企业重组业务企业所得税征收管理若干问题的公告》（国家税务总局公告2015年第48号），企业重组业务适用特殊性税务处理的，申报时，应从以下方面逐条说明企业重组具有合理的商业目的：重组交易的方式；重组交易的实质结果；重组各方涉及的税务状况变化；重组各方涉及的财务状况变化；非居民企业参与重组活动的情况。

企业重组业务适用特殊性税务处理的，申报时，当事各方还应向主管税务机关提交重组前连续12个月内有无与该重组相关的其他股权、资产交易情况的说明，并说明这些交易与该重组是否构成分步交易，是否作为一项企业重组业务进行处理。

根据《财政部 税务总局关于基础设施领域不动产投资信托基金（REITs）试点税收政策的公告》（财政部 税务总局公告2022年第3号），设立基础设施REITs前，原始权益人向项目公司划转基础设施资产相应取得项目公司股权，适用特殊性税务处理，即项目公司取得基础设施资产的计税基础，以基础设施资产的原计税基础确定；原始权益人取得项目公司股权的计税基础，以基础设施资产的原计税基础确定。原始权益人和项目公司不确认所得，不征收企业所得税。

基础设施REITs设立阶段，原始权益人向基础设施REITs转让项目公司股权实现的资产转让评估增值，当期可暂不缴纳企业所得税，允许递延至基础设施REITs完成募资并支付股权转让价款后缴纳。其中，对原始权益人按照战略配售要求自持的基础设施REITs份额对应的资产转让评估增值，允许递延至实际转让时缴纳企业所得税。

3. 土地增值税

根据《财政部 税务总局关于继续实施企业改制重组有关土地增值税政策的公告》（财政部 税务总局公告2021年第21号），单位、个人在分立和合并改制重组时，对其将国有土地、房屋权属转移、变更到被投资的企业，暂不征土地增值税。上述改制重组有关土地增值税政策不适用于房地产转移任意一方为房地产开发企业。

4. 契税

根据《财政部 税务总局关于继续执行企业、事业单位改制重组有关契税政策的公告》（财政部 税务总局公告2021年第17号），同一投资主体内部所属企业之间土地、房屋权属的划转，包括母公司与其全资子公司之间，同一公司所属全资子公司之间，同一自然人与其设立的个人独资企业、一人有限公司之间土地、房屋权属的划转，免征契税。

5. 印花税

根据《印花税法》规定，在中华人民共和国境内书立应税凭证、进行证券交易的单位和个人，为印花税的纳税人，应当依照该法规定缴纳印花税。在中华人民共和国境外书立在境内使用的应税凭证的单位和个人，应当依照该法规定缴纳印花税。该法所称应税凭证，是指该法所附《印花税税目税率表》列明的合同、产权转移书据和营业账簿。

纳税人书立的合同、数据等不属于印花税法规定税目范围时，则不需缴纳印花税。

（二）主要税种的税务处理

1. 增值税

发起人（即原始权益人）转让基础资产的环节若考虑适用增值税重组不征税优惠政策，需要将基础设施资产关联的债权、负债和劳动力一并转让给其他单位。这其中最难解决的问题是劳动力一并转让，大型央企、国企的人事调动程序较为烦琐，实操存在一定难度，一旦无法满足上述政策规定的条件，则无法享受上述政策。相应的涉及项目的有形资产、无形资产、不动产等各类资产转让时，发起人需按市场公允价值作为计税基础依法进行纳税申报处理。

2. 企业所得税

实务中，发起人（即原始权益人）转让基础资产的环节，因建造的基础设施资产区分是否属于证监会、国家发展改革委规定范围内的基础设施REITs试点项目，需要分为一般资产划转特殊税务重组处理方式、REITs资产划转特殊税务重组处理方式两种分别处理，相应的企业所得税的处理结果截然不同，下面沿用会计处理的案例继续研讨企业所得税的相关处理内容。

【例5–11】一般资产划转特殊税务重组处理方式下，原始权益人企业所得税的税务处理如下：

资产划转时，因符合特殊重组资产划转税收政策的要求，会计上可不确认转让收益，以原计税基础入账，未产生资产转让收益；负债进行划转时，因关联方交易的会计处理规定计入资本公积，按一般企业间的交易规定，债务的豁免需要确认当期收益，在企业所得税处理上，根据关联方客观交易原则判断，实质上产生了债务豁免的收益，建议进行纳税调增处理，在当期申报缴纳企业所得税：385 000万元×25%=96 250万元。

原始权益人转让C项目公司股权时产生了转让收益215 000万元，在当期需要申报缴纳企业所得税：215 000万元×25%=53 750万元。

原始权益人REITs发行全过程共计需要缴纳企业所得税150 000万元（0+96 250万元+53 750万元）。C项目公司在REITs发行全过程，因取得资产的账面价值与计税基础一致，无须缴纳企业所得税。

【例5–12】REITs资产划转特殊税务重组处理方式下，原始权益人企业所得税的税务处理如下：

资产划转时，会计确认基础设施资产处置中的收益，但根据财政部、税务总局公告2022年第3号，原始权益人当期取得项目公司股权的计税基础，以基础设施资产的原计税基础确定。原始权益人和项目公司不确认所得，不征收企业所得税。因此原始权益人需要调减当期的应纳税所得额165 000万元，相应调减的企业所得税额为41 250万元（165 000万元×25%）；负债进行划转时，同样需进行纳税调增处理，在当期申报缴纳企业所得税96 250万元（385 000万元×25%）。

原始权益人转让C项目公司股权时产生了转让收益50 000万元，但结合财政部、税务总局公告2022年第3号的规定，此转让收益需要结合REITs募集完成情况分别处理：当REITs没有完成资金募集，则原始权益人即使产生股权转让所得，也可以暂不缴纳企业所得税；当REITs完成资金募集，因政策规定“原始权益人按照战略配售要求自持的基础设施REITs份额对应的资产转让评估增值，允许递延至实际转让时缴纳企业所得税”，因此，原始权益人应该确认部分股权转让所得，假设REITs完成募集资金且原始权益配售了20%，则其当期在当期需要申报缴纳企业所得税43 000万元［（800 000万元−585 000万元）×（1−20%）×25%］。

原始权益人REITs发行全过程共计需要缴纳企业所得税98 000万元（−41 250万元+96 250万元+43 000万元）。C项目公司在REITs发行全过程，因取得资产的账面价值按公允价值入账，与计税基础不一致，在后续资产使用过程中会产生折旧额差异，进而产生税会差异。

3. 印花税

发起人、投资人、项目公司等各主体在基础设施公募REITs发行过程中进行基础设施资产划转、股权转让，若是基础设施项目整体划转则不属于印花税应税税目，不需要申报缴纳印花税；对在成立项目公司投入注册资本金时、股权转让产生资本公积时，需要按营业账簿税目对投入本金金额、资产公积金额依万分之二点五申报缴纳印花税；在项目公司股权转让时，需要按产权转移书据税目对交易金额依万分之五申报缴纳印花税。

四、税会差异

在城市更新项目公司发行REITs的环节中，只在城市更新项目公司向REITs下的资产支持专项计划转让其持有的SPV公司股权的环节存在税会差异。城市更新发起人向基础设施REITs转让SPV公司股权实现的资产转收益，在会计处理时确认了资产处置收益，但在企业所得税处理上，由于转让的资产的计税价值为公允价值，不会产生资产处置收益，因而在当期企业所得税申报时进行纳税调减。当发起人在REITs持有期间取得投资收益，在企业所得税处理上，可暂不缴纳企业所得税，递延至基础设施REITs完成募资并支付股权转让价款后缴纳。

项目公司在REITs发行中取得资产的账面价值按公允价值入账，与计税基础不一致，在后续资产使用过程中会产生折旧额差异，进而产生税会差异。

五、管理经验总结

（一）准确划分基础资产

基础资产所产生的现金流是项目资产证券化的基础，在确定资产证券化产品发行规模前，需要对基础资产未来现金流情况进行准确的预测。这就要求基础资产产生的现金流能够具备持续、稳定、可预测的特点，然而在实操过程中，导致基础资产现金流变动的因素多种多样，因此企业需要采取措施来降低这一操作带来的风险。一方面，企业可以通过把握风险因素来尽可能做出最接近未来真实情况的预测。以高速公路PPP项目为例，虽然在建设期就进行资产证券化融资是被允许的，但想要做出准确的估计需要项目运营2年或以上的时间，在这一期间统计预测所需的指标，如不同车型占比及其变动规律，才能对车流量做出更精准的估计。另一方面，基于风险厌恶原则，企业可以缩小基础资产范围，减少风险因素，从而实现风险回避。比如对于高速公路车辆通行费收益权的资产支持专项计划，在预测时，只把该收益权在特定期间产生的车辆通行费收入列入专项计划资产，而将所有支出相关的内容从专项计划的范围内剔除，仍交由原始权益人承担，假定现金流完全取决于车流量和单位通行费，这样处理既能够提高现金流预测的准确性，也有利于减少导致现金流发生变动的风险因素，成本费用风险由原始权益人负担。除此之外，在剥离不确定性风险的同时，还可以考虑增加基础资产所含收益权的种类和数量，以达到分散风险的目标。

（二）采取适当的增信措施

在融资活动中采取增信措施，一方面是为投资者的权益提供一份保障，即使发生违约也可采取措施获得一定的追偿；另一方面是帮助融资方提高信用等级从而降低融资成本，即发行利率。增信措施主要分为内部增信和外部增信。资产证券化产品可以采取结构化分级和超额覆盖的增信措施，拟发行低于入池基础资产总额的专项计划，并将其划分为优先级、次优级、次级等多个等级，将优先级次较高的产品交由外部投资人认购，由发起人认购次级，为优先级持有人提供信用支持，此为内部增信。除此之外，可采用的内部增信措施还包括：

1.超额利差

设置利差账户，存入入池基础资产产生的现金流入与专项计划存续期内支出的差额，以弥补可能出现的损失。

2.流动性支持

当基础资产现金流与还本付息时间不一致而出现临时资金不足的情况时，由承担不可撤销的无条件补足义务的发起人来代垫本息、弥补缺口。

3.现金储备账户

由发起人设置一个专用的现金储备账户，当基础资产现金流入不足以支付款项时，可以利用这一储备账户弥补缺口。

同时，企业也可以为可能出现的损失设立担保基金以实现担保。外部增信主要是通过第三方渠道来提供信用支持，方式类似于内部增信，但需要的成本较高。

（三）合理安排还本付息计划

对于融资期限跨度较大但是项目未进入现金流稳定的运营期的情况，项目现金流不稳定，若还款比例过高，现金覆盖倍数小于等于1，项目将面临资金链断裂风险。因此，若在项目尚未实现稳定的现金流入时进行资产证券化融资，应合理安排还本付息计划，使还款比例按照一定程度递增，在项目现金流稳定后承担更多的还本付息金额。

（四）设置最低收入担保

若资产证券化采取了一定的结构化设计等增信措施，则项目现金流发生小幅度变动并不会出现现金流无法偿还当期还款本息的情况，但不排除现金流入出现急速下降的可能性。比如新建或改造项目与本项目存在竞争性，或者市场环境出现大幅度波动，从而出现现金流断裂的情况。政府为项目提供一定的补助作为收入担保是一种常见的风险分担方式，可以此来减少项目的收入下降风险。政府部门对于项目收入低于担保额度的部分给予一定的补偿，这一最低担保安排可以保证项目在进行资产证券化融资时现金流较为稳定。另外，计划管理人也可与原始权益人签订最低收入担保协议，作为稳定现金流的第二保障。

（五）统筹安排资产划转

目前资产划转时涉及不动产，很难避免土地增值税清算，具体需要和主管税务机关沟通，以及看地方政府是否还有进一步的支持政策。对于城市更新项目公司而言，一般底层资产的账面值和评估值差异都很大，土地增值税的税负不容小视。对于城市更新项目公司向SPV公司划转基础设施资产是否满足暂免征收土地增值税的条件，建议纳税人提前与主管税务机关沟通确认。实际上，根据基础设施REITs的重组安排，城市更新项目公司为加快基础设施REITs申报进度，资产重组与股权转让到专项计划之间的时间间隔往往较短，通常会小于12个月，这可能会导致企业无法适用企业所得税的“免税重组”[1]，进而导致城市更新项目公司在基础设施REITs设立之初就承担较重的税负，影响基础设施REITs的后续发行与投资。

---

［1］ 王有松.发行高速公路公募REITs的思考与建议［J］.交通财会，2023（4）：8-14.

第六章 城市更新用地的业财税融合管理

第一节 城市更新土地获取方式

一、重点城市的城市更新项目土地规定

（一）北京市规定

《北京市城市更新条例》规定，开展城市更新活动的，国有建设用地依法采取租赁、出让、先租后让、作价出资或者入股等有偿使用方式或者划拨方式配置。采取有偿使用方式配置国有建设用地的，可以按照国家规定采用协议方式办理用地手续。

根据实施城市规划需要，可以由政府依法收回国有建设用地使用权。重新配置的，经营性用地应当依法采取公开招标、拍卖、挂牌等方式。

（二）广州市规定

《广州市城市更新办法》规定，旧城镇更新项目由区政府按照签订的拆迁补偿协议组织落实补偿完毕后，向市国土资源主管部门提出供地申请，由市国土资源主管部门按国有建设用地公开出让程序，组织地块出让。

旧厂房更新项目，政府收储的，纳入土地供应计划，由政府按规定组织土地供应；允许自行改造的，由原产权人向国土资源主管部门办理补交土地出让金或完善土地出让手续并变更土地权属证书。

旧村改造项目用地，村集体可选择保留集体土地性质或按规定转为国有土地；复建安置地块只能确权给集体经济组织，转为国有土地的可采取划拨方式供地，融资地块转为国有土地，可采取公开出让给市场主体或协议出让给村集体经济组织、村全资子公司或原农村集体经济组织与按规定公开选择的市场主体组成的合作企业等方式供应土地。

（三）上海市规定

《上海市城市更新条例》规定，根据城市更新地块具体情况，供应土地采用招标、拍卖、挂牌、协议出让以及划拨等方式。按照法律规定，没有条件，不能采取招标、拍卖、挂牌方式的，经市人民政府同意，可以采取协议出让方式供应土地。鼓励在符合法律规定的前提下，创新土地供应政策，激发市场主体参与城市更新活动的积极性。

物业权利人可以通过协议方式，将房地产权益转让给市场主体，由该市场主体依法办理存量补地价和相关不动产登记手续。

城市更新涉及旧区改造、历史风貌保护和重点产业区域调整转型等情形的，可以组合供应土地，实现成本收益统筹。

（四）西安市规定

《西安市城市更新办法》规定，城市更新片区需要改变土地权属和房屋所有权的，应当依法通过征收、房屋买卖、资产划转、股份合作等方式取得，并按程序办理不动产登记。

城市更新片区不涉及土地权属和房屋所有权变动的，应当通过市场租赁等方式取得原建筑物的使用权。

城市更新片区项目涉及土地出让的，应当依据法律、法规和相关规定，采取公开招拍挂方式办理供地手续，可以在土地出让公告中明确片区项目履约相关内容。

二、城市更新项目获取土地方式

综合以上各地城市更新政策中关于土地的相关规定，城市更新项目配置土地的方式包含两大类，即有偿使用方式与划拨方式。有偿使用方式主要包括租赁、出让、出资入股等。城市更新项目涉及土地出让的，应当依据法律、法规和相关规定，采取公开招拍挂方式办理供地手续；不能采取招标、拍卖、挂牌方式的，可以采取协议出让方式供应土地。

（一）招拍挂方式

我国目前实行的土地制度为社会主义公有制，其中城市内的土地属于国家，城郊或农村的土地部分属于国家，部分属于农民集体，同样属于农民集体的还有宅基地、自留地等。我国的土地所有权不允许转让，只可流转，流转又可分为两种，一种为

“转让”，是指在各个市场主体之间相互流转，另一种为“出让”，是指土地的使用权自国家或农民集体流向市场主体。

《中华人民共和国土地管理法》及《招标拍卖挂牌出让国有建设用地使用权规定》（国土资源部令第39号）明确规定，工业、商业、旅游、娱乐和商品住宅等经营性用地以及同一宗地有两个以上意向用地者的，应当以招标、拍卖或者挂牌方式出让。

1. 招标

招标出让国有建设用地使用权，是指市、县人民政府国土资源行政主管部门发布招标公告，邀请特定或者不特定的自然人、法人和其他组织参加国有建设用地使用权投标，根据投标结果确定国有建设用地使用权人的行为。

2. 拍卖

拍卖出让国有建设用地使用权，是指出让人发布拍卖公告，由竞买人在指定时间、地点进行公开竞价，根据出价结果确定国有建设用地使用权人的行为。

3. 挂牌

挂牌出让国有建设用地使用权，是指出让人发布挂牌公告，按公告规定的期限将拟出让宗地的交易条件在指定的土地交易场所挂牌公布，接受竞买人的报价申请并更新挂牌价格，根据挂牌期限截止时的出价结果或者现场竞价结果确定国有建设用地使用权人的行为。

招拍挂方式为城市更新项目中居住、商业等经营性用地出让的通用方式，也是各大房企及相关企业最为常见的土地获取方式。通过土地整理将用地进行收储，即将原有权属方用地收回（按规定给予拆迁补偿）。根据区域城市规划，进行调规变性，从而面向土地市场出让，即“收储-调规变性-再出让”。

在城市更新项目中，为实现既定摘地的目标，部分经营性用地可进行定向招拍挂或者带方案招拍挂的设计。在招拍挂中设置特定条件，如仅限一级整理主体或某特定二级主体。对于省级层面尚未完成城市更新立法的区域，定向招拍挂是最切实可行的措施。

通过招拍挂方式获地，合规合理，权属明晰，在二级市场交易无障碍。但招拍挂方式无法确保目标企业摘得土地，使得该方式更多适用于强市场化开发属性的商品房、商业综合体等项目。在此背景下，很多项目参与者也通过算大账等方式，将业务进行前置植入，通过介入更为前端的城市综合开发或者一级做地环节，做高地价，压缩二级开发收益，从而排挤竞争对手。

（二）协议出让方式

根据《协议出让国有土地使用权规定》（国土资源部令第21号）及《协议出让国有土地使用权规范（试行）》（国土资发〔2006〕114号）相关规定，协议出让国有土地使用权，是指市、县国土资源管理部门以协议方式将国有土地使用权在一定年限内出让给土地使用者，由土地使用者支付土地使用权出让金的行为。

采取协议出让方式，主要包括以下情况：（1）供应商业、旅游、娱乐和商品住宅等各类经营性用地以外用途的土地，其供地计划公布后同一宗地只有一个意向用地者的；（2）原划拨、承租土地使用权人申请办理协议出让，经依法批准，可以采取协议方式，但《国有土地划拨决定书》、《国有土地租赁合同》、法律、法规、行政规定等明确应当收回土地使用权重新公开出让的除外；（3）划拨土地使用权转让申请办理协议出让，经依法批准，可以采取协议方式，但《国有土地划拨决定书》、法律、法规、行政规定等明确应当收回土地使用权重新公开出让的除外；（4）出让土地使用权人申请续期，经审查准予续期的，可以采用协议方式；（5）法律、法规、行政规定明确可以协议出让的其他情形。

如前所述，经营性用地一般通过招拍挂公开方式供地，只有省级/直辖市级完成城市更新立法的地区才可能通过协议出让取得经营性土地，在遵循经营性用地招拍挂出让的规定之外，做出允许某类特殊经营性用地采取协议出让的规定，一定程度上突破了招拍挂等方式的限制。

例如，北京市对于用途为配套设施的经营性建设用地，允许以协议方式出让。《北京市住房和城乡建设委员会 北京市规划和自然资源委员会 北京市发展和改革委员会 北京市财政局关于开展危旧楼房改建试点工作的意见》就北京的危旧楼房改建提出了经营性配套设施用地可适用协议出让方式的思路，《北京市人民政府关于实施城市更新行动的指导意见》（京政发〔2021〕10号）也肯定了经营性设施以协议方式办理用地手续的做法。

（三）出租方式

《城镇国有土地使用权出让和转让暂行条例》（国务院令1990年第55号）规定，土地使用权出租是指土地使用者作为出租人将土地使用权随同地上建筑物、其他附着物租赁给承租人使用，由承租人向出租人支付租金的行为。土地使用权出租，出租人与承租人应当签订租赁合同。租赁合同不得违背国家法律、法规和土地使用权出让合同的规定。

《广东省“三旧”改造税收指引（2019年版）》（粤税发〔2019〕188号）规定了统租模式。统租模式是指政府下属企事业单位连片租赁农村集体的旧厂房用地并实施改造的情形。该模式下，企业（承租方）以农村集体经济组织（土地出租方）的名义办理项目立项、规划、报建等建设手续，在承租土地上出资增设建筑物。租赁期内，承租方利用建筑物独立经营、获取收益；出租方仅收取土地租金，不参与承租方经营管理、不分取经营收益。土地租赁终止或期满，承租方向出租方返还租赁土地时，按租赁合同约定将土地和地上建（构）筑物一并无偿移交给出租方。

（四）划拨方式

针对城市更新项目中的非经营性用地，如城市基础设施用地、非营利性教育设施用地、公益性科研机构用地、非营利性体育设施用地等，均可采用划拨取地方式实施。

根据《中华人民共和国城市房地产管理法》（2019年修正）的规定，土地使用权划拨，是指县级以上人民政府依法批准，在土地使用者缴纳补偿、安置等费用后将该幅土地交付其使用，或者将土地使用权无偿交付给土地使用者使用的行为。在城市更新项目中，取得划拨土地使用权的主体主要集中于国有企事业单位，由于划拨国有土地使用权的无偿性，国家对于划拨国有土地使用权的范围有严格限制，若想通过划拨取得相应用地，用地需符合《划拨用地目录》（国土资源部令第9号）的相关要求即可办理。城市更新实务中，增补城市基础设施和公共服务类项目通常以地方所属城投平台为实施主体，以划拨方式取得用地，通过财政资金实施该类项目。

（五）出资入股方式

《广东省“三旧”改造税收指引（2019年版）》（粤税发〔2019〕188号）规定了6类、12个应用场景的城市更新业务，旧厂房改造类别中包含了合作改造场景，即按照国土规划和城市更新要求，旧厂房权属人以厂房用地作价出资成立全资子公司（改造主体公司），并通过公开招标方式引入合作企业，双方共同控股改造主体公司。改造主体公司补缴土地出让金后，按照实施方案和合作协议落实拆迁补偿和安置，完成项目开发建设。原权属人取得固定面积复建房屋后退出改造主体公司。改造主体公司由合作企业全资控股，并对外销售其他的房屋。

第二节 城市更新土地一级开发

一、概念界定

土地一级开发的定义可以理解为政府部门或其委托的企业，根据城市各项规划，针对规划范围内的国有土地、集体土地进行统一的征收、拆迁、安置，并建设相应的基础配套设施，整备土地以达到出让标准后，由相关部门将土地有偿出让、转让的供应行为。

土地一级开发的目的是多方面的。首先，通过征收、拆迁和安置等措施，优化土地资源配置，提升土地利用效率，满足城市和乡村发展的需要。其次，通过配套市政基础设施和社会公共设施，改善城市的交通、供水、供电、排污等基础设施条件，提升城市的品质和居住环境。此外，土地一级开发还可以通过土地出让和转让，获取土地收益，增加政府的财政收入，为城市建设和公共服务提供资金支持。

总体而言，土地一级开发的目的是实现公共利益，在优化土地资源配置、改善城市基础设施和提升城市品质的同时，通过土地出让和转让获取相应的财政收入。

城市更新项目获取土地时，采用出让、协议、出资入股等方式的，一般都存在土地一级开发业务。

二、土地一级开发的主体与客体分析

（一）开发主体——政府与企业

1. 政府

政府在土地一级开发中扮演着项目监督者、项目负责者和项目参与者等多重角色，并发挥着重要的作用。

（1）项目监督者。政府在土地一级开发中负责监督项目的实施，确保项目按照规划和法规要求进行。政府通过监管行为，确保项目符合城市更新发展的需要，同时注重项目社会效益和环境效益的实现。

（2）项目负责者。政府作为土地一级开发的主导者和组织者，负责制定开发计划、组织项目实施，并确保项目顺利进行，达到预期目标。政府参与项目的决策和执行，以确保城市的更新发展和国家的利益实现。

（3）项目参与者。政府通过自身机构和资源积极参与土地一级开发项目。政府可以提供土地资源、资金补充、基础设施建设等支持，以促进项目的顺利进行和公共利益的实现。

政府在土地一级开发中不仅关注经济效益，同样也注重社会、环境效益的实现。政府重点关注项目对城市发展的贡献，同时也重视项目实施的科学性和合理性，目的是确保符合城市规划和可持续发展的要求。此外，政府还致力于避免由于拆迁、安置等开发过程引发的群体性事件，努力在创造就业机会的同时，增加土地收益。

总的来说，政府在土地一级开发的过程中承担着重大的责任，通过监督、规划和参与，最大限度实现城市的改造更迭，提升社会效益和环境效益，保护公共利益和国家利益。

2. 企业

随着我国市场经济的快速发展，企业于土地一级开发中扮演了主要的角色，并发挥着重要的作用。

（1）项目实施者。企业作为土地一级开发的主体，负责具体的项目实施工作。企业投入人力、财力和物力，执行开发计划，建设相关的基础设施和项目。

（2）投资回报与风险。比起政府，企业更为关注项目的投资回报率和风险程度。它们评估项目的潜在收益，并权衡项目所涉及的风险大小。企业的根本目的是实现利润最大化。

（3）品牌建设与企业影响力。企业在土地一级开发中可能追求品牌建设和拓展企业的影响力。通过参与土地开发项目，企业可以提升自身品牌形象，扩大市场份额，增强在行业中的竞争能力。

（4）与政府的合作关系。企业可能寻求与政府建立长期合作关系，以获取更多的发展机会。这种合作关系可以为企业在二级市场获取土地提供便利，并为未来的项目提供支持和资源。

总的来说，企业在土地一级开发中注重投资回报和风险控制，追求利润最大化。此外，它们还关注品牌建设和企业影响力的提升，并努力与政府保持良好合作关系。企业的参与和投资加快了城市经济建设的发展脚步，为共创城市更新美好蓝图做出了重大贡献。

（二）开发客体——未开发土地

原土地使用者的合法利益诉求在城镇土地一级开发中具有重要意义。以下是一些满足原土地使用者合法利益诉求的常见方式：

（1）合理的补偿安置政策。政府可以制定合理的补偿政策，确保原土地使用者在土地一级开发中不会遭受经济上的损失。具体包括合理的征地补偿、搬迁费用、就业安置等，使得原土地使用者的生活和收入水平得到保障。

（2）共享土地增值收益。政府可以通过合理的机制，使原土地使用者能够分享土地增值收益。例如，政府可以要求开发企业将土地增值税或土地增值收益用于原土地使用者的安置福利或其周围的基础建设等。

（3）参与决策和协商。政府可以建立沟通渠道，积极听取原土地使用者的意见和建议，让他们参与土地一级开发的决策过程和协商。这样可以确保他们的权益得到尊重，减少冲突和纠纷的发生。

（4）提供就业机会和培训。政府可以促使开发企业提供就业机会给原土地使用者或为他们提供职业培训，帮助他们重新就业或提升就业能力，确保他们在土地一级开发中获得一定的就业机会。

（5）社会保障和公共服务。政府可以加强社会基础设施保障体系的建设，积极提供医疗、教育、社会保险等公共服务，确保原土地使用者在土地一级开发后仍能享受基本的社会福利和保障。

需要强调的是，满足原土地使用者合法利益诉求是土地一级开发的重要任务之一。政府在土地一级开发中需要平衡各方利益，确保全程公平公正，减少社会冲突和不稳定因素的产生，实现城市的更新改造发展。

三、土地一级开发主要模式

在城市更新的土地一级开发中，常见的三种主要模式为政府主导型模式、企业主导型模式和政企合作型模式。

（一）政府主导型模式

在政府主导型模式中，政府在土地一级开发中占据主导性地位。政府可设立土地储备中心或国有土地开发企业，以此完成土地一级开发的工作。土地储备中心主要任务为收购和储备土地，并将其通过招拍挂等方式出让给二级市场的地产开发商。政府在整个土地一级开发过程中起着主导和监管的作用，确保土地利用规划的实施和公共利益的实现。

在城市更新项目中，通常政府依照国土空间规划，按照法定程序，收回原权属人（被征收方）用地，并向其支付补偿。政府可委托施工企业对该土地进行建筑物拆除、土地平整等整理工作，再通过公开方式出让土地。

（二）企业主导型模式

在企业主导型模式中，通常企业针对已获取的土地使用权，自主进行更新改造等。具体包括以下情形：

（1）在符合国土空间规划的前提下，农村集体经济组织将其所属的国有建设用地，或将集体建设用地转为国有建设用地后，通过招标方式引入土地前期整理合作方，或者自行组织完成改造范围内改造意愿征询、土地房产调查、搬迁补偿、土地平整等土地前期整理事项，在达到土地出让条件后由政府以协议出让方式将土地使用权出让给该农村集体经济组织成立的全（独）资公司，或者交由政府以招标、拍卖或挂牌、协议方式出让土地，农村集体经济组织取得出让分成或返还物业，合作方按土地整理协议取得相应收益。

（2）在符合国土空间规划的前提下，由企业（不动产权属人）自行选择土地前期整理合作方，或由企业自行对土地进行平整并达到土地出让条件后，由政府直接以协议方式出让给该企业。或者，在不实施拆除重建的情况下，由企业按照经批准的规划用途自行实施“微改造”。

（三）政企合作型模式

政企合作型模式，是政府与企业合作开展土地一级开发的模式，政府与企业共同参与土地一级开发工作。该模式有助于缓解政府部门资金短缺的压力，也加快了土地开发的进程。然而，由于政府和企业在各类诉求方面均存在差异，可能会导致意见不一和利益冲突。该模式具体包含两种类型。

第一种类型是政府收储土地时，在拆迁阶段通过招标等公开方式引入土地前期整理合作方承担具体拆迁工作，该合作方需要垫付征地拆迁补偿款。完成拆迁后，政府将拟出让土地通过招标、拍卖或者挂牌等公开方式确定土地使用权人，在土地使用权人支付地价款后，政府再向合作方支付拆迁费用与合理利润。

第二种类型是政府通过招标等公开方式征选合作方，既承担土地前期整理的具体拆迁工作，又是土地使用权人。该合作方承担具体拆迁工作，垫付征地拆迁补偿款（含货币与非货币补偿），完成拆迁后，政府直接将拟出让土地使用权供应给该合作方，所支付拆迁费用与合理利润抵减其应向政府缴纳的地价款。

这三种模式在土地一级开发中发挥着不同的作用和优势。政府主导型模式注重政府的规划和监管作用，确保公共利益的实现；企业主导型模式注重市场化运作和企业的主动性，推动土地市场的发展；政企合作型模式则试图将政府和企业的优势结合起来，实现共赢的结果。在实际操作中，不同的城市更新项目根据情况可以选择适合的模式，以满足一级土地开发的需求和目标。

第三节　城市更新土地一二级联动开发

一、土地一二级联动开发的背景

（一）概念

土地一级开发是指土地出让前征用土地、分级完善公共设施及其他相关设施，将土地从毛地状态转变为可出让或出租的熟地状态的土地开发过程。土地二级开发是指土地使用者在完成一级开发的土地上建设居民房屋、商业用房或其他设施，并将建成的物业进行出租或出售，以获得经济收益。土地一二级联动开发是指由一家企业或组织同时承接土地一二级开发的双重任务，将土地从毛地状态建至成熟物业，最终对外租售的全部过程。这种联动开发的方式可以提高土地利用的效率和经济效益，减少不必要的中间环节和成本，实现土地价值最大化。

通过土地一二级联动开发，企业或组织可以在土地一级开发过程中进行合理规划和设计，确保土地的开发利用符合市场需求和规划要求。随后，在土地二级开发阶段，根据市场需求和经济条件，进行合理的建设和运营，实现物业的出租或出售。这种联动开发模式可以提高土地利用的效率和经济效益，减少资源浪费，促进城市的可持续发展。当然也需要相关部门和政府的支持和监管，以确保土地的开发完全符合法律法规的要求，同时保护公共利益和环境的可持续发展。

（二）历史沿革

在20世纪90年代，土地和房屋一二级市场联动开发是中国房地产行业常见的模式。房地产企业与政府达成合作协议，获得土地使用权，完成房屋建筑物的开发建设。这类模式在实务过程中一般存在信息不对称和潜在非法操作的问题。

2004年，国土资源部和监察部针对土地市场进行了一系列改革措施，其中规定了土地必须通过招标、拍卖、挂牌等方式进行出让，取消了过去可能存在的协议出让土地的方式。此外，引入土地整理储备中心将土地市场与房屋市场进行分离，一级土地资源经过土地储备中心的收购、储备和整理后，会再次进入二级市场进行交易。这些改革措施确立了土地一二级联动开发的规范性和必要性，加强了土地市场的合规性和公正性。政府角色的重要性在土地一级开发中得到了强化，进一步确保了土地资源的合理利用和市场化运作。

（三）发展现状

在我国，土地使用受到用途管理制度的限制，农用地一般不能随意转为建设用地，目的是保障农业生产和食品安全。同时，为了控制建设土地总体用量，政府颁布了严格的土地供应政策，限制了新建设用地的增加。随着建设土地资源越发稀缺，开发企业获取土地的成本逐渐攀升。由于土地供应不足，竞争激烈，导致各地出现了高价地块（通常被称为“地王”）的现象，这些地块以高价成交，刷新了市场的价格记录，使得企业越来越难以相对经济的价格取得土地。

在这种情况下，更多的开发企业尝试通过联动开发模式获取高质量的土地资源。这种模式允许企业在进行土地一级开发的同时，获得土地的开发权，并进行二级开发，将物业建成后即可进行出租或出售。在一二级联动开发模式下，企业可以更加有效地控制土地资源，减少土地成本，提高项目的经济效益。此外，一二级联动开发也可以促进土地的综合利用和增值。通过一级开发，土地将从毛地状态转变为可出售或出租的熟地，增加了土地的价值。随后的二级开发则进一步提升了土地的价值，使其适应市场需求。因此，土地的一二级联动开发已经成了城市更新项目的重要业务内容。

二、土地一二级联动开发的优势

（一）缓解政府的资金压力

土地一级开发的高昂成本，给当地政府带来了不小的资金压力，同时也给居民带来了困扰，导致一些征收项目推进缓慢，甚至出现居民上访的情况。此外，政府部门在众多的土地一级开发任务面前，也出现了技术人才储备不足等问题。

面对上述问题，联动开发模式体现了一定优势，为该难题提供了解决方案。通过引入开发企业的人才和技术力量，可以更高效地完成土地一级开发任务，缓解地方政府的资金压力，并促进项目的顺利推进。企业在开发过程中通常具有丰富的经验和资源，能够提供专业的规划、设计、施工和管理等方面的技术支持。

此外，土地一二级联动开发模式还能够促进市场化运作，提高土地利用效率。企业在二级开发阶段能够将建成的物业进行出租或出售，实现资金回流，进一步减轻了政府的财政负担。

需要注意的是，在推行土地一二级联动开发模式时，需要加强监管和规范，防止出现不合理的土地开发行为和资源浪费。政府部门应当制定相关政策和准则，明确土地开发的标准和要求，并加强对开发过程的监督和管理，确保土地资源的合理利用和可持续发展。

总之，土地一二级联动的开发模式可以在一定程度上缓解资金压力、引入专业人才和技术力量，促进土地开发的高效进行。然而，在推行过程中需要充分考虑各方利益，加强管理与监督，确保土地资源的合理利用和社会效益的最大化。

（二）降低企业的开发成本

在联动开发过程中，企业仅支付较少的成本就可获得二级开发建设权。这是因为企业参与了土地的一级开发过程，对土地和相关设施的情况更加了解，能够更好地利用土地资源，同时也能够更好地处理历史遗留问题。相比新取得土地的开发商，能够节约人力、物力和时间，减少重复投入，从而降低项目的成本。联动开发模式中节约的成本占总支出成本的5%~10%，这些节约的成本可以用于项目的其他方面，如改善项目质量、增加配套设施或提供更具竞争力的价格。

因此，一二级联动开发模式在一定程度上提高了企业的竞争力和盈利能力，并为其提供了更多的发展机会。同时，优化了土地资源的整体利用，提升了项目的总体效益和质量。

（三）土地一二级开发间相互促进

采用一二级联动开发模式可以让企业在土地一级开发阶段就使用更高标准的建设措施，进而在二级开发阶段直接拥有优质的土地基础和周边设施。

在资金方面，联动的开发模式可以通过二级开发的收益来平衡一级开发的资金需求。通过提前销售二级物业，可以获取资金流，用于支持一级开发的投入和运作。这种资金流的循环可以减轻企业在一级开发过程中的资金压力，提高资金的利用效率。

综上所述，采用一二级联动开发的模式可以带来多重优势，包括提升土地价值、保障持续发展、提高品质和竞争力以及优化资金运作等。这种模式有利于企业可持续性发展，同时满足经济市场的消费需求。

三、土地一二级联动开发存在的问题及风险

（一）人员素质要求高，企业难以配置相关专业人员

土地一二级开发中涉及的学科较多，因此需要管理人员具备跨学科的知识能力，例如：

（1）土地开发知识：管理人员需要了解土地开发的相关知识，包括土地政策法规、土地规划、土地评估等。他们需要熟悉土地一级开发和二级开发的流程和要求，以便能够有效指导项目的实施。

（2）项目管理能力：管理人员需要具备项目管理的能力，包括项目规划、资源调配、进度控制、成本管理等方面的技能。他们需要有效组织和协调各个环节的工作，确保项目按时、按质、按量完成。

（3）法律法规意识：土地一二级开发涉及很多法律法规，管理人员需要具备一定的法律意识，了解相关法律法规的要求，能够保证项目的合规经营，及时处理存在的法律风险。

（4）政府关系管理：管理人员需要具备良好的政府关系管理能力，能够与政府机关搭建良好的合作关系，了解政策动向和最新要求，及时响应、调整经营策略。

（5）市场分析能力：管理人员需要具备市场分析能力，能够及时了解市场需求和竞争情况，进行市场预测和定位，以制定合理的经营战略，实时把握经营方向。

（6）团队管理能力：土地一二级开发需要协调多个团队工作，管理人员需要具备团队管理的能力，包括团队组建、激励、协作和冲突解决等方面的技能。

对于企业而言，拥有具备跨学科知识和综合能力的人才储备是非常重要的，这样才能够有效管理和推动土地一二级开发项目，应对复杂的市场环境和政策变化，提高企业的竞争力和项目的成功率。

（二）建设用地指标受限

由于我国实行严格的耕地保护制度，因此可用的土地资源的较为稀缺。各城市每年都会确定年度新增建设用地指标，用于规划和控制城市的土地利用。这些指标往往无法满足所有项目的需求，因此项目土地能否按已有计划完成出让，除了地方政府要权衡利益外，还需要上级政府部门批准的新增指标配额。

地方政府在决定土地出让的时间和规模时，会考虑多方面因素，包括项目的经济效益、就业创收、城市发展、环境保护等。同时，上级政府会对新增指标进行审核和

管理，确保土地资源利用的可持续性。这就意味着，土地一级开发企业需要与政府密切合作，提前规划和申请土地使用，以确保项目的顺利进行。

在这种供需矛盾的情况下，土地一级开发企业需要与政府进行有效的沟通和协调，了解政府的政策导向和指标分配情况，并根据实际情况进行项目规划和安排。同时，企业也需要关注土地市场的动态变化，抓住可能的机会，灵活应对土地出让的时间和条件。

总之，土地一级开发企业在项目土地出让方面的计划与实施，需要考虑到地方政府的利益权衡和上级政府的指标配额审核，而与政府的密切合作和及时沟通是确保项目按计划时间出让的关键因素之一。

（三）资金压力大

土地一级开发中的重要挑战，即资金压力和财务风险。土地一级开发需要大量的资金投入，且花费的资金在土地出让完成后才会回笼，因此一级开发的资金要在二级开发中平衡，这便对开发企业的资金储备和财务水平提出了较高要求。

如果一级开发的资金无法及时回笼或出现延迟，可能会导致资金链断裂的风险，进而影响二级开发的进行。特别是在开发初期投资量大的情况下，如果时间预估不足或遇到了一些不可预见的问题，如所谓的“钉子户”问题，可能会导致开发进度延迟，从而对企业的资金链造成压力。

为了应对这种情况，企业需要进行充分的项目规划和风险评估，合理评估资金需求和回收时间，并确保与相关方进行充分沟通和合作。同时，企业还可以采取一些措施来缓解资金压力，如与金融机构合作寻求融资支持、建立有效的资金管理和控制机制、积极推进项目进度等。

总之，土地一级开发所面临的资金压力和财务风险确实需要企业高度重视和有效应对，通过合理的规划、风险管理和资金管理措施，可以降低财务风险，保障项目的顺利进行。

（四）国家政策的变化

在近年来，国家对于土地开发市场的管控力度逐渐加强，陆续出台了一系列与土地相关的政策。

这些政策的变化可能涉及土地供应、土地出让方式、土地用途规划、土地价格调控等方面，对于正在进行或计划中的一二级联动开发项目可能产生重大的影响。这些影响可能包括土地供应的减少或调整、土地出让条件的变化、土地成本的上升等。

当法律、政策发生变化时，企业需要及时调整项目计划和运营策略，从而适应不断更新的政法环境。这可能涉及重新评估项目可行性、调整开发策略、重新协商与政府的合作协议等。此外，企业也需要密切关注政策的变化，与政府部门保持良好的沟通和合作，以及与专业机构、律师进行及时的法律和风险评估。

对于一二级联动的开发项目来说，政策的变化带来的可能是机遇，也可能是挑战。企业需要具备灵活的应对能力，包括敏锐的市场洞察力、强大的决策能力和危机管理能力，以应对政策变化带来的影响，并及时调整战略，确保项目的可持续发展。

因此，了解和关注土地政策的变化，及时调整项目策略和运作模式，与政府和专业机构保持紧密合作，是企业在一二级联动开发过程中应着重注意的几个方面。

（五）开发周期长

长周期是一二级联动开发的常见特点之一。征地拆迁、基础建设、房屋构建等环节均需要耗费大量时间和资源，而且可能受到政策、法规和社会因素的影响，致使项目进度缓慢。过长的开发周期会增加项目的运营成本和资金压力，同时也增加了市场风险的不确定性。一二级联动开发周期较长的情况是经常出现的，并且可能面临一些挑战和风险：

（1）土地征收进展缓慢：土地征收是一级开发的前提，如果土地征收工作进展缓慢，会延长整个项目的开发周期。政府和相关部门需要高效地进行土地征收工作，以确保项目能够按计划进行。

（2）一级开发费用高昂：相比于二级开发，一级开发通常需要更多的资金投入，因为它涉及土地征收、规划设计、基础建设等多个方面。这可能导致开发商在一级开发阶段面临较高的成本压力，且在此阶段难以获取直接的收益。

（3）市场的不成熟和难以预测的风险：一级开发往往出现在较为偏远的地区，市场的成熟程度较低。这可能导致开发商在一级开发阶段面临市场培育期较长的情况，无法迅速获得预期的回报。此外，长期的开发周期也增加了中远期市场风险的不确定性，使得风险预测变得困难。

（4）资金压力和现金流平衡：一级开发周期长，需要大量的资金投入，而开发商可能在一级开发阶段难以获得充分的现金流。这可能对企业的资金压力造成影响，因此，确保资金的充足性和灵活性是一级开发成功的关键之一。

针对这些问题，政府和开发商可以积极采取措施来应对，例如加强项目管理和监督，优化土地征收程序，提前规划和准备项目所需资金，确保资金的流动性和投资的合理性。同时，开发商也可以在项目策划阶段进行充分的市场调研和风险评估，以此应对市场的不确定性。

综上所述，一二级联动的开发周期长和由此带来的风险是实际存在的，需要政府和开发商的共同努力，采取合适的措施解决问题，才能确保项目按计划进行并获得持续的发展。

（六）获取土地的风险

企业应采取措施提高在一二级联动开发中获得土地二级开发权的机会。

（1）组建联合体：采用联合体的方式合作，可以增强竞争力，弥补双方的短板和不足。通过签订联合体协议，明确界定双方的权责以及未来项目公司的持股比例等，确保各方的权益得到合理保障。

（2）提高项目竞争力：企业可以努力提高自身的竞争力，包括优化项日规划、提升技术实力、改善企业声誉等。通过提高自身的实力和竞争优势，增加在招拍挂中中标的机会。

（3）风险管理和合规性：企业在招拍挂过程中需遵守法律法规，确保操作的合规性。同时，需要进行风险评估和管理，充分了解可能涉及的风险，并提前制定应对策略。

因此，在项目前期阶段，企业应进行充分的调研和测算工作，评估项目的风险和收益，选择适合的开发模式，并确保项目的可行性和可持续发展性。同时，与相关政府部门保持良好的沟通和合作，了解政策变化和市场动态，以应对随时可能出现的变化和风险。

四、部分城市土地一二级联动开发的规定

（一）广州市规定

《广州市人民政府办公厅关于印发〈广州市深入推进城市更新工作实施细则〉的通知》（穗府办规〔2019〕5号）相关规定如下：

（1）对于采用自主改造或与有关单位合作改造的旧村，改造主体在对原产权人实施收购补偿后，根据规定，村集体经济组织可以申请将改造范围内的集体建设用地转为国有建设用地。在这种情况下，虽然改造主体已经收购了房屋和土地，但土地的性质仍然属于集体建设用地。与常规的土地储备制度不同，这种规定将建设用地由集体直接转为国有。此外，如果与有关单位合作进行改造，规定还要求村集体经济组织通过公开形式选择市场主体，这在客观上实现了与土地招拍挂相似的公开竞争效果。

（2）对于旧城连片改造项目，政府作为征收主体，在完成拆迁补偿后，会通过招标等方式确定改造主体（即土地使用权人），并与其签订土地使用权出让合同。在这种情况下，政府可将拆迁工作以及被改造土地的使用权一同确定给改造主体。这意味

着改造主体在获得土地使用权后可以进行相应的改造项目，并按照签订的合同条件进行开发建设。相关流程见图6–1。

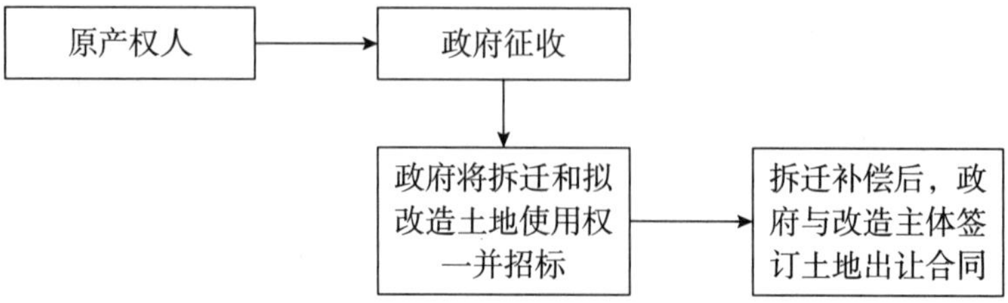

图6–1　广州市相关流程

说明：对于旧城连片改造（该土地原来就是国有土地），前期仍然由政府施行土地征收，但并非是政府土地储备机构支付补偿款，而是通过招标等方式选择改造主体，由改造主体支付，这与常规的土地储备制度存在明显差异。改造主体拆迁补偿完成后，即可获得土地使用权。

（二）深圳市规定

主要规定为《深圳经济特区城市更新条例》（深圳市六届人大常委会公告第228号）。深圳市的拆除重建类和综合整治类的规定相同，因此，我们了解拆除重建类的一二级联动方式即可。深圳市规定的内容较为复杂，相关流程见图6–2。

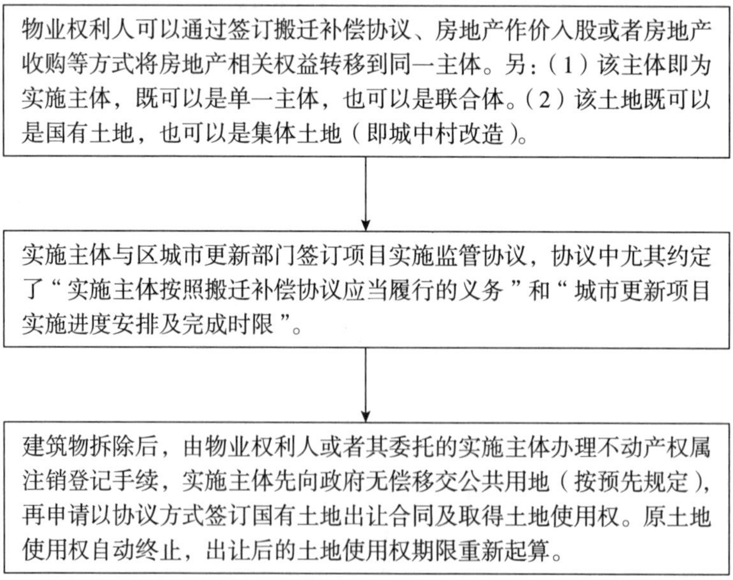

图6–2　深圳市相关流程

说明：深圳市规定的特点是，一是政府没有履行征收的程序（《深圳经济特区城市更新条例》中也有例外的征收规定，但是并不属于主要流程）；二是以协议方式取得国有土地使用权，并明确了土地使用权期限重新起算。由此可见，深圳市与广州市的规定，虽为相似，但又有所不同。

（三）成都市规定

《成都市人民政府办公厅关于印发〈成都市城市有机更新实施办法〉的通知》（成办发〔2020〕43号）相关规定为：对于涉及搬迁补偿的城市有机更新项目，可以采取公开方式确定土地使用权人作为项目的开发建设主体。在此过程中，可以预先约定土地出让合同的生效条件和解约条件。具体而言，区政府（或者管委会）会组织实施搬迁补偿工作，一旦搬迁补偿完成，土地使用权就会移交给确定的开发主体，使其能够开始进行项目的开发建设。

成都市在城市更新方面的规定较为简单，政府选定的开发主体需要承担搬迁补偿款的支付责任和后期的开发建设责任，并且通过约定土地出让合同的生效和解约条件来确认或解除开发主体对土地开发权的行使。

这种做法表明政府在城市更新项目中仍然扮演着重要的角色，负责组织搬迁补偿行为。然而，与广州市和深圳市的规定相比，成都市规定的内容相对简单，没有明确规定公开竞争的程序和条件。

在这种情况下，确保搬迁补偿款的支付和后期开发建设责任的履行非常重要。同时，约定土地出让合同的生效和解约条件也是确保开发主体权益和项目顺利进行的关键。

（四）延安市规定

《延安市人民政府办公室关于印发〈延安市城市更新暂行办法〉的通知》（延政办发〔2021〕13号）明确规定了“经市政府批准的城市更新项目，应当建立一二级联动的土地连片开发机制”。这种明确的规定从全国范围看实属罕见。相关内容如下：

（1）实施主体负责申报更新单元计划、编制更新单元规划、开展搬迁谈判、组织项目实施等土地一级整理。这意味着实施主体承担着土地一级整理的责任，包括规划和组织相关工作。

（2）在建设用地使用权及房屋所有权注销登记完成后，实施主体应按照规划要求向政府无偿移交用地，申请取得土地使用权并签订土地使用权出让合同。在此过程中，原土地使用权期限会自动终止，新取得的土地使用权期限将被重新起算。

尽管以上各地的规定形式各有不同，但它们都致力于促进土地一二级联动的形成，以确保实施主体在支付拆迁补偿款后能够获得土地开发权。

这些规定的核心目的是确保土地开发的合规性和顺利进行。通过明确规定实施主体在支付补偿款后获得土地开发权的必然性，而不是通过招拍挂设置条件的偶然性，确保了土地一二级联动的实现。

相比而言，广州、深圳和成都仍然将开发土地的一些工作（如通平等）由政府来完成。然而，与征地拆迁款相比，这些工程的费用对政府来说是可以承受的。

上述四个地方政府的规定提供了有益的经验和启示，其他地方政府可以在制定相关规定时进行借鉴。这有助于确保土地开发的顺利进行，并为城市更新和发展创造更加稳定和可持续的环境。

第四节　获取土地使用权的业财税管理

土地作为一项重要资产，是项目开发的首要前提，实现土地获取是城市更新改造项目的最基础环节。城市更新项目是一项复杂的长期性工程，与一般房地产项目的业务流程相比，城市更新项目土地使用权获取阶段更加复杂，前置性工作多且存在较大的不确定性，从而导致土地获取阶段的耗时较长，大量在前期阶段发生的成本、费用在进行财务归集和税务处理时相对复杂，实现财税处理的合理合规尤为重要。

如前所述，城市更新项目获取土地时，可以采用公开招拍挂出让方式、协议出让方式、出资入股方式等，无论哪种方式下，在获取土地的流程中，征拆补偿是最为重要的环节之一，也是整个项目推进的最为关键的一环，征拆是否顺利直接决定了整个项目改造周期的长短。

此外，城市更新项目中往往将为政府配建一定的基础设施或物业作为获取土地的条件。配建地块与开发地块的初始权属关系不同，其在财税处理方面也有差异。

研究城市更新获取土地的财税处理，全面梳理各个业务环节下各种情形的财税处理，具有重要的意义，可以指引项目主体提升纳税遵从度，减少税务风险，以下主要分析项目合作方或项目的财税处理。

一、土地一级开发征拆补偿的业财税管理

（一）以案例进行业务介绍

Z项目采用“ABO”模式，政府管委会授权城市更新局通过公开招标的形式确定

政府平台公司A作为特许经营的实施主体，由平台公司A负责项目整体开发策划、规划设计、投融资、建设、产业导入及城市运营等，并允许平台公司A在城市更新局书面同意的情况下，通过公开招标的方式选定战略合作方。平台公司A通过法定程序公开、公平、公正地选择市场主体B作为本项目的投资合作方，双方签署投资合作协议，市场主体B与政府平台公司A按约定股比成立项目公司C。

该项目中，投资成本主要包括土地整理费及工程建设费。其中土地整理费是指项目合作范围内项目公司支出的征地和拆迁补偿费用、土地指标费用。关于项目公司支付的土地整理费，将会由政府平台公司通过合法途径将土地整理费的“本金+固定比率的收益”支付给项目公司，市场主体B最后通过分享项目公司的收益而获得回报。关于土地整理费，协议中明确政府方负责整个项目的拆迁，项目公司仅支付政府平台公司的征拆资金，不参与任何实质性的拆迁工作。

（二）会计处理

企业会计准则对长期应收款的定义为“本科目核算企业的长期应收款项，包括融资租赁产生的应收款项、采用递延方式具有融资性质的销售商品和提供劳务等产生的应收款项等。实质上构成对被投资单位净投资的长期权益，也通过本科目核算”。根据项目投资合作协议的约定，项目公司不提供实际建筑服务，项目公司在履行协议中约定的投资义务后，有获得相应经济回报的权利，而且投资回报根据土地出让计划以及政府平台公司自有资金池的充裕程度，每年都有一部分投资成本和投资收益的返还，项目公司的投资行为实质上构成对政府平台公司的长期权益。项目公司对投资成本的返还不确认建筑服务收入，将按照投资过程中发生的工程价款、营销费用、融资费用等采用长期应收款科目进行会计核算。

（1）项目公司将征拆资金支付给政府平台公司。

借：长期应收款——代垫款——土地整理费用

　贷：银行存款

（2）项目公司收回征拆资金。

借：银行存款

　贷：长期应收款——代垫款——土地整理费用

（3）确认收益。

借：长期应收款——代垫款——土地整理费用

　贷：主营业务收入

　　　应交税费——待转销项税额

（4）收回收益。

借：银行存款

　贷：长期应收款——代垫款——土地整理费用

（5）发生增值税纳税义务。

借：应交税费——待转销项税额

　贷：应交税费——应交增值税（销项税额）

（三）税务处理

（1）增值税税务处理。由于财政部和国家税务总局对于城市更新项目如何缴纳增值税并没有具体明确规定，同时各地税务机关对业务模式、税收政策解读不同，实际税收征管执行上具有自由裁量权，导致各地税务机关在税收征管执行口径中存在较大的差异。本项目在增值税上如何处理，投资回款是否需要缴纳增值税，具体按照什么税目，适用什么税率缴纳，成为项目公司的一个重要税收策划点。

①收取征拆资金本金。参考国内重点城市区域土地一级整理的操作，如北京，将相应的业务视为代收转付，不需要缴纳增值税，《北京市规划和国土资源管理委员会 北京市国家税务局 北京市地方税务局 北京市财政局关于土地一级开发项目涉及增值税发票等有关问题的通知》（市规划国土发〔2017〕186号）规定，政府土地储备机构为主体、委托企业实施的土地一级开发项目中，受托企业从政府储备机构收取款项并代为支付的行为属于代收转付，其收取的该部分款项不属于增值税征收范围，不开具增值税发票。根据以上政策分析，笔者认为应与当地税务机关进行充分沟通，代垫的征拆资金应视同贷款服务的本金，而非增值税应税范围。

②收取征拆资金收益。根据《财政部 国家税务总局关于全面推开营业税改征增值税试点的通知》（财税〔2016〕36号）的规定，“贷款，是指将资金贷与他人使用而取得利息收入的业务活动。各种占用、拆借资金取得的收入，包括金融商品持有期间（含到期）利息（保本收益、报酬、资金占用费、补偿金等）收入、信用卡透支利息收入、买入返售金融商品利息收入、融资融券收取的利息收入，以及融资性售后回租、押汇、罚息、票据贴现、转贷等业务取得的利息及利息性质的收入，按照贷款服务缴纳增值税”。根据征拆资金的使用与收益模式进行增值税应税行为的认定，应该将其作为“贷款服务”，在实际操作中按照本金不缴纳增值税，收益部分按照6%缴纳增值税，是符合税收法定原则的。

在项目前期阶段，建议要将项目运作模式、征拆资金的使用政策、合同主体各方职责、征拆流程、结算流程等业务事项与当地税务机关进行充分沟通，从而取得税务机关对于“贷款服务”应税行为的认可，从而减少税企争议，有效控制企业风险。

（2）企业所得税税务处理。由于征拆资金均由政府方主导，拆迁补偿协议等均由政府方与被拆迁户签订，项目公司应留存与政府平台公司的付款确认函，同时关注相关的资金应支付给政府征拆部门，从而明确该部分的资金去向为征拆资金。根据整体的商业安排，征拆资金均是项目公司筹集并支付给政府方使用，本金部分不产生企业所得税纳税义务。

项目公司支付的征拆资金的固定收益部分将会在项目公司账面上确认为主营业务收入，该部分收入将产生企业所得税纳税义务。《企业所得税法实施条例》第十八条规定，企业所得税法第六条第（五）项所称利息收入，是指企业将资金提供他人使用但不构成权益性投资，或者因他人占用本企业资金取得的收入，包括存款利息、贷款利息、债券利息、欠款利息等收入。利息收入，按照合同约定的债务人应付利息的日期确认收入的实现。

以上需要项目公司根据具体的项目投资合作协议条款确认是否有具体约定利息收款时点，从而确认利息收入的企业所得税纳税义务时点发生时间，合法合规的情况下，在正确的时点缴纳企业所得税，不晚交，也不早交税。

（3）印花税税务处理。根据项目投资合作协议，项目公司与政府方签订的协议中关于征拆资金部分，实质上是贷款服务。根据《印花税法》，借款合同应按照借款金额的万分之零点五计征印花税，借款合同是指银行业金融机构、经国务院银行业监督管理机构批准设立的其他金融机构与借款人（不包括同业拆借）的借款合同，所以该部分征拆资金的合同并不属于印花税的征收范围，无须缴纳印花税。

（四）税会差异

根据前文所述，代垫的征拆资金根据业务实质、商业安排，按照“贷款服务”缴纳增值税，按照利息收入缴纳企业所得税。

根据企业会计准则的规定，利息收入是按照他人使用本企业货币资金的时间和实际利率计算确定利息收入金额。在会计上，企业确认代垫资金收益是按照权责发生制，以“代垫资金 × 实际占用的时长 × 收益率”确认收益金额，只要资金有了占用，会计上将计算收益金额，确认主营业务收入。

根据增值税关于纳税义务发生时间的规定，“纳税人提供应税服务并收讫销售款项或者取得索取销售款项凭据的当天；先开具发票的，为开具发票的当天。收讫销售款项，是指纳税人提供应税服务过程中或者完成后收到款项。取得索取销售款项凭据的当天，是指书面合同确定的付款日期；未签订书面合同或者书面合同未确定付款日期的，为应税服务完成的当天”。同时，根据《企业所得税法实施条例》第十八条的规定，“利息收入，按照合同约定的债务人应付利息的日期确认收入的实现”。项目投资合作协议约定利息支付时点的，增值税、企业所得税的纳税义务均是按照利息支付时点确认的。

会计上按权责发生制确认利息收入，增值税及企业所得税按照项目投资合作协议约定的利息支付时点确认纳税义务发生时间，产生了税会差异。

（五）管理经验总结

关于征拆补偿资金，建议在实际工作中做好内部税务风险管控，同时加强和税务机关的沟通：

（1）应充分和当地税务机关沟通项目的运作模式、征拆资金的来源与使用、征拆各方的责任、征拆的流程、收益的来源、收益的构成等项目情况。

（2）应就项目情况、征拆资金的实质和税务机关沟通，明确该部分资金的性质是贷款服务，从而确认增值税的纳税模式为征拆本金不缴纳增值税、收益部分按照6%缴纳增值税。

（3）还应就投资合作协议的具体条款约定与税务机关进行沟通，明确增值税纳税义务发生时点、企业所得税纳税义务发生时点，前置性化解相关的税务风险，并做好应对税会差异而可能面临的相关税务情况说明。

二、土地一二级联动开发征拆补偿的业财税管理

（一）案例介绍

Y项目属于市场方主导模式下的村企合作改造项目，即在旧村庄拆除重建更新改造中，村集体经济组织将集体土地申请转为国有土地，按照“政府统筹、规划引领、公益优先、市场运作”的原则，通过公共资源交易平台招商，公开选择合作主体，与合作方出资成立项目公司，由项目公司参与拆迁补偿、土地出让及项目实施的全过程。改造后，F村集体经济组织从项目公司取得货币、非货币补偿。

该城市更新项目流程分为项目改造申请、前期服务机构选择、编制单元计划、编制单元规划、选取市场改造主体、实施方案编制与表决、拆迁补偿协议签订、回迁安置/供地八大步骤。拆迁费用具体构成包括：有产权证的住宅（集体物业）临迁费用、房屋拆运费用，无产权证的住宅（集体物业）房屋拆运费用、房屋建安成本补偿，祠堂等历史建筑的修缮费、迁建费，其他补偿如搬家补偿、电话、有线电视等迁移费。

不同改造项目，拆迁补偿方案差异大，但是整体包括物业补偿、货币补偿、货币与物业补偿相结合方式。

物业补偿是指在城市更新业务改造中，被拆迁人因不愿意获得货币补偿而要求获得对等的物业补偿的方式。关于物业补偿，虽然不是以货币价格实现的，但实际上是获得了同等公允价值的补偿。以获取物业的形式获得的补偿，一般获得补偿的时间上具有差异性。改造主体无偿提供的物业也可能会采取无偿移交物业，如补偿回迁安置房，以及无偿提供代建服务。该两种方式涉及不同的财税处理。

货币补偿是指在城市更新业务改造中，被拆迁人的房屋、建筑物等附着物被拆除，从而获得货币补偿。货币补偿是被拆迁人的权利，一旦选择了，需要通过拆迁协议予以确定。而货币补偿可能涵盖过渡费、签约奖励费、搬迁补助费、装修补助费、家私家电补助费、停产停业补助等。

货币补偿和物业补偿相结合的方式是指被拆迁人因拆迁房屋、征收土地等原因获得的拆迁补偿，一部分以货币的方式实现，一部分以物业补偿的形式实现。具体选择何种补偿方式，各种补偿方式占据的比例是多少，需要根据每个地区、每个被拆迁人的情况来确定。如部分地区因一二手房价倒挂或者指标有限，会优先选择物业补偿，另外部分地区因商品房市场行情欠佳或者商品房市场供过于求，被拆迁人会优先选择货币补偿。

以上不同拆迁补偿的方式，对于拆迁人而言，财税处理上将会产生较大的不同，从而影响整体项目的税负与收益。

（二）会计处理

1.货币补偿

支付拆迁补偿费时：

借：开发成本——土地成本——拆迁补偿费

　　贷：银行存款

完工验收时：

借：开发产品

　　贷：开发成本——土地成本——拆迁补偿费

货币补偿的拆迁费抵减增值税销项税额时：

借：应交税费——应交增值税（销项税额）

　　贷：应交税费——应交增值税（销项税额抵减）

2.物业补偿

（1）无偿移交回迁安置房的会计处理。

案例Y项目中，项目公司取得土地400亩，其中80亩用于建设安置房，剩余的

320亩用于开发建设商品房对外出售。项目公司向政府部门支付土地价款150 000万元，向集体土地使用方支付拆迁补偿款14 000万元。安置房的总面积为22万平方米，建造成本66 000万元，项目平均售价10 000元/平方米（不含税）。

实务中，对于此案例涉及的无偿移交回迁安置房的会计处理，存在三种观点。

观点一，作为捐赠进行会计处理（单位：万元，下同）：

借：营业外支出　　66 000

　贷：开发产品——安置房　　66 000

观点二，将安置房的实际建造成本转入土地成本：

借：开发成本——土地成本——拆迁补偿费　　66 000

　贷：开发产品——安置房　　66 000

观点三，将安置房的无偿转让确认收入，同时结转成本。

第一步，先计算出安置房视同销售的金额：

安置房视同销售金额=安置面积×单位平价市价=22万平方米×10 000元/平方米=220 000万元。项目公司将自有土地上建设的安置房用于拆迁安置，安置房视同销售，同时作为拆迁安置的成本，账务处理如下：

借：开发成本——土地成本——拆迁补偿费　　220 000

　贷：主营务收入——安置房收入　　201 834.86

　　应交税费——应交增值税（销项税额）　　18 165.14

第二步，将全部土地成本（包含安置房视同销售的安置费用）在全部开发产品（包括安置房）之间进行分摊：

安置房应分摊的土地成本=（164 000+220 000）÷400×80=76 800（万元），安置房总成本=76 800+66 000=142 800（万元）。

第三步，安置房竣工交付集体土地使用方时，账务处理为：

借：开发产品——安置房　　142 800

　贷：开发成本——安置房建造成本　　66 000

　　——土地及征用拆迁补偿费　　76 800

第四步，结转安置房成本，账务处理为：

借：主营业务成本——安置房成本　　142 800

　贷：开发产品——安置房　　142 800

观点三认为，在分摊土地成本时，往往会因为忽略了安置房视同销售后再作为土地征用及拆迁补偿费部分在安置房成本中的分摊，从而导致安置房少分摊土地成本，其他开发产品多分摊土地成本的情形。因此首先要将视同销售的安置房金额计入土地征用及拆迁补偿费中，然后再对整个的土地征用及拆迁补偿费在所有的开发产品（包括安置房）之间进行分配，这样才符合会计的配比原则。

以上观点中，观点一作为捐赠处理，则安置房建造成本不能计入土地成本在土地增值税中进行扣除以及加计扣除，同时不能在企业所得税税前扣除；观点二将安置房建造成本计入土地成本，在土地增值税前进行扣除以及加计扣除，同时也可以在企业所得税税前扣除；观点三将全部土地成本在安置房及其他开发产品中进行了分摊，但不影响企业整体利润。

（2）提供代建服务的会计处理。

案例Y项目中，若项目土地400亩，其中80亩用于建设安置房，登记在村集体经济组织名下，项目公司接受村集体经济组织的委托，代为建设安置用房；剩余的320亩为融资地块，由项目公司用于开发建设商品房对外出售。项目公司向政府部门支付土地价款150 000万元，向集体土地使用方支付拆迁补偿款14 000万元。安置房的总面积为22万平方米，建造成本为66 000万元，项目平均售价为10 000元/平方米（不含税）。

项目公司代为建设回迁安置房，以村集体经济组织名义进行报批建议，项目公司承担的是建设施工的角色，按照视同提供建筑服务进行会计处理。

发生工程支出时：

借：合同履约成本——代建项目——建安工程费

　　应交税费——待认证进项税额

　　　　　　——应交增值税（进项税额）

　贷：应付账款、银行存款、原材料、应付职工薪酬等

结转代建工程成本时：

借：开发成本——土地成本——拆迁补偿费

　贷：合同履约成本——代建项目——土地成本、建安工程费

（三）税务处理

1.货币补偿

（1）增值税税务处理。项目公司取得土地时向政府部门支付的土地征用及拆迁补偿费用允许在计算销售额时扣除。

项目公司日常应该做好土地款抵扣的台账，按照收入结转的进度，确认销项税额，按比例抵扣土地款，且土地款的地块金额不得大于实际支付的土地款。同时按规定扣除拆迁补偿费用时，应提供拆迁协议、拆迁双方支付和取得拆迁补偿费用凭证等能够证明拆迁补偿费用真实性的材料。

（2）企业所得税税务处理。开发产品计税成本支出的内容包括土地征用费及拆迁补偿费，即指为取得土地开发使用权（或开发权）而发生的各项费用，主要包括土地买价或出让金、大市政配套费、契税、耕地占用税、土地使用费、土地闲置费、土地变更用途和超面积补交的地价及相关税费、拆迁补偿支出、安置及动迁支出、回迁房建造支出、农作物补偿费、危房补偿费等。

在进行开发产品成本确认时，应当做好相关票据的管理，企业在境内发生的支出项目属于增值税应税项目，对方办理增值税税务登记的，其支出以发票为税前扣除凭证；对方为个人或者不需要办理税务登记的，以代开的发票或者收款凭证为税前扣除凭证，收款凭证应载明收款单位名称、个人姓名及身份证、支出项目、收款金额等。

（3）土地增值税税务处理。土地增值税中关于取得土地使用权所支付的金额，是指纳税人为取得土地使用权所支付的地价款和按国家统一规定交纳的有关费用。而土地征用及拆迁补偿费则作为开发成本进行扣除，包括土地征用费、耕地占用税、劳动力安置费及有关地上、地下附着物拆迁补偿的净支出、安置动迁用房支出等。

根据《国家税务总局关于印发〈土地增值税清算管理规程〉的通知》（国税发〔2009〕91号）的规定，税务机关审核扣除项目中的拆迁补偿费时，应重点关注其真实性，尤其是支付给个人的拆迁补偿款、拆迁（回迁）合同和签收花名册或签收凭证是否一一对应。

（4）契税税务处理。一是契税的计税依据。根据《中华人民共和国契税法》（以下简称《契税法》），契税的计税依据：土地使用权出让、出售，房屋买卖，为土地、房屋权属转移合同确定的成交价格，包括应交付的货币以及实物、其他经济利益对应的价款。在进行货币补偿时，应该按照支付货币的金额缴纳契税。二是契税的缴纳时点。契税的纳税义务发生时间，为纳税人签订土地、房屋权属转移合同的当日，或者纳税人取得其他具有土地、房屋权属转移合同性质凭证的当日。纳税人应当在依法办理土地、房屋权属登记手续前申报缴纳契税。

纳税人在支付了货币补偿时，虽然发生了契税的纳税义务，但是因为土地并未办理权属变更，则实际上缴纳契税的时间点可以延迟至办理土地权属之前，缓解纳税人的资金压力。

（5）印花税税务处理。根据《印花税法》，拆迁补偿协议不属于印花税的征税范围，无须缴纳印花税。

（6）票据的合规性税务处理。结合以上税种分析，关于征拆票据的合规性各有不同的实操口径。目前针对拆迁补偿支出的票据合规性问题，国家税务总局暂没有明确的文件规定。目前在实际操作中，税务局一般可接纳的拆迁支出扣除凭证包括：城市更新单元计划公告、拆迁补偿协议、项目公司支付补偿款的转账凭据、被拆迁方收取补偿款的收款凭据、实物补偿情况下的实物移交凭据、被拆迁单位或个人的相关资料等。项目公司在进行拆迁补偿时，要注意过程资料的完整，以确保相关费用可以在各项税种中进行扣除。

（7）拆迁补偿金额的合理性。关于拆迁补偿的金额，在实操中，各地的旧改相关政府部门对于市场行为商定的拆迁补偿金额是否会进行合理性审查，存在不确定性。我们了解到目前广州、深圳市城市更新部门允许市场主体自行确定补偿金额。

此外，若实施主体在进行了拆迁补偿方案备案后，签订补充协议调整补偿金额，能否更新备案，需要和相关部门确认。若备案通过，被税务局质疑的风险会降低。

关于拆迁补偿的标准，各地可能不同，以深圳为例，《深圳市房屋征收与补偿实施办法（试行）》明确，房屋征收补偿资金的使用范围为：被征收房屋价值（含已经取得的合法国有土地使用权的价值）的补偿，因征收房屋造成的搬迁、临时安置的补偿，因征收房屋造成的停产停业损失的补偿。对于房屋征收补偿标准规定：对被征收房屋价值的补偿，不得低于房屋征收决定公告之日被征收房屋类似房地产的市场价格。被征收房屋的补偿价格由具有相应资质的房地产价格评估机构依法评估确定，但该办法另有规定除外。住宅房屋的被征收人选择货币补偿，但被征收房屋经评估的补偿价格低于该房屋在产权调换情况下本次房屋征收提供的所有产权调换房屋的平均市场评估价格的，房屋征收部门应当将该价差部分作为置业补助支付给被征收人。对房屋以外的构筑物、其他附着物等货币补偿的金额，由征收当事人协商确定；协商不成的，可以委托房地产价格评估机构以重置价评估确定。市房屋征收部门发布房屋征收补偿基准价格。被征收房屋的价值以房地产价格评估机构评估确定的价格或者房屋征收补偿基准价格确定。

在拆迁补偿金额的合理性方面，企业应做好充分的资料准备，以证明支付金额的合理性。

2. 物业补偿

（1）无偿移交回迁安置房的税务处理。

项目公司将土地的权属办至其名下，且将物业产权证办理至项目公司名下，再无偿移交给被拆迁户。

①增值税税务处理。

一是纳税义务的判断，根据《财政部 国家税务总局关于全面推开营业税改征增值税试点的通知》（财税〔2016〕36号），“下列情形视同销售服务、无形资产或者不动产：（一）单位或者个体工商户向其他单位或者个人无偿提供服务，但用于公益事业或者以社会公众为对象的除外。（二）单位或者个人向其他单位或者个人无偿转让无形资产或者不动产，但用于公益事业或者以社会公众为对象的除外”。无偿移交给被拆迁户，将会被认定为视同销售不动产行为，即销售不动产给被拆迁户，从而需要缴纳增值税。

二是视同销售价格的判定。关于视同销售的价格，如果纳税人发生应税行为价格明显偏低或者偏高且不具有合理商业目的的，或者发生视同销售行为而无销售额的，主管税务机关有权按照下列顺序确定销售额：按照纳税人最近时期销售同类服务、无形资产或者不动产的平均价格确定；按照其他纳税人最近时期销售同类服务、无形资产或者不动产的平均价格确定；按照组成计税价格确定，组成计税价格的公式为：组成计税价格=成本×（1+成本利润率），成本利润率由国家税务总局确定。不具有合理商业目的，是指以谋取税收利益为主要目的，通过人为安排，减少、免除、推迟缴纳增值税税款，或者增加退还增值税税款。

货币补偿在增值税上抵减销售额不存在争议，但是实物补偿作为获取土地的代价，是否可以在房地产开发产品的销项税额中进行扣除，目前政策执行口径中存在不确定性。由于《财政部 国家税务总局关于明确金融 房地产开发 教育辅助服务等增值税政策的通知》（财税〔2016〕140号）未明确说明补偿款限于货币补偿，且实务中部分税务机关认同实物补偿可以用于抵减销售额，但实物补偿的抵减金额在采用成本价还是公允价值时，仍有较大争议。若实物补偿不允许抵减销售额，项目公司在实物补偿建造过程中取得的增值税专用发票上列明的进项税额允许从销项税额中抵扣。但实务操作中，只能两者取其一，不能既将进项税额进行抵扣，又从销售额中抵减。

项目公司进行拆迁补偿时，要充分考虑整体税负和现金流的情况，做出整体较优的补偿方案，以合理保障项目公司的利益。

②企业所得税税务处理。

企业将安置房无偿移交给被拆迁户时需要视同销售缴纳企业所得税。一是纳税义务的判定。《国家税务总局关于印发〈房地产开发经营业务企业所得税处理办法〉的通知》（国税发〔2009〕31号）规定，企业将开发产品用于捐赠、赞助、职工福利、奖励、对外投资、分配给股东或投资人、抵偿债务、换取其他企事业单位和个人的非货币性资产等行为，应视同销售，于开发产品所有权或使用权转移，或于实际取得利益权利时确认收入（或利润）的实现。二是视同销售价格的判定。确认收入（或利润）的方法和顺序为：按本企业近期或本年度最近月份同类开发产品市场销售价格确定；由主管税务机关参照当地同类开发产品市场公允价值确定；按开发产品的成本利润率确定，开发产品的成本利润率不得低于15%，具体比例由主管税务机关确定。

从理论上讲，项目公司实际发生的全部必要正常的支出都应该允许在所得税前扣除，以确定净所得。根据《企业所得税法》和国税发〔2009〕31号文件等相关规定，对无偿移交回迁安置房的行为视同销售，计入企业所得税收入总额，发生与取得收入有关的、合理的支出，可在计算应纳税所得额时扣除。在回迁安置房视同销售环节，按照视同销售收入减去视同销售成本，计算缴纳企业所得税。视同销售成本如何确认，实物操作中通常存在两种处理方法，一是等额确认视同销售收入和视同销售成本，二是按照实际发生成本确认视同销售成本。

此外，回迁安置房视同销售环节缴纳企业所得税后，视同销售所对应的金额，应作为融资地块取得土地使用权所发生的成本支出。若等额确认视同销售收入和视同销售成本，则应将实际发生成本作为融资地块的拆迁补偿费；若是按照实际发生成本确认视同销售成本，则应将视同销售收入金额作为融资地块的拆迁补偿费。

③土地增值税税务处理。

一是纳税义务的判定。《国家税务总局关于土地增值税清算有关问题的通知》（国税函〔2010〕220号）规定："房地产企业用建造的本项目房地产安置回迁户的，安置用房视同销售处理，按《国家税务总局关于房地产开发企业土地增值税清算管理有关问题的通知》（国税发〔2006〕187号）第三条第（一）款规定确认收入，同时将此确认为房地产开发项目的拆迁补偿费。房地产企业支付给回迁户的补差价款，计入拆迁补偿费；回迁户支付给房地产开发企业的补差价款，应抵减本项目拆迁补偿费。开发企业采取异地安置，异地安置的房屋属于自行开发建造的，房屋价值按国税发〔2006〕187号第三条第（一）款的规定计算，计入本项目的拆迁补偿费；异地安置的房屋属于购入的，以实际支付的购房支出计入拆迁补偿费。"

二是视同销售价格的判断。根据国税发〔2006〕187号文件，房地产开发企业将开发产品用于职工福利、奖励、对外投资、分配给股东或投资人、抵偿债务、换取其他单位和个人的非货币性资产等，发生所有权转移时应视同销售房地产，其收入按下列方法和顺序确认：按本企业在同一地区、同一年度销售的同类房地产的平均价格确定，由主管税务机关参照当地当年、同类房地产的市场价格或评估价值确定。

三是土地增值税税务处理注意要点。视同销售价格方面，实际操作过程中，虽然有政策中规定了视同销售的价格确定顺序，但是各地区对于价格实操口径的把控差异较大。而且关于安置房的视同销售价格的选取，对于整体项目的税负影响也较大。项目公司应该在项目前期，尽量了解清楚当地税务局的实操口径，做好充分的沟通。

此外，关于视同销售价格低有利于项目公司，还是视同销售价格高有利于项目公司，需要提前做好充分的税费测算。部分地区税务机关将安置用房视同销售的价格确认收入，同时将此确认为房地产开发项目的拆迁补偿费，同步确认收入和成本，对于企业来说，土地成本是可以加计扣除的。但是具体各地区的实操口径是否都如此，需要企业做好充分的税企沟通，整体上要做好相应的测算，以更好地合理策划项目税负。

四是清算单元的注意要点。关于安置房的位置，如果是异地重建安置，将会面临按照单独的清算单元进行清算。在此情况下，安置房的土地增值税将会面临负增值率的情况。视同销售价格越高，则增值税、企业所得税税负越高。如果是本项目内安置的话，若能够将安置房和其他商品房作为一个清算单位，将会整体摊薄项目的增值额和增值率，对于整体项目来说，将会有较好的节税效应，建议在最初项目可研阶段，应就安置房规划等条件进行充分的调研，并尽可能地将安置房和其他商品房作为一个清算单位。

④契税税务处理。

一是纳税义务的判断。根据契税法，契税的纳税义务时点是纳税人签订土地、房屋权属转移合同的当日，或者纳税人取得其他具有土地、房屋权属转移合同性质凭证的当日。

二是计税价格的判断。《财政部 税务总局关于贯彻实施契税法若干事项执行口径的公告》（财政部 税务总局公告2021年第23号）规定，土地使用权出让的，计税依据包括土地出让金、土地补偿费、安置补助费、地上附着物和青苗补偿费、征收补偿费、城市基础设施配套费、实物配建房屋等应交付的货币以及实物、其他经济利益对应的价款。契税的计税价格中关于实物配建房屋的金额确认问题，目前并未有完全统一的执行口径。在实务操作中，很多企业对于回迁房的契税都是倾向于在清算时再去沟通，所以实际缴纳的并不多。部分税务机关认为契税的税基应该和其他税种保持一致，即回迁房应纳入契税的计税价格。究竟该如何确定契税计税依据？实务中存在不同观点。观点一：以安置房交房时的市场价格为计税依据。理由是根据《财政部 税务总局关于贯彻实施契税法若干事项执行口径的公告》（财政部 税务总局公告2021年第23号）第二条第五款，土地使用权出让的，其契税计税价格包括应交付的货币以及实物、其他经济利益对应的价款，对于拆迁还建业务来说，实物配建房即安置房的市场价格就是此处所指对应的价款。观点二：根据被拆迁房屋面积和被拆迁房屋地段每平方米应支付的拆迁补偿标准及安置费用核定其契税计税依据。理由是拆迁还建商品房本质上是拆迁户用开发商支付的货币资金重新购房，购房款即由原拆迁协议中被拆迁房屋面积和拆迁房屋地段每平方米应支付的拆迁补偿标准计算的补偿款加上必要的安置费用组成。因此，需要进一步确认项目所在地的执行口径。

三是注意要点。作为无偿移交安置房的处理，实际上安置房是作为获取土地的成本，需要缴纳契税，但是在土地权属获取的当时无法得知确切的安置房价格，于是无法在当时缴纳契税。我们应加强与当地税务机关的沟通，了解当地关于契税的计税基础及其缴纳时点，以确保将风险控制在可接受的范围内。

⑤印花税税务处理。

根据《印花税法》的相关规定，安置房的销售应按照产权转移书据税目，以成交价款的万分之五缴纳印花税。《印花税法》规定，印花税的计税依据如下：应税产权转移书据的计税依据，为产权转移书据所列的金额，不包括列明的增值税税款。应税合同、产权转移书据未列明金额的，印花税的计税依据按照实际结算的金额确定。计税依据按照前款规定仍不能确定的，按照书立合同、产权转移书据时的市场价格确定；依法应当执行政府定价或者政府指导价的，按照国家有关规定确定。产权转移书据包括土地使用权、房屋等建筑物和构筑物所有权转让书据（不包括土地承包经营权和土地经营权转移），转让包括买卖（出售）、继承、赠与、互换、分割。

同时，根据《财政部 国家税务总局关于棚户区改造有关税收政策的通知》（财税〔2013〕101号），对改造安置住房经营管理单位、开发商与改造安置住房相关的印花税以及购买安置住房的个人涉及的印花税予以免征。在商品住房等开发项目中配套建造安置住房的，依据政府部门出具的相关材料、房屋征收（拆迁）补偿协议或棚户区改造合同（协议），按改造安置住房建筑面积占总建筑面积的比例免征印花税。

⑥城镇土地使用税税务处理。

根据《中华人民共和国城镇土地使用税暂行条例》，在城市、县城、建制镇、工矿区范围内使用土地的单位和个人，为城镇土地使用税的纳税人，要按照规定缴纳城镇土地使用税。但是关于缴纳城镇土地使用税的截止时间点，各地区有不同的实操口径。

根据《财政部 国家税务总局关于房产税 城镇土地使用税有关问题的通知》（财税〔2008〕152号）的规定，“纳税人因房产、土地的实物或权利状态发生变化而依法终止城镇土地使用税纳税义务的，其应纳税款的计算应截止到房产、土地的实物或权利状态发生变化的当月末”。如何判定实物或权利状态发生变化，各地的标准不统一，有按预售（销售）合同日期、交房日期或办理产权证日期的。其中以取得预售许可作为城镇土地使用税交纳的截止时间对企业最为有利。如佛山南海地区，关于城镇土地使用税的执行口径为合同约定的交付日期。

根据《财政部 国家税务总局关于棚户区改造有关税收政策的通知》（财税〔2013〕101号），对改造安置住房建设用地免征城镇土地使用税。在商品住房等开发项目中配套建造安置住房的，依据政府部门出具的相关材料、房屋征收（拆迁）补偿协议或棚户区改造合同（协议），按改造安置住房建筑面积占总建筑面积的比例免征城镇土地使用税。

企业在进行项目的税务管理时，应关注当地的执行口径，同时积极和当地主管税务机关沟通税收优惠政策。

（2）提供代建服务的税务处理。

①增值税税务处理。

企业无偿提供建筑服务，应该按照视同销售缴纳增值税，且要缴纳城市维护建设税、教育费附加、地方教育附加。关于视同销售价格的确定顺序及方法同“无偿移交回迁安置房”。安置房代建的成本能否在增值税销售额中扣减，目前各地税务局执行口径不一致，对于项目公司来说，这会产生较大的税负影响。通常，实务操作中，如果允许按照实际发生的成本取得的专用发票的进项税额进行抵扣，则不允许按照土地成本从销售额中进行扣减。

②企业所得税税务处理。

根据《国家税务总局关于印发〈房地产开发经营业务企业所得税处理办法〉的通知》（国税发〔2009〕31号）的规定，取得土地使用权所发生的支出（包括复建地块相关支出）作为土地开发成本进行税务处理。

③土地增值税税务处理。

项目公司承担的安置房建设支出实际属于土地征用及拆迁补偿费，允许计入土地增值税扣除项目。

④印花税税务处理。

根据印花税法，建设工程合同应该按照合同价款的万分之三缴纳印花税。项目公司签订建设工程合同的，应按照建设工程合同缴纳印花税。

⑤契税税务处理。

无偿提供建筑服务，实际上是作为拿地的成本，安置房建设支出需要按照规定计入土地价款中，从而缴纳3%契税。

注意要点：实际上对比无偿移交安置房模式，代建服务模式是较为节税的模式，无须面临土地增值税等视同销售问题。建议项目公司在项目拓展的前端，应充分测算各种不同的实物补偿模式，选择最为有利的方式进行。

【例6–1】广州某城市更新项目的融资地块占地面积1.5万平方米，复建地块占地面积约1.5万平方米。复建地块已由村集体经济组织申请转为国有土地，由政府通过划拨方式确权给村集体经济组织。项目公司需承担复建地块物业建造及河涌整治、打通消防通道等工程成本。建筑面积约为5万平方米。融资地块已由政府以协议出让方式确权给项目公司。具体项目数据见表6–1。

表6–1　　项目宗地及可售面积

一、宗地面积	30 000平方米
二、总可售面积	50 000平方米
住宅	15 000平方米
办公	15 000平方米
商业	20 000平方米

数据：项目公司获取融资地块补缴土地出让金30 000万元；融资地块的房产销售收入为392 202.00万元，复建地块房产的市场价值与融资地块一致；融资地块的房产建造成本为34 675.00万元，复建地块房产的建造成本与融资地块一致。

1.项目公司建成复建地块房产后，直接向村集体补偿房产。

物业补偿模式见图6–3。

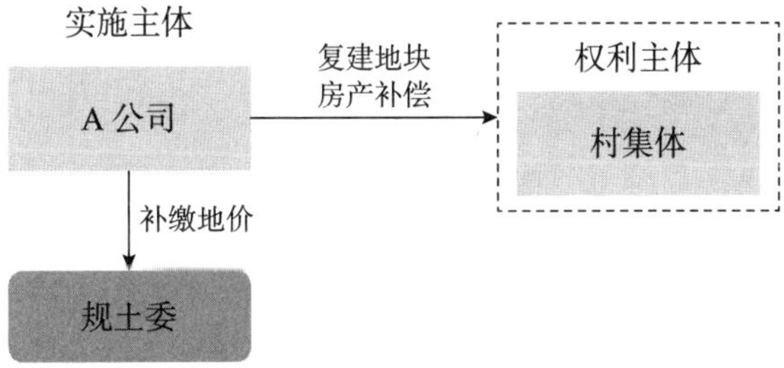

图6–3　物业补偿模式

数据：融资地块补缴土地出让金30 000万元，复建地块面积为50 000平方米，复建地块房产市价（不含税）392 202万元，复建地块房产建造成本价34 675万元，融资地块面积50 000平方米，融资地块房产销售额392 202万元，融资地块房产建造成本价34 675万元。

则项目公司的各税种的税负（以下计算金额保留至万元）：

（1）增值税：复建地块房产需视同销售纳税，即市场价×9%；

销项税额：（392 202+392 202–30 000）×9%=67 896（万元）；

进项抵扣：（34 675+34 675）×9%=6 242（万元）。

（2）土地增值税：复建地块房产需视同销售，以市场价确认收入。同时确认等额的视同销售成本，可计入开发成本。

收入：392 202+392 202=784 404（万元）；

成本：30 000+392 202+（34 675+34 675）=491 552（万元）。

（3）企业所得税：复建地块房产需视同销售，以市场价确认收入，同时确认等额的视同销售成本。

收入：392 202+392 202=784 404（万元）；

成本：30 000+392 202+（34 675+34 675）=491 552（万元）。

（4）契税：复建地块房产补偿支出计入拿地价款，缴纳3%契税。

（30 000+392 202）×3%=12 666（万元）。

（5）印花税：拆迁补偿合同不征印花税。

2.项目公司向村集体提供代建复建地块房产的建安服务。

代建服务模式见图6–4。

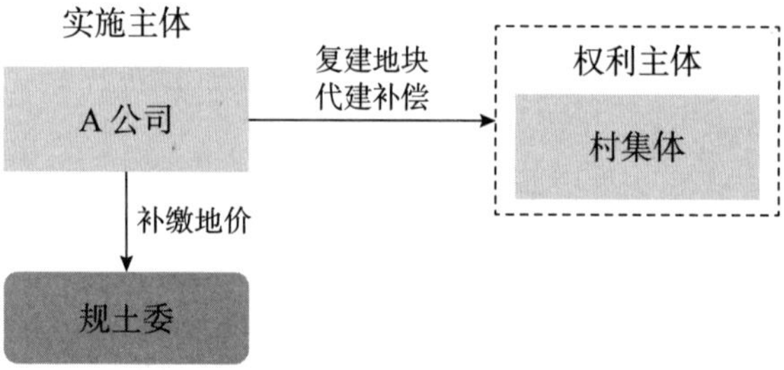

图6–4 代建服务模式

数据：项目公司补缴土地出让金30 000万元，复建地块面积为50 000平方米，复建地块房产代建成本价为34 675万元，融资地块面积为50 000平方米，融资地块房产销售额（不含税）为392 202万元，融资地块房产建造成本价为34 675万元。

则项目公司的各税种的税负：

（1）增值税：复建地块代建服务需视同销售纳税，即市场价×9%；

销项税额：（392 202–30 000）×9%+34 675×9%=35 719（万元）；

进项抵扣：（34 675+34 675）×9%=6 242（万元）。

（2）土地增值税：复建地块代建服务不是土地增值税征税范围。同时代建服务支出，可计入开发成本——拆迁补偿。

收入：392 202万元；

成本：30 000+34 675+34 675=99 350（万元）。

（3）企业所得税：复建地块代建服务需视同销售，以市场价确认收入，同时确认等额的视同销售成本。

收入：392 202+34 675=426 877（万元）；

成本：30 000+34 675+34 675+34 675=134 025（万元）。

（4）契税：复建地块代建服务支出计入拿地价款，缴纳3%的契税。

（30 000+34 675）×3%=1 940（万元）。

（5）印花税：建设工程合同按照万分之三贴花。

3.开发企业现金补偿村集体34 675万元。

现金补偿模式见图6–5。

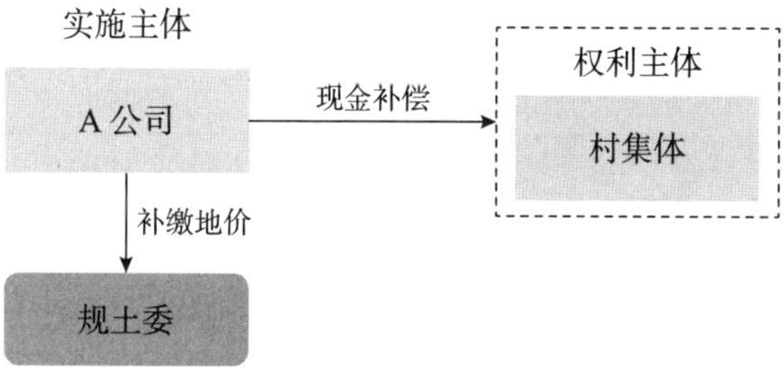

图6–5 现金补偿模式

数据：补缴土地出让金30 000万元，现金补偿34 675万元，融资地块面积50 000平方米，融资地块房产销售额（不含税）392 202万元，融资地块房产建造成本价34 675万元。

则项目公司的各税种的税负：

（1）增值税：现金补偿不涉及视同销售。

销售房产时，支付的现金补偿款可抵减销售额。

销项税额：［392 202–（30 000+34 675）］×9%=29 477（万元）；

进项抵扣：34 675×9%=3 121（万元）。

（2）土地增值税：现金补偿不涉及视同销售，补偿价款可计入开发成本。

收入：392 202万元；

成本：30 000+34 675+34 675=99 350（万元）。

（3）企业所得税：现金补偿不涉及视同销售，补偿价款可计入开发成本。

（4）契税：现金补偿支出（土地补偿费、安置补助费、拆迁补偿费）计入成交价格，缴纳3%的契税。

（30 000+34 675）×3%=1 940（万元）。

（5）印花税：现金补偿签订的拆迁补偿合同不征印花税。

上述三种不同模式下的税负见表6–2。

表 6–2　　三种不同模式下的税负影响

金额单位：万元

项　目	物业补偿	代建服务	现金补偿
房地产销售收入	392 202	392 202	392 202
视同销售房地产收入	392 202	—	—
视同提供建安服务收入	—	34 675	—
销售房产开发成本	491 552	99 350	99 350
建安服务成本	—	34 675	—
应缴土地增值税（1）	41 396	97 169	97 338
应缴契税（2）	12 666	1 940	1 940
应缴增值税及附加（3）	69 053	33 015	29 519
应缴企业所得税（4）	61 363	62 329	62 422
（1）+（2）+（3）+（4）	184 479	194 453	191 220
总税负率（%）	47	50	49
税额变动	—	9 974	6 741

根据以上案例，项目公司在进行补偿时应该考虑：

现金补偿：不涉及因视同销售产生的税金（增值税、土地增值税、企业所得税），在拆迁补偿环节即可确定补偿支出金额，会增加前期现金流压力。

物业补偿：需视同销售，计算相应的税金（增值税、土地增值税、企业所得税）。但在房价上涨的市场环境下，相比于现金补偿，有机会降低项目整体的土地增值税；补偿价值可能随市场价格而变化；减少了前期现金流支出。

在实践中，选择何种补偿方式，不仅需考虑补偿环节的税务影响，还需考虑项目现金流、商业安排等因素，在综合评估后做出决策。如：支付货币补偿后是否有足够的现金流进行后续开发？（可能增加融资成本）若取得回迁房是立即对外销售还是自持运营？（回迁可能增加自持期间房产税计税基础、增值税留抵）该项目是否为房地产老项目？（取得回迁房再销售/运营不适用简易征收）房地产市场价格预期如何？（如预计房地产市场价格上涨，补偿房屋在回迁时的价值可能高于货币补偿，即计入土地增值税的拆迁补偿金额较高，在加计扣除效应下有机会节约土地增值税）

（四）税会差异

1. 无偿移交安置房的税会差异

（1）企业所得税税务处理。

一是会计方面。根据企业会计准则，收入的确认条件为在客户取得相关商品控制权时确认收入。房地产开发企业一般是以交楼作为收入确认时点。

二是税务方面。根据企业所得税相关规定，房地产开发企业开发产品销售收入的范围为销售开发产品过程中取得的全部价款，包括现金、现金等价物及其他经济利益。企业代有关部门、单位和企业收取的各种基金、费用和附加等，凡纳入开发产品价内或由企业开具发票的，应按规定全部确认为销售收入。企业所得税收入确认时点按照竣工备案、开发产品投入使用、大确权三个时点采用孰早的原则。

在税法上，以三个条件孰早的原则作为结转收入条件，竣工备案一般早于其他两个条件，不论会计上是否在当年结转收入，均需要按照规定确认税法中的收入金额，及时结算开发产品计税成本并计算以预售方式销售开发产品所取得收入的实际毛利额，同时将开发产品实际毛利额与其对应的预计毛利额之间的差额，计入当年（完工年度）应纳税所得额。

所以无偿移交商品房的方式，将会产生较大的税会差异。开发产品完工前后收入确认在会计与税务之间存在差异，根据企业会计准则收入确认相关要求，开发产品完工前预售房预售账款记入合同负债，完工后符合收入确认相关要求，合同负债结转收入。但是，根据国税发〔2009〕31号文件中的收入税务处理原则，只要签订了销售合同、预售合同并收取款项，不管产品是否完工，全部确认为收入。

三是注意事项。企业所得税方面，存在较大的税会差异，这就要求企业在日常的税务管理过程中，要做好收款、竣工备案、签订合同等方面的清单管理。在企业所得汇算清缴时，要做好房地产特殊性税务处理的纳税调增调减事项，避免少交、多交、重复缴纳事项的发生。

（2）增值税税务处理。房地产开发企业发生应税行为是发生纳税义务的前提，在实际交付时，其销售开发产品的风险发生转移，达到纳税义务发生时间。以商品房买卖合同上约定的交房时间为准；若实际交房时间早于合同约定时间，以实际交付时间为准。先开具应税发票的，为开具发票的当天。

而会计上是按照交楼确认营业收入，这存在一定税会差异。随着金税四期的运用，增值税收入和会计确认收入产生较大差异时，一般将会出现风险提示，这需要企业做好相关资料的准备，数据清晰，依据充分。

2. 无偿提供代建服务的税会差异

（1）企业所得税税务处理。根据企业会计准则的相关要求，无偿提供代建服务是不确认收入的，将代建支出转入开发成本；企业所得税需进行视同销售处理，存在税会差异。

（2）增值税税务处理。根据增值税的相关规定，提供建筑服务的纳税义务发生时点是按照收到款项或者获得收款凭据的当天，先开具发票的，按照发票开具的当天。但是如果还未收到款项，则以合同约定的付款时间，无合同的按照提供服务完成的时间点确认；会计是按照完工百分比来确认收入的，所以增值税纳税义务发生时点和会计收入确认的时点是存在较大差异的。

（五）管理经验

1.政府主导下的拆迁补偿

政府主导下的拆迁补偿，涉及拆迁补偿本金部分如何缴纳增值税，存在一定的不确定性。可以按照以下方面去应对：

合同条款中明确约定，拆迁补偿服务是由政府方负责，项目公司仅负责支付拆迁补偿金，不负责具体的拆迁事宜。从而在商业实质上说明该项服务并不是项目公司负责的拆迁服务。

在与政府方或者政府平台公司的相关补充协议或者会议纪要方面，尽可能地保存该部分资金作为代收转付资金的性质的相关资料，进一步佐证该项资金是作为贷款服务的性质。

假设可能部分资金会由政府强制让企业与第三方签订合同，直接进行相关的服务，则该部分的服务可能会涉及增值税的应税服务，此时应做好相关税负的测算。

2.关于拆迁补偿方式

关于拆迁补偿方式，项目公司应该慎重选择，以较低的税负成本达到相同的商业目的。

项目公司需要根据被拆迁户的选择、税负整体测算、现金流情况，综合与各方主体谈判，从而确定有利的补偿方式。目前根据管理经验，建议按照代建方式提供建筑服务，以补偿被拆迁户，将不会面临视同销售问题，涉及的税种较为简单，税负相对较轻，且不确定性的税务事项较少，可降低整体的税务管理风险。但是任何项目均应该按照实际情况，选择较优的拆迁补偿方式。

3.关于建设安置房的税务处理方

关于建设安置房的税务处理方，应注意商业安排，避免可能出现双重征税的问题。

假设项目公司将建设的安置房无偿移交给安置户，则将会面临按照视同销售缴纳增值税；同时项目公司收取政府平台公司“投资成本+投资回报”，按照合同约定的服务实质需要缴纳增值税，这种情况导致企业会面临增值税双重纳税的最不利的情形。为避免双重征税问题的出现，建议：直接移交给安置户，并且按照代收转付的情况纳税。即项目公司从政府平台公司获得投资成本及收益，是按照代收转付的形式收取的；实际上是收取的安置户的购房款。

该种模式下，优势为可以实现安置户的三流合一的要求；避免了增值税的双重征税，项目公司和平台公司的税负最低。劣势为项目公司需要直接面对安置户，需要处理增值税发票、办理产权证事项，增加了项目公司的管理成本与难度；需要构建平台公司与安置户的合理债权债务关系；实操难度大，合规要求高。

若直接将建设的安置房移交给政府平台公司，即项目公司建设的安置房销售给政府平台公司，政府平台公司再将安置房二次销售给安置户。该种模式下的优势，从平台公司的角度，可以实现三流合一的要求；避免了增值税双重征税；实现项目公司的税负最低；避免了直接面对安置户，减少了可能与安置户之间的冲突，降低了管理成本。劣势为平台公司将要因受让安置房而缴纳契税。但是该模式下，业务的实操性较强，业务合理性强。建议企业应尽量争取采用将安置房直接移交给政府平台公司的模式，规避增值税双重征税的问题，同时也考量实操性及合规性。

4.拆迁的业务中可能涉及的法律风险点

（1）拆补方案通过集体表决。按照广州市旧村改造相关规定，项目拆补方案应当经过村民（含村改居后的居民）和世居祖屋权属人总人数的80%以上表决通过方可送审，而根据旧城改造相关规定，只有在签订附生效条件的房屋拆迁补偿安置协议的居民达到2/3以上（含2/3）的，方可具体实施拆迁。按照就高不就低的原则，项目拆补方案应当取得改造范围内80%以上权利人表决通过才有效。

应对措施如下：

在制定拆补方案之前，与村集体经济组织及成员加强沟通，在综合考虑项目改造成本、政府审批、村民预期、周边项目拆补标准等因素的基础上确定本项目拆补标准。

聘请专业咨询机构参与编制拆补方案，防止拆补方案出现逻辑关系混乱、概念不清、内容存在歧义等风险，并重点关注临迁费、停业停产损失补偿费、签约奖励及附属物的补偿价格等内容。

制定拆补方案时，应做好项目基础数据搜集，避免方案不能涵盖绝大多数的房屋现状。在项目完成论证后，可与村集体进行沟通，按照由小到大的范围逐步扩大讨论，各个击破。首先与村集体领导班子成员沟通，消化后再扩大到“四议两公开”，然后是村集体代表大会，逐级把方案的制订思路及补偿价格以及与周边补偿方案进行对比讲透，并给各村集体成员预留充分的酝酿消化时间。

在拆补方案进行正式表决前，应当做好充分沟通，对村集体代表可能提出的问题提前消化，做好准备。

（2）补偿安置预约协议遗留问题。部分地区存在“先拆后批”的政策背景，部分项目可能与被拆迁人先行签订补偿安置预约协议，一次性支付搬迁补偿费和固定年限的临时安置补助费，待补偿安置方案通过后转签补偿安置正式协议。需重点考虑最终预约协议补偿标准低于正式补偿协议情况下差额补足问题，以及超出固定年限约定后的临迁费继续支付问题对于交易节奏交易对价的影响。

建议在谈判中明确新老股东责任划分的原则。在正式交易文件中约定由交易对手按现有补偿安置方案在一定期限内完成转签正式协议的工作，如因此产生违约金、发生争议纠纷或对项目开发建设造成不利影响的，由交易对手负责妥善解决并赔偿损失。对于基准日前应付未付款项，应予以清单列出并统一提出有权在交易对价中抵扣。

（3）清租风险。合作方无法按时在规定时间内完成清租任务。对于土地使用情况复杂的项目，可能存在原权属人与承租人签署长期租赁协议，导致土地权属与控制权分离，后续的清租谈判严重拖延项目周期，负责项目整体拆迁工作的前期公司无法在规定时间内完成清租任务，从而造成合作协议违约，影响项目进度。

在双方签订的合作协议中应当约定前期公司违反规定费用、规定时间拆迁的违约责任及兜底解决机制。一旦前期公司发生违约情形，应立即启动兜底解决机制。

妥善保管好双方沟通过程中产生的全部资料，为日后可能涉诉的法律做好证据准备。

在正式启动拆迁工作之前，对改造范围内全部建筑物/构筑物的权属和租赁情况进行摸底排查，充分估计本项目总的拆迁量及工作难度。

（4）承租人逾期搬迁。因承租人原因导致被搬迁人逾期交房，影响项目进度。

在正式组织拆迁工作之前，对改造范围内的房屋租赁情况进行前期摸底及情况的实时更新，分类分情况做好预防措施。

引导出租人在租赁合同中规定有利于出租方的条款，将城市更新作为合同提前解除的事由，并规定承租人如限期不搬离房屋的违约责任和出租人的强制清租权利。

合理设计合同条款，将拆迁补偿款的支付与腾退房屋、清退承租人相挂钩，明确清租义务及清租时间，并设置严格的违约责任。

检查相关租赁合同是否违反法律规定，如租赁期是否超过20年。如超出，则超出部分无效，可通过诉讼途径确认无效，清退承租人。

（5）集体物业清租风险。集体物业因关联主体多，法律关系复杂，承租人、政府、村集体经济组织、村民、合作企业等多方利益诉求难以调和，容易导致清租困难及清租诉讼频发。

在介入项目旧村改造之前，提前对改造范围内的集体物业分类进行摸底整理，建立好相关档案。包括对签约主体、租赁物业情况、租金标准及缴租情况、租期及剩余租期情况、关于政府征收/旧村改造是否有特殊条款约定、违约责任、争议解决方式等信息予以梳理。

根据不同集体物业的实际出租情况，开展清租工作。如出租集体物业无报批报建手续或报批报建手续过期，系违法建筑或超期临时建筑，指导村集体以此为由主张租赁合同无效；如报批报建手续完善，但承租人存在逾期支付租金、管理费或其他费用或存在其他违约行为的，指导村集体按照合同约定或法律规定解除租赁合同；如合同存在关于因政府征收或旧村改造导致合同无法继续履行的条款的，则村集体经济组织可以按照合同约定主张解除合同、清退使用权人。

（6）拟拆除房屋上存在抵押。权利人将房屋抵押给银行融资或者房屋本身设立了抵押贷款，目前贷款尚未到期，权利人无力偿还，由于房屋未解除抵押，银行不同意拆除。

如权利人选择房屋置换方式的，与银行进行协商，由项目公司、权利人、银行签署三方协议，银行同意房屋拆除、注销产权后，在安置房上新设抵押权。

如权利人选择货币补偿方式的，项目公司代权利人向银行偿还全部贷款（可采取委托银行贷款方式或借款方式），再由项目公司从权利人应获得的拆迁补偿权益中扣除。

采取上述两种方式前，应当与权利人签署补充协议，约定权利人贷款责任的偿还义务，并设置严格的违约责任，即在项目公司因权利人不偿还贷款或者借款的情况下，项目公司遭受损失的违约责任承担。

（7）非本村村民宅基地补偿。因买受人（房屋实际控制人）为外村村民或城市市民，其购买的宅基地因不符合政策无法办理过户，买受人实际占用房屋，真实的权利人无法联系，无法配合办理产权注销。

建议由买受人自行解决房屋确权问题。

如买受人无法自行解决，协助买受人找到原产权人，并与项目公司签署三方协议，同意拆迁补偿权益由买受人取得，原产权人配合办理产权注销的义务。

如无法做到上述第二点，为项目进度考虑，可与买受人签约，并约定相应的风险控制条款，要求其自行解决与原权利人之间产生的纠纷，并找到原权利人配合产权注销。如因此造成开发企业损失的，予以赔偿并承担相应的违约金。

（8）拆迁补偿安置协议无效。未与房屋的全部权利人签署拆迁补偿安置协议或未取得全部权利人的授权，补偿安置协议因此无效的风险。

在签署正式的拆补协议之前，应当严格审查被搬迁人的权属情况，如存在共有人，应取得全部共有人的同意并签署。如采取授权委托的方式签署的，应取得全部权利人的授权，并要求签署人出具经公证的授权委托书。

如已经签署的，积极采取补救措施，如获取其他权利人的授权或追认，重新与全部权利人签署协议等，弥补合同效力瑕疵。

（9）被搬迁人转卖指标。村民回迁房原则上要求自用。项目进入开发阶段后，被搬迁人转卖房屋，买卖标的为回迁房指标，该情况还包括村集体转卖集体回迁物业指标的情况。转卖双方如发生争议，将影响回迁进度。

严格审查实际签署的拆补协议与备案协议情况，落实回迁人身份资格，并要求合作方妥善解决回迁房买卖问题产生的纠纷。

三、“限地价、竞配建”的业财税管理

（一）业务介绍

“限地价、竞配建”是指土地“招拍挂”环节政府限定最高地价，达到限定地价后，开发商竞拍配套建设的面积。配套建设移交方式有以下几种：

（1）直接移交方式。配套建设地块和经营性地块合并供地，土地出让合同中列明直接将配套建设地块国有建设用地使用权（可共用宗地）以出让方式首次登记到政府指定行政事业单位。不动产登记部门依法依规将配套建设首次登记到政府指定的行政事业单位。

（2）无偿移交方式。政府指定接收单位与开发企业签订不动产无偿转让协议，不动产权属登记首次登记在开发企业名下，再通过转移登记将权属办至政府指定接收单位名下。

（3）政府回购方式。政府指定回购单位与开发企业按约定价格（不低于成本价）签订商品房买卖合同，不动产权属首次登记在开发企业名下，再通过转移登记将权属办至政府指定回购单位名下。

（二）会计处理

直接移交方式视同提供建筑服务，无偿移交方式视同转让不动产，政府回购方式即直接转让不动产。

1. 直接移交

（1）发生工程支出时：

借：合同履约成本——配建项目——建安工程费

应交税费——待认证进项税额

——应交增值税（进项税额）

贷：应付账款、银行存款、原材料、应付职工薪酬等

（2）结转代建工程成本时：

借：开发成本——土地成本——拆迁补偿费

贷：合同履约成本——配建项目——土地成本/建安工程费

2.无偿移交

关于配建物业无偿移交时，会计处理原则上不确认收入，其建造成本分摊到其他可售业态。

（1）发生工程支出时：

借：开发成本——配建项目

贷：银行存款等

（2）完工结转开发产品时：

借：开发产品——配建项目

贷：开发成本——配建项目

（3）无偿移交政府时：

借：开发成本——土地成本——拆迁补偿费

贷：开发产品——配建项目

3.政府回购

（1）发生工程支出时：

借：开发成本——配建项目

贷：银行存款等

（2）完工结转开发产品时：

借：开发产品——配建项目

贷：开发成本——配建项目

（3）政府回购时：

借：银行存款等

贷：主营业务收入——配建项目

（4）结转成本时：

借：主营业务成本——配建项目

贷：开发产品——配建项目

（三）税务处理

目前国家税务总局对“限地价、竞配建”供地模式涉税处理没有统一的规定，部分地方税务机关发布了自己的口径，代表性的有上海市、广东省和广西壮族自治区首府南宁市。在这些口径中，配套建设移交方式又分为直接移交、无偿移交、政府回购等。

1. 直接移交

直接移交模式下，配套建设地块和经营性地块合并供地，但土地管理部门直接以出让方式把配套建设地块国有建设用地使用权登记到配建管理单位；不动产登记部门依法依规将配套建设首次登记到配建管理单位，未发生产权转移，项目公司未发生销售不动产的行为，只是提供了建筑服务，更类似于垫资代建业务，只是款项不可能收回来。

（1）增值税。不动产登记部门直接将配套建设首次登记到配建管理单位，项目公司属于为政府无偿提供建筑服务，应按照视同销售的相关规定缴纳增值税。因为不涉及土地，可以参照营业税文件《国家税务总局关于纳税人开发回迁安置用房有关营业税问题的公告》（国家税务总局公告2014年第2号），组成计税价格=成本×（1+成本利润率）。

（2）企业所得税。按照《国家税务总局关于印发〈房地产开发经营业务企业所得税处理办法〉的通知》（国税发〔2009〕31号）规定，配套建设的相关支出应单独核算，作为取得土地使用权的成本，计入开发产品计税成本。

（3）土地增值税。不属于转让不动产业务，不属于土地增值税应税范围。

（4）契税。根据《财政部 税务总局关于贯彻实施契税法若干事项执行口径的公告》（财政部 税务总局公告2021年第23号）第二条第五款，土地使用权出让的，契税计税依据包括土地出让金、土地补偿费、安置补助费、地上附着物和青苗补偿费、征收补偿费、城市基础设施配套费、实物配建房屋等应交付的货币以及实物、其他经济利益对应的价款。

2. 无偿移交

对比发现，同样是无偿移交方式，上海不同于广东省和南宁市，配建房的不动产权属首次登记对象不同，但是上海的税务处理和南宁的税务处理相同，和广东差异很大。上海税务机关发布的《关于配建的保障性住房相关税收问题的政策操作口径的通知》明确，业务的前提是不动产权属首次登记在政府指定的配建管理单位名下，且房地产企业不开具发票。

（1）增值税。根据《营业税改征增值税试点实施办法》（财税〔2016〕36号文件附件1）第十四条规定，单位或者个人向其他单位或者个人无偿转让无形资产或者不动产应视同销售，但用于公益事业或者以社会公众为对象的除外。项目公司按照合同约定，把配建房不动产权属首次登记在政府指定的配建管理单位名下、无偿移交给配建管理单位，目的是用于公益事业或者以社会公众为对象，不视同销售不动产或提供建筑服务、不缴纳增值税、房地产开发企业不开具发票。

税法并未规定不征增值税项目不得抵扣进项税额，因此，企业将配套设施无偿移交给政府的，相应的进项税可以抵扣。

（2）企业所得税。企业配建保障房是企业拿地的前提条件，依据《企业所得税法》第八条规定，"企业实际发生的与取得收入有关的、合理的支出，包括成本、费用、税金、损失和其他支出，准予在计算应纳税所得额时扣除"。

具体到成本项目上，按照国税发〔2009〕31号文件第十七条第（一）款规定，"属于非营利性，无偿赠与地方政府公用事业单位的，可将其视为公共配套设施及建造费用按公共配套设施费的有关规定进行处理"。

（3）土地增值税。参照企业所得税的处理理由，土地增值税清算时，企业配建的保障性住房实际发生的成本，可参照《国家税务总局关于房地产开发企业土地增值税清算管理有关问题的通知》（国税发〔2006〕187号）第四条第（三）款第2项规定，"建成后无偿移交给政府公用事业单位用于非营利性社会公共事业的，其成本费用可以扣除"。

（4）契税。根据《财政部 税务总局关于贯彻实施契税法若干事项执行口径的公告》（财政部 税务总局公告2021年第23号）第二条第五款，土地使用权出让的，契税计税依据包括土地出让金、土地补偿费、安置补助费、地上附着物和青苗补偿费、征收补偿费、城市基础设施配套费、实物配建房屋等应交付的货币以及实物、其他经济利益对应的价款。既然配建的保障房作为拿地的前提条件，则应该就其缴纳契税。

（5）其他税种。如果配建的保障房涉及《财政部 税务总局关于公共租赁住房税收优惠政策的公告》（财政部 税务总局公告2019年第61号）规定的开发产品——公租房，则可以按照对应面积占总建筑面积的比例免缴开发建设环节涉及的城镇土地使用税、印花税。

3.政府回购

政府指定回购单位与项目公司按约定价格（不低于成本价）签订商品房买卖合同，

不动产权属首次登记在项目公司名下，再通过转移登记将权属登记至政府指定配建管理单位名下。

政府回购模式下，属于项目公司低价销售开发产品业务。《中华人民共和国税收征收管理法》第三十五条第一款第（六）项规定，纳税人申报的计税依据明显偏低，又无正当理由的，税务机关有权核定其应纳税额。需要注意的是，只有同时具备“计税依据明显偏低”“无正当理由”这两个条件，税务机关才有权进行核定。而政府回购配建的保障房，其价格在拿地时已经确定，且一般会在合同中明确体现，应视为有正当理由，税务机关不应纳税调整。

因此不论是增值税、土地增值税，还是企业所得税，均应按照政府回购价格作为计税依据，计算缴纳。项目公司低价销售保障房环节，不涉及契税。

（四）税会差异

1. 直接移交方式的税会差异

（1）企业所得税税务处理。直接移交方式下相当于无偿提供建筑服务，根据企业会计准则的相关要求，是不确认收入的，将配建项目支出计入开发成本；企业所得税需进行视同销售处理，存在税会差异。

（2）增值税税务处理。根据增值税的相关规定，视同提供建筑服务的纳税义务发生时点是服务完成的当天；会计是按照完工百分比来确认收入的，所以在增值税纳税义务发生时点和会计收入确认的时点是存在较大差异的。

2. 无偿移交方式的税会差异

（1）企业所得税税务处理。根据企业会计准则，收入的确认条件为在客户取得相关商品控制权时确认收入，实务中多以交楼作为收入确认时点。房地产开发企业一般是以交楼作为收入确认时点；根据企业所得税相关规定，企业所得税收入确认时点按照竣工备案、开发产品投入使用、大确权三个时点采用孰早的原则。所以无偿移交方式，将会产生较大的税会差异。

（2）增值税税务处理。无移交方式下增值税作为视同转让不动产进行税务处理，纳税义务发生时间为不动产权属变更的当天。而会计上是按照交楼确认营业收入，这存在一定税会差异。

3. 政府回购方式的税会差异

（1）企业所得税税务处理。根据企业会计准则，收入的确认条件为在客户取得相关商品控制权时确认收入，实务中多以交楼作为收入确认时点。房地产开发企业一般是以交楼作为收入确认时点；根据企业所得税法等相关规定，企业所得税收入确认时点按照竣工备案、开发产品投入使用、大确权三个时点采用孰早的原则。

此外，如果存在政府支付预售款的情况，根据国税发〔2009〕31号文件的规定，在收取款项时，需按照预计毛利确认为收入；待完工交房时，再按照实际毛利进行调整。

所以政府回购方式，将会产生较大的税会差异。

（2）增值税税务处理。无移交方式下增值税作为视同转让不动产进行税务处理，纳税义务发生时间为不动产权属变更的当天。而会计上是按照交楼确认营业收入，这存在一定税会差异。

（五）管理经验总结

“限地价、竞配建”供地模式下，企业利润率较低、风险较大。由于不同情形下税务关系与税负不同，在与政府签订的协议中，或从政府获取的具有法律效力的文件中，应特别明确配建地块的权属、配建的性质、移交的方式等，通过法律文件的支撑，为后期财税处理提前做好安排。

第五节 城市更新留用地的业财税管理

一、业务描述

（一）留用地概述

“留用地”作为法律概念，是指国家征收农村集体土地后，按实际征收土地面积的一定比例，作为征地安置另行安排给被征地农村集体经济组织用于发展生产的建设用地。是以提高农民的非农业收入，为失地农民带来长期稳定收益，对被征地农民进行安置的一种措施。留用地是留给村民集体的，但是用地性质已经从农业用地变成了建设用地。

留用地的使用权及其收益全部归村集体所有。留用地业务流程见图6-6。

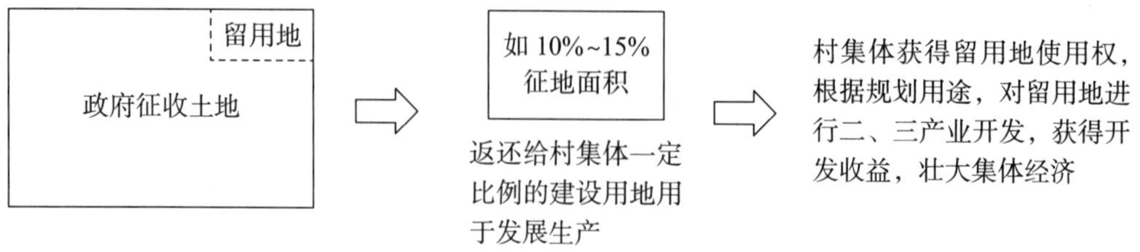

图6-6　留用地业务

（二）留用地政策的发展

留用地政策正式形成于1978—1998年征地政策的转型阶段，具体而言，1953年，我国出台了第一部比较完整的土地征用法律规定——《政务院关于国家建设征用土地办法》，由于当时工业发展基础较差，征地后只能提出“以农安农”的策略，即被征地农民在农业上安置。

到了1982年，《国家建设征用土地条例》针对失地农业剩余劳动力首次提出了“留地安置”，改变了原先“以农安农”的征地补偿措施。

随后，在1986年、1999年两版土地管理法中逐步提高征地补偿标准、加大安置力度、明确留地留物业安置的重要性。

1989年1月3日，深圳发布了一则《深圳市人民政府关于深圳经济特区征地工作的若干规定》，在货币补偿之外，创新性提出：根据土地被征用村庄的大小、征地数量、被征地单位拟投资的规模，结合城市规划要求，优先免地价划拨一块土地，供被征地单位兴建经营性的商业、服务楼宇（可先划地后立项），以发展生产。这也成为全国第一个关于留用地的地方性法规。

留用地真正上升到制度层面是在1993年，当年7月，广东省发布了《广东省征地管理规定》（粤府〔1993〕94号），首次在省一级层面提出：一般可按不超过所征用土地面积的百分之十留出土地，由被征地单位按规定统一安排使用。

此后数年，这种以返还一定比例土地给被征地农村集体，以保障农民收益的留用地模式被各地纷纷效仿，并形成了许多地方性的模式与经验。

到了1999年12月，国土资源部印发《关于加强征地管理工作的通知》（国土资发〔1999〕480号），提出经济发达地区或城乡结合部可以按照规划用途预留一定比例的国有土地给被征地的农村集体使用，发展农业生产或从事多种经营。

进入2000年以后，随着城市发展进入高速扩张时期，征地加速带来的矛盾催生了对留用地政策的迫切需求，以广东、浙江、福建、上海等为代表的沿海发达地区省市积极探索出台留用地管理办法，各地实践不断拓展完善留用地政策。

2010年，国土资源部出台《关于进一步做好征地管理工作的通知》（国土资发〔2010〕96号），从用地性质、指标落实、空间选址、开发利用等方面提出了一系列较为严格的管控引导措施，以提高留地安置的规范性和科学性。

2020年1月1日，新的《中华人民共和国土地管理法》颁布实施，将“留地留物业安置”上升到法律层面，标志着留用地政策进入新的发展阶段。

（三）留用地的开发方式

在快速的城市化进程中，土地资源日益紧缺，留用地作为产业用地重要补充，逐渐成为产业投资关注的重点，成为促进产业发展的重要载体。目前，部分留用地处于低效使用的状态，对城市经济和集体经济的快速升级发展产生一定影响。

村留用地具备价值高、成本低、合作方式多样等优点。在符合土地利用规划前提下，留用地可作为多种经营性功能使用，已越来越受到产业投资商的关注。同时，由于留用地能让集体经济得到快速升级，村集体对于留用地产业引入也表现出十分强烈的意愿。

目前来看，农村留用地土地发展的关键在于规划运作。但是每个地方的实际情况及适用情况是不一样的，所以一个地方的留用地措施和方式并不具有典型性，需要按照具体的情况进行规划布局。

（1）村集体自主开发模式（自主运营模式）：指留用地所有者（通常指村集体）利用自有资金，开发适当的项目，自主投资、建设、运营项目。

在沿海发达地区的城乡接合部，采用这一模式的较多，出现一批经济实力较强的村集体，利用征地补偿对留用地项目自主组织开发和经营管理。其优点是能够让村集体掌握主动权，能够使利益最大化，居民共享发展成果，解决了一大部分本地居民的就业问题。但是一般该模式下的项目前期投资大，自建成本过高，并且大多数是开展粗加工的传统行业，具有一定的经营风险，当成本增加而收益下降时，整个区域的经济就会迅速衰落。且该模式的开发对村集体经济实力和运营能力具有较高要求。

2019年，枣庄市邳庄镇小集子村对土地资源进行规划整合，高标准建设了占地120余亩、建筑面积6万平方米的板材加工园。而后，村里又对8家木制品专业合作社和54家板场资源进行整合，成立了由村党支部委员任董事长，村委会占股51%的山东小集子木业有限公司，实现了专业化运营。

（2）多村联合开发：指多家村级集体经济组织联合自主开发、合作开发或委托政府指定的国企进行开发建设。

2022年2月28日，余杭街道下属8村经济合作社联合竞得杭州市余杭区沈家店社区一块38亩的村级留用地。该地块毗邻未来科技城核心区，开发价值较大，但沈家店社区苦于集体资金不够，无力单独开发，与企业合作开发又担心可能存在风险，于是便采取了多村联合开发的模式。根据规划，这个“1村出地、8村出资”的联合开发项目将建成计容面积6万平方米的新兴园区，项目建成后，每村可获得约1亿元资产和300万/年的现金流收入。

（3）村集体自主租赁开发模式（土地出租模式）：指的是村集体经济组织通过招商具有一定开发经验及实力的大型企业，与企业签订土地租赁合同，委托其对留用地进行整体规划、开发经营。有的村集体将一定年限的土地使用权租赁给企业建工厂，土地、厂房、商铺等租金是主要的收入来源。

其优点是简单易操作，无须投入太多精力，集体投资小、不承担建设风险，租金收益比较稳定，采取整体出租土地的形式，居民能够分享租金收益，最大限度发挥留用地的价值。缺点是由于村集体不参与经营管理，大部分厂房、商铺的租金收益都归于开发商，由此收益率较低，适合村集体经济实力不足或留用地区位较差的土地操作。

2021年2月7日，浙江湘旅控股集团以6.054亿元的价格摘得杭州市萧山区湖头陈村级留用地。公告显示，该地块面积约为6.77万平方米（折合楼面价约为2 236元/平方米），项目交付后需返还地上总建筑面积34%的房产及同比例地下空间。根据规划，湘旅集团将把该地块打造成为以科技研发、创新创业为核心的汇智科创园。

（4）自建物业出租模式：指村集体经济出资，自行组织开发，再出租给园区运营商或二房东收取租金。相比于直接出租土地，自建物业能够充分尊重村集体的意愿与发展诉求，且土地价值利用程度更高，缺点是前期投入较大，对村集体的经济实力要求较高。

2022年7月14日，广州市番禺区石碁镇石碁村股份合作经济社与广州浩杰投资有限公司签订租赁合同，将村留用地自建工业园项目——石碁（同心）产业园整租给该公司。文件显示，石碁（同心）产业园总建设面积12.5万平方米，租金为172.5万元宗/月，管理费118.3万元宗/月，合同期为20年，租赁期内第1~9年每三年为一期，每期租金和管理费为上期递增8%；第10~20年每三年为一期，每期租金和管理费为上期递增10%。

（5）政府牵头统租开发模式（政府统租、国企主导模式）：政府委托大型企业负责开发留用地，定期向村组织缴纳租金（由政府出面注资组建企业，统筹多家村级集体留用地指标，统一开发建设，各村按占地比例发放租金分红）。

在这一模式中，政府、企业在其中做信用担保，政府支持力度强，保障开发的稳定性，能够统筹周边留用地形成规模优势，在土地开发之外建设配套项目，例如餐饮业、娱乐业等，能够让本地居民在分享到土地租金收入的同时，也获得了在工业、服务业等方面的就业机会，能够有效提高居民收入。

但该模式下土地租赁期长，有的甚至长达四五十年，城市发展带动土地增值、房产增值收入，本地居民一般难以有效分享。

杭州高新区（滨江）实施“集体用地、国资建设、专业运营、收益共享”的留用地开发路径。51%的留用地指标由国有企业建设并返租用于产业发展，49%指标收回后统筹安排，提升优化产业布局。各片区分别明确一个国企牵头负责，通过通盘考虑、统筹管理，采用公开招标方式，建设资金、运营等均由国资公司负责，返租由国企按约定价格按期向村集体经济组织支付租金，盈亏均由国企自行承担。

（6）土地入股开发模式（合作开发模式）：将土地估量后以资产的形式入股，获取收益，由企业出钱和村集体出土地而组合成合作公司，然后主要由企业对留用地进行规划、开发、建设和运营，村集体根据所占股份的比例获得投资回报（一般村级集体经济组织所占股份不低于51%）。

具体来说，双方的合作可以有几种形式，一是村公司以土地投资入股到项目公司，开发商以资金作股，双方根据土地价格和建筑成本分割协商分配物业，再统一或分别经营获取收益；二是以村公司的名义报建，产权也在村公司名下，双方设立资金共管账户，开发完成后，开发商再以低价向村公司租赁房产；三是村公司通过招拍挂将土地转让给开发商，开发完成后再分给村公司一定比例物业。

这一模式中本地居民利用土地入股获得股份投资收益，解决了项目投资的资金缺陷，又对留用地进行了合理开发。不过居民也会受到企业投资风险的连带影响，当企业的经营效益不好，居民的收入也会随之下降。

2022年7月27日，由西湖投资集团、绿城房地产集团、三墩镇荡王头社区联合打造的西投绿城·云漫里正式开园，该园区是三方合作打造的留用地项目，其中，合作社持有物业51%，西湖投资集团与绿城房地产集团成立的合资公司（西投占51%，绿城占49%）持有49%，合资公司负责项目的建设、招商、运营，同时返租村集体物业，承诺村集体保底收益。据媒体报道，该项目预计今后每年给集体经济带来1 400万元的收益。

（7）代建返租模式：指合作企业负责留用地物业代建，村集体享有物业所有权，并将物业返租给合作企业，合作企业在合同期内享有建成物业经营权、收益权，定期支付相应物业的经营使用费。

福州市马尾区长盈工业园是福州首个村级工业园，建成于2003年，由五村合办建成。2022年6月24日，园区升级改造项目正式开工，这次改造便是采用了“代建+返租”模式，由知名园区开发/运营商万洋集团为村集体代建约4万平方米标准厂房，产权归村集体所有。改造后，各村再将厂房返租给万洋集团进行招商和后期管理。

（8）“货币+物业”开发模式：在这一模式下，被征地村集体组织不直接经营管理留用地，由当地政府将留用地公开出让或转让，通过招标的形式选择最佳经营方式，待留用地开发完成后，由政府出面向开发商以成本价购回该留用地上的部分建筑物，如：商铺、写字楼、厂房等，并将这些物业无偿给被征地地村集体作为其集体资产，或划分部分股权给被征地村集体。

该模式可操作性强，既能有效对土地资源进行优化配置，又能保护村集体的经济利益。但这一模式对于村集体所在的区位要求较高，既需要本地拥有较大开发价值，又需要本地政府在其中能够发挥重要的统筹管理作用，并结合科学合理的规划和开发，不可盲目建设。

广州市南沙区曾重点推进实施“货币+物业”兑换留用地政策，留用地以居住用地公开挂牌出让，土地出让金扣除垫付征地成本及费用后全额返还给村集体，其中30%的现金直接拨付村集体，剩余70%用于回购村所得商业物业，物业回购后由开发商返租。该模式由于见效快、回报高，十分受地产投资商的青睐。典型项目有佳兆业于2020年获取的乌洲村项目。

2018年，南沙区为加快旧村改造的进展，发布《关于南沙区开展“货币加物业”兑现村留用地推进旧村庄更新改造工作的通知》（穗南更新函〔2018〕52号），提出留用地开发联动旧村改造模式。该模式的要点有三个：一是编制留用地与旧村改造统筹结合方案，对留用地的开发和旧村改造进行整体布局；二是留用地先行挂牌出让，但同时约定留用地项目的商品房预售须与旧村改造进程挂钩；三是旧村改造项目招商时，政府和村民偏好同一开发企业。典型项目有南沙东湾村项目。南沙区东湾村地处区新行政中心和商务中心位置，区位优势明显，但是村内现状建筑的品质和整体景观环境等都较差，在蕉门河中心区迅速发展和自贸区快速建设的背景之下，其改造的迫切性不断提升。2018年，南沙区政府开始推行留用地开发联动旧村改造的政策，并将东湾村列入首批试验名单中。东湾村主要有两个开发项目，一个是旧村改造项目，改造范围包括凤凰大道左侧的旧村地块及其以南的少量留用地，另一个是凤凰大道右侧的留用地开发项目，采取的是“货币+物业”的开发模式。

目前，南沙“货币+物业”兑现留用地的政策已过期，而留用地开发联动旧村改造模式因为存在旧村改造项目和留用地开发项目连锁停滞的潜在风险，推进较缓慢。2022年6月17日，南沙发布《关于促进农村集体经济发展留用地兑现工作的意见（第二次公开征求意见稿）》，提出“货币补偿、物业置换、实物留地”三种方式兑换留用地，但该政策目前未正式发布实施。

（9）指标换物业开发模式（置换物业模式）：村集体将留用地指标出售给本地政府，再由政府主导，套用“货币+物业”的操作方法，为村集体换回同等价值的物业。

此种模式下，政府可以将留用地收储，获得指标及用地，而村集体获得物业，有一部分土地补偿收益，居民转行从事非农业工作，可以推动城市化进程，也有利于居民整体素质的提升。但是政府在土地规划、开发和运营中发挥主导作用，政府在这一模式中投资多，风险大，有的可能盲目开发导致“烂尾工程”，造成土地资源浪费。

2021年12月2日，广州白云城建下属公司以总价20亿元竞得白云区太和镇沙亭北路南侧地块，折合楼面价4 673.12元/平方米，这也是白云区首个采用“留用地置换物业”模式兑现村集体经济发展留用地项目。

（10）政府收储模式：对无法落地的留用地指标，政府将留用地转为国有，并给予被征地主体相应补偿和安置，征收的土地再以公开出让的方式交由开发商进行开发建设。

2020年6月24日，顺德区陈村镇石洲村召开股东代表会议，以86.44%的同意率通过256.4亩留用地申请政府收储方案。据公开报道，该留用地为石洲股份社集体建设用地，自2010年与承租方解除租赁合同后一直处于待开发阶段，未能产生收益。为尽快盘活土地资产，拟征询股东代表意见后，申请由政府收储256.4亩留用地，收储价格委托评估公司进行评估确定。

一般而言，以上模式只是对过去村留用地案例进行的总结，实际上，留用地在村之间地理位置上较为分散，且又受到村庄经济实力、政策等的影响，因此需要因地制宜采取不同的开发模式。

二、税务处理

留用地开发入市流转以留用地使用权转变和开发经营权转变的方式为主，主要包括出租模式、“货币补偿+物业持有”模式和“物业代建+物业返租”模式等。根据这三种主要模式进行涉税分析。

（一）出租模式

村集体将留用地或地上物业进行出租，以收取土地或物业租金的方式获得长期的经济收益。企业（承租方）以农村集体经济组织（土地出租方）的名义办理项目立项、规划、报建等建设手续，在承租土地上出资增设建筑物。租赁期内，承租方利用建筑物独立经营、获取收益；出租方仅收取土地租金，不参与承租方经营管理、不分取经营收益。土地租赁终止或期满，承租方向出租方返还租赁土地时，按租赁合同约定将土地和地上建（构）筑物一并无偿移交给出租方。

企业（承租方）涉及主要税种包括增值税、房产税、城镇土地使用税、企业所得税。政策依据：参考《广东省“三旧”改造税收指引（2019年版）》（粤税发〔2019〕188号）第一大类政府主导模式下的“2：统租模式”，《广州市城市更新税收指引（2021年版）》第四类“场景9：村集体经济组织租赁改造”。承租方涉税分析见表6–3。

表6–3 承租方涉税分析

序号	具体税种	涉税分析
1	增值税	承租方将建成的建筑物用于出租，应按不动产经营租赁服务征收增值税
2	房产税	根据《中华人民共和国房产税暂行条例》规定，房产税由产权所有人缴纳。农村集体经济组织（土地出租方）办理房产权属登记的，应按照规定缴纳房产税。根据《财政部 国家税务总局关于房产税 城镇土地使用税有关问题的通知》（财税〔2009〕128号）规定，承租方无租使用（或对外转租）农村集体经济组织（土地出租方）的房产，应依照房产余值代缴纳房产税
3	城镇土地使用税	根据《财政部 税务总局关于承租集体土地城镇土地使用税有关政策的通知》（财税〔2017〕29号）规定，在城镇土地使用税征税范围内，承租集体所有建设用地的，由直接从集体经济组织承租土地的单位，即承租方缴纳城镇土地使用税
4	企业所得税	（1）根据《企业所得税法》及其实施条例规定，承租方在租赁期内利用建筑物取得的经营收入，应计入企业所得税收入总额，发生与取得收入有关的、合理的支出，可在计算应纳税所得额时扣除。 （2）承租方在承租土地上出资增设建筑物应作为长期待摊费用，按照《企业所得税法》及其实施条例的相关规定在租赁期内摊销。 风险提示：实务中，很多企业（承租方）租赁土地后以农村集体经济组织（土地出租方）的名义办理项目立项、规划、报建等建设手续，在承租土地上出资增设建筑物，承租方利用建筑物独立经营、获取收益，并未就建设的建筑物缴纳房产税以及承租土地缴纳城镇土地使用税，存在补缴税金和滞纳金的风险

（二）“货币补偿+物业”持有模式

参考《广州市城市更新税收指引（2021年版）》“场景2：村集体经济组织留用地转让”，村经济联社集体土地被征收后，取得按征地面积的一定比例计算的预留发展用地（以下简称“留用地”），登记在村经济联社名下，村经济联社补缴土地出让金后变为国有性质用地，通过公开拍卖方式转让给合作企业，按照拍卖协议约定，合作企业除支付部分货币外，还需无偿移交给村经济联社、村民一定数量的分成物业。该场景涉税环节包括补缴土地出让金、留用地转让、分成物业移交。

1. 补缴土地出让金环节

村集体经济组织按照一定的标准，补缴土地出让金，留用地转为国有性质用地。《广东省人民政府办公厅关于加强征收农村集体土地留用地安置管理工作的意见》（粤府办〔2016〕30号）规定，对农村集体经济组织依法转让以无偿返拨方式取得的国有留用地使用权的，不需补办土地有偿使用手续和补缴土地出让金。补缴土地出让金涉税分析见表6-4。

表6-4　补缴土地出让金涉税分析

序号	具体税种	涉税分析
1	土地增值税	根据《土地增值税暂行条例实施细则》第七条规定，村集体经济组织补缴的土地出让金，属于取得土地使用权所支付的金额，应计入土地增值税扣除项目
2	契税	根据《财政部 税务总局关于契税法实施后有关优惠政策衔接问题的公告》（财政部 税务总局公告2021年第29号）、《国家税务总局关于契税纳税服务与征收管理若干事项的公告》（国家税务总局公告2021年第25号）规定，村集体经济组织补缴的土地出让金，属于取得土地使用权支付的经济利益，应计入契税计税依据缴纳契税
3	企业所得税	根据《企业所得税法》及其实施条例规定，村集体经济组织补缴的土地出让金，可增加土地使用权的计税基础

2. 留用地使用权转让、权属变更环节

村集体经济组织将国有性质留用地使用权转让给合作企业，取得货币收入、换取物业，或者货币加分成物业。

（1）村集体经济组织。村集体经济组织涉税分析见表6-5。

表6-5　村集体经济组织涉税分析

序号	具体税种	涉税分析
1	增值税及附加税费	根据《财政部 国家税务总局关于全面推开营业税改征增值税试点的通知》（财税〔2016〕36号）规定，村集体经济组织按照转让土地使用权征收增值税，计税依据以留用地使用权转让时点，村集体经济组织收取的货币收入及分成物业的约定价值（或市场评估价值）确定。同时按相关规定缴纳城市维护建设税、教育费附加、地方教育附加

续表

序号	具体税种	涉税分析
2	土地增值税	根据《土地增值税暂行条例》第二条、《国家税务总局关于房地产开发企业土地增值税清算管理有关问题的通知》(国税发〔2006〕187号)第三条规定，对村集体经济组织转让留用地使用权，应按照取得的全部价款及有关的经济利益作为转让收入缴纳土地增值税，具体按照留用地转让时点，村集体经济组织收取的货币收入及分成物业的约定价值(或市场评估价值)确定
3	印花税	根据2022年7月1日起施行的《印花税法》相关规定，应按照“产权转移书据”缴纳印花税
4	企业所得税	(1)根据《国家税务总局关于企业取得财产转让等所得企业所得税处理问题的公告》(国家税务总局公告2010年第19号)规定，村集体经济组织取得土地使用权转让收入，不论是以货币形式，还是非货币形式体现，除另有规定外，均应一次性计入确认收入的年度计算缴纳企业所得税。 (2)根据《国家税务总局关于印发〈房地产开发经营业务企业所得税处理办法〉的通知》(国税发〔2009〕31号)第三十七条规定，村集体经济组织以地换房的，应在首次取得开发产品时，将其分解为转让土地使用权和购入开发产品两项经济业务进行所得税处理，并按应从该项目取得的开发产品(包括首次取得的和以后应取得的)的市场公允价值计算确认土地使用权转让所得或损失

(2)合作企业。合作企业涉税分析见表6–6。

表6–6　　合作企业涉税分析

序号	具体税种	涉税分析
1	契税	根据《契税法》第四条、《财政部 税务总局关于贯彻实施契税法若干事项执行口径的公告》(财政部 税务总局公告2021年第23号)第二条规定，对合作企业以购买方式取得的土地使用权，应按照成交价格缴纳契税
2	印花税	根据2022年7月1日起施行的《印花税法》相关规定，应按照“产权转移书据”“权利、许可证照”缴纳印花税

(3)其他规定。如村集体经济组织以留用地作价入股成立全资子公司，自行开发建设的，税务处理参照《广州市城市更新税收指引(2021年版)》“场景7：旧厂房合作改造”的相关规定。

3.分成物业移交环节

分成物业建成后，按照拍卖或转让协议，合作企业将物业过户到村集体经济组织名下。一般有两种实现方式：一是合作企业以“货币+分成物业”的方式购买村集体经济组织留用地，按照拍卖或转让协议，分成物业建成后无偿移交给村集体经济组织。二是合作企业以纯货币形式购买留用地，但约定分成物业建成后，村集体经济组织、村民可以按固定价格回购分成物业。

（1）无偿移交。

①合作企业。无偿移交下合作企业涉税分析见表6–7。

表6–7 无偿移交下合作企业涉税分析

序号	具体税种	涉税分析
1	增值税及附加税费	根据《财政部 国家税务总局关于全面推开营业税改征增值税试点的通知》（财税〔2016〕36号）规定，合作企业按照拍卖或转让协议，将分成物业移交给村集体经济组织的，应按照销售不动产征收增值税。计税依据按照留用地转让时点分成物业的约定价值（或市场评估价值）。同时按相关规定缴纳城市维护建设税、教育费附加、地方教育附加
2	土地增值税	根据《国家税务总局关于土地增值税清算有关问题的通知》（国税函〔2010〕220号）第一条、《国家税务总局关于房地产开发企业土地增值税清算管理有关问题的通知》（国税发〔2006〕187号）第三条规定，合作企业按照拍卖或转让协议，将分成物业移交给村集体经济组织的，应视同销售征收土地增值税。土地增值税视同销售收入按照留用地转让时点分成物业的约定价值（或市场评估价值）确定。对已全额开具商品房销售发票的，按照发票所载金额确认土地增值税视同销售应税收入
3	印花税	根据2022年7月1日起施行的《印花税法》相关规定，应按照“产权转移书据”缴纳印花税
4	企业所得税	根据《国家税务总局关于印发〈房地产开发经营业务企业所得税处理办法〉的通知》（国税发〔2009〕31号）第七条规定，应视同销售。确认视同销售价格时，同类开发产品指代建村民安置房类产品。同时可按照国税发〔2009〕31号文件第三十一条的规定，确认为开发产品的土地成本

②村集体经济组织、村民。无偿移交下村集体经济组织涉税分析见表6–8。

表6–8 无偿移交下村集体经济组织涉税分析

序号	具体税种	涉税分析
1	契税	根据《契税法》第四条、《财政部 税务总局关于贯彻实施契税法若干事项执行口径的公告》（财政部 税务总局公告2021年第23号）第二条规定，对村集体经济组织、村民取得的分成物业，应按照成交价格缴纳契税

续表

序号	具体税种	涉税分析
2	印花税	根据2022年7月1日起施行的《印花税法》相关规定，按照“权利、许可证照”缴纳印花税。 根据《财政部 税务总局关于实施小微企业普惠性税收减免政策的通知》（财税〔2019〕13号）规定，对小规模纳税人减按50%缴纳印花税。 根据《财政部 国家税务总局关于调整房地产交易环节税收政策的通知》（财税〔2008〕137号）第二条规定，对个人销售或购买住房免征印花税
3	企业所得税	根据《国家税务总局关于印发〈房地产开发经营业务企业所得税处理办法〉的通知》（国税发〔2009〕31号）第三十七条规定，村集体经济组织以换取开发产品为目的，将土地使用权投资其他企业房地产开发项目的，应在首次取得开发产品时，将其分解为转让土地使用权和购入开发产品两项经济业务进行所得税处理，并按应从该项目取得的开发产品（包括首次取得的和以后应取得的）的市场公允价值计算确认土地使用权转让所得或损失。根据《企业所得税法实施条例》第五十八条规定，非货币性资产交换取得的固定资产，以该资产的公允价值和支付的相关税费为计税基础。上述改造主体公司和村集体经济组织确认的资产公允价值应保持一致

（2）固定价格回购。

①合作企业。固定价格回购下合作企业涉税分析见表6–9。

表6–9　　固定价格回购下合作企业涉税分析

序号	具体税种	涉税分析
1	增值税及附加税费	根据《财政部 国家税务总局关于全面推开营业税改征增值税试点的通知》（财税〔2016〕36号）规定，如拍卖或转让协议约定物业建成后回购价格的，可按照回购价格确认增值税收入。如果拍卖或转让协议约定回购价格明显偏低的，应按照视同销售的相关规定征收增值税。同时按相关规定缴纳城市维护建设税、教育费附加、地方教育附加
2	土地增值税	根据《土地增值税暂行条例》规定，如拍卖或转让协议约定物业建成后回购价格的，可按照回购价格确认土地增值税应税收入。如果拍卖或转让协议约定回购价格明显偏低的，应按照视同销售的相关规定征收土地增值税。对已全额开具商品房销售发票的，按照发票所载金额确认土地增值税视同销售应税收入
3	印花税	根据2022年7月1日起施行的《印花税法》相关规定，应按照“产权转移书据”缴纳印花税
4	企业所得税	根据《国家税务总局关于印发〈房地产开发经营业务企业所得税处理办法〉的通知》（国税发〔2009〕31号）规定，取得的相关收入应计入企业所得税收入总额，发生与取得收入有关的、合理的支出，可在计算应纳税所得额时扣除

②村集体经济组织、村民。固定价格回购下村集体经济组织涉税分析见表6–10。

表6–10　　　　固定价格回购下村集体经济组织涉税分析

序号	具体税种	涉税分析
1	契税	根据《契税法》第四条、《财政部 税务总局关于贯彻实施契税法若干事项执行口径的公告》（财政部 税务总局公告2021年第23号）第二条规定，对村集体经济组织、村民取得的分成物业，应按照成交价格缴纳契税
2	印花税	根据2022年7月1日起施行的《印花税法》相关规定，按照“权利、许可证照”缴纳印花税。 根据《财政部 税务总局关于实施小微企业普惠性税收减免政策的通知》（财税〔2019〕13号）规定，对小规模纳税人减按50%缴纳印花税。 根据《财政部 国家税务总局关于调整房地产交易环节税收政策的通知》（财税〔2008〕137号）第二条规定，对个人销售或购买住房免征印花税
3	企业所得税	根据《企业所得税法实施条例》第五十八条规定，外购的固定资产，以购买价款和支付的相关税费以及直接归属于使该资产达到预定用途发生的其他支出为计税基础

（三）“物业代建+物业返租”模式

由合作企业负责留用地集体物业代建，村集体享有土地及地上、地下物业的所有权，村集体将物业返租给合作企业，合作企业在合同期内享有建成物业经营权、收益权，定期支付相应物业的经营使用费。

1.委托代建

房地产代建是指拥有土地使用权的企业由于没有房地产开发的经验、资金及人才等原因，委托房地产开发公司进行代建。

委托代建应当同时符合以下五个条件：一是由委托方自行立项；二是不发生土地使用权或产权转移；三是受托方不垫付资金，单独收取代建手续费或管理费；四是事先与委托方签订有委托代建合同；五是施工企业将发票开具给委托建房单位。

2.标准“委托代建”业务代建方涉及税费

（1）增值税。如果同时符合以上五个基本条件，就是税务上认定的标准“委托代建”业务，需要委托方与代建方签订委托代建合同，按合同约定条款支付工程代建手续费或管理费，代建方负责整体项目工程的过程管理，业务实质是代建方提供了一种特殊的工程管理服务，应就取得的代建手续费或管理费收入按照“现代服务业——商务辅助服务——经纪代理服务”缴纳增值税，并向委托方开具增值税发票。

（2）企业所得税。代建管理费确认收入，根据企业的应纳税所得额，按照25%（或者企业享受的优惠税率）缴纳企业所得税。

村委会转入代建方的建设款项只需计入代建方往来科目即可，即："其他应付款——代建×××安居工程"，同时，代建方支付给实际建设施工企业的建设款应冲减该往来科目，最终剩余部分即为代建方管理费，结转确认代建方的收入并缴纳相关税费。

3.演变的"委托代建"业务代建方涉及税费

在实际操作中，代建方可能存在代为立项、垫付建设资金等情形，就不能按照标准"委托代建"业务中的"经纪代理服务"缴纳税款，而应根据其实际从事的业务性质缴纳税款。常见的演变"委托代建"业务包括以下几种情形：

（1）代建方以自己名义立项。如果代建方以自己名义进行项目立项，在取得土地使用权和报批报建手续后，由施工企业建设不动产的行为，就不再是真正意义上的代建，而是属于代建方自行开发房地产项目，在项目完工移交委托方时，应按"销售不动产"缴纳增值税、土地增值税和企业所得税。

（2）代建方垫付建设资金。如果代建方除从事代建管理外，还为代建项目垫付全部或部分建设资金，需要将该业务进行分拆，分别签订委托代建合同和借款合同，应就取得的代建手续费或管理费收入按"经纪代理服务"缴纳增值税和企业所得税；应就其取得的资金占用费（利息性质）的收入按"贷款服务"缴纳增值税和企业所得税。

4.代建模式对比

代建模式对比分析见表6–11。

表6–11　　代建模式对比分析

序号	对比因素	代建模式	
		垫资代建	不垫资代建
1	定义	需收购方投入部分开发资金或借款启动项目，该模式除考虑投资回报率及内部收益率外，须关注项目的资金安全	纯粹品牌输出，收益稳定
2	收益设定	一般约定保底收益并保证出借资金安全	一般采取固定收益（按成本/收入提点或按建筑面积收取代建费），或浮动收益（售价超额分成/利润分成等）

续表

序号	对比因素	代建模式	
		垫资代建	不垫资代建
3	优势	该模式下一般回报率较高	能解决融资问题，同时代建费变成税后利润，增加代建收益，对优质干净项目，还可以实现过程并表
4	劣势	出借资金路径较难，同时需要防范合作企业的或有风险导致的资金安全	①占用代建方金融资源，股权进入会增加代建方资金安全及收益风险（分红法律上属股东净资产分配，如项目公司因或有负债或者税务追偿，债权人优先于股东，如项目公司资不抵债，前期代建费分红被追偿风险）。 ②同时名义控股期间发生的相关事项均需代建方承担风险
5	财务关注重点	如包装为一方出地一方出钱，建成后分房自用的，可以免征土增税，对有特定物业需求的可探讨实施，但项目报建须采用双方联合报建，在确权时分割确权	①项目融资困境：非控股的代建项目一般不能使用代建方融资渠道，难以突破项目融资难题（一般地主方寻找代建方的诉求）。 ②名义股权：能解决上述问题，通过增资，后续以协议分红方式获取代建费。
6	履约条件	部分项目会要求代建方给予保底利润承诺，因保底利润来源于对收入、土地成本、建安成本、税金、费用的管控。代建项目如涉及前期项目的共同成本，则成本需分摊，应提前明确分摊规则，另外税金计算，尤其土地增值税计算规则存在较大不确定性及不可控性，设置保底利润存在较大履约风险。建议代建模式避免设置硬性履约财务指标，确需设置的，建议设定收入、建安成本、费用等代建方可控制的单项指标	
7	履约主体选择	非股权形式收取的代建费属税前收入，建议通过亏损主体或税收优惠主体签约，如前期未能明确亏损或税收优惠主体在前期谈判加入代建方后续可将代建协议的权利义务转由指定关联公司承接，在收取时重新签订对外代建协议（注意签约时间逻辑性）。为增加代建收取的合理性，建议代建主体保留相关人员编制及公司支出	

5. 物业返租代建方涉及税费

村集体将建成物业返租给合作企业（代建方），合作企业在合同期内享有建成物业经营权、收益权，定期支付相应物业的经营使用费。

（1）增值税。合作企业（代建方）将建成的建筑物用于出租，应按不动产经营租赁服务缴纳增值税。

（2）企业所得税。根据《企业所得税法》及其实施条例规定，承租方在租赁期内利用建筑物取得的经营收入，应计入企业所得税收入总额，发生与取得收入有关的、合理的支出，可在计算应纳税所得额时扣除。

（3）印花税。房屋租赁合同按照财产租赁合同缴纳印花税。

三、管理经验总结

如何引导留用地高效开发，推动土地连片统筹开发？如何以产业为引领，实现留用地产业开发价值？以下地区的经验可以借鉴。

（一）佛山市南海区经验

在土地改革探索中，佛山市南海区推出集体建设用地入市、多规合一改革、农村留用地改革、不动产登记试点、“三旧”改造等多项改革举措，取得丰富成果，为广东乃至全国土地改革提供宝贵的借鉴经验。借鉴佛山市南海区留用地开发经验，可以通过引导集中、产业先行、园区集聚等“五位一体”联动模式高效开发留用地。

（1）规划引领，集中选址，促进留用地统筹开发。

（2）明确定位，产业先行，从土地招商到产业招商。

（3）园区集聚，统筹发展，高效激发土地价值。

“五位一体”联动模式见图6–7。

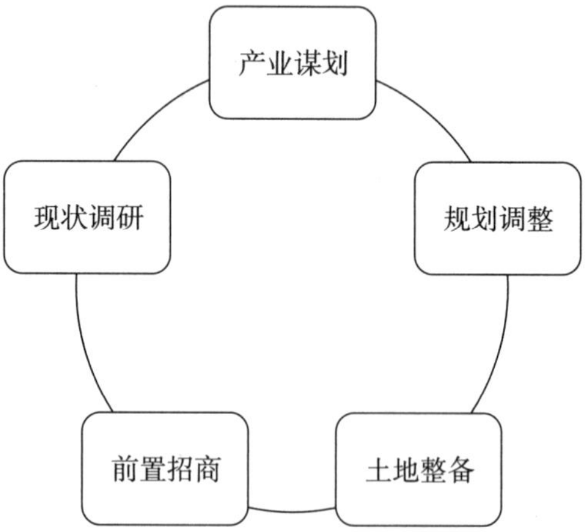

图6–7 “五位一体”联动模式

（二）广州市增城区经验

广州市增城区通过多种路径推动留用地高效开发利用，实现了村集体、市场主体和社会多方利益共赢，走出了一条增城特色的集体经营性建设用地入市新路径。2018年至2020年期间，增城区农村居民可支配收入增长率超过城镇居民可支配收入近3个百分点，城乡居民收入差距进一步缩小。

1.以“政府收储出让+返还商业物业”模式，大幅提升土地价值

聚焦国家城乡融合发展试验区“建立农村集体经营性建设用地入市制度”任务，将上岭村210亩留用地通过“商业项目+物业置换村留用地”发展模式，即利用政府招商、建设物业，通过物业、项目和租赁合同置换村留用地，以综合性开发撬动留用地规划开发。通过对留用地整体收储，提升土地价值，对210亩用地中的146亩进行收储作为居住用地公开出让，将另外64亩划拨给新塘镇政府，规划为商业综合体项目，道路与基础设施由政府利用部分土地出让金收入进行建设，按照每亩留用地置换400平方米商业物业的标准将商业综合体的物业移交给村集体。通过提高招商质量，保障双方利益，政府引进优质万达广场项目，村集体和万达签订租用协议，租赁期限为20年，由万达向村集体支付租赁租金，约定第一年租金2 990万元，每5年为一个租金调整周期，每个租金调整周期的年租金比上一个周期递增10%，20年租期内累计租金达7.15亿元。通过对留用地重新规划开发，村集体留用地所有权发生变更，但村集体享有返还或回购部分物业的自主经营权和收益，既获得实物补偿，也有长久的租金收入。同时，万达广场已经成为增城开发区和新塘镇具有较强辐射力的综合服务中心，完善了城乡配套设施，激活了经济活力。

2.以村集体主导开发、政府协助模式，获取整租收益

新塘镇塘美村以国企作为桥梁，依托农村集体资产交易平台，将349.581亩留用地进行自主招商，选择永旺集团作为合作开发主体。由新塘镇全资成立的国有企业与塘美村村集体签订租地协议，再转租给名大（香港）公司建设开发，建设完成后转租给永旺集团经营。项目第一年租金1 838万元，每5个年度递增10%，40年租期累计达10.51亿元。村集体主导开发、政府协助的开发模式，村集体留用地产权不变，仍然属于村集体，村集体对留用地自行招商，出租留用地使用权和自我经营管理，获取长期稳定的租金收益。永旺集团通过永旺梦乐城·名古汇项目深化了在广州东部的商业布局。政府通过项目开发，完善了片区商业配套，推动了产业经济发展。

3.留用地建设保障性租赁住房，助力企业人才安居

充分利用集体建设用地建设租赁住房试点城市政策，探索了白水村120亩留用地建设保障性住房的新途径和新模式。经村民代表大会同意，由村集体与开发区下属国

企签订租赁合同，建设13.4万平方米租赁性住房（员工宿舍），每亩每年租金5万元，租期50年，委托专业企业运营管理，50年后物业归村所有。村集体留用地所有权不变，土地不征不转，获得了长期稳定的租金收入。企业通过政府提供的租赁性住房，缓解了人才居住压力。政府盘活了农村留用地资源，拓宽了租赁性住房来源，节省了用地指标，促进了农村资产与区域经济发展相融合。

（三）总结

整体来看，当前留用地活化的几种路径各有优势，但在城市更新的大浪潮之下，通过纳入旧村改造的政策路径有望成为主流趋势。

留用地纳入旧村改造，一直是政策鼓励的方向。2019年6月28日，广州市规划自然自资源局发布的《广州市规划和自然资源局关于加快推进留用地兑现工作意见的通知》（穗规划资源规字〔2019〕3号）第（六）条，提出“鼓励留用地纳入‘三旧’改造”。2020年8月12日广东省自然资源厅发布的《广东省自然资源厅关于推进征收农村集体土地留用地高效利用开发的通知》（粤自然资规字〔2020〕4号），再次提出鼓励留用地纳入“三旧”改造，并明确了留用地纳入改造的规则。

综上，建议开发商积极把握机遇，推进留用地纳入“三旧”改造统筹开发利用的入市流转模式，实现各方共赢。

第七章　城市更新项目建设的业财税融合管理

第一节　城市更新项目建设的业务概述

一、城市更新项目建设的业务内容

我国城市发展随着国家治理能力和体系的逐步完善进入城市更新的关键时期，城市更新已经成为城市开发建设和治理的重要内容，由大规模的增量建设转向存量提质改造和增量结构调整并重。住房和城乡建设部在中国城市规划年会上提出将推出城市更新的示范项目，强调加强城市更新的顶层设计，出台《住房和城乡建设部办公厅关于开展第一批城市更新试点工作的通知》（建办科函〔2021〕443号），这些都无一不体现出城市更新建设的项目范围较为广泛。

依据城市更新的不同主体，城市更新项目建设可主要划分为如下几种类型：①公建场馆改建类项目，该类项目包括城市公园、公共绿地、公共活动场地改建改造、结构加固、修复、幕墙改造、装饰装修等一般公共设施建设和文化馆、博物馆等场馆建设改造，以及拆除、新增结构等新建改造类；②环境整治提升类项目，如环保水系项目、黑臭水处理、截污工程、海绵城市等；③基础设施改造类项目，如市政基础设施、防灾安全设施、防洪排涝设施、道路铺装、综合管廊、隧道工程、排水工程、道路绿化、景观绿化等；④老旧小区片区改造类项目，如老旧街区改造、道路改造、立面出新、节能改造等。

二、城市更新项目建设的合作模式

城市更新项目建设主要分为三大类合作模式：政府主导建设模式、市场参与方主导建设模式、政府和市场合作共建模式。在这三类合作模式下又有具体细分的小类模式或场景应用。

（一）政府主导建设模式

该模式下目前最具借鉴性的是成都市政府主导的探索城市更新项目建设全过程一体化推进模式。该模式最为强调的是政府的主体地位，政府在项目建设过程中全权负责规划实施和运作。在“政府主导、市场主体、商业化逻辑”的既定原则基础上，由政府收储、租赁、利用既有房屋，引入实力强、资源广、经验丰富的社会力量作为运营商，探索项目策划、规划、设计、建设、运营一体化的投资运营模式，由政府对项目实施整体规划、分步实施、商业运作，并大力实施优质资源“收、租、引”，对收储资产实施资产管理、运营管理、项目招引、业态管控，通过经营性收益平衡改造投入。

（二）市场参与方主导建设模式

市场参与方主导建设模式中，主要依靠的主导方由政府的角色转变为市场中参与的各方，市场参与方作为城市更新项目建设主要的实施方和维护方，在城市更新过程中充分发挥市场力量建设项目。如江苏省苏州市探索老菜场更新的“市集模式”就是市场参与方主导建设模式代表。自2019年起，对38个城市老菜场进行改造，通过引入商业管理公司向产权人承租后，统一负责市集内部装修、设施设备维护、消防改造、软装设计、智慧系统和后期运营等工作，再以房屋租赁形式出租给经营户，通过业态提升收取租金及物业管理费保持收支平衡。

（三）政府和市场合作共建模式

政府和市场合作共建模式兼有政府主导和市场参与方主导两种模式的优点，既可以由政府发挥宏观调控能力在规划阶段进行优化，又可以发挥市场参与方的自主经营建设能力，有利于城市更新项目的高水平开发建设。但也要警惕这种运营模式中经常出现的多方运营主体的责任和利益划分不明确的风险，该模式下项目建设的成本和费用计算的难度会有所增加。

重庆市探索“政府+企业+居民”共同实施模式是政府和市场合作共建模式的典型代表。戴家巷老街区更新由政府出资通过“微改造”方式开展区域环境提升，建设崖壁步道，国企平台公司征收部分房屋进行改造，引入文化创意、餐饮酒店等业态，使周边物业价值大幅提升，带动居民自发开展临街房屋装修，形成各具特色的小店。在改造中完整保留戴家巷外立面风貌，拆除建筑规模仅占5.6%，容积率由2.94降为2.82，区域运营收入约6~7年均可收回房屋改造成本。

三、城市更新项目建设的实施方式

城市更新项目建设的实施方式主要包括三种。

（一）拆除再开发

拆除再开发适用于城市中部分区域的建筑物、基础服务设施、公共服务设施等有关居民生活环境要素的质量全面恶化，无法通过微改造、微更新等方式使其满足居民的当前生活要求，只能通过拆除原有建筑物，统筹考虑新的规划方案，例如，旧城区的规划需要综合考虑新建筑物的规划面积和用途、公共健身等活动空间的保留或设置、路面的拓建或新建、公共停车场所的设置、公共绿化景观等因素，以提升居民的生活质量，推动区域内社会经济活动和城市的进一步发展。

（二）整治微改造

整治微改造适用于城市中部分区域建筑物和各类基础设施及公共设施尚可使用，但由于各类基础设施及公共设施老化或不适用、建筑物破损或设备不齐全、生活环境质量差的地区，只需对部分建筑物、各类基础设施及公共设施、绿化景观等进行部分拆除或微改造及更新设备，即可满足居民当前生活需求，改善该区域居民的生活环境。

（三）保护微更新

保护微更新适用于城市中部分区域历史建筑或环境状况保持良好的历史地区的微更新，意在保护该区域的历史文物遗址，改善居民人文居住环境。

城市更新方式可分为以上三类，但在实操中应因地制宜，适用不同的方式，可将某几种方式结合在一起使用。

第二节　城市更新项目建设成本费用概述

城市更新项目建设的成本费用组成较为复杂，类型较多，在成本费用的归集等方面存在较大难度。城市更新项目的成本费用核算是指在项目建设过程中，将项目开发建设的房屋建筑等支出的全部费用按一定的规则对成本项目进行归集与分配，在建设中汇总计算得到城市更新建设项目总成本和单位建筑面积成本的过程。目前较为全面的城市更新项目建设成本费用按照项目建设的全周期（详见图7-1）划分，大致可以分为建设时的开发成本和前期工程费、建安工程费、开发间接费用和其他期间费用等7大类。

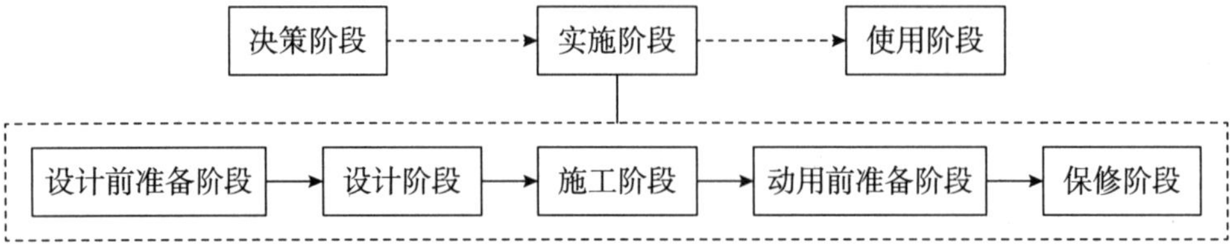

图7-1 城市更新项目施工过程

一、成本费用归集对象和确定原则

（一）成本费用归集对象

对于不同业态、模式并存的城市更新项目，合理划分成本对象是十分必要的，它是准确反映不同结构类型、不同用途城市更新建设项目获利水平的基础，也是准确计算项目参与方企业所得税和土地增值税的基础。

（二）成本费用对象的确定原则

城市更新项目中的成本对象也可以通过以下6个原则来确定，详见图7-2。

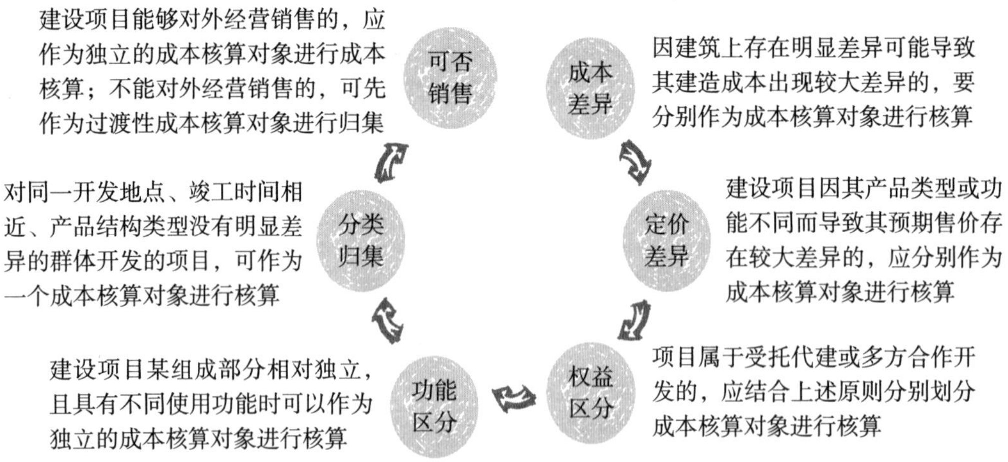

图7-2 成本费用对象的确定原则

成本对象由负责城市更新项目建设任务的一方在项目开工之前确定，并报经主管税务部门或机关备案。项目建设确认或划分的成本对象确定之后，根据相关法规要求，不允许随意更改或相互混淆，如果城市更新项目的确因为成本对象的确认产生重大影响需要更改的，必须在保存相关资料、文件完整清晰的前提下向主管税务机关申请获得批准。

（三）成本费用对象的确定方法

（1）城市更新项目的成本费用核算选择和对象确定应该符合成本运算的需求，方便成本运算的集合，方便成本的及时结算，满足成本监测的需求，因此，城市更新项目成本费用的对象具体可结合实际情况，根据项目建设的性质、地点、规模、周期、方式、功能设计、结构类型、装修档次、层高、施工队伍等各种因素和管理需要来确定。

（2）成本费用核算和确定的对象必须在项目建设开始前予以明确。一旦确定，不得随意改变，以保证成本核算的准确性。

（3）城市更新项目的成本费用核算对象必须要经过财务负责人的审核，同时与造价部、工程部等一线部门和公司管理层进行沟通，并达成一致意见。

（4）城市更新项目的成本费用核算对象确认后，在不影响项目建设进度的前提下，在签订合同、支付工程价款等过程中，应与成本费用核算对象保持一致，防止建设施工或管理部门对成本费用等对象的歪曲或误解。

（5）确定成本费用核算对象的具体操作如图 7–3 所示。

1. 单体开发项目，一般以每一独立编制设计概算或施工图预算所列的单项开发工程为成本核算对象
2. 在同一开发地点、结构类型相同、开竣工时间相近、由同一施工单位施工或总包的群体开发项目，可以合并为一个成本核算对象
3. 由财务负责人审核通过，并与造价部、工程部等业务部门及公司管理层沟通其合理性后，达成一致意见
4. 成片分期（区）开发的项目，可以以各期（区）为成本核算对象
5. 同一项目有裙房、公寓、写字楼等不同功能的，在按期（区）划分成本核算对象的基础上，还应按功能划分成本核算对象
6. 同一小区、同一期有高层、多层、复式等不同结构时，还应按结构划分成本核算对象

图 7–3　确定成本费用核算对象的具体操作

二、成本费用的分类

城市更新项目建设过程中的建设成本大致可分为如图7-4所示的四大类。

参照《国家税务总局关于印发〈房地产开发经营业务企业所得税处理办法〉的通知》(国税发〔2009〕31号)关于成本费用的规定，应用到城市更新项目建设里，城市更新项目建设的开发成本主要涵盖土地整理开发成本、房屋开发成本、配套设施开发成本，再加上项目建设过程中的各项费用，具体可分为如下7个项目：

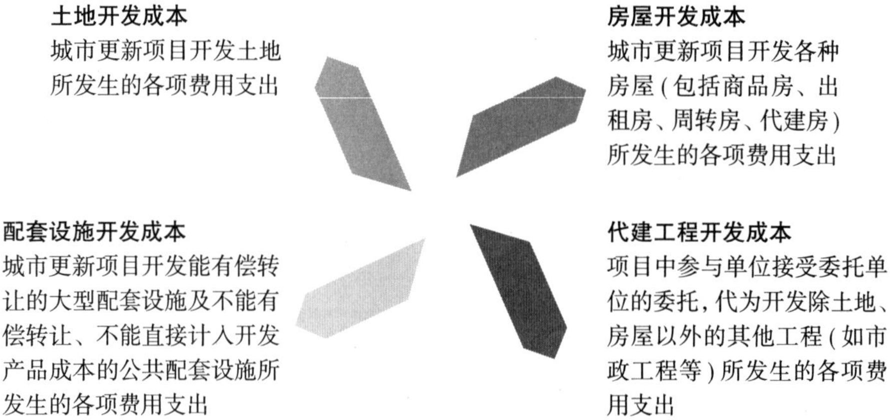

图7-4 城市更新项目建设过程中的开发成本

(一)土地征用及拆迁补偿费

该成本费用项目[1]在城市更新项目建设中涉及土地征用及拆迁补偿费、城市基础设施配套费、回迁房建造支出及相关税费等。

(二)前期工程费

前期工程费是既定的说法，原来用在房地产企业或项目里，这里指城市更新项目建设初期，为保证项目建设顺利进行所发生的一系列成本费用，包括水文地质勘查、测绘、规划、设计、可行性研究、筹建、场地的三通一平等各项相关成本费用，具体

---

[1] 土地征用及拆迁补偿费，指为取得项目建设目标土地的开发使用权(或开发权)而发生的各项费用，主要包括土地买价或出让金、城市基础设施配套费、耕地占用税、土地使用费、土地闲置费、土地变更用途和超面积补交的地价及相关税费、拆迁补偿支出、安置及动迁支出、回迁房建造支出、农作物补偿费危房补偿费等。

如表7–1所示。

表7–1 城市更新项目建设的前期工程费

成本费用阶段	名 称	明 细
前期工程费	勘察丈量费	勘察丈量涵盖初勘、详勘等过程。主要产生的费用有：水文、地质、文物和地基勘察费，基坑监测费，防雷检测费，环境评估、检测费，测绘中心测量费，沉降观测费，日照测试费、拨地钉桩验线费、复线费、施工放线费等费用
	报批报建费	包括可行性研究费、城市基础设施配套费、环境检测评估费、规划技术服务费、气象局防雷费、工程质量监督费、安全监督费、墙改费、渣土清运费、抗震审查费、图纸审查费、人防报建费、白蚁防治费等
前期工程费	招标及失标费	主要包括交易中心综合服务费、招标代理费、设计补偿费（失标费）、评标专家费、公证费等费用
	三通一平费	主要包括接通红线外施工用临时给排水设施的费用（含地下排水管、沟开挖铺设费用）；接通红线外施工用临时道路的设计、建造费用；接通红线外施工用临时用电规划设计费、临时管线铺设、改造、迁移、临时变压器安装及拆除费用；接通红线外施工用临时给排水设施的设计、建造、管线铺设、改造、迁移等费用；基础开挖前的场地平整、场地清运、旧房拆除等费用；绿化树木迁移等费用
	建设方临时设施费	包括围墙、围栏设计、建造、装饰费用；临时办公室租金、建造及装饰费用。临时物资存放地，含施工用临时占道费、临时借用空地租费。临时围板，包括设计、建造、装饰费用等费用
	规划设计费	包括建筑规划方案、施工图设计及顾问、评审费；室内设计及顾问、评审费；市政景观设计及顾问、评审费；机电安装设计及顾问、评审费；其他专项设计及顾问、评审费等费用
	其他费用	图纸及文件装订费等费用

数据来源：笔者整理。

（三）基础设施建设费

基础设施建设费指城市更新项目在建设阶段发生的各项基础设施方面的成本费用支出，主要包括市政配套费、道路桥梁工程费、园林环境工程费、给水系统费、雨污水系统费、供电系统费、燃气系统费、通信工程费、采暖系统费等。

（四）建筑安装工程费

建设安装工程费指城市更新项目建设过程中发生的各项建筑工程费用和安装工程

涵盖的费用等。

（1）土建工程费，指城市更新项目建设中发生的建设主体内包含土建预算在内的各项成本费用。土建预算由土石方、桩基、护壁（坡）工程费，基础处理费、桩基咨询及检测费、降水，还有基础工程费等组成。主体结构及初装修造价包括：土建总承包工程、结构改造工程、环氧地坪工程、门窗工程（主要包括单元门、入户门、户内门、外墙门窗、防火门的费用）、瓷砖采购工程、独立地下室工程等。

（2）安装工程费。项目的安装工程涉及核算内容较为复杂，具体可参考房地产行业的建筑安装工程内容，大致包含了幕墙工程和石材采购工程等室外装饰工程费、室内水暖气电管线设备工程费、室内给排水工程费，以及安装较为明显的空调、电梯、消防等室内设备及其安装费，还有弱电系统费等。

（3）精装修费用。包括大堂、电梯厅、楼梯间等公共部位精装修工程和室内精装修工程。

（4）其他建筑安装工程费。包括项目建设即将结束阶段的零星费用，以及后续保修期等小额费用等。

（五）公共配套设施费

公共配套设施费是城市更新项目中较为重要和客观的费用，指项目建设方在建设期间发生的公共配套设施支出。公共配套设施性质一般是独立的且具有一定非营利性，其产权明确归属于全体业主或政府/政府下属的非营利单位。

（六）开发间接费

城市更新项目建设的开发间接费与项目建设期间费用不同。两者虽都是项目建设过程中发生的成本费用，但有明显的区别，主要结合费用发生是否直接与开发建设相关，以及部门属性来辅助进行划分。开发间接费指城市更新项目的建设方为直接组织和管理项目所发生的，且无法将其归属于特定成本对象的成本费用性支出。开发间接费一般在建设项目交付使用前设置的部门归集与分配，如项目管理部、保安部（工地）、绿化部发生的费用，都要计入开发间接费用，包括管理人员工资、职工福利费、折旧费、修理费、办公费、水电费、劳动保护费、工程管理费、周转房摊销以及项目营销设施建造费等。具体如表7–2所示。

表 7–2　城市更新项目建设的开发间接费

序号	明　细	下设具体名称	解　释
1	工程管理费	现场管理费用	内部独立核算的、开发项目现场管理的人员工资及福利费、修理费、办公费、办公用水电费、差旅费、市内交通费、运输费、通讯费、业务招待费、劳动保护费、低值易耗品摊销等
		工程监理费	支付给聘请的项目或工程监理单位的费用
		预结算编审费	支付给造价咨询公司的预结算的编制、审核费用
		物业管理费用	按规定应拨付给业主管理委员会的由物业管理公司代管的物业管理基金、公建维修基金或其他专项基金，以及小区入住前投入的物业管理费用，包括补贴给物业管理公司的水、电、煤气、暖气等价差
		其他费用	项目交付使用后发生的、按规定或协议应由开发商承担办理竣工验收费以及其他应计入开发间接费的费用
2	营销设施费	广告设施	车站广告、路牌广告费用
		售楼处	设计、工程、装饰等费用
		样板房	样板间设计、装修、家具、饰品以及保洁、保安、维修费
		销售环境改造费	推出销售楼盘（含示范单位）周围等销售区域销售期间的现场设计、工程、装饰费，临时销售通道的设计、工程、装饰等费用
3	利息及借款费用	与开发项目直接相关的贷款利息费用	即符合资本化条件的借款费用。包括直接用于项目开发所借入资金的利息支出、折价或溢价摊销和辅助费用，以及因外币借款而发生汇兑差额
		因借款而发生的辅助费用	包括手续费等

数据来源：笔者整理。

（七）项目期间费用

期间费用主要是指管理费用、财务费用和销售费用三大费用（见表 7–3）。

表 7–3　城市更新项目建设的期间费用

费用名称	费用释义	明　细
管理费用	项目建设方的行政管理部门为组织和管理房地产项目的开发经营活动而发生的各种费用	管理人员工资、工会经费、业务接待费、职工教育经费、劳动保险费、待业保险费、董事会费、咨询费、审计费、诉讼费、房产税、土地使用税（企业管理用房）、车船税、技术开发费、无形资产摊销、开办费摊销等各种费用

续表

费用名称	费用释义	明　细
财务费用	项目建设的企业为筹集建设过程的资金而发生的各项费用	借款和债券的利息、金融机构手续费、保险费、融资代理费、外汇汇兑净损失以及企业为项目筹资发生的其他财务费用
销售费用	项目在销售产品过程中发生的各项费用以及专设销售机构或委托销售代理的各项费用	广告宣传及市场推广费、销售代理费；其他销售费用

数据来源：笔者整理。

第三节　城市更新项目建设成本费用的财税管理

一、城市更新项目建设成本费用的会计处理

（一）城市更新项目成本费用会计科目设置表

城市更新项目成本费用涉及的项目较为复杂和繁多，项目的成本不确定性比较强，根据项目的类型不同其核算标准也不够统一，结合房地产企业开发建设过程中的成本费用归集及核算，以及各地城市更新项目一级开发成本构成及测算依据，本节整理了如表7–4所示的城市更新项目成本费用会计科目设置表，为城市更新项目成本费用会计科目设置提供参考。

表7–4　　城市更新项目成本费用会计科目设置表

科目名称	科目级次
开发成本	1
土地征用及拆迁补偿费	2
土地征用费	3
拆迁补偿费	3
拆迁费	4
建筑物拆除费	5
拆迁管理费	5
征地包干管理费	5

续表

科目名称	科目级次
其他	5
补偿费	4
农作物补偿费	5
危房补偿费	5
地上地下拆迁补偿费	5
安置动迁费	5
土地开发成本	3
土地出让金	4
土地契税	4
其他	4
前期工程费	2
勘察丈量费	3
地质勘查	4
测绘中心测量费	4
日照测试费	4
交通影响分析费	4
沉降观测费	4
基坑监测费	4
防雷检测费	4
环境评估、检测费	4
其他	4
报批报建费	3
可行性研究费	4
城市基础设施配套费	4
环境检测评估费	4
规划技术服务费	4
气象局防雷费	4
工程质量监督费	4
安全监督费	4
墙改费	4
渣土清运费	4

续表

科目名称	科目级次
抗震审查费	4
图纸审查费	4
人防报建费	4
白蚁防治费	4
其他	4
招标及失标费	3
交易中心综合服务费	4
招标代理费	4
设计补偿费（失标费）	4
评标专家费	4
公证费	4
其他	4
三通一平费	3
临时道路（设计及施工）	4
临时用水（设计及施工）	4
临时用电（设计及施工）	4
场地平整	4
绿化树木迁移	4
其他	4
建设方临时设施费	3
临时围墙（设计及施工）	4
临时办公室（设计及施工）	4
临时场地租赁	4
其他	4
规划设计费	3
建筑规划方案、施工图设计及顾问、评审费	4
室内设计及顾问、评审费	4
市政景观设计及顾问、评审费	4
机电安装设计及顾问、评审费	4
其他专项设计及顾问、评审费	4
图纸及文件装订费	3

续表

科目名称	科目级次
建安工程费	2
基础工程	3
试桩工程	4
桩基工程	4
基坑围护工程	4
桩基检测工程	4
独立地下室工程	3
主体结构及初装修工程	3
土建总承包工程	4
结构改造工程	4
环氧地坪工程	4
门窗工程	4
瓷砖采购工程	4
幕墙及外装饰	3
幕墙工程	4
擦窗机采购及安装工程	4
电动开窗器采购工程	4
石材采购工程	4
室内精装修工程	3
室内装饰工程	4
石材采购工程	4
瓷砖采购工程	4
洁具采购工程	4
橱柜采购工程	4
厨房电器采购工程	4
室内广告标识工工程	4
公共厨房设施采购及安装工程	4
遮阳帘采购工程	4
公共精装修工程	3
给排水及采暖工程	3
消防工程	3

续表

科目名称	科目级次
电气工程	3
暖通工程	3
智能化工程	3
电梯工程	3
厨房设施	3
外立面泛光照明工程	3
工程监理费	3
其他	3
基础设施费	2
市政配套费（红线外）	3
道路桥梁工程费	3
园林环境工程费	3
绿化工程	4
建筑小品	4
照明工程	4
室外零星设施	4
围墙工程	4
给水系统费	3
雨污水系统费	3
供电系统费	3
燃气系统费	3
有线电视工程费	3
电话通讯工程费	3
宽带工程费	3
采暖系统费	3
其他	3
公共配套设施费	2
不可经营设施	3
可经营设施	3
开发间接费用	2
职工薪酬	3

续表

科目名称	科目级次
折旧费	3
摊销费	3
安全生产费	3
修理费	3
办公费	3
通讯费	3
会议费	3
租赁费	3
车辆使用费	3
印制资料费	3
日常交通费	3
差旅费	3
电脑网络费	3
业务招待费	3
聘请中介机构费	3
造价咨询费	3
工程保险费	3
前期物业管理费	3
营销设施建造费	3
其他	3
资本化利息	2
开发成本暂估	2
其他	2
开发成本结转	2

数据来源：笔者根据企业会计准则应用指南整理。

（二）项目建设准备阶段的成本费用核算

城市更新项目建设的准备工作程序烦琐，核算对象十分复杂，因此，本部分按照施工建设准备内容和性质的不同，对成本费用的核算从组织准备、技术准备、现场准备、物资准备和分包准备等方面入手设置、选择、确认对应的科目和账户，进行会计核算。

1. 组织准备

组织准备工作涉及的成本核算见表7–5。

表7–5 组织准备工作涉及的成本核算

准备工作	核算涉及的成本费用范围
组织准备	项目部组建，项目部人员配置与组织，原建筑相关工程资料准备计划，列出施工组织及方案编制计划（包含施工组织设计、临时用电施工组织设计、现场总平面布置施工方案、工程测量施工方案、落地式脚手架施工方案、安全保卫管理方案、幕墙施工方案、资料管理方案、安全生产事故应急预案、绿色施工方案等），施工项目的组织与协调

组织准备工作包括项目部组建、项目部人员配置、施工项目的组织与协调等。涉及核算的会计科目包括“建筑规划方案、施工图设计及顾问、评审费”“室内设计及顾问、评审费”“市政景观设计及顾问、评审费”“机电安装设计及顾问、评审费”“其他专项设计及顾问、评审费”“图纸及文件装订费”“职工薪酬”等。

2. 技术准备

技术准备工作涉及的成本核算见表7–6。

表7–6 技术准备工作涉及的成本核算

准备工作	核算涉及的成本费用范围
技术准备	施工图纸的审查、各类施工工艺的设计交底、标价分离表的制定、施工组织总设计的制定，包括原工程建筑及周边环境勘察计划、土建及机电安装工程拆除计划等，做好安全、技术交底

在项目建设准备开始前必须完成施工图纸的审查、设计交底、标价分离表的制定、施工组织总设计的制定等工作。涉及的会计科目包含“招标及失标费——评标专家费”“聘请中介机构费”“造价咨询费”“工程保险费”等。

3. 现场准备

现场准备工作涉及的成本核算见表7–7。

表 7–7　　现场准备工作涉及的成本核算

准备工作	核算涉及的成本费用范围
现场准备	场地的三通一平，场地标高、平面位置复测等，对工程周边环境进行详细勘察，根据勘察结果确定施工准备。设置临时道路、布置办公及生活区、硬化加工区、围挡等工作

现场准备工作包括项目建设施工现场场地的水、电、路的三通和场地平整的一平，以及场地标高、平面位置复测等。对应会计科目为“三通一平费”科目下设的明细科目“临时道路（设计及施工）”“临时用水（设计及施工）”“临时用电（设计及施工）场地平整”“绿化树木迁移”“其他”等。

4. 物资准备

物资准备工作涉及的成本核算见表 7–8。

表 7–8　　物资准备工作涉及的成本核算

准备工作	核算涉及的成本费用范围
物资准备	物资准备主要包含人员、材料、施工机具准备。（1）人员。根据工程实际情况，施工企业应吸纳能力强、技术资质高和经验丰富且精干的项目管理人员，并保证班子所有人员均拥有岗位证书，确保工程项目管理机构的设置知识化、专业化，适应工程项目的各项要求。选择优秀施工班组和专业的特殊及技术工种施工人员。（2）材料。①根据施工组织设计中的施工进度，结合施工工序、场地情况，编制工程所需材料用量计划，做好备料、供料；②根据材料需求量计划，做好材料的申请、订货和采购工作，使计划得以落实；③组织材料按计划进场，并做好保管工作。（3）施工机具。根据施工组织设计中确定的施工方法、施工机具配备及施工进度安排，编制施工机具需求量计划，并做好进场准备工作。临时设施、工棚、施工道路、施工用水、施工用电已基本完成

准备阶段建设开始前必须筹集足量、及时的物资准备，包括从建筑材料的准备，到供货方厂家的比选，再到构配件、制品的加工等。涉及的会计科目包含“建设方临时设施费”“临时围墙（设计及施工）”“临时办公室（设计及施工）”“临时场地租赁”等。

5. 分包准备

分包准备工作涉及的成本核算见表 7–9。

表 7–9 分包准备工作涉及的成本核算

准备工作	核算涉及的成本费用范围
分包准备	对分包的工程量计量，因存在很多隐蔽工程，过程中应做好影像资料的收集。如现场的遗留垃圾清理、违建的拆除等及时与监理进行确认，做好签证资料并留影像资料

分包准备阶段包括分包商的选取、各分包工作的划分等。分包工程中有较多是隐蔽工程，准备过程中要做好影像资料等证明的收集工作，涉及的设备在“招标及失标费”下设的“招标代理费”“公证费”“其他”等4级科目下进行核算。

6. 作业条件准备

作业条件准备工作涉及的成本核算见表7–10。

表 7–10 作业条件准备工作涉及的成本核算

准备工作	核算涉及的成本费用范围
作业条件准备	材料、成品、半成品和工艺设备等能满足连续施工要求；临时设施能满足施工和生活的需要；施工机械经过检修能保证正常运转；劳动力已调集能满足施工需要；安全消防设备已经备齐等

作业条件准备包括在施工前能准备好满足连续施工或临时施工、生活的材料、成品、半成品、工艺设备和劳动力等准备。涉及的科目包含“建设方临时设施费”“临时围墙（设计及施工）”“临时办公室（设计及施工）”“临时场地租赁”“其他”等。

综上，较为完整的城市更新项目建设准备工作见图7–5。

根据建设对象范围大小的不同，城市更新项目建设准备可划分为全场性施工准备、单位工程施工准备及分部（分项）工程施工准备三种类型。全场性施工准备是全周期全过程贯穿整个项目，以项目整体为对象而进行的各项准备工作。单位工程施工准备是以单体建筑或构筑物为对象进行的各项过程施工准备工作。分部或分项工程施工准备是以专业性质或工程部位为对象而进行的各项准备工作。该准备工作是整个项目施工准备的基础。对应项目的财务部门应设置好项目建设准备阶段的成本费用核算会计台账，在对应科目记录、确认和核算每个准备工作的成本费用。

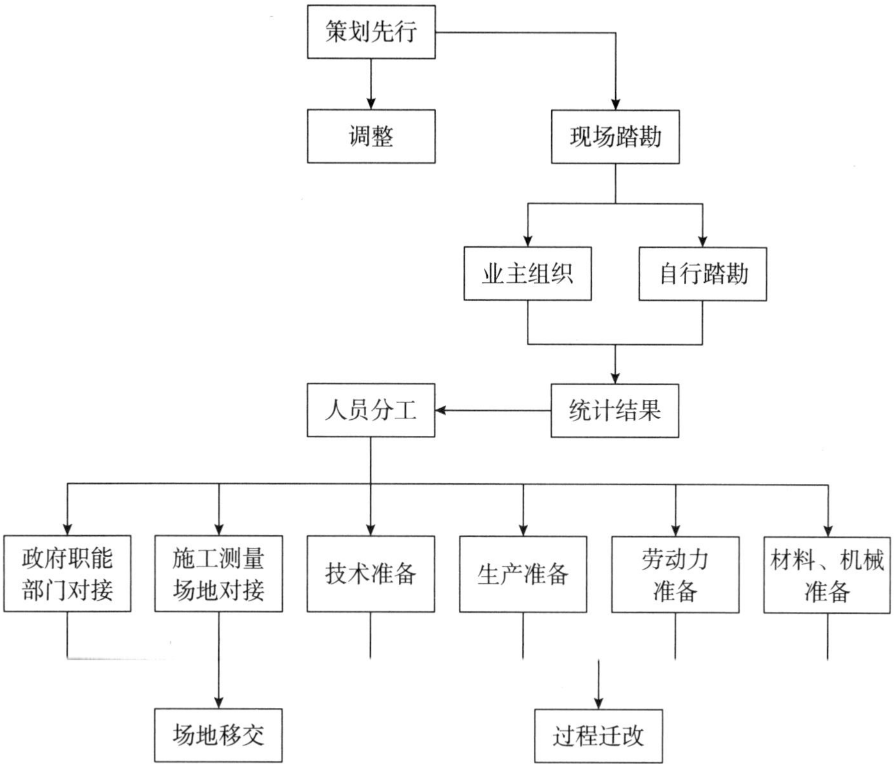

图7–5　城市更新项目建设准备流程

（三）项目建设实施过程的成本费用核算

1.项目开发报建费用

城市更新项目开发报建费用主要是指复建住宅及其配套设施、办公楼、商业及为区域服务的大型市政基础设施和公建配套设施等公益性建设的成本费用。该部分成本费用将会记入“建安工程费”、“基础设施费”和“配套工程费”等二级科目下设对应的各类明细科目。

项目开发报建费用由分包成本、材料采购、三大经费、保险费用、人员工资、水电费、财务费用、税金等组成。

其中，分包成本又由各子项工程组成，包含临时设施及主体工程。临时设施包括临时设施土建、临时设施水电、板房等。主体工程根据各项目业态不同划分为不同分项工程，主要是分为劳务分包与专业分包。

对于拆改项目，项目建设中的主要成本构成分为6个方面：原有结构拆除费用、垃圾运输费用、结构加固施工、机电安装、装饰装修、室外景观。由于现阶段对较大型的拆改项目，功能要求往往比原有建筑更为复杂和多样。这也意味着，原有建筑内除了主体结构外，其他的所有内容都要进行重新改造，因此涵盖的内容也较多、较复杂。所有项目建设期间发生的成本费用可根据经济业务的实际性质归集、分配到对应的成本费用科目，再分设核算期，定期结转“开发成本”。

住宅、办公楼、商业可在计算出综合单价后乘以项目建设确定的面积，即可以估算出城市更新项目建设的施工成本。综合单价[1]顾名思义，是一个包括单体建安工程费（含装修费）、小区配套设施费、工程建设其他费、预备费等各项费用核定的标准。住宅6层及6层以下的，每个年度工程每平方米参考造价可参照更新改造建设城市所在地政府发布的最新建筑各类工程单方造价文件，乘以项目建设期当年当地政府对应的确定系数来定单价。单价不包含地下室、不装电梯、不配中央空调。住宅7层及7层以上、总高度100米以下的，住宅[2]总高度100米以上的，对应年度建设工程每平方米的参考造价也是相同的单价确定过程。单价包含地下室、装电梯、不配中央空调。办公楼6层及6层以上、总高度100米以下（非小区配套）和总高度100米以上300米以下（非小区配套）的，也要参考当地政府对应建设年度内类似建设工程年度参考造价的通知，或乘以市场竞争后的相关系数确定单价，包含地下室、装电梯、配中央空调。如果找不到城市更新建设项目对应类型参考造价，可根据相关图纸及计价规范按相关规定编制对应项目造价。住宅复建面积和集体物业复建面积参照《广州市旧村庄全面改造成本核算办法》（穗建规字〔2019〕13号）第六条，在不突破规划建筑总量的情况下，旧村庄改造范围内安置住宅复建总量按照“栋”、“户”或者“人”三种方式进行核定，同一项目只可以采用其中一种方式核算安置住宅复建总量。住宅复建总量不含住宅公建配套建筑面积。该办法第七条、第八条明确，旧村庄改造范围内安置住宅复建改造成本的核定情形和执行旧村庄改造范围内集体经济物业复建总量可按现有建筑面积或用地范围两种方式核定。小区配套设施费[3]包括为小区配备的肉菜市场、幼儿园、教学楼、道路、绿化、园林、外水、外电、风雨连廊、垃圾收集站等设置的一切配套设施。这些将会纳入会计科目“公共配套设施费”下设的“不可经营设施”

---

［1］ 综合单价各省市具体的计算方法可参考《广州市旧村庄全面改造成本核算办法》（穗建规字〔2019〕13号）（以下简称《成本核算方法》）附件《旧村庄全面改造成本构成一览表》核定的综合单价标准酌情按实际情况调整。各该单价为对应基数与系数相乘的值，基数为各省或区域建设工程造价管理部门公布的年度工程参考造价，每年按公布价调整，系数为固定值，不得调整。

［2］ 对于权益住宅，根据《成本核算办法》第七条第一款，安置住宅权益面积建设费用单价按照复建住宅建设费用单价与房屋建安成本补偿（每平方米1 500元）的差额计算，按上述原则计算所得的住宅权益面积建设费用，计入改造成本；其中扣减的房屋建安成本补偿（每平方米1 500元）由村民自筹，不计入改造成本。

［3］ 为区域服务的大型市政基础设施和公建配套设施等公益性专项建设费用，根据旧村庄规划后重建区范围规划情况，进行专项评估后纳入改造成本。

和“可经营设施”等明细科目。

材料采购由甲供材料、安全防护用品、零星材料供应组成。甲供材包含施工过程中由甲方企业供应的主材，一般有钢筋、混凝土、管材等；安全防护用品包含安全帽、反光衣、标准化栏杆等；零星材料供应包含雨衣、电动车、五金材料等。材料采购在管理与实际单价上会有小幅提升，点多面广，非集中供应会提高成本。

材料采购需要按照城市更新项目建设的既定进度有序开展，从项目建设前期准备，到采购完成，递交相关清算总结报告为止。该阶段的建设项目需要的所有的物资材料都属于采购管理的范畴，包括采购、生产制造、加工、运输、分配调拨、安装使用、售后服务、剩余物资回收等。采购进度计划根据计划的类型有不同的内容，通常主要包括物资名称、单位、数量、技术规格书及数据单（清单）提交时间、发标时间、评标时间、供货厂商、合同签订时间、供货期限、物资到场的开始结束时间等采购周期、运输发站及到站地点、调拨领用单位等。项目采购管理部负责工程所需设备、材料的订购、催办、监造、检验、运输、接收、调拨、结算等一系列采购活动。

城市更新建设项目除在项目小区内设置建造部分营销设施外，还可能在项目小区之外的人口密集区设置项目展示区、接待处等。这些设施可能是城市更新建设项目自建的，也可能是根据项目建设合同要求租入使用的。

项目小区之外的营销设施在销售环节发生的成本费用，无论税务处理还是会计处理都应当通过营业费用或销售费用反映。如果属于企业自建构成的固定资产，由此计提的折旧费计入营业费用或销售费用。但如果不属于项目建设承建方的固定资产，例如某项目建设承接单位除建造建筑物等主体外，还搭建一个样板间，其成本费用就列支在开发建设费用里；而样本间在售卖或拆除回收后，会有清理出的设计、装修、家具、家私等费用，这些在主营业务收入中单列或单独记录，建设项目最终清算总结时要从总费用中扣除。

水电费包含生活区水电费、施工现场水电费。可能存在生态修复等从建设到交付期间的水电费，该费用由施工企业承担。

其他费用包括地质处理费、土地农转用费用、城乡建设用地增减挂钩费用、整合周边地块费用等。

财务费用中的利息支出，包含在城市更新项目建设过程中直接发生的、相关的贷款利息费用，该项费用记入“资本化利息”或根据情况选择性记入“开发费用”等会计科目。

因借款而发生的其他房地产开发费用，计入建设项目对应的财务费用，可以在一定额度内扣除。具体的计算情况见图 7-6。

2. 增量成本

相对于新建项目，改造项目的成本构成多出了很大比例的拆除及垃圾运输、原有结构加固等方面的内容，其他专业的施工成本内容构成基本相同，只是所占比例有所调整。

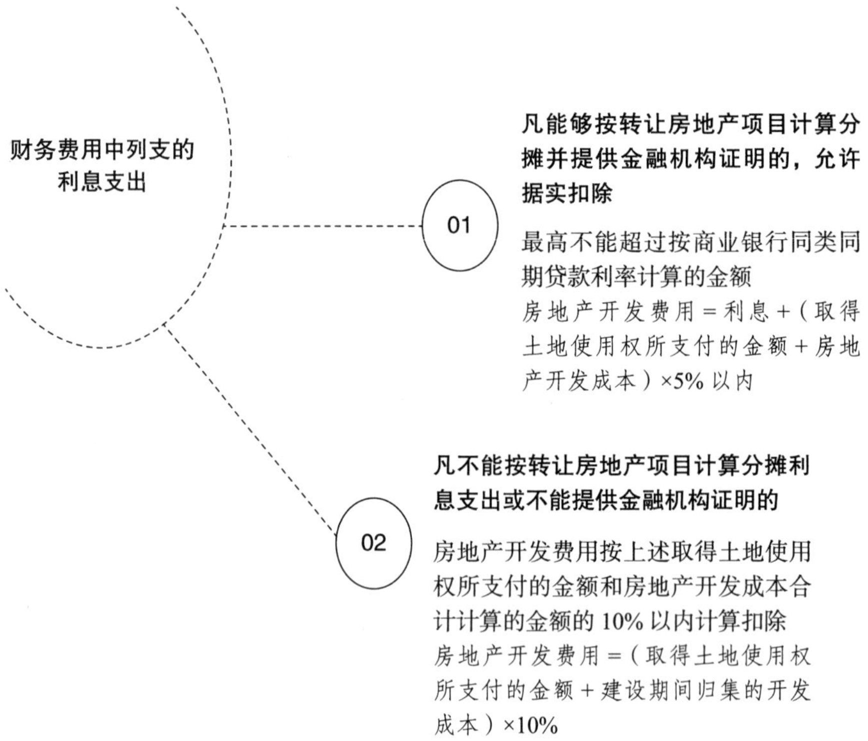

图 7–6　财务费用中列支的利息支出的扣除标准[1]

（1）拆除及垃圾外运。不论建筑的原有功能如何，改造项目的前期都会对原有二次结构进行一定量的拆除，由此会产生大量的建筑垃圾，如砖、混凝土、石膏板、龙骨等，生活垃圾，如各种家具、门、窗等，有害垃圾，如煤气罐等。对项目施工来说，建筑垃圾、生活垃圾与有害垃圾难以在拆除中完全分离开。这就导致各种垃圾经常混杂在一起，对垃圾外运的要求及价格产生一定的影响。生活垃圾的处理费用比普通的建筑垃圾处理费用高 20% 左右，相应的分包单位也会提高运输价格，从而影响原有成本。

（2）建筑垃圾超量。拆改项目中会产生大量的建筑垃圾与生活垃圾，在签订合

[1] 该部分财务费用中列支的利息支出的扣除标准参考计算土地增值税时的扣除标准。

同时，应尽量避免总价合同。建筑垃圾在拆除时发生体积不规律，无法规整，并包含不规则的门、窗等大型的建筑垃圾，会在后续运输过程中产生大量的预算外垃圾运输费。垃圾外运时，大多以运输车次来计算价格，而垃圾装车时，由于较大型垃圾混杂会使垃圾的实际体积远超理论计算体积。某项目建筑垃圾理论量为3 459m^3，按照14m^3为一车的装车量计算，一共计划使用247车次，但实际操作过程中，使用了456车次才勉强完成运输。假如每车建筑垃圾装车量恒定，实际垃圾运输费用超支了85%，接近一倍的计算误差。

（3）结构加固。结构加固的实际施工过程中，也经常会产生超额的施工费用。因为现有老建筑大多在施工时没有相对规范及严格的监管条件，导致部分老建筑结构达不到理论值或者不同区域的质量相差较大。虽然在施工图纸设计阶段，已经通过相应单位的图纸审核过程，相对来说较为合理，但依旧会在实际施工时产生非常多的施工问题。例如，原有建筑结构变形严重，不满足按图施工条件；原有建筑老化，某块区域结构老化严重，加固成本增加；城市更新项目中，部分小型的建筑多为砖混结构，施工前要全面评估结构的稳定性及其是否满足后续施工要求。地基不均匀沉降与砖块老化，导致结构开裂；原有结构墙体因建筑物沉降而扭曲变形；室内楼板弯曲变形，平整度不足；老墙体承载力不足，导致后期施工完成后墙面出现大量裂纹。某块结构因拆除及加固过程影响，不满足加固条件等。

（4）施工场地限制。大部分城市更新项目都难以拥有足够宽阔的施工场地进行施工。现场的空间不足，会引起一系列问题，如没有地方堆放材料、缺少工人宿舍、无法进入大型机械器具、安全生产隐患等。材料无法一次性入场，会增加相关的材料运输及管理成本，场地小也代表着现场人员混杂，材料会有意外损坏的情况。对于工人宿舍，由于大多施工项目的工期都较为紧张，为了满足工期需要，项目正式施工阶段会同时存在大量的施工工人，现场没有工人宿舍时，会额外增加一笔安置工人的成本。无论是增加工人的安置成本，还是减少工人数量，导致施工进度滞后，都会对项目进度及成本控制产生影响。对于机械器具，部分施工需要有大型的施工器械辅助，全部使用小型机械施工，会降低施工效率，增加施工成本。对于安全生产隐患，由于场地小，同时施工的人数多，现场的管理想要达到规范化标准，要额外投入更多的精力与成本。

（5）图纸与现场情况冲突。城市更新项目多为EPC项目，设计变更较多，施工现场会与多次更新的图纸形成偏差，不利于成本控制。老旧建筑的施工蓝图大多不齐全或者与实际情况不符，且测绘过程中，由于有二次结构的遮挡与限制，建筑结构的测绘常常会有所遗漏，反馈到设计阶段，新设计可能会与现有的建筑结构存在冲突。例如，某项目有砖混结构的一个小楼，在前期的测绘阶段，测绘成果图上因二次结构遮挡的结构梁，在实际原有二次结构拆除施工中被拆除了一部分。虽然现场管理人员及时发现问题，并进行了暂停施工，没有造成重大影响，但也造成了一定的窝工现象与施工进度滞后。同时由于楼板梁的存在，在后续的装修施工中，室内吊顶的高度也不能满足原有设计的高度，从2 600mm降成了2 300mm。由于高度的降低，吊顶上的装饰挂板也不能正常施工。因图纸与施工现场情况冲突，对项目的工期、施工质量都造成了一定的影响。虽然可以通过施工管理人员的及时发现与沟通进行解决，但也会影响项目的正常施工进度，从而增加施工的各项成本。

（6）其他增量。在公建场馆改造类项目中，主要存在以下集中造成项目成本费用增加的情形：一是改造过程要保证居民的安全出行及正常的日常生活，因此需要大量的安全措施费用。因居民在施工区域不会按照封闭的项目管理佩戴安全帽等防护用品，若居民发生安全事故，将承担善后的费用。二是因老旧小区片区建造年代久远，结构安全状况不是很清楚，若改造过程对结构安全造成影响，结构加固、解决居民住宿及家里恢复等将产生较多费用。三是应居民的需求增加的改造内容。四是改造过程对居民的原有设施造成损坏承担的赔偿费用。如屋面改造对居民太阳能造成损坏、外墙改造对居民空调造成损坏等，由此产生的费用只能由项目自行承担。五是工期罚款。工程受各方面因素影响较大，因老旧小区改造进场的不确定因素较多，许多小区需要物业、产权单位、小区业主等同意后方可进场，施工过程中存在居民故意阻挠施工的情况，影响施工进度，而合同工期一般较短，往往难以按合同工期完工，工期延误将导致现场经费增加，大大提高项目成本。

3.减量成本

拆改项目中，大部分原有结构都需要拆除后重新施工，但也有部分现场原有条件可以直接利用或者不拆除原有结构直接进行施工的情况。例如，墙面无空鼓现象的抹灰层、平整度高的部分地面等。为了实现经济效益的最大化与控制施工工期，对现状良好且不与图纸设计冲突的原有结构，可以进行一定程度上的保留，这不仅可以减少拆除费用也能减少后续相应的施工费用。

（1）施工方案选择。城市更新项目建设具有施工规模大、施工复杂的特点。这里所指的复杂是说周围施工环境的复杂，以及项目内部不同部门、不同单位和不同工种之间的配合与协调具有一定的复杂性。因此，科学、合理的施工方案能对各生产要素的组合起到一定的优化作用，同时，能使所有资源的利用最大化，在保证工程质量的前提下缩短工期等，进而使项目施工成本得到大幅度的降低。

（2）政策性因素。城市更新项目建设是公共项目，由政府投资建设，因此，城市更新项目的审批与其施工建设必然涉及众多的法律和政府文件。一般来说，作为一项公益性的施工项目，城市更新项目的整体利润较低，因此需要政府政策的倾斜与扶持。但是，有些情况下，因政府决策人员或者不同政府部门间的变动可能会使政策出现倒退或取消。

（四）项目建设竣工及验收的成本费用核算

城市更新项目有点多面广的特点，在全力推进施工的前提下，难免会有人员变动，可能导致后期竣工验收资料的编制进度缓慢、业主签字难度大等问题，同时可能存在业主不积极推进竣工验收的风险；分包商众多，施工质量不一，后期竣工验收时存在返工风险。因此，在完成合同规定的所有内容后，组织项目竣工验收，必须注意其主要内容包括竣工结算、清理各种债权债务、移交项目资料及工程实体、签订保修书。

针对历史建筑类项目改建、危旧楼房改建重建、老旧厂房改造（含构筑物）等各类城市更新项目，围绕设计规范、立项标准、审图标准、规划和施工许可审批及联合验收，明确竣工文件资料清单，研究制定城市更新类项目建设竣工及验收的办理流程、竣工材料准备、内容、验收要求。

1. 材料管理

在城市更新项目收尾阶段，材料管理部门要对剩余材料进行详细盘点，根据工程部门提供的剩余工程量编制进料计划，做到工完料尽，减少材料的库存和浪费。施工收尾阶段施工方案的确定，要尽量考虑利用项目既有剩余材料，对剩余材料做到物尽其用。对废旧物资的处理要上报企业，实行公开招标制度，防止暗箱操作，在数量和单价上予以严格控制，避免人员窝工、机械设备闲置、材料浪费、劳务队伍反复进退场等给项目带来的损失。

2. 竣工验收

在此阶段，项目主要的会计核算任务为归集成本，其次是竣工、清算、验收过程仍需要继续维持项目的进行，包括需要聘请专业技术人员对已完结工程进行检查和验收，原有工程资料的移交，部分工程项目的清理收尾，原承诺保修保质临期质量缺陷修复费用等。该过程的会计核算仍旧按照项目建设施工过程的过渡即可，只是需要注意资料、流程、人员的衔接和工作梳理。在项目建设收尾阶段，项目管理人员要对本项目的施工图纸，施工过程中出现的变更设计，项目既有的人、材、机资源，已完工程量，未完工程量等进行统一梳理，编制收尾阶段的实施性施工组织方案，充分利用项目既有的材料和机械设备，同时兼顾项目合同对完工日期的总体要求，对收尾阶段的各部门任务和阶段工作要求内容层层落实、全面交底，组织相关人员定期和不定期地对施工任务的完成情况进行检查，建立工程项目竣工收尾的动态管理台账，防止收尾阶段施工过程因态度的松懈或不重视，造成材料、资料或成本费用核算的遗漏。

二、城市更新项目建设成本费用的税务处理

（一）城市更新项目建设成本费用增值税的确认和处理

通常情况下，城市更新项目中参与建设的公司或企业作为一般纳税人，依据税法中的规定，根据其销项税额减去进项税额作为增值税的应纳税额。城市更新项目参与主体应根据其在项目中具体提供的应税业务或服务，如建筑物拆除、土地平整、修复修缮工作等，确定增值税的销项税额。而在城市更新项目中，这些销项税额部分涉及的业务或服务一般都具有周期长、建设环节复杂、完工移交手续烦琐等特点，基本都由提前签订的合同决定，因此，城市更新项目中参与建设的公司或企业的销项税额基本确定。在销项税额既定的情况下，城市更新项目参与主体应纳增值税的金额取决于可核算的对应纳税期间发生的进项税额。

城市更新项目建设成本费用的增值税主要涉及建设过程中的进项税额部分，进项税额的抵扣原则和规定均按照税务机关或部门相关要求进行核算，根据实际票据和凭证确认进项税额的数目和抵减等特殊情况。

城市更新项目建设中的出包工程在工程完工或结算时，面临未最终结算发票未到开具时间因而数量不足，但出包或外包工程建设过程可提供证明资料充分时，可预提增值税额，预提的应纳增值税额总价不能超过出包合同总价金额的10%；城市更新项目建设施工时，如果项目要求的公共配套设施还没有建立或还没有完成的，则可以按照原签订的附不可撤销或必建条款的合同预算造价进行合理预提；应上交政府而没有及时上交的报批报建费、物业完善费（物业管理/公建维修/其他专项基金）也可以提前计提，在计算应纳税所得额时扣除。但是，预提成本费用由于尚未取得发票，因此无法按照相关规定进行增值税进项税额的抵扣。

（二）城市更新项目建设成本费用土地增值税的确认和处理

一般土地增值税的规定、详细土地增值税征税范围可以参照税法的相关规定，本部分重点论述城市更新项目建设成本费用涉及的土地增值税的扣除和确认处理。

1. 土地增值税扣除项目

对于城市更新项目的开发建设过程，可以在计算土地增值税时扣除的项目包括：

（1）实际发生的开发建设成本；

（2）视同销售的公共配套设施的建造成本；

（3）经核定单位面积金额标准的前期工程费、建筑安装工程费、基础设施费、开发间接费用四项成本费用；

（4）与开发项目有关的销售费用、管理费用、财务费用；

（5）与转让城市更新项目所有权或收益权有关的税金；

（6）财政部规定的其他扣除项目

六个项目具体内容如图 7–7 所示。

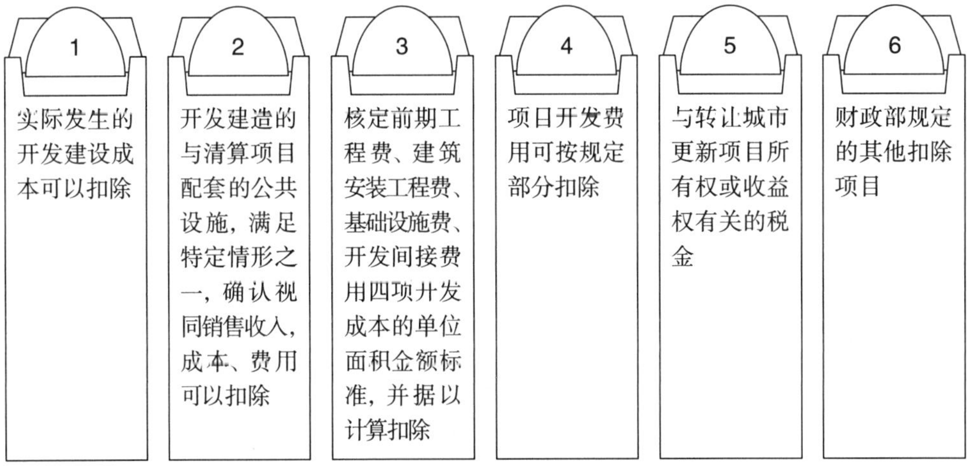

图 7–7　可以在计算土地增值税时扣除的项目

2. 土地增值税的清算单位

土地增值税清算过程中，成本费用的清算单位必须符合相关规定要求的以国家审批的城市更新项目为单位，对于分期开发的项目，以分期项目为单位清算[1]。城市更新项目中不同模式下普通住宅和非普通住宅，应分别计算增值额。实务中，能否作为一个清算单位进行清算，需要考虑如下因素：

---

［1］ 参考《国家税务总局关于房地产开发企业土地增值税清算管理有关问题的通知》（国税发〔2006〕187 号）第一条。

（1）是否属于同一国有土地使用证界定的土地范围；

（2）是否属于同一建设工程规划许可证报建的工程；

（3）是是否属于相同的房产类型；

（4）开工、竣工时间是否接近。

3.纳入土地增值税扣除的项目

（1）城市更新项目建设单位如向政府直接移交公建配套、向原权属人支付货币补偿、承担拆迁中建筑物拆除和土地平整等劳务、承担复建地块的土地征用及拆迁补偿费、负责复建地块上复建物业的设计、建造、安装、装修装饰和竣工验收工作及河涌整治等行为，实际发生并取得合法有效凭证的成本，作为取得土地使用权所支付的金额或房地产开发成本（土地征用及拆迁补偿费或房屋开发成本），纳入土地增值税扣除项目。

（2）城市更新项目建设单位如向政府无偿移交公建配套（涉及权属转移）等行为，实质属于取得国有土地使用权对价一部分的，对应建设的公共服务、物业配套设施等应作为视同销售来确认该项业务的收入，同时将此确认为取得土地使用权所支付的金额，纳入土地增值税扣除项目。

（3）城市更新项目建设单位如向原权属人提供安置房补偿、向村集体无偿移交物业（涉及权属转移）等行为，实质属于拆迁补偿一部分的，安置房或物业应视同销售确认收入，同时将此确认为房地产开发成本（土地征用及拆迁补偿费），纳入土地增值税扣除项目。

前三种情形下，城市更新项目建设单位的土地增值税可以加计扣除对应的成本费用，可以在原来10%的基础之上，对取得土地使用权所支付的金额和房地产开发成本（土地征用及拆迁补偿费与房屋开发成本）计算之和乘以20%扣除。

（4）城市更新项目建设单位如由政府回购公建配套（涉及权属转移）、向村集体销售房屋等，则正常确定土地增值税应税收入，对应的成本费用可正常扣除。

（三）城市更新项目建设成本费用企业所得税的确认和处理

成本费用是计算所得税应纳税所得额的重中之重，在城市更新建设项目的成本费用处理中要注意直接法和间接法的应用。

1.可以扣除的成本费用

城市更新项目参建方在进行企业所得税成本、费用的核算与扣除时，必须按规定区分建设项目的计税成本和期间费用。其中，项目建设施工期的期间费用、税金及附加、土地增值税准予在当期计算项目施工方的企业所得税时按规定扣除。

（1）计税成本。城市更新项目的计税成本，是指所有项目建设施工方在开发、建造乃至完成项目过程中，所发生的按照税收规定，核算与计量的应归入某成本对象的、应扣除的各项开发建设成本。

城市更新项目建设期间的计税成本前面已参考房地产开发项目，详细论述过开发成本、建设间接费用[1]。所有计入开发产品成本的内容，还需要按流程归集后再分配到未建成本对象、在建成本对象、已完工成本对象，最终将已完工成本对象应负担的成本费用，再在各类建设完成的项目中进行分配。

（2）期间费用。期间费用是项目建设期，城市更新项目建设方在提供建筑、安装劳务等建设正常业务发生的经济利益的流出。城市更新项目建设的期间费用已在前述章节进行过陈述，包括管理费用、销售费用和财务费用三大费用。例如，三项列支费用在企业所得税处理时，除部分项目有扣除限额外，一般按照实际发生数扣除，企业所得税对建设发生的借款利息，必须明确是资本化还是费用化，即项目建设方为建造开发完成项目目标，向其他参与方借款，产生的利息支出，按规定在开发产品成本中归集和分配，属于费用化的利息支出，可在一定标准下直接税前扣除。

（3）关联交易项目成本的核计。在城市更新项目建设环节，建设参与方企业经常有与其关联方的业务往来所得，需要计入应纳税收入的，要慎重审视关联方交易的合同项目成本估计。如果签订的关联方项目建设造价高于市场平均水准，就触及《企业所得税法》规定的独立交易原则。此时，税务机关可能根据独立交易原则进行调整。根据税法规定，城市更新项目建设企业提交办理各项税务时，成本费用的凭证或资料不符合（企业所得税、土地增值税）要求或不实的，各税务部门可参照当地建安造价定额资料规定，重新核定开发成本的单位面积金额成本，计算扣除。建设期的成本费用，尤其是关联交易的项目建设成本，必须可靠、公允，如实考虑房屋的结构性质、用途、地理区位等影响，且辅助证明材料文件要清晰、真实。

[1] 具体在第七章第二节成本费用的分类中陈述过，即前期工程费、基础设施费、建筑安装工程费、公共配套设施费、开发间接费用，销售费用、管理费用、财务费用等3大费用。

2. 城市更新项目建设方的企业所得税处理

在城市更新项目中，项目建设施工方（含土地前期整理合作方）企业所得税处理相对简单，根据《企业所得税法》及其实施条例，建筑服务（建筑物拆除，土地平整，建筑物、构筑物及其附属设施的建造、修缮、装饰）、安装（线路、管道、设备等、设施等）装配项目，或其他作业等各项规定的收入，应计入企业所得税收入总额。参与建设的企业安装、建筑、装配工程业务劳务持续时间长，超过一年的，可按完工进度或者完成的工作量，确认一定缴税期间的收入。发生与取得收入有关的、合理的支出，可在计算应纳税所得额时扣除。

政府投资主导整治改造，不涉及拆除现状建筑及不动产权属变动，整治工程内容主要包括完善小区公共服务设施、基础设施、小区道路、园林绿化、建筑修缮等，原权属人取得的政府拨款应计入收入总额；如果属于专项用途财政性资金建设对应的企业，能提供专用资金拨付文件或有地方限制规定或能证明单独核算的[1]，对应获得的收入可以不征税，在计算所得额时扣减。但相应的，如果用于其他用途，如改造支出，形成资产计提的折旧、摊销，就不得在计算应纳税所得额时扣除。

在符合国土空间规划的前提下，由企业自行选择土地前期整理合作方，或由企业自行对土地进行平整并达到土地出让条件后，由政府直接以协议方式出让给该企业。或者，在不实施拆除重建的情况下，由企业按照经批准的规划用途自行实施“微改造”。项目建设施工方在微改造时的建安收入也计入企业所得税的收入。

（四）城市更新项目建设成本费用其他税费的确认和处理

建设主要包括前期勘察设计、修建主体等，特点是企业会购进大量的建筑服务、建筑原材料等，涉及其他税种包括印花税、城镇土地使用税等。

1. 印花税

勘察设计、货物运输合同印花税：项目前期签订的地勘、设计、运输等合同，应

[1]《财政部 国家税务总局关于专项用途财政性资金企业所得税处理问题的通知》（财税〔2011〕70号）规定，企业从县级以上各级人民政府财政部门及其他部门取得的应计入收入总额的财政性资金，凡同时符合以下条件的，可以作为不征税收入，在计算应纳税所得额时从收入总额中减除：

（一）企业能够提供规定资金专项用途的资金拨付文件；

（二）财政部门或其他拨付资金的政府部门对该资金有专门的资金管理办法或具体管理要求；

（三）企业对该资金以及以该资金发生的支出单独进行核算。

交税款=合同金额×0.3‰。

建筑安装项目的承包合同印花税：与施工单位签订的建筑安装工程承包合同，应交税款=合同金额×0.3‰。

购销合同印花税：城市更新项目建设期间，与材料供应商、设备采购对接单位等签订的采购合同，应交税款=合同金额×0.3‰。

借款合同印花税：如果企业有从银行申请开发贷款，必然会签订贷款合同，应交税款=合同金额×0.05‰。

2. 城镇土地使用税

项目建设阶段，土地依然由城市更新项目建设方持有，应当按土地使用权面积缴纳城镇土地使用税。

3. 契税

城市更新项目实施过程中，项目建设企业因建设公建配套设施所产生的支出，与改造建设对应项目取得融资地块关系密不可分，根据相关规定[1]，在城市更新项目实施过程中，为取得融资地块开发权益而承担的公建配套设施支出，应作为契税计税依据缴纳契税。对于后续如果还存在缴纳城市基础设施配套费等费用的情形，即使已经缴纳了土地出让金并取得了不动产权证，也需要将城市基础设施配套费等费用作为契税的计税依据。

4. 房产税

城市更新项目建设企业作为实际建造主体，可按照从价缴纳房产税，按项目建造成本的70%~90%[2]（70%~90%具体额度的确定遵循项目所在地省、自治区、直辖市人民政府的相关规定）作为税基，按照1.2%的税率计征房产税，税收负担较轻；而

[1]《财政部 税务总局关于贯彻实施契税法若干事项执行口径的公告》（财政部 税务总局公告2021年第23号）规定，土地使用权出让的，契税计税依据包括土地出让金、土地补偿费、安置补助费、地上附着物和青苗补偿费、征收补偿费、城市基础设施配套费、实物配建房屋等交付的货币以及实物、其他经济利益对应的价款。

[2] 按照《中华人民共和国房产税暂行条例》规定，房产税依照原值一次减除10%至30%后的余值计算缴纳。具体减除幅度，由省、自治区、直辖市人民政府规定。没有房产原值作为依据的，由房地产所在地税务机关参考同类房产核定。

如果按照出租方式缴纳房产税，其计税方式按照租金收入的12%税率计征，税收负担较重。

三、城市更新项目建设成本费用的税会差异

城市更新项目建设期的成本费用组成较为复杂，在具体的税务处理和会计处理中存在较大差异，税会差异较为明显。

（一）企业所得税的税会差异

城市更新项目应纳企业所得税在税收期间和会计确认时间上以及扣除标准等，会计和税务处理规定有差异，存在纳税调整的空间。

用表7–11来比较列示企业所得税中需要调整的业务招待费，捐赠支出，利息支出，罚金、罚款，滞纳金等会计和税务处理差异。

表7–11　　企业所得税需要调整的税会差异

项　目	会计处理	税务处理	备　注
业务招待费	按照实际发生计入管理费用	有税前扣除标准，扣除限额按照如下两者中的较低者确定：①最高不得超过当年销售（营业）收入的5%；②有合法票据的，实际发生额的60%	
捐赠支出	企业发生的捐赠支出，不考虑捐赠性质，即无论捐赠性质如何，均计入“营业外支出”	先将捐赠支出区分为公益性捐赠和非公益性捐赠，非公益性捐赠税前不得扣除，公益性捐赠允许税前限额扣除	捐赠支出包括货币捐赠和非货币捐赠、公益捐赠和非公益捐赠
		纳税人直接向受赠人的捐赠，企业所得税前不得扣除。对以各种名义对村集体或村民的捐赠，皆不属于公益性捐赠，不得扣除，应做纳税调增处理	公益性捐赠税前扣除标准：企业发生的公益性捐赠支出，不超过年度利润总额（年度会计利润）12%的部分，准予扣除，超过部分可以向以后年度结转3年扣除

续表

项　目	会计处理	税务处理	备　注
利息支出	在会计处理中，建设期发生的利息支出需要区分资本化和费用化。 企业在生产经营活动中发生的合理的不需要资本化的借款费用，准予作为费用在当期扣除；企业为购置、建造固定资产、无形资产和经过12个月以上的建造才能达到预定可销售状态的存货发生借款的，作为资本性支出计入有关资产的成本	按规定扣除。 费用化的利息支出、非金融企业向金融企业借款的利息支出、企业经批准发行债券的利息支出，可据实扣除；非金融企业向非金融企业借款的利息支出，不超过按照金融企业同期同类贷款利率计算的数额的部分可据实扣除，超过部分不许扣除	利息支出在土地增值税和企业所得税处理上都有税会差异，各有不同，需要注意区分
罚金、罚款和被没收财物损失	计入对应、相关成本费用	不允许税前扣除	不包括企业按照合同规定支付的违约金、银行罚息和诉讼费用等
税收滞纳金	计入相关成本费用	不允许税前扣除	
准备金	遵循谨慎性原则，企业要合理地预计各项资产可能发生的损失，提取准备金，计入资产减值相关	未经核定的准备金支出，不得扣除[1]（没有实际发生建设期资产损失的，不得扣除该项支出）	未经核定的准备金支出，是指不符合国务院财政、税务主管部门规定的各项资产减值准备、风险准备等准备金支出

数据来源：笔者整理。

（二）土地增值税的税会差异

依据《土地增值税暂行条例》及其实施细则、清算规程等[2]，在计算可抵扣项目建设的开发成本、费用时，必须要具有合法、有效的凭证或证明。但在城市更新项目中，获取土地的成本构成相当复杂，项目在启动审核时，往往通过核定项目全面改造成本的方式确定开发部分地块（或融资地块）的地价，以及其对项目作片区策划、实

[1]《企业所得税法》第十条规定，未经核定的准备金支出，在计算应纳税所得额时不得扣除。

[2]《土地增值税暂行条例》、《土地增值税暂行条例实施细则》、《土地增值税清算管理规程》，以及《国家税务总局关于房地产开发企业土地增值税清算管理有关问题的通知》（国税发〔2006〕187号）等相关规定。

施方案编制的影响；而实际开发过程中，实际发生的改造成本与具体方案建设实施阶段的成本产生差异非常正常，实务中，哪些成本可以作为获取土地成本扣除，应提供哪些合法凭证，比如补偿类合同、支付凭证、补偿款的流向、收据的出具等，这些都直接关系到拆迁补偿费用能否纳入土地获取成本，属于会计处理的成本和费用确认的范围，当期所得税的处理相较一般房地产项目处理也更为复杂。

（1）不同清算对象组合而成的清算单位，会形成不同的土地增值税税负。一般来说，同一清算单位包含的对象越多，土地增值税的税负可能越轻。所以，税务部门尝试出台规定[1]，在合理范围内如果有一定的参考、备案依据，可结合项目批复、投资备案证等具体文件资料，允许更多的项目登记，争取土地增值税税负的减轻。将《建设用地规划许可证》作为区分清算单元的依据之一，相较《建设工程规划许可证》，清算单元容纳的开发产品和工程对象更多，土地增值税合理策划的空间也随之扩大。

（2）如果城市更新项目建设企业没有进行分期项目登记备案，仅自行划分了项目分期建设，是否可以以自行划分的分期建设项目为单位进行清算？原来国家税务相关规定是不允许自行划分工期清算土地增值税的，但实务实施规定过程中，随着城市更新项目的增加和模式的复杂，考虑地方政府特殊需求和城市更新项目的地理、历史特殊性，假设纳税人在项目建设初期规划时能够有城市更新项目批复、社会投资项目备案证等详细材料辅助，可以作为纳税参考。

除深圳市《土地增值税征管工作规程》外，《广州市城市更新税收指引（2021年版）》[2]也结合城市更新项目特点对土地增值税清算单位和成本分摊做出规定，该指引第1.7.1条规定：对改造范围大、改造时间长的连片改造项目，土地增值税的清算单位可以根据房地产主管部门审批、备案的项目确定。结合项目具体的立项、规划、方案等，分期开发的分期项目作为独立清算单位。同时，分项目清算完成后，还继续发生的、但对整体城市更新项目有益的公共设施配套费，可以将成本费用灵活归集分摊在未完成的分期项目中。

---

［1］ 国家税务总局深圳市税务局于2019年11月27日发布的《国家税务总局深圳市税务局土地增值税征管工作规程》（国家税务总局深圳市税务局公告2019年第8号）第四条规定，纳税人进行房地产开发，以规划部门审批的《建设用地规划许可证》中的项目名称办理项目登记。

［2］《国家税务总局广东省税务局土地增值税清算管理规程》（国家税务总局广东省税务局公告2019年第5号）第十九条规定，土地增值税以房地产主管部门审批、备案的房地产开发项目为单位进行清算。对于分期开发的项目，以分期项目为单位清算。具体结合项目立项、用地规划、方案设计审查（修建性详细规划）、工程规划、销售（预售）、竣工验收以及城市更新主管部门批复的片区策划方案、项目实施方案等确定。在部分分期项目已完成清算后发生的，但属于整体项目共同受益的拆迁补偿费、公共配套设施费，允许在未完成清算的分期项目之间计算分摊。

（三）融资地块项目的税会差异

融资地块项目建设时间一般与安置地块存在顺序和周期的不同，融资地块的建设期间一般晚于安置地块，导致项目各期收入、成本、费用的摊销处理影响项目各期损益的计量和最终利润的测算。有些项目时间跨度较长，前期土地成本和回迁安置投入形成的成本支出大，前期存货价值高，收入在后期确认，各期税款核算不同步，加之中间还可能面临财税政策的调整，对项目整体税务安排产生不确定性影响。

市场主体建设复建安置物业，目的是取得融资地块进行房地产开发，复建安置物业的建设成本实质是融资地块土地价款的一部分。因此，复建安置物业的建造成本是拆迁补偿费的一种体现形式，实质是旧村改造过程中，对村民住房的一种补偿方式，应计入融资地块房地产开发项目的“土地征用及拆迁补偿费”中，作为融资地块房地产开发项目的开发成本。

正常情况下，复建安置物业的项目建设费用是可以核算确定的。如果按照平移该成本的方式确定复建安置物业建造费，能够较为客观地反映房地产企业为取得融资地块真正承担的建造复建安置物业的拆迁补偿成本，但由于目前旧村改造项目的特殊性，没有统一的模式，税收管理的具体政策上还存在比较模糊的地带，特别是对于无偿向村民提供复建安置物业的行为，如何进行税务处理，还需要根据各项目的建设和实施具体情况，进行探讨与应用借鉴。

（四）建设用地范围外的税会差异

除了项目建设用地范围内的建筑，还涉及与旧村改造相关的其他配套事项支出，这些支出是城市更新项目建设企业必须承担的成本费用，实质仍是取得项目建设地块所对应负担的成本。

按照一般的税收政策规定，项目建设用地红线范围外的成本费用支出，计算土地增值税时，不能计入对应的土地成本扣除，但实际项目建设过程中，企业确实承担了对应的有利公共设施建设的义务，不允许作为土地成本扣除，将影响项目建设的进展，也违反改造的实质。因此，国家税务总局[1]、各地税务部门不断结合实际情况和

---

［1］《国家税务总局关于房地产开发企业土地增值税清算管理有关问题的通知》（国税发〔2006〕187号）第四条第（一）项以及《广州市地方税务局关于印发2014年土地增值税清算工作有关问题的处理指引的通知》（穗地税函〔2014〕175号）第三条规定，纳税人为取得土地使用权，在项目建设用地红线外为政府建设公共设施或其他工程发生的支出，根据国税发〔2006〕187号文件第四条第（一）项确定的相关性原则，纳税人如果能提供国土房管部门的协议、补充协议，或者相关政府主管部门出具的证明文件的，允许作为取得土地使用权所支付的金额予以扣除。

建设本质，提出纳税人如果能提供相关部门的协议或证明文件，证明纳税人在建设用地红线外为政府建设公共设施或其他工程发生的支出，可以在计算土地增值税时予以扣除。

广州市地方税务局于2014年就土地增值税清算工作有关问题作出的指引中明确，从税收原理出发，确定与取得土地相关的合理的支出，应允许作为取得土地使用权所支付的金额予以扣除。尽管目前没有上位法对此有更明确的指引，但该处理模式比较符合城市更新项目的实际情形。广州市税务局在《广州市城市更新税收指引（2021年版）》中，也明确了如果项目建设方为政府建设公共设施或其他工程发生的支出，即使在项目建设用地红线外，但能提供主管部门批复的片区、项目方案，或者证明文件的，可以扣除。

（五）配建物业的税会差异

关于配建物业的税务处理，城市更新项目中往往将为政府配建一定的基础设施或物业作为拿地条件。实践中，根据配建地块与开发地块的初始权属关系不同，在税务处理方面有差异，具体如下：

（1）配建地块登记在城市更新项目建设企业名下，在物业建成后直接移交给政府指定接收单位。因产权发生了转移登记，在税务处理上，对应的项目建设企业应做视同销售处理。

（2）配建地块直接登记在政府指定单位名下，建成后直接移交。配建物业支付的建筑安装成本，本质上是城市更新项目建设企业为获取土地而付出的代价，应作为土地成本处理。

（3）配建地块登记在城市更新项目建设企业名下，物业建成后由政府以回购方式登记到政府指定接收单位名下，应作为正常销售处理。

在城市更新项目中，参与主体多元，改造模式较多，存在不同的业务关系和法律关系，而改造过程中形成的事实关系、法律文件、资金流向等，是业务关系的起点，也是判断法律关系的支持性材料，业务关系和法律关系最终体现在对财务的处理和税务安排上，均有较大差异。城市更新项目的顺利推动要考虑如何平衡各方利益，在进行税务处理时，要考虑所有参与主体的税收诉求，相关成本费用的支出，不可仅局限在税收成本上，还要考虑非税因素，是综合权衡经济利益和社会利益前提下的税收利益。在城市更新项目中，由于存在新型的交易模式，在现行税法框架下还不能找到完全一一匹配的税务处理规定，而按税法原理和行为表现又属于应税行为，按相关规定适用时存在不确定性，这往往也是城市更新项目中存在的争议问题。具体处理过程中，应适用实质重于形式的原则来处理，一方面与会计准则的要求相一致，另一方面也能反映业务的真实情况。

四、城市更新项目建设成本费用的管控经验

（一）编制城市更新项目示范清单

城市更新项目建设过程中，城市项目的全局性、前瞻性和可持续性都是建设过程中经常碰到的矛盾和难点。不同的城市更新项目规划目标不同，留改拆建设的实施方法和过程不一样，建设目标和基础也不一样，因此，探索一批有代表性、具有示范效应的城市更新示范项目较为必要。编制和优化城市更新项目示范清单和政策清单，实行清单化管理、项目化推进，以小切口、微改革破解重点、难点问题，为城市更新行动提供多类型、多方式、全周期的项目数据支撑，同时为提升各类城市更新项目实施提供样板，形成经验并推广；对纳入城市更新重点项目库的建设、示范项目，免征城市基础设施配套费等，为城市更新项目储备库的建立提供成本费用方面的优惠，吸引更多优秀示范项目的学习和应用。

（二）提前做好政策规划体系和衔接策略

研究完善城市更新项目涉及的优化规划用途、混合建筑功能、置换土地使用权、分期缴纳土地价款等相关政策规划和体系构建，可以编制城市更新行动政策清单为切入点，在办理更新项目规划、建设施工、竣工手续等方面加强指导，协调各部门做好政策衔接，发挥政策组合的最佳配合效果。

（三）深化建设项目审批制度改革

探索研究城市更新项目建设申报核准制度，规范分区分类设置城市更新项目核准条件和标准，完善统一规划、统一立项、统一招标、统一施工、统一验收实施路径，进一步深化项目审批制度改革，优化城市更新项目审批流程，提高审批效率。

简化低风险建设项目审批要求和审批流程方案。对于社会投资、符合低风险等级、地上建筑面积不大于10 000平方米等条件的建设项目，纳入“一站通”系统，可“一表式”完成立项、建设工程规划许可申办等手续，精简审批事项、压缩审批时限，为社会主体参与更新改造提供便利。例如，河北省唐山市分类制定简化审批流程方案，采取打包审批、联合审批、联合验收等方式简化房屋建筑、市政基础设施审批环节，针对更新单元中的新建工业项目和重点项目、特殊项目分类制定简化审批流程方案，逐步推进城市更新审批事项同级化。

（四）规范城市更新项目进度管理流程

城市更新项目一般工期短，但影响因素众多，敏感系数较高，传统的进度管理无法准确了解工程进度进而无法控制工期，需结合项目自身特点优化进度的控制方法。因此，应进一步精简招投标流程，优化老旧小区综合整治招投标相关政策，创新项目组织实施模式，明确各专业项目管理流程。统筹实施城市更新综合整治和专业提升改造政策，完善标准规范，提高管理效率，创新监管方式，为城市更新创造良好环境。

（五）整治微改造、改造微更新的目标

以改造、保留、利用、提升为指导，持续推进历史城区改造更新，让历史城区焕发新生机。由政府投资主导，由开发商统筹，专业经营单位参与开展老旧小区改造，保留现有建筑主体结构和适用功能，完善道路铺装、绿化景观等配套设施和古建筑修缮，同时由专业经营单位提供相关服务。

第四节　公共配套设施费的财税管理

基础设施与公共配套设施是城市更新项目建设中不可缺少的构成部分，也简称为基建配套。然而在城市更新项目具体建设时，发现不少建设内容和城市更新项目的本质相偏离，名义上仍然是城市更新项目，但本质上更接近市政建设项目。因此，在分析公共配套设施财税问题时，需要先了解城市更新项目和公共配套设施的关系。公共配套设施可根据产权情况，进一步分为无偿移交政府、产权归全体业主所有。由公共配套设施所产生的费用，则是施工企业需要承担的负担，不能将公共配套设施相关的支出有偿转移出去。包括不能产生经营收入的公共配套设施支出，如水塔、消防、变电所、自行车棚、凉亭等。公共基础设施建设在城市更新项目中的地位显著，体现在以下几个方面：第一，我国目前有不少政府部门在城市更新文件中都提到了公共配套设施，如《上海市城市更新条例》《深圳经济特区城市更新条例》。在实践当中，像老旧小区、厂区、街区、城中村改造等同样存在建设公共配套设施建设，是普遍现象，也是国家法律允许的。第二，突出城市更新本质。国家大力实施城市更新战略，提质升级城市生产生活空间和存量建筑资产，提高土地的再利用率。公共配套设施建设是配合以上主要任务的完成，和我国公共配套设施补短板、强弱项区分开。通常情况下，

城市更新项目中，公共配套设施项目的占比较少。第三，合理规划公共配套设施，有利于加快城市更新项目落地。即便是在已经建设完成的区域当中开展公共配套设施建设，也应当合理规划设计，尽量保持当前的城市肌理，因地制宜，不搞大规模建设。也要充分整合现有资源，创新内容、植入新的经济业态，如商业、医疗、教育、文化与体育，减少建设纯公益性使用用途设施。在明确了城市更新项目建设中的公共配套设施内涵和重要性之后，再完成公共配套设施费用的财税处理问题分析。

一、公共配套设施费的会计处理

公共配套设施费有全体业主拥有产权和无偿转移给政府配套设施费用的形式，此类设施的开发建设具备非营利性和独立性特点。是否被界定为公共配套设施费用，对后期的会计处理工作开展产生较大影响。但目前在我国具体的公共配套设施费会计实践当中，对归集此类成本的方法并未给出明确界定。根据我国《中华人民共和国民法典》规定，建筑区域内划定的道路、公用设施、绿地、物业服务房、公用设施以及占用业主共有的道路，其他场地，如停车位等属于业主共有。但是明确属于个人、城镇公共道路与公共绿地除外。2010年印发的《物业承接查验办法》提到，建设单位需要依照法律，把相关单位的通信、供热、供水、供电、有线电视等公用设备，纳入物业服务企业现场检查与验收的内容范围内。基于以上法律内容，房地产类建筑项目中的公共配套设施产权属性可分为两种情况。

（一）直接移交（正常销售）的确认和处理

在建筑全区域内的公共配套设施类型主要有绿地、热力站、变电站、喷泉用地、建设用地、物业服务用房、健身设施用房等。像有线电视、供水、供热、供气和通信等公共设施移交给政府或者其他事业单位；而业主共有的是其他公用场所或者业主共有的停车位、道路等。

对于直接移交的公共配套设施，相关费用作为过渡性成本对象，还需二次分摊。先通过“开发成本——具体成本对象——成本项目”科目完成归集，等到项目竣工之后，再按照确定好的分配标准，把成本分摊给对应的受益对象。

（二）无偿移交（视同销售）的确认和处理

无偿移交的公共配套设施可分为可售与不可售，本质上需要分析移交行为是否具备公益性质，或者移交对象是社会公众还是全体业主。虽然将公共配套设施无偿移交给了政府部门，但不是公益项目，应视同销售处理。

无偿移交公共配套设施的适用法律是《中华人民共和国公益事业捐赠法》，该法规定财产经过组织、法人或者自然人无偿捐赠。施工企业无偿移交公共配套设施的情形分为三种，其中视同销售是服务的对象并非是社会公众或公益事业，应当计算收入，扣除成本、费用。

另外，如果在公共基础设施移交中收到政府补助，需要根据具体情况确定对应会计处理。如，与收益相关的政府补助，要区分补助的具体用途，分类进行会计处理。企业收到的政府补助如果是用于补偿企业已发生的相关成本费用或损失，在总额法下，直接计入其他收益或营业外收入；在净额法下，直接冲减相关成本费用或营业外支出。如果是用于补偿企业以后期间的相关成本费用或损失，先确认为递延收益。确认相关成本费用或损失的期间，在总额法下，计入其他收益或营业外收入；在净额法下，冲减相关成本费用或营业外支出。

【例7–1】某房地产公司根据建设要求，在开发的建筑项目设置了普通标准住宅、幼儿园、商场等，普通标准住宅与商场在建设完成之后，对外销售。而幼儿园属于非营利性公共配套设施，项目建成后无偿移交给当地政府。同时项目竣工之后，将幼儿园产生的开发成本6 522 000元在商场与普通住宅项目中分摊，采用的分摊方法是建筑面积法。普通标准住宅的面积共27 000平方米，商场建筑面积是9 800平方米。各开发成本支出都使用增值税专用发票。普通住宅和商场分摊的成本份额分别是：

普通住宅：6 522 000×27 000÷（27 000+9 800）=4 785 163.04（元）

商场：6 522 000×9 800÷（27 000+9 800）=1 736 836.96（元）

具体成本处理方法为：

借：开发成本——普通住宅+公共配套设施费	4 785 163.04	
商场——公共配套设施费	1 736 836.96	
贷：开发成本——幼儿园		6 522 000

（三）公建配套设施整治改造会计处理

施工方在整治改造工程上的财务核算适用《企业会计准则第14号——收入》有关规定。建造合同是指为建造一项或数项在设计、技术、功能、最终用途等方面密切相关的资产而订立的合同。整治改造项目的资产包括建筑物、道路、小区配套等建筑物。此类合同有以下几个特点：（1）先有客户，后有资产；（2）一般建设期较长，会超过一个会计年度；（3）建造资产量大，造价高；（4）合同一般为不可撤销的合同。

1. 合同收入

建造合同收入确认主要包括：（1）合同规定的初始收入，该金额会在施工方和改造主体签订的合同中直接体现，构成合同的重要内容。（2）因合同变更、索赔、奖励形成的收入，该收入部分不构成合同总金额。而是在执行过程中因合同变更、索赔、奖励追加收入，只有在符合规定条件后才能构成合同总收入。

合同变更确认收入的条件：改造主体能够认可因变更增加的收入且该收入能够可靠计量。

索赔款确认收入的条件：双方能就该项索赔达成一致且索赔金额能够可靠计量。

奖励款确认收入的条件：根据合同完成情况足以判断工程进度和质量达到或者超过约定的标准且奖励金额能够可靠计量。

2. 合同成本

合同收入包括从合同签订开始至合同完成所发生的、与执行合同有关的直接费用和间接费用。

直接费用是指为完成合同所发生的、可以直接计入合同成本核算对象的各项费用支出。包括四项费用：耗用的材料费用、耗用的人工费用、耗用的机械使用费和其他直接费用。直接费用由于发生时能够区分受益对象，所以可以直接计入合同成本。

间接费用是指为完成合同所发生的、不易直接归属于合同成本核算对象而应分配计入有关合同成本核算对象的各项费用支出，是施工企业组织和管理施工生产活动所发生的费用。间接费用在发生时一般不易直接归属受益对象，需要按照合理的分摊方式计入合同成本。常见的分摊方式为人工费用比例法和直接费用比例法等。

不计入合同成本的各项费用，即应当计入当期损益的管理费用、销售费用和财务费用。需要注意的是，与合同订立有关的费用应当直接计入当期损益。

3. 企业在资产负债表日的处理

建造合同的结果能够可靠估计的，应当根据完工百分比确认合同收入和费用。一般情况下城区改造更新工程采用的是固定造价类型，满足以下四个条件，结果能够可靠估计：合同总收入能够可靠计量；与合同相关的经济利益很可能流入企业；实际发生的合同成本能够清楚区分和可靠计量；合同完工进度和为完成合同尚需发生的成本能够可靠地确定。施工企业可以结合改造过程中的实际情况，自行判断是否可以采用完工百分比法。在无法采用完工百分比法时，可采用以下两种不同的方式：合同成本能够收回的，合同收入根据能够收回的实际合同成本予以确认，合同成本在其发生的当期确认为合同费用；合同成本不能收回的，在发生时立即确认为合同费用，不确认收入。

4.完工百分比法的含义及运用

运用完工百分比法主要包括以下几个需要关注的步骤。

（1）确定工程的完工进度。确定合同完工进度可选用以下三种方法：

方法一：按累计实际发生的合同成本占合同预计总成本的比例确定。该方法是确定合同完工进度比较常用的方法。用计算公式表示如下：

合同完工进度=累计实际发生的合同成本 ÷ 合同预计总成本 ×100%

方法二：根据已经完成的合同工作量占合同预计总工作量的比例确定。该方法适用于合同工作量容易确定的建造合同，如道路工程、土石方挖掘、砌筑工程等。用计算公式表示如下：

合同完工进度=已经完成的合同工作量 ÷ 合同预计总工作量 ×100%

方法三：根据实际测定的完工进度确定。该方法是在无法根据上述两种方法确定合同完工进度时所采用的一种特殊的技术测量方法，适用于一些特殊的建造合同，如水下施工工程等。需要指出的是，这种技术测量应由专业人员现场进行科学测定。

需要注意的是累计实际发生的合同成本不包括下列内容：

①施工中尚未安装或使用的材料成本等与合同未来活动相关的合同成本。例如材料从仓库运抵施工现场，如果尚未安装、使用或耗用，则没有形成工程实体。因此，为保证确定完工进度的可靠性，不应将这部分成本计入累计实际发生的合同成本中来确定完工进度。

②在分包工程的工作量完成之前预付给分包单位的款项。在分包工程的工作量完成前预付给分包单位的款项虽然是总承包商的一项资金支出，但是该项支出并没有形成相应的工作量，因此不应将该部分支出计入累计实际发生的合同成本中来确定完工进度。但是，根据分包工程进度支付的分包工程进度款，应构成累计实际发生的合同成本。

（2）根据完工百分比计量和确认当期的合同收入和费用。

当期确认的合同收入和费用可用下列公式计算：

当期确认的合同收入=（合同总收入 × 完工进度）– 以前会计年度累计已确认的收入

当期确认的合同毛利=（合同总收入-合同预计总成本）×完工进度-以前会计年度累计已确认的毛利

当期确认的合同费用=当期确认的合同收入-当期确认的合同毛利-以前会计年度预计损失准备

（3）合同预计损失的处理。施工方施工的项目，类似于工业企业的在产品，性质上属于施工方的存货，期末应当对其进行减值测试。如果建造合同的预计总成本超过合同总收入，则形成合同预计损失，应提取损失准备，并计入当期损益。合同完工时，将已提取的损失准备冲减合同费用。

5.施工方会计分录参考

（1）签订建造合同后，收取工程预付款。

借：银行存款

　贷：预付账款

（2）工程施工过程中，发生相关合同成本。

借：工程施工——××项目

　　　　　　——间接费用

　贷：应付工资、库存材料、累计折旧等

期末，根据人工分配法或直接费用分配法把"工程施工——间接费用"分摊到各工程项目中。

（3）收到客户工程验工计价单。

借：应收账款

　贷：工程结算

（4）收到客户拨付工程款。

借：银行存款

　贷：应收账款

（5）资产负债表日按照完工百分比法确认合同收入和支出。

借：营业成本

　　工程施工——毛利

　贷：营业收入

（6）如果合同预计总成本将超过合同预计总收入，应将预计损失立即确认为当期费用。

借：预计合同损失

　贷：预计损失准备

（7）工程竣工结算阶段。

借：工程结算

借或贷：工程施工——合同毛利

　贷：工程施工——工程项目

借：预计损失准备

　贷：营业成本

专业经营单位的会计处理主要区分为两种情形：直接取得设施设备等配套资产和租赁经营。前者主要是指专业经营单位通过参与改造过程并支付改造费用而获得的设施设备资产的所有权；后者是指专业经营单位通过租赁政府或开发商拥有所有权的资产开展业务活动的行为。

对于直接取得公共配套设施使用权或者产权的，会计核算上又分为三种模式：直接购买、取得土地使用权自行建造和取得土地使用权后由施工企业代为建造。

（1）在直接购买的模式下，由开发商按照规划要求改造完成后，专业经营单位支付购买款，取得改造后建筑物的产权或者使用权。专业经营单位按照购买固定资产（不动产）的方式进行财务核算，借记“固定资产”科目，贷记“银行存款/应付账款”科目，后续按照固定资产日常管理计提折旧等。

（2）取得土地使用权自行建造的，专业经营单位在与政府签订改造协议后，取得相应土地使用权并支付土地出让金，然后根据政府规划要求自行实施建设并管理运营。支付土地出让金时借记“无形资产”科目，贷记“银行存款”科目，自行建造阶段在“在建工程”科目下核算有关建造支出以及费用，待工程完工后转入“固定资产”科目核算，后续管理按照固定资产日常管理计提折旧等。

（3）取得土地使用权后由施工方代为建设后移交专业经营单位的，核算方式与自行建造基本一致，支付的工程结算款计入在建工程，最终在完工后一并转入固定资产。

专业经营单位在取得资产后，可以根据自身企业的性质和规模，选择不同的财务核算制度对自持或者租赁经营进行财务核算。在日常运营过程中，部分运营项目可以享受国家税收减免政策，例如提供社区养老、托育、家政服务取得的收入，免征增值税，在计算应纳税所得额时，减按90%计入收入总额。在涉及减免税部分的核算上可以按照财政部印发的《增值税会计处理规定》（财会〔2016〕22号）和《企业会计准则第18号——所得税》有关规定执行。

二、公共配套设施费的税务处理

公共配套设施的产权归属差异，决定了在具体税务处理过程中存在不同。所以在处理税务问题时，应当与产权属性密切结合起来。

（一）公共配套设施费的增值税确认和处理

1. 增值税相关法规和处理依据

在我国实施营改增后，公共配套设施移交给政府，是否视同销售缴纳增值税成为房地产企业面临的关键税务问题之一，另外相关的增值税问题还有：是否转出公共配套设施建设中获取的进项税额、怎样扣除增值税计算时的土地价款。

结合《财政部 国家税务总局关于全面推开营业税改征增值税试点的通知》（财税〔2016〕36号）规定，可视同销售的服务、无形资产与不动产的情况包括：个人或者工商户无偿为其他单位、个人提供服务，但是服务并未用于公益事业与公众；个人或单位向个人或单位无偿转移不动产或无形资产，不包括用于社会公众和公益事业。故房地产企业移交的公共配套设施，如果用于公益事业，则无须视同销售，可以不用缴纳增值税。该文件也提到了无法从销项税额中抵扣的情况，包括不动产与无形资产进项税额、加工修理相关服务和劳务、免征增值税项目、简易计税方法项目、个人消费购买的货物、集体福利等。规定中提到的固定资产、无形资产、不动产等，都是上述规定中的专用名词，不包含其他形式无形资产。根据该文件规定，房地产企业把开发的公共配套设施转移给政府部门，并且用于公益事业的行为并不算销售，也不能列入“免征增值税项目”，而是应当列入“不征增值税项目”。在我国现有的税法中，未征收增值税的项目是否可抵扣进项税额无明确限制，所以房地产企业若无偿把配套设施交给政府部门，可以抵扣相应的进项税。

根据现行房地产增值税相关管理办法，由一般纳税人自行开发与销售的房地产项目，计税方法为一般计税法，根据获得的全部价款与价外费用，将房地产项目对应的土地价款扣除后的余额作为销售额。当期可以销售的房地产建筑面积，是在当期内所申报缴纳增值税的建筑面积与销售额对应面积；可供销售面积，则是可以用来销售的建筑物总面积，不包括配套公共设施建筑面积，因为此部分费用是单独作价结算；土地价款，由政府或土地主管部门、受到相关部门委托的其他企业来收取。结合法律规定与相关解释，房地产企业所建设并且无偿移交给政府部门的公共配套设施不在可售面积范围内，不单独考虑计算扣除土地价款。而房地产企业在获取土地所有权时，支付的土地价款已经在当期销售的房地产项目中，将销售额冲减了主营业务成本。

进项税额可抵扣的形式是：单独核算且有偿转让，此时的公共配套设施在销售时还需单独计算销售额，将土地价款单独扣除，冲减主营业务成本。

（1）属于全体业主。每一位买房的业主已经分摊了销售公共设施的成本。所以，在可销售面积内，销售给业主时需依法缴纳增值税。

（2）无偿移交（视同销售）。《营业税改征增值税试点实施办法》（财税〔2016〕36号文件附件1）第十四条规定："单位或者个人向其他个人或单位无偿转让不动产应视同销售进行增值税处理，用于社会公众和公益事业的除外。"因为城市更新项目中分析的无偿移交模式是视同销售行为，因此应当缴纳增值税。

2.增值税案例分析

【例7–2】A房地产开发企业进行了某住宅小区的开发与建造，而公共配套设施之一就是幼儿园。企业在建造幼儿园时，获得了一张增值税专用发票（由施工单位开具），税款为45万元，价款为500万元。企业认证增值税发票后，将45万元税款抵扣。在小区项目建设完工后，房地产企业把幼儿园无偿转让给教育局，已经认证的进项税额抵扣款，做进项税额转出处理。

分析：结合我国目前法律，房地产企业不需要把已经抵扣的进项税额45万元再转出。幼儿园在移交给政府后，不征收增值税，进项税额也能抵扣。若企业将进项税额转出去，会导致再多交45万元的增值税。

（二）公共配套设施费的土地增值税确认和处理

根据与政府部门签订的协议规定，开发企业在指定的位置上，建设医院、学校等公共配套设施，是履行社会责任的具体表现，更是促进企业形象改善、提升产品品质与完善服务质量的重要举措。开发企业在具体建造项目时，为了给社会提供更高质量的服务，应当优先开展公共配套设施的建设，然后再建设其他性质的房产项目。由于公共配套设施建造在整个开发项目时点上存在差异，可能导致在清算时点无法获得可靠的清算数据，在当前的税务政策下，也会导致公共配套设施在土地增值税的扣除方面出现问题。因此公共配套设施项目建造的顺序是导致税务部门与开发企业之间出现矛盾的关键因素。

1.土地增值税政策处理分析

开发企业建造的和清算项目配套的停车场、水厂、托儿所、医院、学校、通讯等公共设施，按照以下原则处理：

《国家税务总局关于房地产开发企业土地增值税清算管理有关问题的通知》（国税发〔2006〕187号）规定，房地产企业建造的和清算项目配套的幼儿园、医院、变电站、派出所、居委会用房、邮电通讯设施、停车场（库）等公共配套设施处理原则如下：

（1）如果产权是由全体业主所有，可扣除成本、费用；

（2）建成后无偿转移给政府、事业单位，且用于非营利性事业的，可扣除成本、费用；

（3）建成后有偿转让，需计算项目的收入情况，扣除成本、费用。

该文件进一步明确，与清算项目配套的“公共配套设施”可以作为土地增值税扣除项目的有两种类型，一种是“不能有偿转让”，准确说应该是“不能有偿单独转让”的，即上述（1）、（2）项；第二种类型是可单独转让，也即上述（3）项，企业所得税与土地增值税都需作为单独的成本核算、清算对象。

对于公共配套设施费预提扣除的问题，国税发〔2006〕187号文件第四条第（一）项规定，在房地产开发企业清算时，需要完成相关项目扣除金额的计算和清算，可根据《土地增值税暂行条例》第六条及其实施细则第七条规定执行。除了一些特殊规定之外，在扣除房地产转让相关租金、获得土地使用权支付的资金以及开发房地产的成本费用等，都必须要提供有效且合法的凭证，如果无法提供，不予扣除。另外第四条第四款也提到：不得扣除房地产开发企业预提费用，另有规定除外（目前并无其他规定）。《土地增值税暂行条例实施细则》也提到，土地的开发与新建设的房屋和配套设施成本，是在房地产开发项目过程中实际产生的成本，包含的类型有：土地征用、拆迁补偿、新建房屋与配套设施等相关费用和间接费用。

对于公共配套设施费分摊的问题，国税发〔2006〕187号文件规定，如果是建设多个房地产项目工程产生的成本费用，要按照多个项目建筑面积在总面积中的占比或者选择别的合理方法清算，再扣除金额。同时，分期项目或者多个项目共同产生的公共配套设施成本费用，应当合理分摊成本。因此，若公共配套设施费用是多个项目共同产生的，可以采用可售建筑面积或者其他方法计算，完成成本的分摊。

基于上述的理论分析，在扣除公共配套设施土地增值税相关费用的过程中，应当掌握以下三点：

①公共配套设施是计算土地增值税的扣除项目；

②必须是公共配套设施具体产生的成本，并非预提成本，且具备合法依据；

③如果是由多个项目或者分期项目共同产生的公共配套设施费，分摊时选择建筑面积占比或者其他合理方法。

对于公共配套设施项目建造成本无法预先分摊情况，国税发〔2006〕187号文件明确提到，房地产开发企业的预提费用，除另有规定外，不得扣除。因此应当严格按照规定来处理土地开发中所牵扯到的预先分摊情况，不能自行做出判断。但在实际落实当中，该解释仍然存在一些不完善的地方。根据现有的管理办法，在具体清算时应当扣除无偿建造的公共配套设施部分，但还需结合现有规定，确认实际发生部分和认定合法凭证。若公共配套设施有无偿建设部分，在计算土地增值税时，也要严格按照法规规定完成扣除与分配。在实际清算过程中，企业在无偿建设公共配套设施时，由于对土地增值税扣除的相关内容缺乏全面的认识和理解以及在布局和建设时间方面存在差异，导致在清算时，无法扣除建造公共配套设施成本，对开发商的权益产生严重不利影响。可以考虑出台相关政策，在满足一定条件下，允许企业在项目开发与施工建设中，可据实扣除公共配套设施费用且不受施工顺序和施工时间等因素的影响。

在土地增值税处理中还可能会遇到其他税收风险，这就需要制定对应的风险应对措施，主要有：

①准确把握清算时间，当项目符合清算条件时，应当在90天内向项目所在地主管税务机关提交清算申报表，主管税务机关会根据企业提交的资料进行实地考察或者分析。在整个清算过程中，企业也需要及时更新测算数据，避免因增值率偏低而导致的预缴额超过最终清算金额的情况发生，进而出现退税和资金占用的风险。

②选择合理的分摊方式。目前房地产企业中常见的土地成本分摊方法是建筑面积法或者占地面积法。房地产企业应当结合项目的具体特点选择合适的方法。如在相同清算单位内部，如果容积率相差较大，可选择占地面积法分摊不同类型产品土地成本；相同类型产品的土地成本，则可按照建筑面积占比法分摊。

2. 土地增值税案例分析

【例7–3】A房地产开发企业的住宅房地产项目分期施工，其中第一期和第二期是住宅，第三期是幼儿园（公共配套设施），建设周期共3年。现在第一期项目已经达到了清算土地增值税的条件。企业根据要求自行清算第一期的土地增值税，并向税务机关提交清算报告。税务机关在检查该项目时，发现幼儿园并未开始建设，企业就将其费用分摊到了第一期项目的土地中，用于成本的分摊扣除。企业认为幼儿园属于本小区的公共配套设施，所以其建设成本也应当包含在整个项目的建设成本内。根据土地增值税相关规定，企业选择按照比例分摊幼儿园成本方法是否合理？

分析：在该案例中，第三期还未开工建设的幼儿园属于该小区的公共配套设施项目，可以纳入土地增值税的扣除范围。但是项目还未开始建设，即未实际发生成本费用。直接将其分摊到第一期住宅项目中，本质上是预提，按照我国当前的税收政策并不允许，自然也不存在多个项目或者分期项目分摊公共配套设施费的问题。

从这一案例中可以获得的警示是，提前安排公共配套设施的建设“空间”“时间”等都是有讲究的，比如，在时间的安排上尽量在早期，避免到第三期出现无法扣除的尴尬情况；在空间的安排上，想要节省土地增值税，可以安排到增值率较高的项目中。

（三）公共配套设施费的企业所得税确认和处理

全面营改增之后，城市更新项目建设中涉及的公共配套设施项目如何税前扣除企业所得税，成为项目开发建设企业人员和税务征管人员关注的重难点问题。公共配套设施项目所涉及的金额，会直接对税前扣除企业所得税产生影响，也是申报纳税与处理企业相关账务时，遇到的较大问题。加之土地增值税与企业所得税所采取的处理政策存在差异，税前扣除的相关规定也不相同。这就要求项目纳税人要做到谨慎操作，根据具体情况处理涉税事宜。因为公共配套设施的产权归属存在不同情况。基于此，详细分析城市更新项目中涉及的公共配套设施相关企业所得税税前扣除办法如下：

1. 企业所得税法规依据和处理

《房地产开发经营业务企业所得税处理办法》（国税发〔2009〕31号）第十七条规定，在开发区域内，企业所建设的物业管理场所、水厂、会所、热力站、幼儿园等配套设施，在处理时可按照以下规定完成：

（1）产权属于全体业主，是非营利性质。无偿捐赠给事业单位、政府部门，可作为公共配套设施，按照相关规定处理公共配套设施费用。

（2）产权归企业所有，是营利性质。产权未明确规定，无偿捐赠给政府、事业单位之外其他单位，成本需单独核算。若是企业自用，需按照固定资产处理，其他都按照建造开发产品处理。针对该条规定，所开发区域内部建造的配套设施，一种按照开发产品公共配套设施处理，一种是成本单独核算，或作为自用资产或开发产品。

《房地产开发经营业务企业所得税处理办法》（国税发〔2009〕31号）第二十七条提到，公共配套设施的开发与建设费用是在开发产品计税成本中，业主拥有产权，或者无偿捐赠给事业单位、政府部门，有非营利性和独立性。第三十条指出，公共配套设施成本属于过渡性成本中的一种，使用建筑面积法分配成本。第十七条提到，作为公共配套设施归类，其过渡性成本，归集的费用有土地征用及拆迁补偿费、建设费用、工程安装费用等，再将归集的费用根据面积的不同进行分摊。

《房地产开发经营业务企业所得税处理办法》（国税发〔2009〕31号）第三十二条规定，可根据预算造价合理预提还未建造或者还未完工的公共配套设施费用。此种公共配套设施费用必须与签订的销售合同、协议、广告中承诺的内容相一致，且不能撤销，或者是法律规定必须要具备的配套建筑条件。由此可知，在满足规定的条件后，才能预提计入成本。这和土地增值税的处理存在差异，土地增值税清算时预提费用不得扣除。

该办法第十八条提到，企业需单独核算成本的公共配套设施有邮电通讯、学校、医疗设施等。国家相关部门、单位和企业合资建设，项目建成后移交给国家相关部门；国家相关单位或者部门为项目建设提供经济补偿，该项目的建造成本可直接抵扣；抵扣之后所得到的差额，就是当期应当缴纳的所得税。此条政策内容说明，如公共配套设施符合上述条件，企业在成本核算过程中需要做到：第一，需单独确定成本核算对象，单独核算；第二，如果不是过渡性成本，自然二次分配情况也就不存在；第三，在收到补偿金的年份，补偿金的额度可以与建造成本直接抵减。若补偿金额低于建造成本，当期应纳税所得额调减；若高于建造成本，当期应纳税所得额调增。

（3）属于公益性质，视同销售。支出可以计算或者结转扣除。企业将开发建设的公共配套设施捐赠的，应当视同销售。当产品的所有权、使用权等发生转移，或者获得了实际权益，即可确认收入（利润）。确定收入的相关顺序主要是：①企业最近月份或同类产品近期市场销售价格；②以当地开发同类产品市场公允价值作为参考依据；③以企业产品开发的成本率为依据确定，成本率需超过15%，具体的比例由主管税务机关确定。若企业中存在公益性捐赠支出，则需在年度利润总额的12%以内部分，计算扣除所得税；如果超出12%，对于超出的部分可在结转后3年内计算扣除。

（4）属于自用，被当作自建固定资产，可以按照折旧摊销价值。如果工程是企业自用，则需要根据固定资产处理方式处理，其他类型处理方法为建造开发产品。

（5）非自用视为开发产品，在房地产出售时计入成本费用。项目属于营利性质，或者产权归企业所有的，应当单独核算成本。若非自用，则作为开发产品，随着出售开发产品，列入成本中。

（6）若项目对外销售，且独立核算成本，即开发的产品能够对外销售，则成本核算需采用独立计税成本。

（7）不能对外销售，要在对外经营销售成本中摊入成本。若产品不能对外经营销售，则需要先成为过渡性成本，实施归集，再将成本摊入可以对外销售产品的成本中。因此在对公共配套设施这种过渡性成本进行核算时，需要使用建筑面积法。在实际分摊过程中，如果为一次性开发项目，成本分配方法是计算某个成本对象面积在总建筑面积的占比情况；若项目属于分期开发，可先按照建筑面积的成本对象在建筑面积中的占比完成成本分配，再根据某一个成本对象在期内成本对象总建筑面积当中占据的比例分配。

（8）对于收到政府补助公共基础设施的企业所得税处理，根据我国目前的企业所得税相关要求，如果公共基础设施项目所得税符合优惠目录规定的内容，可采用一次核准、分批次建设的，按照每一批次单位计算所得，自该项目获得第一笔收入起享受企业所得税“三免三减半”优惠政策。

2. 企业所得税案例分析

【例7–4】X企业得到了100亩净地，准备建设一个住宅小区。考虑到要提高小区的品质，X企业从小区附近又购买了10亩土地，用来建设会所，企业拥有会所的产权，在会所建成之后，将会无偿给小区业主使用。企业认为会所是非营利性的公共配套设施，在结算可售商品成本时，也把该项费用计算到土地和建设成本中，和主营业务成本一起进行了结转。税务机关在检查该企业的缴税情况时，要求企业补缴企业所得税，请问税务机关的做法是否合适？

分析：结合上述企业所得税相关政策和该企业的实际情况，企业拥有会所的所有权，因此不能将其作为过渡性成本进行成本费用归集，即不能在可售商品房成本中计入会所成本，也不能将其当作主营业务成本进行结转，而是应该选择独立核算的方式来计算会所成本。当会所项目顺利建设完工后，可作为企业的自有固定资产，因此税务机关责令企业补缴企业所得税的做法是正确的。

【例7–5】湖北A房地产公司拍下5个地块紧挨在一起的土地使用权。和当地政府先后签订了5份土地使用权转让合同，在每一份合同的补充条款中都约定，“受让人无偿建设5宗地范围内的基础配套设施，包括河道整治、绿化景观、桥梁道路等”。配套设施工程造价预计约1亿元，根据规划，项目当中配备的河道、道路、桥梁、堤围等都在红线外。小区业主都可以免费使用公共配套设施，企业不保留这些设施的所有权。虽然项目中的河流在红线外，却在整个项目规划内，在向税务部门申报土地增值税清单时，要计入5个地块项目的开发成本。

问：从企业所得税角度分析，是否可以扣除上述配套设施的建造费用？

答：根据《房地产开发经营业务企业所得税处理办法》（国税发〔2009〕31号）的规定，全体业主享有的公共配套设施产权，或者无偿捐赠给政府、事业单位的，在处理公共配套设施费时，可以将建造费用在缴税之前扣除。

（四）整治改造项目的税务处理

施工企业主要涉及以下几个税种的税务处理。

1. 增值税及附加税费

《财政部 国家税务总局关于全面推开营业税改征增值税试点的通知》（财税〔2016〕36号）规定，工程施工企业提供建筑物拆除、土地平整、建筑物修缮等服务，应按建筑服务缴纳增值税。同时按相关规定缴纳城市维护建设税、教育费附加、地方教育附加。

2. 印花税

《印花税法》规定，工程施工企业签订的建筑安装合同应按照“建筑安装工程承包合同”缴纳印花税。

3. 企业所得税

《企业所得税法》及其实施条例规定，施工企业从事建筑、安装、装配工程业务等各项收入，应计入企业所得税收入总额，发生与取得收入有关的、合理的支出，可在计算应纳税所得额时扣除。企业从事上述劳务持续时间超过12个月的，按照纳税年度内完工进度或者完成的工作量确认收入的实现。

对于专业经营单位在改造过程以及日后运营过程中可以享受相应的税收优惠政策，《财政部 税务总局 发展改革委 民政部 商务部 卫生健康委关于养老、托育、家政等社区家庭服务业税费优惠政策的公告》（财政部 税务总局 发展改革委 民政部 商务部 卫生健康委公告2019年第76号）规定，专业经营单位在参与老旧小区改造过程中，提供社区养老、托育、家政服务取得的收入，免征增值税，在计算应纳税所得额时，减按90%计入收入总额；承受房屋、土地用于提供社区养老、托育、家政服务的，免征契税；为社区提供养老、托育、家政等服务的机构自有或其通过承租、无偿使用等方式取得并用于提供社区养老、托育、家政服务的房产、土地，免征房产税、城镇土地使用税。根据《企业所得税法》及其实施条例相关规定，专业经营单位参与老旧小区改造过程中，对取得所有权的设施设备等配套资产改造所发生的支出，可作为该设施设备的计税基础，按规定计提折旧并在企业所得税税前扣除；所发生的维护管理费用，可按规定计入企业当期费用税前扣除。

三、公共配套设施费的税会差异

对于很多房地产企业财务人员而言，分摊公共配套设施的成本是难题，尤其是涉及分期、多项目的工程难度更大。一般来说，公共配套设施设计的初衷就是为整个项目服务的，其建造成本应该由其他可售产品分摊，随着其他可售产品的销售实现在税前扣除。但是公共配套设施本身具有独立的功能，蕴含着较大的商业潜力，实务中有的被开发单位自持，有的被转让，从这个角度来说，公共配套设施具有产品属性，应该作为产品核算对象。在税务处理中，需要对公共配套设施进行界定，只有税法认可的公共配套设施才能按照公共配套设施处理。

（一）财务处理

在项目开发阶段结束后，先区分其属于经营性还是非经营性公建，再按照以下相关原则处理：

非经营性公建，需要将其作为过渡性成本核算对象，按照一定分配方法把项目建设中的支出分配到其他成本对象。在后期销售产品环节，慢慢转移到主营业务成本当中。实务中，对于移交给业主委员会或者当地政府部门的公共配套设施，有观点指出，在办理移交手续当期，就可以一次性将核算的产品成本结转到营业外支出。

经营性公建，将其作为独立核算对象，采取与其他产品一致的成本核算方法。后期在产品销售环节，列入产品成本或者房地产出租或自用的折旧摊销成本基数。

公共配套设施的预提费用核算过程比较复杂，预提配套设施费范围中的小区开发时间通常比较长，有的需要几年，企业在安排项目建设进度时，也存在差异，较常见的是先建设房屋，然后再建设公共配套设施。此种情况下，会出现已经建成房屋，而配套设施还未建成，或者商品房都已经销售了，消防设施、幼托等还未完工的情况。房地产企业建设一般项目和配套设施的时间差比较大，导致已经具备适用公共设施的项目或者已经出售的房屋很难准确负担公共配套设施费用，也很难根据实际开发成本，做好成本费用的结转与分配工作，只能按照未完成配套设施的预算成本或者计划成本，对已经出售房屋应当负担的金额进行计算，采用计提方式计算已经出售房屋的开发成本。但并非所有配套设施都可采用此种方式预提成本，只有具有非营利性质的公共配套设施才能最终分配计入房屋开发成本。所以，在房屋竣工时，对尚未建造完工的营利性公共配套设施，不能预提该公共配套设施费。若非营利性公共配套设施项目还未开始建设或未完工，可按照预算造价对建设费用进行预提，且预提费用需要与签订的销售协议、合同和广告中规定的内容相吻合，不能撤销。

（二）税务处理

对经营性公建项目，在税务处理过程中，实际上类似于处理建筑企业的开发产品，必须按照产品产生的经营收入来缴纳相关税费。而且在具体税务处理中，不同税种的处理过程中也存在较显著的差异。表7-12为公共配套设施土地增值税与企业所得税在税务处理中存在的差异。

表 7-12　　公共配套设施税务处理差异

税务类型	土地增值税	企业所得税
列举范围	居委会、派出所用房、文体场馆、学校、医院、热力站、邮电通讯、物业管理场所、托儿所、幼儿园、医院	幼儿园、文体场馆、热力站、电站、物业管理场所、会所
税务处理	1.建成后产权属于全体业主所有，可扣除成本、费用； 2.项目建成后，无偿移交给政府、公用事业单位，用于非营利的，可扣除成本、费用； 3.建成后有偿转让，应当计算收入，准予扣除成本、费用	1.属于非营利性质，产权属于全体业主；无偿捐赠给当地政府、公用事业单位，可将其视为公共配套设施，建造费用按照公共配套设施费用相关规定处理。 2.属于营利性质，产权归企业所有；未明确产权归属，无偿捐赠给政府、事业单位和其他单位，需单独核算成本

1.土地增值税处理

在土地增值税中，对公共配套设施的界定需要关注产权归属和处置状态。产权归属具体表现为：（1）产权属于全体业主；（2）无偿移交给政府、公用事业单位用于公共事业的。上述两种情况可以界定为土地增值税上的公共配套设施，其建造成本由其他可售开发产品分摊扣除。除以上两种情况之外，都不能界定为土地增值税上的公共配套设施，包括用于销售或者实质为销售（例如出租20年以上）、企业自持（固定资产或者投资性房地产），这类公共配套设施应该界定为开发产品，正常核算其成本，处置之后其成本才能在税前扣除。

2.企业所得税处理

在企业所得税中，除了需要关注产权归属外，还要看其营利特征。如果全体业主享有产权，且项目为非营利性质；无偿赠与政府或者事业单位，用于公益事业的，才能按照公共配套设施处理。属于营利性的或者产权属于开发企业的或者产权不明确的，都不能按照公共配套设施处理，而应作为产品核算对象归集开发成本，开发产品处置后才能在税前扣除。

3.税务实务管理存在问题

对于产权属于全体业主所有这一认定标准，各地方政策都要求在销售合同或者公开场合做出承诺，明确告知客户。然而房地产开发企业出于各种原因一般都不愿意这么做，在实务中除了物业用房、设备站（电力、人力、自来水）、无偿移交给政府的居委会、派出所用房外，其他业态很难按照公共配套设施进行处理。企业因税务筹划需要，必须按照公共配套设施去处理的，除了关注各地方关于公共配套设施的具体规定外，可能还需要提前与税务部门沟通。

公共配套设施整治改造涉及的施工方、专业经营单位和开发商在税会处理上也存在一定差异。

一是施工企业。增值税方面，按照《营业税改征增值税试点实施办法》（财税〔2016〕36号文件附件1）的规定，增值税纳税义务发生时间为纳税人收讫营业收入款项或者取得营业收入款项凭证的当天，而会计准则规定收入确认的时间有三种：资产负债表、合同完成时、能得到补偿费用发生当期，且所确认的收入是指已完工部分预计可收回的收入，并不一定都能取得收款的凭证。因此在实际操作中，增值税收入申报金额可能会与按照会计准则编制的会计报表中对应营业收入存在差异，且该差异属于时间性差异，会对不同的纳税年度造成影响。企业所得税方面，根据《企业所得税法实施条例》第二十三条规定，企业受托加工制造大型设备、船舶、飞机以及从事建筑、安装、装配工程业务或者提供其他劳务等，持续时间超过12个月的，按照纳税年度内完工进度或完成的工作量确认收入的实现。因此对建造合同的结果能够可靠估计的情况下，采用完工百分比法确认合同收入与企业所得税的规定是一致的。主要存在差异的情形包括：（1）对于建造合同的结果不能可靠估计的情况下，是否可以按照实际合同成本确认收入尚无规定，同时存在价格偏低的税收风险。（2）当工程预计总成本超过预计总收入所计提的建造合同减值准备时，需要纳税调增，并在实际发生亏损时予以扣除。

二是专业经营单位。涉及的差异主要是由于设施取得不同方式导致的差异。以购买方式取得资产的主要差异在于取得资产后的固定资产折旧和减值准备，会计准则和企业所得税的处理方式存在差异，产生可以递延的时间性差异。自行建造以及委托第三方代为建造的，除了上述差异外，在暂估入账上也存在不同的处理。在税务处理上按照《国家税务总局关于贯彻落实企业所得税法若干税收问题的通知》（国税函〔2010〕79号）有关规定，允许企业在尚未取得全额发票的情况下，暂按合同规定的金额计入固定资产计税基础计提折旧，待发票取得后进行调整且调整期不超过投入使用后的12个月。而会计处理上可以按照现有资料进行暂估（不要求一定按照合同金额），且在取得可靠资料的前提下随时进行调整，并按会计估计变更或者差错更正进行账务处理。

三是开发商。涉及的税会差异主要表现为以下几个方面：

（1）配套设施支出是否可以在相应税前扣除的问题。在纳税处理上，对于在开发商拥有土地使用权的开发范围内建设配套设施所产生的成本费用，如果是对外出售，一般情况下，成本费用均可列支；如果是无偿移交，则会受到税收政策和地方政策影响，对于红线外的开发成本费用是否可以扣除，在实际操作中如能提供证明该支出与建造本项目有直接关联的政府部门相关文件，以及充分与地方税务机关协调沟通，才能保证红线外支出实现扣除。在会计处理上，与配套设施和资产相关的成本都会在“公共配套设施费”科目核算，建成后区分其属于非经营性公建还是经营性公建，分别按以下原则进行处理：对于非经营性公建，应将其作为过渡性成本核算对象，将其开发阶段所发生的建设支出按照一定的分配方法分配到其他成本对象上，后期随着产品的销售进度逐步结转至主营业务成本中；对于经营性公建，开发阶段完成后，应将其作为独立的成本核算对象，和房地产企业所开发的其他产品采取一致的产品成本核算办法，单独核算应分配的各项成本。

（2）因改造形成收入的税会差异。在有些城区更新改造上，开发商会与政府签订改造协议，通过收取管理费的方式平衡改造更新成本支出，同时开发商会根据业务的不同性质，外包给不同分包商进行建设施工。为了便于与政府结算，同时也为了降低税收成本，开发商都会与政府约定按照服务业税率6%收取。在财务核算上会按照服务费确认为收入，同时对应的改造支出确认为成本。然而在税务操作中，对于收取6%服务费的行为主要适用于委托代建行为，同时需要符合以下几个条件：土地使用权归委托方所有，所有项目报批报建手续都在委托方名下；项目建设资金由委托方提供，代建方不垫资；签署代建协议，代建方仅收取管理费用或者相关服务费；建设施工发票直接开给委托方。如果不符合上述条件，很有可能被主管税务机关认定为兼营行为且未按相应应税行为分别核算其销售金额的，从高适用税率，导致企业产生大量的税费支出。

（3）政府成本核定导致的税会差异。在与政府合作的公共配套设施改造项目中，政府部门在结算款项时，往往会需要进行内部审计，对工程成本进行审核，将不合规部分成本剔除，因此会导致政府结算金额与企业预计的金额存在差异，造成的损失可能需要计提相应的减值准备。在税收上，税务机关同样也可以按照相应的原则对开发商发生的成本进行纳税调整，从而产生税会差异。目前对于该部分的差异影响主要还是体现在收入减少的方面，尚无明确文件规定税务机关有权对相应的成本进行纳税调整，但仍需要关注各地的操作口径，避免相关成本无法据实扣除的情况发生。

四、公共配套设施费的管理经验总结

（一）明确产权性质

必须要明确公共配套设施的产权性质，看产权是属于业主，还是无偿赠与政府部门或者公用单位。即便是无偿赠与，也有视为销售和不属于销售的区别。再基于产权性质的不同，实施差异化的会计和税务处理方法。

（二）财务上差异化处理

公共配套设施未建造、未完工以及应当向政府部门上交报批报建费用但是还未上交的，财务处理方法也不相同。如尚未建造和完工，按照预算造价对建造费用进行合理预提，必须符合售房合同、协议与广告、模型中承诺建造的规模，而且不可撤销；应当上交报批报建费用、物业完善费等还未上交的，房地产开发企业已经确认收入，但是尚未建造和完工的公共基础设施，在企业所得税计算时，可按照规定进行建造费用扣除。等到配套设施完工时，计算计提和实际支出之间的差异，并作出对应的纳税调整处理。

（三）健全规章制度，优化管理流程

要立足实际需求，建立科学的规章制度，增强对公共配套设施项目的管理。同时还要深入规范配套费项目建设机制。建立更完善的规划和制度，确保公共配套设施费用的财税管理科学合理，求真务实与扎实工作，让公共配套设施费用管理走向制度化、规范化与正常化的轨道。同时，明确公共配套设施费的使用范围，在项目前期立项时，需会同规划部门、设计单位到现场查看项目情况，并且根据项目所在地区的配套费使用规定，明确项目费的实施范围与配套内容。先完成项目的初步设计和设计概算，按照概算直接下达计划，能较好避免配套费立项金额与实际金额相差过大的情况，增强公共配套设施项目费使用的合理性，同时也能保障政府投资基金的有效使用。严格控制公共配套设施项目的设计内容与标准，在确保不影响项目工程质量和使用功能的情况下，尽量控制好项目成本，确保工程资金的使用效率最大化。严格把控施工图纸变更，即在施工过程中，未出现特殊情况，不能随便更改施工图纸。如果的确需要改变，应当实施严格的签证制度。

（四）明确不同个体的责任分工，努力实现全过程控制管理

根据国家和各省级部门办法的公共基础设施配套项目费用的税费管理文件，企业应当在内部构建完善的长效管理机制，包括前期计划、代建管理、过程控制、资金拨付等多个环节闭环运行机制，使建筑项目的公共配套设施建设也逐渐走向程序化与规范化。在企业内部，各部门应当处理好各自的工作，履行好应当履行的职能，最大限度提高配套项目的可实施效果，加快项目实施进程。

（五）各种模式的相互结合与运用

整治改造与拆除重建的更新项目有本质上的区别，因此在改造过程中应将各种合

作模式相互结合运营，避免使用单一模式。例如涉及民生的公建配套和古建筑的保护，应充分发挥政府部门在其中的作用，主导施工企业和开发商主要工作，并提供指导性意见和税收优惠政策，降低企业改造更新的成本，从而增强企业参与的积极性。

第五节　代建工程成本的财税管理

举例说明。甲单位委托乙公司建设其办公大楼，由乙负责办理拿地、规划、建设，甲单位按照约定进程支付款项，那么乙公司是否为代建？

丙单位从政府处以出让形式取得一块土地，委托丁公司建设其办公大楼，由丙办理立项、规划等手续，约定资金由丙单位提供，开发完成后，丙单位向丁公司支付项目总投入的5%的管理费，那么丁公司是否为代建？

政府部门采用招标方式，从多个企业中筛选出更专业的项目建设管理单位。该项目建设管理单位负责投资、管理与建设项目，在项目完成之后，交给单位使用，这就是代建制。代建制通常在政府投资项目中使用较多。我国推行代建制已经有10多年的历程，虽然很多地方出台了代建制的相关管理规定，但在国家层面，代建制的相关法律法规一直缺位。在代建制执行层面，有很多细化的问题待解决。代建工程，即委托代建，是项目业主或者出资人借助招投标方式确定委托具备相应资质的项目代建人或者管理公司，对需要建设的项目开展全程管理和建设，包括从早期的可行性研究、勘察和设计，再到项目施工、监理和竣工，一直到项目验收后交付给项目使用人。

依据《国家税务总局关于“代建”房屋行为应如何征收营业税问题的批复》（国税函〔1998〕554号）的规定，房地产企业在获得土地使用权以及顺利办理施工手续之后，按照委托方提出的要求完成施工，并且根据施工进度向委托方收取款项。在项目工程完工之后，帮助委托方完成产权转移等手续的办理。以上房地产企业的行为是不动产销售中的一种，因此在征收营业税时需要按照“销售不动产”方式实现。

而营改增后，该规定是否有效及是否具有可操作性并没有明确的文件规定，增值税应该是沿袭营业税的相关政策的，由此看来，房屋立项及土地产权的归属问题是影响房地产代建项目纳税模式的重要因素。

由此可以看出，上述案例中，甲单位委托乙公司建设办公大楼属于房地产开发，而不是代建，只不过是属于房地产开发的一种特殊行为，即定向开发业务。而丙单位委托丁公司建设办公大楼符合代建的条件，属于代建业务。由于代建工程的具体要求与特点存在差异，所以也应当采取差异化的会计处理方法。

一、委托代建的会计处理

2019年12月17日，财政部发布《政府会计准则制度解释第2号》，对代建工程建设单位的账务处理和代建单位的账务处理做出明确要求。

（一）全额结算的确认和处理

采用全额结算方式的委托代建项目，受托方只向委托方对收取特定的代建手续费用。此种业务模式下，施工、设计和建设单位都不会和受托方签署合同，而是直接与委托方签订合同，受托方只收取其中的代理费。全额结算委托代建工程的成本核算很简单，即计入“代建工程开发成本”。

委托方针对已经完成全部开发且经过验收的代建工程项目，可以把产生的实际开发成本计入“开发成本——代建工程开发”账户当中的贷方，再转入“开发产品”账户的借方，把代建工程转移到委托代建单位，将结算工程价款相关手续办理后，将“开发成本”转入“经营成本”中。

（二）拨付结算的确认和处理

《政府会计准则制度解释第2号》指出，当建设单位在为代建单位拨付工程款项时，要结合具体拨付的款项金额，记入“预付工程款”科目，贷记“银行存款”。同时在预算会计中，借记“事业支出”科目，贷记“资金结存”科目。根据代建单位、工程进度与结算款项等，完成在建工程成本的确认。将确定好的金额，记录在“建筑安装工程投资”中，贷记“预付工程款”科目。项目完工交付使用资产后，根据代建单位在代建工程中还未确认入账的金额，记入“在建工程”的详细科目“建筑安装工程投资”，贷记“预付账款——预付工程款”等科目。在工程结算环节、代建费确认以及竣工决算等过程中，如果涉及补付资金，要确认在建工程的同时完成需要补付金额的缴纳，贷记“银行存款”“其他收益”等科目，同时需在预算会计中完成对应的账务处理。

如果代建单位的性质是事业单位，还需设置“1615代建项目”，同时做好与建设单位的对接工作。根据代建工程的类型与性质，设置相关的明细科目，如“待摊投资”“设备投资”“建筑安装工程投资”“其他投资”等，进一步核算承担的代建项目建设成本，对工程所消耗的资源情况进行全面反映。与此同时，还需在“支出”明细科目中记账，工程的建设成本采用年终对账方式或者工程结算方式。代建项目所花费的成本转出时，要在“在建工程”的账目中展现出来。年末，“代建项目”相关科目应当没有余额，在处理账务时涉及的具体规定如下：

（1）代建单位在获得建设单位拨付的资金后，根据实际收到的金额，记入“银行存款”科目，贷记“预收工程款”科目，不做预算会计相关处理。

（2）工程项目使用资金或发生其他耗费时，按照确定的金额，借记“代建项目”科目下的“建筑安装工程投资”等明细科目，贷记“银行存款”“应付职工薪酬”“工程物资”“累计折旧”等科目。预算会计不做处理。

（3）基于工程进度，在和建设单位进行工程款的结算或者年终和建设单位对账时，应当根据确定好的金额，完成借贷。借记“代建项目转出”科目，贷记“建筑安装工程投资”科目，还要完成别的会计科目的借贷处理工作。

（4）根据确定好的金额确认代建费收入，基于收入做好借贷会计处理工作。借记“预收工程款”等科目，贷记有关收入科目，同时涉及预算会计时，借记“资金结存”科目，贷记相关预算收入科目。

（5）代建项目建设完成后，进行资产的交付使用。针对代建项目中还未转出的在建工程成本，借记“代建项目转出”科目，贷记“建筑安装工程投资”明细科目。

（6）如果是在工程竣工决算过程中获得了补付资金，则应当根据补付资金的金额，借记“银行存款”科目，贷记“预收工程款”科目。

若代建单位是普通企业，需要根据我国关于企业会计准则的制度处理，不能同时列支项目的代建费与项目管理费。我国当前所实施的代建制相关的财务管理制度依据的是《基本建设项目建设成本管理规定》（财建〔2016〕504号），该规定自2016年9月1日起正式实施。政府部门通过招标、授权或者设置的代建制项目，应当由同等级别的财政部门拨付建设管理费用，并且在项目建设成本中纳入相关资金。虽然法律规定代建制不能同时列支项目建设和代建管理费，但如果这两种费用的确同时发生，那么两项费用之和不能高出该项目的建设管理费用限额。

若项目涉及新工艺、新技术，建设地点分散、涉及面广泛，代建管理费用的确超出了规定的要求，如使用财政资金检核的中央项目、行政单位参与的中央项目等，要在项目开始之前报主管部门批准，同时报财政部门备案。同级财政部门对提出的财政资金需求进行批准。

在核定和支付代建管理费用时，应当注意其与代建项目的内容、绩效、项目建设进度和质量等指标挂钩，实施奖惩措施。与此同时，应当按照要求完成代建项目的建设任务，确保建设的项目质量，将投资控制在预算范围内，如果同时满足以上标准，可以向代建单位支付奖励资金、利润等，资金的金额通常不能超出代建管理费用的100%。若需要使用财政资金支付，应当提前向同级的财政部门报批。如果代建任务未顺利完成，需要对代建管理费用进行扣减。

受托方和委托方采用拨付结算方式，施工、设计和建设单位等是和受托方签订合同，并非委托方。委托方把项目资金拨付给单位，收取手续费。在我国，拨付结算的使用范围更广泛些。此种代建模式下，代建开发成本是开发企业接受委托代为开发的项目，除房屋、土地等项目的费用总支出，按照开发成本设置代建房屋、代建土地。在代建项目实施期间，产生的其他间接费用、工程支出等应当划入“应付账款”“应付职工薪酬”等科目。还要根据成本项目的分类情况，细化到具体的每种成本明细账目中。等全部项目完成并且验收合格后，需把实际开发成本从之前的“代建工程开发成本”转入“开发产品”科目。将完成的代建项目交给委托单位，工程款结算完毕后，“代建工程开发成本”转入“主营业务成本”。负责开发项目的企业不仅需要对代建的工程成本进行核算，而且要对代建产生的手续费进行核算。

二、委托代建的税务处理

（一）委托代建的增值税确认和处理

委托代建需要同时满足以下几个条件：

（1）委托方自己立项；

（2）土地使用权或者产权未发生转移；

（3）受托方不用进行资金的垫付，单独进行手续管理；

（4）事先和委托方签订委托代建合同；

（5）施工单位为具体委托建设单位开具发票。

若以上条件无法同时满足，不管开发商怎样进行核算，都按照不动产销售的税目完成增值税的缴纳。

另外，在未获得土地使用权的情况下，“经纪代理服务”项的规定中明确规定了这类服务包含的具体内容，如运输代理、经纪服务、代理记账、拍卖、中介、法律代理、金融代理、报关等。此种类型的代建服务征收企业所得税的目录是“商务辅助服务——经纪代理服务”。同时还应当关注，在经纪代理服务中所获取的全部价格费用与价款，以向委托方收取且代为支付的行政事业性收费、政府性基金等相关费用之后的余额，作为实际销售额。增值税专用发票不能用于记录政府性基金、行政事业性收费，即便是房地产企业委托收转付行政事业性收费、政府性基金等，也不能使用此种类型的发票。

针对委托代建项目的增值税征收问题，不少省份也发布了相关的规范要求。尤其是营改增全面实施后，对于“代建房屋”这种特殊的房地产建设行为，增值税应当如何处理值得关注。

（1）河南税务提到，在营改增后，房地产开发企业所做出的“代建房屋”行为，如果是因为自身的设备力量，不替乙方办理产权转移手续，增值税应当根据建筑业税目征收；如果施工方在房屋修建过程中，也参与办理产权转移手续，在征收增值税时，应当根据不动产销售税目完成。

（2）陕西税务发布《营改增试点政策答疑》，指出通常房地产企业与委托方签订合同，受托进行房屋代建，在实际操作中还可能存在代为立项、垫付建设资金等情形。因此，房地产企业代建房屋应根据其实际从事的业务性质缴纳增值税。仅从事代建项目管理的，应就其取得的代建管理费收入按照“经纪代理服务”缴纳增值税。

（3）辽宁税务提到，在委托代建业务中，向委托方收取的政府性基金或者行政事业性收费，不能开具增值税专用发票。在获得土地使用权情况下，房地产企业获得委托方的土地使用权，建造房地产业务应当按照建筑服务缴纳增值税。

【例7–6】2018年7月1日，甲房地产公司接受乙公司的委托代建某项目，代建项目实施中涉及55万元支付费用，在2019年3月3日正式完工。乙公司向甲公司支付代建费用101万元，甲公司为一般纳税人。

支付代建支出：

借：其他业务成本——代建工程	550 000	
贷：银行存款		550 000

项目完成，收到手续费时：

借：银行存款	1 010 000	
贷：其他业务收入——代建工程		1 000 000
应交税费——应交增值税（销项税额）		10 000

房地产开发企业从委托方那里获得土地使用权后，需要根据“建筑服务”业务缴纳增值税。另外，在项目建设结束之后，随着房地产产权的转移，不动产增值税还需按照销售不动产处理。

在新收入准则下，建筑服务核算科目发生很大变化。如在新收入准则下收入确认金额和工程结算金额相同，有的建设方要求把付款和开发票挂钩，收到发票之后再付款，导致资金流、发票流与结算流不一致。如此一来，开具发票和确认收入出现时间差异，在会计核算时需要设置以下会计科目：“合同履约成本——工程施工——工程毛利”“主营业务收入”“主营业务成本”“应交税费——应交增值税”“工程物资”等。

（二）委托代建的企业所得税确认和处理

房地产开发企业委托其他公司开发和管理建筑项目，并且在管理项目中支付相关费用，可以直接证明这些费用贯穿工程开发建设的全过程，而且在财务核算时，是与销售部门的财务、管理费用和财务部门费用、行政部门费用分开核算的。在经过税务机关审核之后，可采用间接开发费用方法扣除。委托方为项目的建设和管理支付的费用算作代建费用开发直接成本。企业缴纳的企业所得税比例为25%，而企业所得税的处理与会计处理方式不同。我国企业所得税相关法规要求在不同的纳税期末，企业要提供可靠的劳务交易结果，按照完工百分比的方式，对劳务收入情况进行确认。衡量劳务交易结果是否可靠的标准，需要同时满足以下几类条件：

（1）收入的金额能够可靠地计量；

（2）交易的完工进度能够可靠地确定；

（3）交易中已发生和将发生的成本能够可靠地核算。

企业提供劳务完工进度的确定，可选用下列方法：

（1）已完工作的测量；

（2）已提供劳务占劳务总量的比例；

（3）发生成本占总成本的比例。

企业需要从已经接受的劳务方收取或者应当收取的协议、合同价款对劳务收入总额进行确定。同时也需考虑纳税期末项目的完工进度、劳务收入总额等，确定劳务收入金额乘积，即当期劳务收入采用的计算方法。

（三）委托代建的土地增值税确认和处理

在接受建房单位委托之后，纳税人代建房屋行为增值税的征收项目是“经纪代理服务”。根据具体产生的销售额，向委托方收取代建手续费用。代建房屋行为的产生与界定，需要同时满足以下几种条件：采用委托方的名义，完成房屋立项与手续的办理；与委托方之间不存在土地使用权和产权转移的关系；在项目开始之前与委托方签订代建合同；不以受托方的名义结算工程。当前，在我国征收的土地增值税，主要征收对象是土地以及建筑物、附着物在单位、个人之间的转让。

在土地增值税方面，纳税主体是委托方，支付的委托代建费用是否允许作为土地增值税的扣除项目？结合我国现行相关法律规定，开发间接费用，是项目组织、开发与管理所产生的费用，如工资、职工福利费用、劳动保护费、水电费、修理费等。结合上述规定，开发间接费用需要企业开展单独的内部核算，也是直接参与项目组织与管理的项目所产生的费用，不包含为项目管理公司支付的工程监理费用与项目管理费用。即土地增值税开发间接费用中并未明确提出与代建管理费相关的费用，所以不同地区的税务机关对于是否在开发成本中计入代建管理费用、能否在税前扣除土地增值税的口径也不相同。如广州税务机关发布明文规定，在土地增值税之前完成代建费用的扣除。

关于代建项目是否需要征收土地增值税，可通过案例来加深理解。

【例7-7】2020年1月A公司（非房地产企业）取得价值1 000万元的土地使用权并委托B公司（城市更新主体）代为建设综合办公楼2万平方米，B公司接受委托后，邀请C建筑公司修建办公楼，投入建筑成本及费用6 000万元，2020年12月竣工验收，将办公楼交付给A公司使用，收取代建收入9 000万元，A公司将该房产作固定资产处理，入账价值为1亿元。

B公司的代建行为是否应征收土地增值税？

案例观点分析：

观点一：B公司属于定向开发房地产销售，应当征收土地增值税。

房地产开发公司采取代建房的形式修建房地产，其实际是为了逃避缴纳房地产开发的税收负担。案例中A公司是非房地产企业，在本案中不能自行修建房地产，而变相采取委托代建形式修建房产。因而实际是B公司定制开发房地产后销售给A公司，是一种房产定向销售行为，属于土地增值税征收范畴。

观点二：不用在代建城市更新主体中征收土地增值税。

案例观点法律规定依据分析：

我国税法对房地产企业代建行为在立法层面上没有规定，但存在一些国家税务总局对代建房产和合作建房的个案批复文件。《国家税务总局关于广州海粤房地产发展有限公司开发经营广州“东山广场”征收营业税问题的批复》（国税函〔1998〕413号）对广东省地方税务局批复：“广州市东山区商贸发展总公司（商贸公司）以土地使用权投资、香港中国海外发展有限公司（海外公司）以货币出资，成立中外合作经营企业广州海粤房地产发展有限公司（海粤公司），开发经营‘广州市东山广场’（东山广场）项目。关于海粤公司将建成后的房屋所有权按比例分配给商贸公司和海外公司各自经营的行为，一是海粤公司将房屋分配给商贸公司和海外公司，房屋的所有权发生了转移，因此，应按‘销售不动产’税目征收营业税；二是商贸公司通过土地使用权的方式投资入股，不用承担经营风险。这与《营业税税目注释》中关于土地使用权投资入股的不征收营业税的相关法规不符合。所以，需要按照‘转让无形资产’税目征税。三是海外公司与商贸公司再转让分得的房屋时，也应当根据法规完成营业税的征收。”

（四）委托代建的契税确认和处理

《契税法》第三条规定，契税税率在3%~5%之间，契税具体的税率由所在地区的省份、自治区、直辖市等人民政府在已有的法律规定范围内，结合具体地区的情况确定，同时把确定的契税税率报给财政部与国家税务总局。第九条规定，契税的纳税义务发生时间，为纳税人签订土地、房屋权属转移合同的当日，或者纳税人取得其他具有土地房屋权属转移合同性质凭证的当日。同时，第十条规定，纳税人应当在依法办理土地、房屋权属登记手续前申报缴纳契税。

三、代建工程成本的税会差异

根据税法中关于代建业务的定性差异，房地产代建业务的形式有两种。不同形式的代建业务不同，税务和会计处理方法也存在差异，在代建工程成本的分析中采用的税会方法也各有特点。

（一）委托代建服务费收取

委托代建建筑项目，如果满足规定的条件，需按照代建项目总投资特定比例来收取代建服务费，或者根据建筑面积收取代建服务费。通常纳税人的增值税税率是6%。

（二）委托代建项目税会差异

如廉租房、棚户区改造和公租房等，通常政府部门会给予补偿和补助。此种情况下，会计处理方法也很特殊。如果政府文件中未约定补贴款的资金使用用途，无偿拨付或者把补贴款奖励给代建受托方，企业在收到补贴后，记作营业外收入，属于代建受托方企业的利得，需要缴纳企业所得税，不需缴纳增值税。若政府文件中明确规定了补贴款资金的具体用途，如指定给某建设项目、某基础配套设施费用等，这种主要是专户、专用和专款。在税务的处理上，应当列入补贴款项，不缴纳增值税与企业所得税。会计处理的方法主要有以下三种：

（1）受托方企业未支付工程项目款，收到补贴款项后，要记为“专项应付款”，当支付工程款时，与“专项应付款”冲减。

（2）施工建设期间，受托方企业利用企业内部或者其他来源资金完成专项工程成本的全部或部分支付。在收到财政补贴后，与专项工程成本冲减。

（3）受托方企业在收到财政补贴款之后，将其当作委托方工程预付款，竣工决算时，其他应付款与应收账款之间的差值，就是委托方还未交清的代建工程款。

以上三种会计处理方法中，本书认为较为妥当的处理方法是第三种。这是由于前两种处理方法都会对项目成本的完整程度产生不利影响，使项目在竣工决算环节相关成本额存在不准确与不完善情况。

四、代建工程成本的管理经验总结

委托代建项目的实施，对政府投资效益的提升有促进作用，还有利于推进公共配套设施项目管理体制的优化和改进，充分发挥市场化的更专业的技术水平与管理经验，提升公共配套项目的投资效益与建设管理水平。在正式实施代建项目之前，要先了解这些项目的具体特点，再选择科学合理的代建单位，引用全过程管理模式，协调不同利益主体之间的差异化需求，从而获得更满意的结果。即代建制能打破传统管理方式，改变原本的“投资、建设、管理、使用四位一体”模式，完善委托代建项目工程的成本控制制度，提高成本控制能力。委托代建制的实施，可以构建起比较好的投资控制约束机制，对建设的标准、内容与规模等进行严格控制，可以较好抑制超投资、超标准与超规模情况。禁止随意更改建设内容、标准和规模，从而有效控制投资政策使用。相关的经验可概括为以下几点。

（一）需要做好项目的前期准备工作

除了特殊与紧急工程之外，其他项目应当严格按照项目的实施流程开展。从项目的立项、可行性研究、设计与施工等各环节出发，避免出现“多边”工程，具体包括：边勘察、边规划、边设计与边施工情况。尤其是要确保项目前期概算的准确和合理，尽可能全面地考虑各种可能对工程成本产生影响的因素，避免出现高估或者少算问题。同时还要增强项目工程设计阶段的造价控制工作，按照批准的初步设计、总概算控制图设计实施等。在确保工程质量不受影响的情况下，按照专业模式对造价限额进行分配与设计。

（二）完善成本监督机制，避免出现“三超”情况

代建工程成本管理中，设计变更是导致成本失控的主要原因，因此应当健全审批制度，对设计变更问题进行严格限制。杜绝随意提高标准、增加新的设计内容。即使属于额度比较小的工程签证变动，也应当制定严格的核实与控制措施。

（三）加强工程量清单计价模式实施力度

在建筑工程的招标过程中，此种计价模式下，招标人需要先计算项目工程量清单

中提供的总报价，各分项目的报价、措施项目、主要材料等报价，开展分项评审。综合评选后，选择符合建设质量要求、投标额度更低的方案，实现节约成本的目标，同时对项目建设中的各种投资也起到了较好的控制作用。

（四）增强和税务部门之间的沟通力度

企业应当积极与税务部门沟通洽谈，充分尊重税务部门的意见。比如，江西绿地城投公司开展的代建服务。上海绿地建设企业在2013年12月和江西省新建县政府签订《新建县乌沙河片区棚户及旧城改造代建协议》，协议约定：上海绿地建设（集团）有限公司需在新建县成立项目公司，即江西绿地城投公司来具体负责管理此项目；政府负责将拆迁完成的“净地”交付给江西绿地城投公司，由江西绿地城投公司来进行前期的报批报建、设计并发包给上海绿地建设（集团）施工，政府在支付建造成本的基础上按5%计付代建管理费。江西绿地城投公司就此多次和当地税务部门沟通，还开展了座谈会议，并且在会议中得到了公示。新建区国税局认为，按照实质重于形式的原则，江西绿地城投公司的业务实质符合上述情形，应将应税服务行为确认为按提供“建筑服务”征税，并按建筑服务业向新建城投项目公司开具发票。

（五）求同存异解决问题

还以江西绿地城投公司代建项目为例，可采用简易计税方法计税。结合开工日期，除了长埈新村肖家花园外，所采用的计税方法都是简易计税法，将价外费用和全部价款部分扣除之后的其他余额作为销售额。新建区国税局认为营改增前开具的18.2亿元收入发票不得差额扣除，并提出两种处理方法：一是将营改增前开具的18.2亿元营业税发票在全部项目完工清算时再确认不得差额扣除，清算之前按照开票收入预缴相关税费，不执行差额扣除政策；二是根据工程进度，按照完工百分比法来分项目区分差额扣除金额和不得差额扣除金额。江西绿地城投公司认为上述两种处理方法都符合目前税法及税收征管的相关规定，但也存在三个问题：一是增加企业现金流支出，实际上会加重企业税负；二是项目全部清算时可能会涉及较大金额的退税；三是用完工百分比法分步确认操作难度较大，因为开具的18.2亿元营业税发票中的10.68亿元，完全是按政府要求没有结合实际完成工程量，在无任何工程完成依据的情况下开具的收入发票，导致目前已无法将10.68亿元收入确认到具体工程项目，即在确定工程项目的成本与收入时，不能全都依据完工百分比确定。建议由税务师事务所在客观、公正的立场上，用数据说话，查阅营改增之后取得的所有增值税成本发票，来计算营改增前开具的18.2亿元营业税发票收入对应的分包款已确认成本和未确认成本金额各为多少。

第八章　城市更新项目经营的业财税融合管理

城市更新项目是一个复杂的系统工程。城市更新的经营思维模式是指城市更新项目在资金、技术、管理等方面采用多元化的经营模式，旨在通过整合社会资源和专业力量，实现城市更新的可持续发展。在这个复杂的系统工程中，需要综合考虑政府、市场、社会资本和专业力量等多方面因素。城市更新主体为了更好地推进城市更新发展，需要不断创新和实践，注重政策和制度改革，做出更多积极的探索和尝试。

在城市更新项目实践中，项目经营存在多种多样的更新模式，或单一或多种模式相结合。目前城市更新项目的主要经营模式有：产业园区经营、商业地产经营、产业地产经营、公共服务经营、社区深度经营等。本章主要就这些类型的经营模式进行逐一讲述。

第一节　产业园区经营业财税管理

一、产业导入

产业园作为一种具有集聚效应和创新驱动力的经济组织形式，近年来在全球范围内迅速兴起。产业园不仅提供了独特的发展机遇，还为企业提供了更多的资源和服务。为了实现可持续发展和长期运营，产业园区需要进行高效的经营管理。

（一）产业园区发展阶段

我国第一个现代化的产业园区诞生于1979年的深圳，至今我国产业园区经历了三个阶段的跨越式大发展。

（1）第一阶段：1979—2001年，产业园区的初级阶段。该阶段的产业园区建设和经营基本由地方政府主导。此时，我国城市化建设处于起步阶段，城区面积普遍较小，产业园区的选址普遍靠近主城区、老城区且占地面积不大。园区所吸引的行业也较为低端，以人力密集型的纺织行业、白色家电组装为主。部分园区为完成招商引资任务，甚至在靠近主城区的位置允许高耗能高污染企业设厂，为日后的人地冲突、环境污染埋下隐患。

早期由政府主导的方式建设和经营的经验匮乏，主要采取招商形式。产业园区的经营仅由政府施工完成“三通一平”即可招商。招商方式也较为简单，一方面由当地政府组团进行外地考察招揽投资，另一方面由当地的支柱企业或行业龙头企业进行“老带新”，即发挥招商引资的作用吸引新企业入驻。

（2）第二阶段：2001—2013年，产业园区的发展进入高增长阶段。2001年我国加入世贸组织（WTO），经济发展从此迈向了快车道，WTO带来的出口便利使得各地方政府都将出口产业视为可带动地方经济发展的火车头。

以此为契机，产业园区在经济快车的牵引下迅猛发展，以各类初级代加工企业、出口外贸企业为园区主力，以劳动密集型为主的产业方式吸引了大量的农村进城务工人口。务工人员的快速增加倒逼产业园区及周边配套设施的升级，在此期间产业园区附近新建了很多小区、农村自建房、商超及公共交通路线。园区与周边设施产生的经济上的联动，形成了园区经营的雏形，园区的相关支撑性产业从中崛起。此阶段的产业园区经营对象不再是单一的企业，内容也不再是单一的“筑巢引凤”、吸引投资，经营的对象开始涉及企业内的员工、周边居民，并为其提供更丰富的生活服务。

产业园区像是一块巨大的海绵，白天吸纳海量务工人员进厂工作，为国家的经济发展提供强大动力，晚上这些务工人员的衣食住行、生活娱乐又带动周围地块的商业活动愈发密集。这种产业园区+生活服务的方式，成为推动城市化发展的巨大引擎。城市人口的增加、生活需求的不断提升让万达、万科等一大批商业地产企业得到了极大的成长，丰富多样的城市生活又不停吸引更多农村人口进城务工，产业园区的经营模式形成良性发展。

产业园区经营的迅猛发展过程中，也衍生了较多的问题，如人口的密集扎堆导致的城市拥挤、劳动密集型行业的由盛转衰遗留了高耗能高污染土地以及无法二次利用的废旧厂房等。这些都暗示着跑马圈地般的产业园区发展已逐渐走到尽头，城市不能摊大饼式地无限拓展，人们需要一个承载着高附加值、更精细化、更具人文精神的产业园区，这些因素推动了产业园向第三阶段发展。

（3）第三阶段：2013年至今，推进各城市开辟适合自己城市发展的新道路。

在此阶段，国土资源部与试点省政府经协商并报国务院同意，决定共同推进节约集约用地试点示范省建设，并将旧城镇、旧厂房、旧村庄改造（简称“三旧”改造）作为推进试点示范省建设的一项重要任务。在实施过程中，政府不断丰富“三旧”改造内涵，完善相关政策体系，推进“三旧”改造到“城市更新”的可持续发展。2013年，国土资源部对“三旧”改造经验进行了全面总结，并上报国务院，而后陆续在其他经济大省推广。从此，“三旧”改造成为各大型城市发展的新着力点，每个城市都试图走出一条适合自己城市发展的新道路。

在这一阶段，产业园区的新建已不再是主流，对已有产业园区、废旧厂房的更新改造，使之与城市历史文化背景及产业升级发展需求相适应，成为新的发展重点。近十年互联网的飞速发展，带来了全新的产业发展格局，也彻底改变了城市更新和产业园区的方方面面。

与前两个阶段存在较大区别的地方就在于产业园区的选址规划。与之前产业园区选定在远离市区、带动新区发展的局面不同，现代城市更新发力于小微旧址的改造，一幢废旧厂房、一个老旧码头、一片滨江河滩，都可以成为新的园区。高速发展的互联网企业不再需要厂房，相反，他们注重园区环境，注重配套设施的舒适性、便捷性，这对园区的经营提出了更高要求。除了互联网企业外，很多小微制造企业、“小巨人”企业对厂房的要求也不再只是一栋工业板房，而是着眼于对厂房的节能设施、绿色能源、网络监控、互联互通等细节，这也对园区项目的前期规划和后期经营提出了新要求。

越来越开放的资本市场给园区项目的后期经营也带来更多的机遇。新兴的租售、产权理念对传统的厂房租售造成了巨大冲击，租售业务的证券化、资产化让园区的所有者及使用者都可以更灵活地将自己的资产及需求变现。园区经营也从最初的提供配套设施逐步拓展到提供增值服务，甚至园区经营商通过减租免租的形式，投资入股园区所在企业，助力这些初创企业发展，都是新发展模式给行业带来的变化。

（二）GM园区案例

1. GM园区基本情况介绍

GM园区位于大湾区核心城市群，是一座集废船拆解、玩具生产、木材加工等于一体的工业厂区，改革开放后厂区企业连同土地划归地方国企管理。2018年，厂区企业完成了最后的历史使命，以往的工业模式无法适应现阶段城市的发展，厂区亟待向创新产业园区转型。经过多方讨论，GM园区决定“以工艺美术文化为特色，以数字化经济为引擎”，朝数字化园区转变。

在保留原标志性的码头建筑的同时，GM园区将工业遗址景观与新园区的数字风格建筑有机结合，不仅契合了当代年轻人、初创企业的风格特征，更彰显了其发展“新产业、新业态、新模式”的决心。

除了建筑风格别具一格外，GM园区的经营也是独具匠心，不走寻常路。经营两年间，GM园区吸引了110家“双创”企业入驻，中小微企业占比达92%，其中一家独角兽企业成长为上市企业。改造后，园区年产值从4 000万元飞跃到150亿元，较改造前增长374倍，从业人员5 000多人，较改造前增长21倍，形成数字化经济引领创业创新高地，成为××省“双创”产业园典范。

2. GM园区经营方式

GM园区实际归AB控股集团所有，而AB控股集团是省属投资控股企业集团，AB控股集团下辖的ab置业有限公司是GM园区的直接所有者。

AB控股集团的组织架构如图8-1所示。

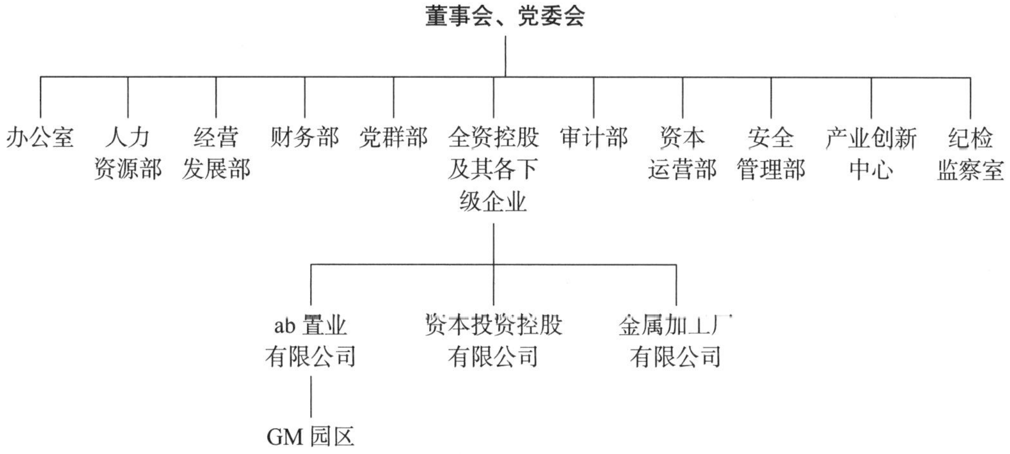

图8-1 AB控股集团的组织架构

与传统园区以租售为经营主业不同，GM园区在出租园区厂房的基础上，为企业提供一站式生活及商务配套。此举一方面是为了引进科技创新、文化创意类“双创”企业入驻，另一方面也是为了扩大营收，找到除租金外新的增长点。

园区设有艺术中心、多功能会议中心、亲水休闲平台、环岛跑道、足球场、网球场、共享食堂等，为企业提供产品展示场馆、定制班车、智慧办公等服务。对于园区内的小微企业来说，自建食堂、自找物业的成本过高，园区提供这些配套服务可以帮助企业解决后顾之忧，增加企业对园区的好感度和黏性，有利于吸引企业长期入驻。

在提供以上物业服务之外，GM园区引入政企联合打造的一站式智慧服务平台，实现“线上+线下”办公贯通，提供包括工商财税、法律咨询、政策申报、人力资源、投资孵化、资源对接、创业扶持等一系列增值服务，帮助符合条件的园区中小微企业享受减税降费的政策红利；园区会不定期举办创业交流会，共同分享创业经验和信息。同时对一些有潜力的发展企业，开展项目合作，与企业共同成长。

在加大资源共享和合作力度、完善内部孵化和投融资机制后，园区内项目价值评估和快速投融资的绿色通道也顺理成章地发展起来。针对一些资金较为紧张的入驻企业，GM园区提供了灵活多样的租金支付方式，不仅有一定时间的减租免租，部分通过价值评估的企业也可以采用“租金转为一定的被持股比例”的形式缴纳租金，而GM园区也凭借这一经营模式获得了比传统租金更有增长空间的盈利点。

GM园区的经营业务范围及流程如图8–2所示。

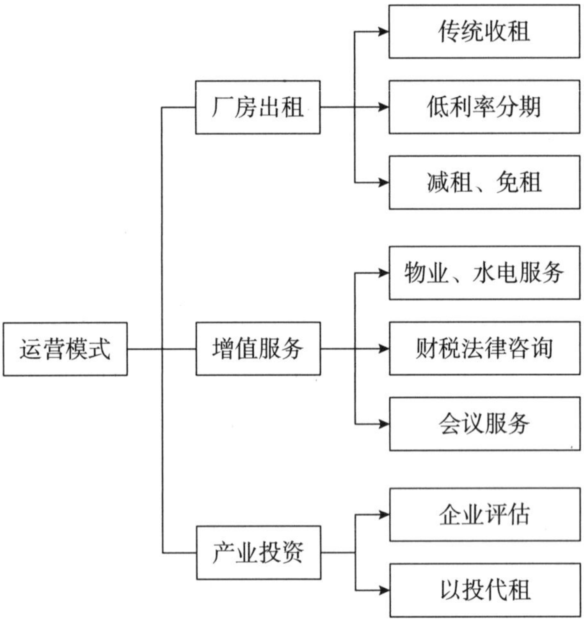

图8–2 GM园区经营业务范围及流程

二、会计处理

（一）厂房出租业务的会计处理

1.单纯收租模式的会计处理

这符合《企业会计准则第3号——投资性房地产》对投资性房地产的定义。因此，GM园区应当将其持有的房地产作为投资性房地产进行核算。根据准则规定，GM园区可以采用成本模式或公允价值模式计量来核算投资性房地产。

在成本模式下，GM园区需要对投资性房地产进行成本核算，包括购买成本、改良成本等。GM园区需要对投资性房地产进行折旧或摊销，以反映其在使用过程中的价值变化。在公允价值模式下，GM园区需要按照市场公允价值对投资性房地产进行估值，并在财务报表中披露其公允价值变动情况。GM园区在选择计量方式时，应严格遵守企业会计准则规定，并根据自身实际情况进行选择，在财务报表中充分披露核算方法和相关信息。

（1）初始计量。因为GM园区拥有该片土地的权属，因此该园区内的投资性房地产属于自行建造的投资性房地产，根据企业会计准则的规定，该房地产完成建设，达到预定可使用状态，即可以投入使用的状态。会计分录如下：

①购入工程物资时。

借：工程物资

　　应交税费——应交增值税（进项税额）

　贷：银行存款

②工程领用外购物资、支付其他工程费用、人员薪酬时。

借：在建工程

　贷：工程物资/银行存款/应付职工薪酬

③建造完工转入投资性房地产。

借：投资性房地产

　贷：银行存款（其他费用）

　　　在建工程

（2）后续计量。

①成本模式。持有投资性房地产时，需要对其进行折旧或摊销，以反映其在使用过程中的价值变化。

借：主营业务成本（其他业务成本）

　贷：投资性房地产累计折旧（摊销）

根据相关的会计准则和规定，对投资性房地产进行减值测试，并计算出资产的可收回金额。如果可收回金额低于资产的账面价值，就需要对该资产进行减值处理，将其账面价值减少。

借：资产减值损失

　贷：投资性房地产减值准备

②公允价值模式。

借：投资性房地产——成本

　贷：公允价值变动损益

公允价值低于账面价值时，做如下相反会计分录：

借：公允价值变动损益

　贷：投资性房地产——成本

（3）取得收款。GM园区对外出租商铺，根据相关的会计准则和规定，应按照不动产租赁业务确认收入。

借：银行存款、应收账款

　贷：主营业务收入（其他业务收入）

　　应交税费——应交增值税（销项税额）

2.灵活收租模式的会计处理

在传统出租的基础上，GM园区提供了更为灵活、更适应园区企业实际的租金政策。其中，低利率分期政策可以将原本按年缴纳的租金按月进行缴纳，园区企业仅需以较低的利率即可获得租金分期，缓解了因支付租金而形成的临时资金压力。其本质是出租方为承租方提供了额外融资，应该按照租赁合同开始日的现销价格确认交易价格，差额作为未实现融资收益进行会计处理，其会计处理为：

（1）租赁期开始日。

借：应收融资租赁款——租赁收款额

　贷：主营业务收入（租赁收入）

　　应收融资租赁款——未实现融资收益

借：销售费用

　贷：银行存款

（2）GM园区在确认租赁期各个期间的利息收入时。

借：银行存款

　贷：应收融资租赁款——租赁收款额

借：应收融资租赁款——未实现融资收益

　贷：主营业务收入（租赁收入）

3.租金优惠模式的会计处理

减租和免租一开始是园区在疫情时对园内部分企业的优惠政策。GM园区对部分有意向入驻或新入驻企业提供租金优惠。

同时，对于推荐新企业入园成功的现在园企业，GM园区同样给予部分租金的减免，希望通过此类“老带新”实现更高效的市场营销，具体会计处理原则如下：

出租人提供免租期的，出租人应将租金总额在不扣除免租期的整个租赁期内，按照直线法或其他合理的方法进行分配，免租期内出租人应当确认收入；承租人应将租金总额在不扣除免租期的整个租赁期内，按直线法或其他合理的方法进行分摊，免租期内应当确认租金费用及相应的负债。

（二）增值服务的会计处理

1. 物业服务的会计处理

物业服务是现代园区管理的重要组成部分，也是园内企业能否长期入驻、是否推荐其他企业入驻实现“老带新”的重要指标。物业服务事项多且杂，对回应园内企业提出的需求也有时效性要求。

物业服务收入相较于租金收入要小很多，甚至在一段时间内GM园区物业板块属于亏损板块，但作为后期经营的重要环节，我们在会计处理方面仍需予以重视。其物业服务会计处理如下：

（1）GM园区取得收入主要包括物业管理费、场地管理费、广告费、停车费，一般情况下都是预收款项。

借：银行存款/其他货币资金——第三方支付平台

　　财务费用——金融机构手续费

　贷：合同负债——商业管理——停车费、物业费等

　　　应交税费——应交增值税（销项税额）

（2）合同负债分期确认收入。GM园区提前收取商户物业管理费、场地管理费、广告费、停车费后，后期按月或季度确认收入。

借：合同负债——商业管理——停车费、物业费等

　贷：主营业务收入

2. 财税法律咨询服务的会计处理

GM园区的主要入驻企业多为初创、小微企业。这些企业的管理制度可能并不完善，企业创始人对财税、法律方面的事项可能并不了解，对于政府的支持政策也不能完全享受。

在对入园企业深入调查之后，GM园区决定就地开展财税法律咨询服务，通过对园内企业提供咨询，一方面增加GM园区的经营收入，另一方面提高这些企业的抗风险能力，帮助企业尽可能享受政策优惠，提升盈利水平，也间接减少了GM园区的租金风险，可以说是一举两得。其会计处理为：

（1）GM园区取得咨询服务费，一般情况下也是预收款项。

借：银行存款

　贷：预收账款——咨询费

应交税费——应交增值税（销项税额）

（2）预收款项分期确认收入。GM园区提前收取咨询服务费后，后期按月或季度确认收入。

借：预收账款——咨询费

贷：主营业务收入

3. 自用会议室转出租的会计处理

经过调研，GM园区发现入园企业大多反映存在会务不便的情况，原因是入园企业人数普遍较少，租用的办公室仅够办公使用，无力也不想为不定期举行的会议承担额外长期的办公室租金。因此GM园区将自用的大会议室转为经营使用的场地进行对外出租，而且出租对象不仅包括园内企业，也包括其他企业。这进一步丰富了GM园区的经营收入，园区也在对外出租会议室的过程中无形为自身做了广告。对外出租会议室的会计处理如下：

借：银行存款

贷：其他业务收入

应交税费——应交增值税（销项税额）

（三）产业投资的会计处理

1. 评估认证业务的会计处理

一些入园企业在入驻后，因缺乏在资本市场的资源和渠道导致企业的二次融资进展缓慢。有些资本因无法深入了解初创企业导致投资受阻。GM园区经过前期的投资建设，与当地的资本市场取得了较为广泛的联系。

为帮助资方和企业实现互利共赢，园区依靠自身优越的地理位置，深入了解初创企业的经营情况，为资方进行前期的企业价值评估，使初创企业拿到园区出具的评估认证后得以更方便地与园区介绍的资方进行对接，极大减少了沟通成本。其评估认证收入的会计处理如下：

借：银行存款

贷：其他业务收入

应交税费——应交增值税（销项税额）

2. 园区参与投资的会计处理

在上述的企业评估完成后，如果GM园区认为该企业未来成长空间良好，具有投资潜力，园区会和该企业进行商谈，考虑通过“资产换股权”的方式投资入股该企业，参与企业的生产决策，具有很大的投资灵活性。

鉴于GM园区上级母公司属于地方国企，存在政策上的限制，GM园区对外投资构成对联营企业投资，其初始取得方式为非企业合并方式，支付的对价属于非货币资产，后续计量采用权益法。GM园区与其他企业联营时，应按规定办理申请、登记等一定手续。联营各方应制定章程，签订联营协议、合同等，明确规定投资的内容、利润分配和承担风险等重要条款，并具体参加联营各方的权利和义务等。会计核算相关账务处理如下：

（1）GM园区以转让非现金资产或承担债务方式作为购买对价获得对联营企业投资。

借：长期股权投资

　贷：资产（投出固定资产账面价值）

　　　资产处置损益（差额，可能在借方）

（2）GM园区对联营企业投资的后续计量。采用权益法核算的长期股权投资，在确认应享有或应分担被投资单位的净利润或净亏损时，在被投资单位账面净利润的基础上，进行适当调整；GM园区也应随着被投资单位其他综合收益的变化而调整长期股权投资的账面价值（其他综合收益）；被投资单位除净损益、其他综合收益以及利润分配以外的所有者权益的其他变动的因素调整长期股权投资的账面价值（其他权益变动）。

三、税务处理

GM园区的经营主要涉及以下税种及附加税费：增值税、城市维护建设税、教育费附加以及地方教育附加、企业所得税、土地增值税、房产税、城镇土地使用税、印花税。

（一）增值税及其附加税费

增值税是一种按照货物或者劳务增值额征税的税收制度。在我国，增值税的征税范围包括境内销售货物或者劳务、销售服务、无形资产、不动产以及进口货物。目前，商业经营企业的增值税应税行为主要包括购进工程施工服务、购入建筑材料、销售不动产、销售服务等。需要注意的是，不同行业和业务形态的增值税征税标准、税率和优惠政策也有所不同，企业需要根据自身业务类型和增值税政策的变化进行合理的税务规划和管理。

GM园区名下的进项税主要有四项：一是购入建筑工程服务。二是购入原材料。

购入建筑服务一般能够获取9%税率的建筑服务发票，购入原材料则获取的是13%的购入材料的发票。三是自身提供经营服务期间发生的办公费及其他管理费等，此类税率一般为6%，部分是3%。四是在提供经营服务期间，维修、改装园区设施时取得的进项税发票，此类税率一般为13%。

GM园区经营的销项税则涉及较多，既包括租赁不动产，又包括销售现代服务和销售生活服务，具体涉税情况见表8-1。

表8-1　　GM园区经营涉及的增值税税率标准

税　率	分　类
9%	现代服务——租赁服务
6%	现代服务（鉴证咨询服务、商务辅助服务、其他现代服务） 生活服务（其他生活服务）

如果商业物业资产在GM园区名下，自持部分物业在自建或外购时通常会留存大量进项税额，商业经营初期无须缴纳增值税。

如果商业物业资产未在GM园区名下，商业物业持有公司收取商业租赁收入，GM园区收取物业管理费、场地管理费、广告费、停车费。这种模式下商业经营公司仅做经营服务，通常前期无留存的进项税额可抵扣，在经营期内能获取的进项较少，会造成GM园区增值税税负较高的情况。

（二）企业所得税

企业所得税是指企业在一定时期内（通常是一年）从各种经营活动中取得的所得，按照国家规定的税率和方法计算应纳税额，并在规定的时间内缴纳的税种。企业所得税是一种直接税，是国家重要的财政收入来源之一。计算公式为：企业所得税=当期应纳税所得额×适用税率。如果GM园区在高新技术企业适用的名录中，则其企业所得税税率为15%，否则税率为25%。在不考虑其他税收优惠的情况下，现行政策下适用所得税税率15%的企业包括：高新技术企业、技术先进型企业、西部大开发企业、海南自由贸易港企业。

（三）房产税

房产税是指针对房屋、建筑物等不动产财产征收的一种税收。GM园区的房产税征收方式分为两种：一种是从价计征，一种是从租计征。具体来说，若房屋已经对外出租，签订租赁合同，则采用“从租计征”的模式，以年租金收入作为计税基础；若

GM园区并未出租房屋，则以房屋的余值作为计税基础。具体如下：

（1）从价计征：税率1.2%（经营自用、免租期）；

（2）从租计征：税率12%；

（3）优惠税率：4%（个人出租住房、企事业单位、社会团体以及其他组织向个人、专业化规模化住房租赁企业出租住房）。

（四）城镇土地使用税

城镇土地使用税是指针对城镇土地使用权征收的一种税收。城镇土地使用税征收对象主要是城镇土地使用权的取得者，包括企事业单位、个人等。城镇土地使用税由国家确定征收范围和税额幅度，由省、自治区、直辖市人民政府依法确定所辖地区的适用税额幅度。城镇土地使用税适用地区幅度差别定额税率。计算公式为：城镇土地使用税额=应税土地的实际占用面积×适用单位税额。如该商业物业存在部分销售的情况，在计算缴纳时可将已销售部分对应面积减除。

（五）印花税

印花税是指对一定范围内合同、契约、凭证等文件进行税收征收的一种税收。印花税也称交易印花税，是一种间接税，即税收负担最终由消费者承担。印花税计算依据《印花税税目税率表》执行。按所载金额计税的印花税计算公式为：应缴纳印花税额=不含税合同金额×合同适用税率。按件计税的印花税按应税数量乘以适用税额计算。

四、税会差异

（一）减租免租的税会差异

根据《企业会计准则解释第1号》的规定，出租人提供免租期的，出租人应将租金总额在不扣除免租期的整个租赁期内，按照直线法或其他合理的方法进行分配，免租期内出租人应当确认收入；如果出租人承担了承租人某些费用，出租人应将该费用自租金收入总额中扣除，按扣除后的租金收入余额在租赁期内进行分配；承租人应将该费用从租金费用总额中扣除，按扣除后的租金费用余额在租赁期内进行分摊。

根据《企业所得税法实施条例》第十九条的规定，租金收入按照合同约定的承租人应付租金的日期确认收入的实现，因此免租期内不确认租金收入，会计上每年确认的租金收入做纳税调减处理，属于应纳税暂时性差异，确认递延所得税负债。

关于租金收入确认时间，会计：在租赁期内，分期均匀计入相关年度收入；增值税：收到预收款时，增值税纳税义务发生；房产税：租金收入按年计算缴纳房产税；印花税：按合同所载金额计算缴纳印花税；企业所得税：按合同约定的应付租金日期确认收入，也可在租赁期内，分期均匀计入相关年度收入。

（二）其他增值服务税会差异

收到预收款或开具增值税发票时，增值税的纳税义务已经发生，但会计核算时因无法保证合同相关的经济利益能够完全流入企业，一般作为合同负债进行列示；全部出租模式中，出租房地产也是按一定周期收取商业租金及商业管理服务费，增值税缴纳按照实际收取或开票金额计算，会计核算时按照权责发生制按期进行收入确认。

（三）扣减项目税会差异

企业所得税的扣减项目形成的税会差异主要为对固定资产以及公允价值模式计量的投资性房地产计提的减值准备。根据企业所得税相关法规，此类损失不得在企业所得税的计算中进行抵减，应当在实际处置资产时予以确认，形成可抵扣暂时性差异，在递延所得税资产中予以确认。

五、管理经验

（一）提前梳理GM园区全流程

根据以上对业务、税种及税会差异的分类讨论，我们可以发现，园区经营的财税管理是一项需要全流程、全周期通盘考虑的重要规划，需要财务人员和业务人员充分沟通才能完成。

对于GM园区来说，拥有土地使用权省去了很多涉及土地增值税的财务事项。但是我国大部分的园区经营方是通过出让和拍卖获得的土地，这就需要考虑将获得土地的成本合理分摊到整个经营期。

同样，经营期内的成本主要是人力成本及固定资产的分摊成本，将固定资产的折旧年限及政策与全周期的营收计划相结合，使收入与成本合理匹配，也是节约企业所得税的重要方法。

目前，GM园区通过与地方大学、规划院合作，将园区路网及安保智能化建设列入地方科研课题，在提升园区服务水平的同时通过了高新技术企业认证，实现了企业所得税的合理减税。

（二）智能化、精细化园区经营

通过前述对园区项目发展三个阶段的分析，可以看出在未来城市更新的大前提下，产业园区将继续向精细化、智慧化以及资产证券化方向发展。

（1）一方面，精细化是指未来的城市更新会着重发力于小区域、碎地块，属于地理层面的精细化。这些区域的更新需要的资金较少，不会对政府及企业造成大的资金压力。同时，区域往往沿河沿江或临近人口密集区，更新后可以大幅提高附近居民的生活品质，有“四两拨千斤”的用处。

另一方面，精细化也是指园区经营的精细化。任何事物的发展都是先解决“从0到1”再解决“从1到100”。从1979年到现在，我国的园区发展已解决了有无的问题，管理和经营也从一开始的“只引进不管理”到“只负责厂房和修路的粗放管理”，再到现在“大管家模式”。

园区的经营精细化将进一步要求经营方提高自身经营理念，主动站在入园企业的角度思考问题，主动去了解入园企业的需求。经营方需要在环保、物业、安保、公共卫生等方面提供更加个性化和专业化的服务。可以预见的是，在物质水平愈发先进的未来，企业将在满足基本生产条件的基础上追求更细致的物业服务，以至于对于一些从事高端产业的产业园区，未来提供“贴身管家”式的高端物业也是大势所趋。

（2）自时任总理李克强在2016年两会期间的政府工作报告中提出“互联网+”行动计划后，各行业都有针对性地利用互联网和大数据提高自身的业务智慧化水平，园区经营行业也不例外。

现阶段国内的园区经营智慧化还处在较为低级的模式，即通过互联网建立“业主–经营方”联络平台进行故障报修、建立互联网监控探头实现实时安保等。这些可以部分满足当下的入园企业要求，但未来仍需更加智慧化的经营方式来与上文提到的精细化相适应。

未来智慧化的主攻方向可能是通过“AI+大数据+智能化硬件”来逐渐代替传统安保、水电抄表、集中供暖/冷温度调节、企业设备故障预警、车位智能引导等。从长远来看，智慧化可以帮助园区在提升物业服务质量的同时，减少经营成本。

（3）现阶段的园区经营资金矛盾主要是产业园区周期长、资金沉淀大、投资回报周期长、去化慢的特性与产业园融资方式以银行贷款、土地出让等为主的单一融资渠道之间的矛盾。为解决这一矛盾，20世纪的美国等西方国家开始建立房地产投资信托基金（REITs），希望通过创新金融手段来解决园区经营的资金需求问题。

在未来，智慧化是园区经营的手段，精细化是通过智慧化经营的结果。园区经营商在实现精细化后，会自然而然地从地产思维转向金融思维以及客户思维，更加重视对资产的经营能力和资本调集的金融能力，实现从“资产”演化为“资本”，同时以客户思维进行园区经营，提升资产的价值，实现园区经营商的可持续发展。

第二节　商业地产经营业财税管理

一、产业导入

商业地产是指用于商业目的的房地产，包括购物中心、办公楼、酒店、餐厅、娱乐场所等。商业地产的经营模式主要是基于租赁收益的模式，商业地产投资者购买或建造商业地产，然后通过出租这些空间来获得租金收益。与住宅房地产和工业地产项目相比，商业地产的经营模式、市场需求和投资风险有所不同，其投资风险相对较高。因此，相较于其他地产，商业地产需要较高的管理专业性。商业地产的经营模式可以分为如图8-3所示的四类。

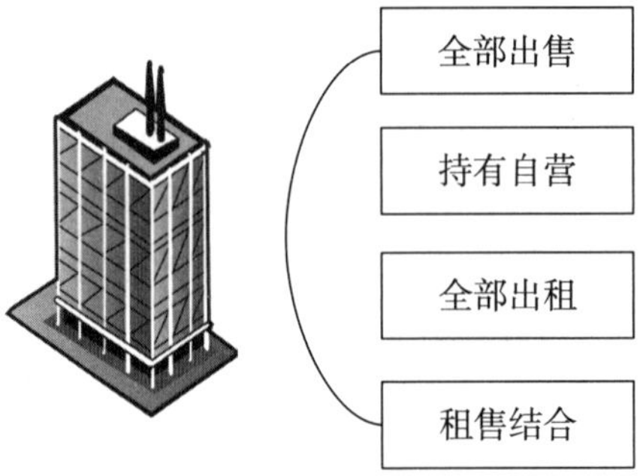

图8-3　商业地产的经营模式

（一）全部出售模式

全部出售是商业地产经营的传统模式之一。在这一经营模式下，城市更新主体通过对房屋所有权的出售来换取经济利益，随着所有权的消灭，该房产的商业活动便与房地产开发企业没有经济业务关系了。在该经营模式中，城市更新主体能够在很短的时间内将资产变现，从而达成降低现金压力与经营风险的财务管理目标。

（二）持有自营模式

城市更新主体对建造完成的商业地产进行直接的管理经营活动，即持有自营。此种经营模式下，城市更新主体实质上同时拥有地产的所有权与经营权。同时，商业管理经营活动的开展也能够结合企业实际生产经营更加具有针对性，放大优势。不过，若城市更新主体自身的经营管理能力有所欠缺，自主经营则未必能够形成经济效益，反而可能引发巨额亏损。

（三）全部出租模式

在全部出租的开发模式中，城市更新主体通常不采取自主经营的策略，而选择将商铺对外出租，并以此合同作为基础对租赁房产的商户实行管理，其收入的实现主要依赖于租金的收取。该模式下，城市更新主体应当不断地培养企业对市场的敏感性，注重品牌塑造，依赖企业自身的品牌效应实现经营能力与市场竞争能力的不断提升。

（四）租售结合模式

租售结合模式是以上多种开发模式的综合运用，具体是指城市更新主体依赖对部分房产进行销售与租赁优先弥补成本，削弱资金压力。这一运作模式最显著的特点是灵活性，能够很好地借助其他社会品牌资源来放大自身的商业经营深度与广度，实现商品效益与品牌效益的最优组合。同时，这一经营模式也能够使企业高管的管理活动在具备主体性的前提下，具备更高的独立性。

以上四种经营模式各有优劣，详见表8-2。目前，市场中绝大多数城市更新主体采用的是租售结合模式，一是迫于资金压力，城市更新中商业地产开发会产生巨额的资金占用，如采用全部出租或者持有自营模式，企业的资金成本则会一直维持在较高的水平；二是随着国家的宏观调控，房地产行业正在经历寒冬，需要有稳定的现金流维持企业的生产经营。

表8-2　　　　商业地产经营模式对比一览表

盈利模式	全部出售	持有自营	全部出租	租售结合
优点	能够较快变现，降低资金压力	能够获得商业地产项目的长期收益	能够获得长期收益，账面资产金额大，便于抵押、质押	在较快变现的同时能够获得商业项目长期收益
缺点	开发周期长，开发风险高	资金占用高，对企业品牌形象及管理能力要求高	资金占用大，经营风险高	企业管理难度较大
适用情况	融资受限、资金紧张的企业	品牌形象佳、管理能力强的企业	资金雄厚、战略偏向保守收缩的企业	希望在获取高额收益的同时维持及经营稳定的开发商

二、会计处理

根据经营模式的不同其会计处理亦有区别，核心问题在于土地资产与房产的确认。根据企业会计准则的规定，对于采用全部出售经营模式的房地产以及租售结合模式中出售部分的房地产，都应当作为开发产品进行核算，列示在存货中；对于持有自营的地产与房产，应当作为固定资产进行核算；对于全部出租和租售结合模式中出租部分的房地产，应当作为投资性房地产进行财务核算。

（一）全部出售模式下的会计处理

在全部出售模式下，城市更新主体持有房地产的主要目的是将其作为商品进行销售，以获得销售收入和利润，实现投资回报和资产价值的增长，该房地产符合《企业会计准则第1号——存货》的定义，应当作为开发产品进行核算。

（1）确认开发成本。

借：开发成本——建筑安装工程费

——土地及大配套费

应交税费——应交增值税（进项税额）

贷：预付账款

银行存款

（2）完工销售产品转入开发产品核算。

借：开发产品

贷：开发成本

（3）收到预收款。

借：银行存款

贷：合同负债

（4）确认收入结转成本。

借：合同负债

贷：主营业务收入

借：主营业务成本

贷：开发产品

（二）持有自营模式下的会计处理

持有自营模式下，城市更新主体持有房地产的主要目的是开展生产经营活动，而非出售或租赁。同时，如果城市更新主体持有的房地产使用寿命超过一个会计年度，并符合《企业会计准则第4号——固定资产》的定义，那么该房地产应作为固定资产进行核算。在核算时，城市更新主体需要按照《企业会计准则第4号——固定资产》的规定，对固定资产进行评估、计提折旧等相关会计处理，以反映其在生产经营活动中的价值和使用情况。

（1）固定资产达到预定可使用状态。

借：固定资产

　贷：银行存款

　　　在建工程

　　　开发产品等

（2）固定资产计提折旧。

借：管理费用

　贷：累计折旧

（3）固定资产计提减值。

借：资产减值损失

　贷：固定资产减值准备

（4）固定资产报废毁损。

借：固定资产清理

　　累计折旧

　　固定资产减值准备

　贷：固定资产

借：银行存款

　贷：固定资产清理

借：资产处置损益（固定资产处置）

　　营业外支出（固定资产报废毁损）

　贷：固定资产清理

　　　营业外收入（固定资产报废毁损）

（三）全部出租模式下的会计处理

在这一模式下，城市更新主体持有房地产的主要目的是通过出租房地产获得租金收入。这符合《企业会计准则第3号——投资性房地产》的定义。因此，城市更新主体应当将其持有的房地产作为投资性房地产进行核算。根据准则规定，城市更新主体可以采用成本模式或公允价值模式来核算投资性房地产。

在成本模式下，城市更新主体需要对投资性房地产进行成本核算，包括购买成本、改良成本、升级成本等。城市更新主体需要对投资性房地产进行折旧或摊销，以反映其在使用过程中的价值变化。在公允价值模式下，城市更新主体需要按照市场公允价值对投资性房地产进行估值，并在财务报表中披露其公允价值变动情况。城市更新主体应选择合适的计量模式，并在财务报表中充分披露核算方法和相关信息。

具体核算方法详见第一节。

（四）租售结合模式下的会计处理

在租售结合模式下，商业地产公司持有房地产的主要目的是实现租金收益和资产升值收益。符合《企业会计准则第3号——投资性房地产》定义的，应当将其作为投资性房地产进行核算。具体核算方式与纯租模式相同，在此不再赘述。

三、税务处理

商业地产的经营主要涉及以下税种：增值税、城市维护建设税、教育费附加以及地方教育附加、企业所得税、土地增值税、房产税、城镇土地使用税、印花税。

（一）增值税及其附加税费

增值税是一种按照货物或者劳务增值额征税的税收。目前，城市更新主体的增值税应税行为主要包括购进工程施工服务、购入建筑材料、销售不动产、销售服务等。需要注意的是，不同行业和业务形态的增值税征税标准、税率和优惠政策也有所不同，企业需要根据自身业务类型和增值税政策的变化进行合理的税务规划和管理。商业地产涉及的增值税见图8-4。

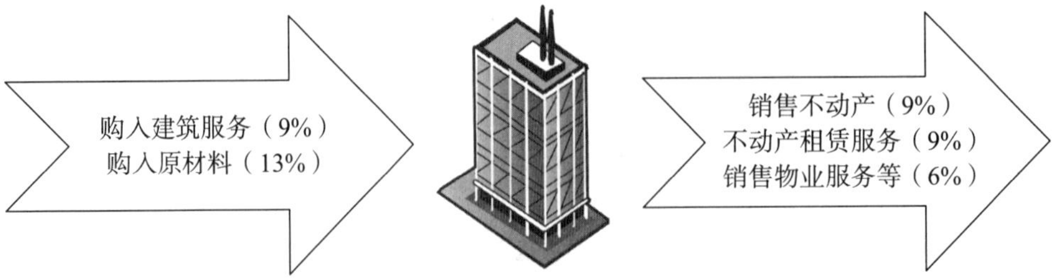

图8-4 商业地产涉及的增值税

城市更新主体的进项税主要有两项：一是购入建筑工程服务；二是购入原材料。

购入建筑服务一般能够获取9%税率的建筑服务发票，购入原材料则获取的是13%的发票。

城市更新主体的销项税则涉及较多，既包括销售不动产，又包括销售现代服务和销售生活服务，具体涉税情况见表8-3。

表8-3 商业经营涉及的增值税税率标准

税　率	分　类
9%	销售不动产，销售现代服务——租赁服务——不动产租赁服务
6%	现代服务（研发和技术服务、信息技术服务、文化创意服务、物流辅助服务、鉴证咨询服务、广播影视服务、商务辅助服务、其他现代服务）
6%	生活服务（文化体育服务、教育医疗服务、旅游娱乐服务、餐饮住宿服务、居民日常服务、其他生活服务）

结合商业地产的经营模式来看，具体缴纳方式如下：

（1）全部出售模式：全部出售模式是唯一涉及销售不动产的业务模式，税率为9%；

（2）持有自营模式：主要涉及销售各类现代服务及生活服务，税率为6%；

（3）全部出租模式：收入主要来自商业租金收入，销项税额计算以租金为基础，按“不动产租赁服务”征收增值税，税率9%；

（4）租售结合模式：主要涉及不动产租赁服务、销售其他现代服务和生活服务，税率为9%或6%。

如果商业物业资产在城市更新主体经营公司名下，自持部分物业在自建或外购时通常会留存大量进项税额，商业经营初期无须缴纳增值税。

如果商业物业资产未在城市更新主体经营公司名下，商业物业持有公司收取商业租赁收入，城市更新主体经营公司收取管理服务费、广告或宣传收入。这种模式下，城市更新主体经营公司仅做经营服务，通常前期无留存的进项税额可抵扣，在经营期内能获取的进项较少，会造成城市更新主体经营公司增值税税负较高的情况。

城市维护建设税、教育费附加和地方教育附加是以纳税人实际缴纳的增值税和消费税税额为计税依据的附加税费。商业地产在缴纳增值税时，也是以实际缴纳的增值税为基础计算这些附加税费。按照当地税率标准计算缴纳，计算公式均为：附加税费=（实际缴纳的增值税+消费税税额）×税率。

（二）企业所得税

企业所得税是指企业在一定时期内（通常是一年）从各种经营活动中取得的所得，按照国家规定的税率和方法计算应纳税额，并在规定的时间内缴纳的税种。企业所得税是一种直接税，是国家重要的财政收入来源之一。计算公式为：所得税=当期应纳税所得额 × 适用税率。由于房地产行业不在高新技术企业适用的名录中，一般情况下商业地产开发企业的企业所得税适用税率为25%。

（三）土地增值税

土地增值税是指在国有土地使用权、地上建筑物及其附着物转让等流转行为中，由商业地产公司按照土地增值额支付的一种税收。其征收对象主要是在土地流转中取得土地使用权的企事业单位、个人等。土地增值税是我国唯一采用超率累进税率进行征收的税种，其税率规定具体如表8–4所示。

表8–4　　土地增值税税率标准

级数	增值率	税率	速算扣除系数
1	≤ 50%的部分	30%	0%
2	50%<增值率≤ 100%的部分	40%	5%
3	100%<增值率≤ 200%的部分	50%	15%
4	>200%的部分	60%	35%

土地增值税的具体计算方式如表8–5所示。

表8–5　　土地增值税的计算方法

第一步	计算增值额	增值额=转让房地产取得的收入–扣除项目金额
第二步	计算准予扣除的金额	准予扣除的金额包括取得土地使用权支付的成本、开发成本、开发费用、与转让房地产相关的税金以及财政部确定的其他扣除项目
第三步	计算增值率	增值率=增值额 ÷ 准予扣除的金额
第四步	计算土地增值税	土地增值税税额=增值额 × 适用税率–扣除项目金额 × 速算扣除系数

商业地产的四种经营模式中，仅有全部出售模式和租售结合模式需要申报缴纳土地增值税。

（四）房产税

房产税是指针对房屋、建筑物等不动产财产所征收的一种税收。商业地产的房产税征收方式分为两种：一种是从价计征，一种是从租计征。具体来说，如房屋已经对外出租，签订租赁合同，则采用“从租计征”的模式，以年租金收入作为计税基础；若商业地产并未出租房屋，也未出售房屋，则以房屋的余值作为计税基础。商业地产房产税的计算规则见图8–5。

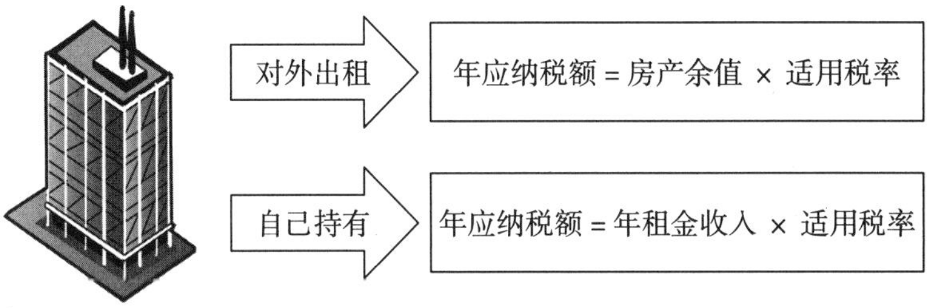

图8–5 商业地产房产税的计算规则

（五）城镇土地使用税

详见本章第一节“三、税务处理”部分。

（六）印花税

详见本章第一节“三、税务处理”部分。

四、税会差异

在商业地产的经营中最主要的税会差异事项有两项：一是收入确认形成的增值税税会差异；二是企业所得税的扣减项目形成的税会差异。

收入确认形成的税会差异主要有两种类型：一是在全部出售模式和租售结合模式中，出售房地产会产生预收款，收到预收款或开具增值税发票时，增值税的预交纳税义务已经发生，但会计核算时因无法保证合同相关的经济利益能够完全流入企业，一般作为合同负债进行列示；二是全部出租和租售结合模式中，出租房地产也是按一定周期收取商业租金及商业管理服务费，增值税缴纳按照实际收取或开票金额计算，会计核算时按照权责发生制按期进行收入确认。

企业所得税的扣减项目形成的税会差异主要为对于开发产品、固定资产以及公允价值模式计量的投资性房地产计提的减值准备。根据《企业所得税法》，此类损失不得在企业所得税的计算中进行抵减，应当在实际处置资产时予以确认，形成可抵扣暂时性差异，在递延所得税资产中予以确认。

五、管理经验

（一）重视税务策划工作

1.关注会计核算方式的选择对纳税的影响

不同的会计核算方式会直接影响公司的纳税情况，如存货的计价方法、折旧的计提方式、坏账损失的处理方式等，都会直接影响公司的经营指标及税负的增减。

比如商业地产自持物业的成本核算方法有两种，投资性房地产可以采用成本模式、公允价值模式两种核算方式。采用成本模式核算，在计算资产净值时，需要将已经摊销的相关成本扣除，并考虑资产的减值损失；而采用公允价值模式计量，在计算资产净值时，只需要考虑资产的公允价值变动，并按照公允价值计算资产净值，不能计提折旧，会造成企业在商业经营期税负较重的情况。从税务角度来看，成本模式更有利于商业地产企业在经营期减少税款缴纳。

2.关注商业地产出售方式对纳税的影响

商业地产公司计划出售自持商业时，应充分考虑税负影响。如果采用直接出售自持物业的方式，根据税法要求需要缴纳的税种包含增值税、土地增值税等，这种处理方式不仅涉及的税种多且税负高。如果采用股权转让的方式出售，出让方无须缴纳增值税、土地增值税，实际操作相对简单，同时出售环节整体税负较低。由此建议，如果商业自持物业后期存在出售的可能性，在拿地阶段就将商业物业单独剥离至独立子公司进行核算，便于后续以出售股权的方式进行出售，降低公司整体税负。

3.关注租赁收入的税务策划

商业地产的租赁收入既要缴纳增值税，又要缴纳房产税，为了能够降低这两种税负，在实际经营管理中可将商业出租的租金在合理范围内按商业管理费费用类别进行拆分，拆分后租金拆出部分的增值税税率由“不动产租赁”的税率9%降低为“生活服务业”的税率6%，形成3个百分点的增值税税率差，同时拆分出的物业管理费也无须按出租房产缴纳房产税。

4.关注房产税的税务策划

房产税根据不同的持有形式有两种计算缴纳方式，二者计税依据与税率均不相同且差异较大。具体来说，自持自用的房产应当按照房产余值计算缴纳房产税，税率

1.2%，对于出租的物业按照租金计算缴纳房产税，税率12%。企业可以区分情况对房产税进行规划，如果自持部分缴纳的房产税较房产出租方式高，可将自持部分的物业出租给关联企业，从而降低房产税税负，策划时要整体考虑物业出租后增值税的影响因素。

5. 关注印花税的税务策划

印花税是一种征税范围广泛、征税频繁的税种，虽然其整体税负较轻，但仍对企业的经营成本和财务管理有一定的影响。因此，对于企业而言，印花税策划是一项非常重要的经营策略。以下是印花税策划的主要关注点：

一是签订合同时应当价税分离，降低税款缴纳基数。在合同签订时进行价税分离，单独列示“不含税价”，这样可以不含税价为基数计算缴纳印花税。

二是区分税目分别书立合同。根据印花税相关规定，如果一张应税凭证上同时载有两个或两个以上经济事项，但适用的税率不同，这些事项分别标明金额的，就按照不同的税率进行计算，然后分别贴上相应的印花税票。如果这些事项没有分别标明金额，就按照税率较高的应税项目进行计算，然后贴上相应的印花税票。因此，在签订合同时如有不同印花税税率的情况，应将不同税率的合同金额分别列示，适度节约印花税税款。

6. 重视税收政策研究

以税务登记为例，在商业企业成立商业项目经营公司时应当选择小规模纳税人，而非一般纳税人。《财政部 税务总局关于实施小微企业普惠性税收减免政策的通知》（财税〔2019〕13号）明确，小规模纳税人享受房产税、印花税等税种的减半征收优惠。在项目经营初期，企业没有大额的进项税款，可以选择小规模纳税人减少印花税、房产税等的税收负担。

（二）重视资金管控

1. 关注资金规划

通常，商业地产对资金的依赖程度较住宅类项目更为突出。与住宅项目相比，商业地产项目的建造成本高于住宅类项目，在建设期需要投入的资金量也较大。同时商业地产会留存大量的自持物业用于后期经营，在建设期可销售的物业相对较少，无法在建设期内为企业带来资金回流，从而造成商业地产项目长期处于资金流出的状态，所以商业地产对资金的需求量较大。相比于住宅类项目，商业地产项目通常建设工程比较复杂，建设周期较住宅项目长，同时，建成后还面临招商、报批等环节，一般从开发到达成经营需要2至3年以上的时间，所以商业地产的资金回流周期较长。商业经营的投资回收期较长，一般在8至10年，经营期间的主要收入为商业租金收入、商业经营管理收入，同时还要承载经营期内的经营支出，所以商业地产经营期内的资金回流额度相对较小。因此如果商业地产前期对资金需求的规划和管控不合理，会造成企业资金链断裂的可能性，引发企业经营风险。

2. 关注拓展商业地产融资渠道

因投资周期较长，商业地产的销售较慢，企业的还款能力会受到一定的影响。商业地产融资与住宅类项目相比有很大的特殊性，对资金的需求量大，在建设阶段主要依赖外部资金，融资时需要用土地和在建工程等做抵押，为融资增信。相对于住宅项目，商业地产项目经营风险、财务风险更高，对资本市场的依赖度更高。在中国的金融环境下，金融机构普遍对商业地产的融资较为谨慎。因此在商业地产开发商层面，要努力争取传统融资方式最大化，同时积极探索银行信贷以外的融资模式，多渠道、多方式解决商业地产融资问题。目前市场上存在的主要融资方式有银行信贷融资、上市融资、债券及投资信托融资、联合开发、并购、融资租赁、房地产证券化融资等。

（三）强化成本管控

商业地产要着力加强建造成本、资金成本、时间成本的控制，打造全方位风险预警体系。在开工建设前期做好整体的成本规划、成本优化，在过程中加强成本管控，将建造成本控制在预期范围之内，争取降本增效的最大化。加强资金管控，编制详细的资金使用计划，明确资金使用的时间节点、付款金额，便于更好地前置规划、统筹资金，规避资金链断裂的风险。加强开发周期管控，制定具体的开发节点达成时间，确保在最短的时间内达到可经营状态，为企业资金回流创造条件。

第三节　产业地产经营业财税管理

一、产业导入

产业地产是以调整产业结构、发展创新经济和战略性新兴产业为目标，以政策为基础，以金融为依托，以地产为载体，以办公楼、配套住宅、研发及生产用房等为主要开发对象，同步形成投资、开发、技术教育、产业孵化、产业集聚等功能，具备城市综合体和产业综合体两大特征的城市混业经济发展模式。产业地产不仅能提高地产商的核心竞争力，实现经济的快速发展，还能缓解当前土地资源不断减少与市场运作效率低下的困境。

近年来，产业地产经历了定制式厂房、小型产业园、连片式集中工业区、主题式园区、产城融合等不同阶段，尽管发展曲折，但也打造了一批成功的产业地产项目。这些项目又吸引龙头企业带动中小微企业联合发展并形成特色产业链，进而充分发挥出产业地产的群聚效应。同时，产业地产的发展不仅能促进地产企业在开发实践中实现产业转型升级，还能将城市经济发展和产业经营结合起来，既尊重了原有的城市规划，也能为未来城市更新及扩张提供有利条件。

具体来说，我国产业地产的发展模式按照实施主体划分为产业园区开发模式、主体企业引导模式、产业地产商模式和综合运作模式四种。

（一）产业园区开发模式

产业园区开发模式以政府为开发主体。在产业地产发展的萌芽阶段以及如今的一些欠发达地区，该开发模式仍然被应用于许多政府的城市发展规划中。在该开发模式中，政府发挥着主导作用，位于企业、房地产开发商的最顶层和中心位置。首先，当地政府根据区域经济发展、城市规划、生态发展、产业转型升级等方面的需要，提出产业园区发展的规划方案和实施计划。然后通过土地出让等方式让中标的房地产企业进行产业园区的房地产开发，最后再以招商引资的方式吸引相关企业入驻产业园区。该模式以地产为载体，以当地产业为依托，目的在于进一步完善城市的功能发展，以满足规划初期各方面的需要。

（二）主体企业引导模式

主体企业引导模式以某一产业方向中实力强大的企业为主体，根据该企业的未来战略规划，在获取大批量的自用土地后，通过自建产业园区，将园区的厂房以出售或出租的方式让渡给同产业内的企业或同产业链的上下游企业，最终实现在某一区域中的某个领域产业链相对完整的集聚。该模式以具有强大实力的企业为主导，以地产为载体，吸引同产业链或上下游企业在园区内聚集。

（三）产业地产商模式

产业地产商模式以房地产开发商为主体。在产业地产开发商获取项目建设土地之后，一种是对产业园区的基本道路、绿化等基础设施进行建设，另一种是对产业园区内的厂房、仓库等房产项目进行施工建设。在项目建设完结以后，产业地产开发商一般以租赁、转让或合资、合作经营的方式对产业园区内的建设项目进行经营管理，并获得一定的资金收益。该模式一般为产业地产发展中的初级模式。

（四）综合运作模式

综合运作模式是产业地产商模式、主体企业引导模式和产业园区开发模式的综合，因此在运作主体上，以政府、产业地产开发商和产业企业为主要对象。在综合运作模式下，产业地产开发的各项工作分工明确且权责划分清晰。一般而言，政府负责总体规划、提供土地以及制定对税收等方面的优惠政策，并在与多主体进行协商后，以政府为主成立负责管理该产业园区的组织机构。产业地产开发商负责产业园区内的基础设施、厂房项目等的开发建设以及后期的经营服务。产业企业则负责召集同一产业领域或同一产业上下游的企业入驻该产业园，解决产业园区的客户问题。

二、会计处理

在经营招商阶段发生的主要业务为商务谈判、业务咨询、土地房产出售和出租以及收到政府补助等。

（一）房地产出租业务的会计处理

1. 初始计量

（1）采用成本模式计量的投资性房地产。外购投资性房地产或自行建造的投资性房地产达到预定可使用状态。

借：投资性房地产

　贷：银行存款

　　　在建工程

　　　开发产品

（2）采用公允价值模式计量的投资性房地产。外购投资性房地产或自行建造的投资性房地产达到预定可使用状态。

借：投资性房地产——成本

　贷：银行存款、在建工程

2. 后续计量

（1）成本模式。计提折旧或进行摊销：

借：主营业务成本
　贷：投资性房地产累计折旧（摊销）
经减值测试后确定发生减值：
借：资产减值损失
　贷：投资性房地产减值准备
（2）公允价值模式。公允价值高于账面价值时：
借：投资性房地产——成本
　贷：公允价值变动损益
公允价值低于账面价值时：
借：公允价值变动损益
　贷：投资性房地产——成本

3.取得收款

（1）产业地产取得的收入主要包括物业管理费、场地管理费、广告费、停车费，一般情况下都是预收款项。
借：银行存款/其他货币资金——第三方支付平台
　　财务费用——金融机构手续费
　贷：预收账款——商业管理——停车费、物业费等
　　　应交税费——应交增值税（销项税额）
（2）产业地产对外出租商铺，按照不动产租赁业务确认收入。
借：银行存款、应收账款
　贷：主营业务收入
　　　应交税费——应交增值税（销项税额）

4.预收款项分期确认收入

提前收取商户物业管理费、场地管理费、广告费、停车费后，后期按月或季度确认收入。
借：预收账款
　贷：主营业务收入

（二）房地产出售业务的会计处理

同本章第二节“二、会计处理”之“（一）全部出售模式下的会计处理”。

（三）收到政府补助的会计处理

《企业会计准则第16号——政府补助》第二条规定，政府补助，是指企业从政府无偿取得货币性资产或非货币性资产。

第四条规定，政府补助分为与资产相关的政府补助和与收益相关的政府补助。与资产相关的政府补助，是指企业取得的、用于购建或以其他方式形成长期资产的政府补助。与收益相关的政府补助，是指除与资产相关的政府补助之外的政府补助。

第七条规定，政府补助为货币性资产的，应当按照收到或应收的金额计量。政府补助为非货币性资产的，应当按照公允价值计量；公允价值不能可靠取得的，按照名义金额计量。

1. 与资产相关的政府补助

与资产相关的政府补助，应当冲减相关资产的账面价值或确认为递延收益。与资产相关的政府补助确认为递延收益的，应当在相关资产使用寿命内按照合理、系统的方法分期计入损益。按照名义金额计量的政府补助，直接计入当期损益。

（1）收到与资产相关的政府补助。

借：在建工程/固定资产等

　贷：递延收益

（2）确认折旧分配递延收益。

借：管理费用等

　贷：累计折旧

借：递延收益

　贷：其他收益

相关资产在使用寿命结束前被出售、转让、报废或发生毁损的，应当将尚未分配的相关递延收益余额转入资产处置当期的损益。

借：递延收益

　贷：其他收益

2. 与收益相关的政府补助

与收益相关的政府补助，应当分情况按照相关规定进行会计处理。用于补偿企业以后期间的相关成本费用或损失的，确认为递延收益，并在确认相关成本费用或损失的期间，计入当期损益或冲减相关成本。

借：银行存款

　贷：递延收益

3.直接计入损益的政府补助

用于补偿企业已发生的相关成本费用或损失的，直接计入当期损益或冲减相关成本。

借：银行存款

　贷：其他收益

4.其他类型的政府补助

对于同时包含与资产相关部分和与收益相关部分的政府补助，应当区分不同部分分别进行会计处理；难以区分的，应当整体归类为与收益相关的政府补助。

三、税务处理

从税务处理的角度来看，产业导入的主要业务模式可以分为两类：一是政府单位自行招商，政策直接给予企业，即产业园区开发模式和主体企业引导模式。二是政府委托属地企业或专门中介机构招商，部分政策直接给予入驻企业，部分给予中间招商单位，再由中间招商单位分配，即产业地产商模式和综合运作模式。

上述模式在企业基本税务管理的基础上，重点区别在于政府返还的处理，即政府直接返还企业的涉税处理和通过中间招商单位间接返还企业的涉税处理。二者主要集中在增值税和企业所得税上。

（一）政府补助的增值税处理

《国家税务总局关于取消增值税扣税凭证认证确认期限等增值税征管问题的公告》（国家税务总局公告2019年第45号）第七条规定，纳税人取得的财政补贴收入，与其销售货物、劳务、服务、无形资产、不动产的收入或者数量直接挂钩的，应按规定计算缴纳增值税。纳税人取得的其他情形的财政补贴收入，不属于增值税应税收入，不征收增值税。

1.作为不征税收入

《国家税务总局关于营改增试点若干征管问题的公告》（国家税务总局公告2016年第53号）第九条第（十一）项规定，增加“未发生销售行为的不征税项目”，用于纳税人收取款项但未发生销售货物、应税劳务、服务、无形资产或不动产的情形。使用“未发生销售行为的不征税项目”编码，发票税率栏应填写“不征税”，不得开具增值税专用发票。

2. 作为征税收入

增值税一般纳税人取得的财政补贴收入，与其销售货物、劳务、服务、无形资产、不动产的收入或者数量直接挂钩的，按其销售货物、劳务、服务、无形资产、不动产的适用税率计算缴纳增值税。

（二）政府补助的企业所得税处理

1. 作为不征税收入

《财政部 国家税务总局关于专项用途财政性资金企业所得税处理问题的通知》（财税〔2011〕70号）第一条规定，企业从县级以上各级人民政府财政部门及其他部门取得的应计入收入总额的财政性资金，凡同时符合以下条件的，可以作为不征税收入，在计算应纳税所得额时从收入总额中减除：

（1）企业能够提供规定资金专项用途的资金拨付文件；

（2）财政部门或其他拨付资金的政府部门对该资金有专门的资金管理办法或具体管理要求；

（3）企业对该资金以及以该资金发生的支出单独进行核算。

此外，上述不征税收入用于支出所形成的费用，不得在计算应纳税所得额时扣除；用于支出所形成的资产，其计算的折旧、摊销不得在计算应纳税所得额时扣除。

2. 作为征税收入

《国家税务总局关于企业所得税应纳税所得额若干税务处理问题的公告》（国家税务总局公告2012年第15号）第七条规定，企业取得的不征税收入，应按照财税〔2011〕70号文件的规定进行处理。凡未按照财税〔2011〕70号文件规定进行管理的，应作为企业应税收入计入应纳税所得额，依法缴纳企业所得税。

四、税会差异

（一）政府补助确认中的税会差异

在会计处理上，政府补助同时满足下列条件的，才能予以确认：企业能够满足政府补助所附条件，能够收到政府补助。在税务处理上，一般来说，应在实际收到政府补助时计入收入总额，即应按收付实现制确认收入的实现，因为企业实际收到款项时才具有纳税能力。在企业能够收到政府补助，但尚未收到政府补助时，税收上还不应确认收入的实现，因为此时企业尚不具备纳税能力。政府补助区分与资产相关的政府补助和与收益相关的政府补助进行处理。

1. 与资产相关的政府补助的确认

在税务处理上，与资产相关的政府补助，除国务院财政、税务主管部门另有规定外，都应在实际取得时计入收入总额。当会计上将收到的政府补助确认为递延收益、在当期计算应纳税所得额时，进行纳税调增处理；自相关资产达到预定可使用状态时起，在相关资产使用寿命内平均分配，分次计入以后各期的损益的，在当期计算应纳税所得额时，进行纳税调减处理；相关资产在使用寿命结束前被出售、转让、报废或发生毁损，将尚未分配的递延收益余额一次性转入资产处置当期的损益的，在当期计算应纳税所得额时，进行纳税调减处理。

2. 与收益相关的政府补助的确认

在税务处理上，与收益相关的政府补助，除国务院财政、税务主管部门另有规定外，都应在实际取得时计入收入总额。当会计上将与收益相关的政府补助，用于补偿企业以后的相关费用或损失，取得时确认为递延收益，在当期计算应纳税所得额时，进行纳税调增处理；当会计上将与收益相关的政府补助在确认相关费用的期间计入当期损益后，在当期计算应纳税所得额时，进行纳税调减处理。当会计上将与收益相关的政府补助，用于补偿企业已发生的相关费用或损失，取得时直接计入当期损益的，在当期计算应纳税所得额时，亦应计入收入总额，无税会差异。

3. 返还政府补助的确认

在会计处理上，已确认的政府补助需要返还的，应当分别下列情况处理：存在相关递延收益的，冲减相关递延收益账面余额，超出部分计入当期损益；不存在相关递延收益的，直接计入当期损益。

在税务处理上，已计入收入总额的补贴收入需要返还的，无论存在相关递延收益，或不存在相关递延收益，在当期计算应纳税所得额时，均可按照实际返还额进行纳税调减处理。

（二）政府补助计量中的税会差异

在会计处理上，政府补助为货币性资产的，应当按照收到或应收的金额计量。政府补助为非货币性资产的，应当按照公允价值计量，公允价值不能可靠取得的，按照名义金额计量。在税务处理上，《企业所得税法》第六条规定，企业以货币形式和非货币形式从各种来源取得的收入，为收入总额。《企业所得税法实施条例》第十三条规定，企业所得税法第六条所称企业以非货币形式取得的收入，应当按照公允价值确定收入额。所称公允价值，是指按照市场价格确定的价值。但税法没有名义金额计量的规定。

1.货币性资产形式的政府补助的计量差异

在会计处理上，根据会计准则规定，企业取得的各种政府补助为货币性资产的，如通过银行转账等方式拨付的补助，通常按照实际收到的金额计量，存在确凿证据表明该项补助是按照固定的定额标准拨付的，如按照实际销量或储备量与单位补贴定额计算的补助等，可以按照应收的金额计量。

在税务处理上，根据《企业所得税法实施条例》第十二条第一款的规定，企业所得税法第六条所称企业取得收入的货币形式，包括现金、存款、应收账款、应收票据、准备持有至到期的债券投资以及债务的豁免等。企业取得货币形式的补贴收入，基本认同会计金额计量。

2.非货币性资产形式的政府补助的计量差异

在会计处理上，根据会计准则规定，政府补助为非货币性资产的，应当按照公允价值计量，公允价值不能可靠取得的，按照名义金额计量。政府补助为非货币性资产的，如该资产附带有关文件、协议、发票、报关单等凭证注明的价值与公允价值差异不大的，应当以有关凭证中注明的价值作为公允价值；没有注明价值或注明价值与公允价值差异较大、但有活跃市场的，应当根据有确凿证据表明的同类或类似资产市场价格作为公允价值；没有注明价值且没有活跃市场、不能可靠取得公允价值的，应当按照名义金额计量，名义金额为1元。

在税务处理上，根据《企业所得税法实施条例》第十二条第二款的规定，企业所得税法第六条所称企业取得收入的非货币形式，包括固定资产、生物资产、无形资产、股权投资、存货、不准备持有至到期的债券投资、劳务以及有关权益等。《企业所得税法实施条例》第十三条规定，企业所得税法第六条所称企业以非货币形式取得的收入，应当按照公允价值确定收入额。所称公允价值，是指按照市场价格确定的价值。企业取得非货币形式的补贴收入基本认同会计公允价值计量。

五、管理经验

（一）增强转型升级意识

传统房地产业已经经历了春、夏、秋季，迎面而来的可能是寒冷的冬季。无论是从土地供应、资金配置还是营销推广、定价等方面来看，其优势相对以往已不再明显。因此，传统房地产业应该尽早思考如何升级转型的问题。在产业地产发展趋势较好的情形下，向同行业、更高层次的方向转变有利于发挥传统房地产企业原有的技术、施工、设计、公关、规划、营销等方面的优势。并且，同行业不同分支的转型升级能够尽可能降低企业的转型风险，并快速响应市场的需求。综合目前产业地产在国内的发展趋势，传统房地产企业可在时机成熟的条件下，加大对产业地产方面的投资。

（二）加强风险防范意识

资金风险问题一直是房地产行业需要重视的问题。传统的住宅地产、商品地产和工业园区都面临资金回收周期长的问题，产业地产也不例外。因此，虽然目前国内还处于产业地产的起步发展阶段，其资金风险问题仍需要企业、地产开发商和政府直面和重视。另外，正是因为产业地产处于起步发展阶段，与其有关的政策、法规还不太成熟和稳定。因此，地产开发商或主体企业在进行产业地产园区开发前，需要评估相应的政策变动带来的风险，尽可能将产业地产开发后期可能遇到的问题弄清楚，并制定相应的应对措施，减少因政策变动带来的风险。

（三）规范管理营运模式

传统的地产开发企业重开发和建设。然而，产业地产不仅仅是将产业园区规划、建设好，更重要的是对产业园区的后期管理经营负责，提升园区的服务能力。因此，产业地产开发商应注意：一是和当地政府建立密切的联系，落实政府相应的管理和监督政策；二是在管理经营人才队伍建设、功能完善、服务能力提升、应急措施等方面不断加强培训并进行考核提升。增强地产开发商的管理和服务意识是产业地产区别于传统房地产的特点之一，该方面水平的提升有利于为园区企业营造良好的生产和运行环境，提升园区的内部协作效率。

（四）打造核心竞争力

品牌竞争不仅仅局限于传统的消费行业，产业地产也需要增强品牌意识，打造核心品牌。当前，在产业地产发展的起步阶段，华夏幸福、联东U谷、碧桂园等传统房地产开发企业已在产业地产行业中占据一定地位。而企业之前的实力、战略规划以及品牌影响力为其目前在产业地产中所处的地位发挥了重要作用。因此，在产业地产上建立起独有的、与企业本身高度一致的核心品牌可以进一步提升其在产业地产行业中的竞争力，为其快速在该行业中抢占资源创造有利条件。

第四节　公共服务经营业财税管理

一、产业导入

公共服务经营业财税管理是指在城市更新项目中，对公共服务设施的投资、建设、经营、维护等活动进行有效的财务和税务管理，以实现公共服务设施的可持续发展和优化配置。

城市更新项目公共服务是指在城市更新过程中，为提高城市功能、改善城市环境、满足居民需求而提供的基础设施和公共服务设施，包括交通、水利、能源、通信、绿化、环卫、教育、卫生、文化、体育等领域。城市更新项目公共服务既是城市更新的重要内容和目标，也是城市更新的重要手段和载体，对于提升城市品质和居民福祉具有重要意义。

（一）公共服务经营主体

1. 政府投资建设经营

指政府通过财政预算或债务融资等方式投资建设公共服务设施，并由政府部门或下属机构负责经营管理，收取费用或提供免费服务。这种方式适用于具有较强公益性和社会效益的公共服务设施项目，如教育、卫生、文化等领域。

2. 政府委托社会资本建设经营

政府通过招标等方式选择社会资本作为项目实施主体，与其签订合同，约定投资回报机制和风险分担方式，由社会资本负责建设和经营公共服务设施，按照合同规定向政府支付一定比例的收益或向用户收取一定标准的费用。这种方式适用于具有一定商业性和经济效益的公共服务设施项目，如交通、水利、能源等领域。

3. 政府购买社会资本经营服务

政府通过招标等方式选择社会资本作为项目经营主体，与其签订合同，约定服务内容、质量、价格等标准，由社会资本负责经营管理公共服务设施，按照合同规定向政府提供服务并获得相应的报酬。这种方式适用于具有明确需求和标准的公共服务设施项目，如环卫、绿化、停车等领域。

4. 社会资本自主投资建设经营

社会资本根据市场需求和政策导向，自主投资建设和经营公共服务设施，按照市场规则向用户收取费用或提供免费服务。这种方式适用于具有较强竞争性和创新性的公共服务设施项目，如充电桩、自行车租赁、垃圾分类等领域。

（二）公共服务经营模式

根据城市更新项目公共服务的投融资模式和收益分配方式，可分为以下几种经营模式：

1. BOT（Build–Operate–Transfer）模式

即建设–经营–移交模式，是指社会资本按照政府要求投资建设公共服务设施，并在约定期限内负责经营管理，从中获得收益，在合同期满后将设施移交给政府的一种模式。该模式适用于投资规模较大、建设周期较长、经营风险较高的公共服务设施项目，如城市轨道交通、城市供水、城市污水处理等。该模式的优点是可以充分调动社会资本的积极性，减轻政府财政负担，提高项目效率和质量；缺点是可能导致社会资本过度追求利润，牺牲公共利益，或者因为政策变化、市场波动等因素造成合同违约或纠纷。

2. TOT（Transfer–Operate–Transfer）模式

即移交–经营–移交模式，是指政府将已建成的公共服务设施移交给社会资本，在约定期限内由社会资本负责经营管理，并从中获得收益，在合同期满后将设施移交回政府的一种模式。该模式适用于已建成的公共服务设施项目，但由于政府管理不善或资金不足等原因，导致设施经营效率低下或服务质量下降的情况，如城市公交、城市燃气、城市供热等。该模式的优点是可以利用社会资本的专业能力和管理经验，提升公共服务设施的经营水平和服务水平；缺点是可能引起社会舆论的反对或不理解，认为政府将公共资源廉价出让给私人企业。

3. BOO（Build-Own-Operate）模式

即建设-拥有-经营模式，是指社会资本按照政府要求投资建设公共服务设施，并永久拥有该设施的产权和经营权，从中获得收益的一种模式。该模式适用于投资规模较小、建设周期较短、经营风险较低的公共服务设施项目，如城市充电桩、城市自行车租赁、城市垃圾分类等。该模式的优点是可以充分发挥市场机制的作用，促进公共服务设施的创新和多样化；缺点是可能导致社会资本垄断市场，提高收费标准或降低服务标准。

4. PPP（Public-Private Partnership）模式

即公私合作模式，是指政府与社会资本通过合同形式，在项目全生命周期内实现资源整合、风险分担、利益共享的一种模式。PPP模式下，根据合同约定的收益来源和分配方式，又可细分为政府收益分成、政府购买服务、政府补贴、用户付费等子模式。该模式适用于具有明确公益性和商业性相结合的公共服务设施项目，如城市综合体、城市文化体育中心、城市智慧停车等。该模式的优点是可以实现政府与社会资本的资源整合、风险分担、利益共享。

（1）政府收益分成模式。该模式是指政府与社会资本按照合同约定的比例，共享公共服务设施的经营收益，如票务收入、广告收入、租赁收入等。该模式适用于具有较高收益预期和较低风险的公共服务设施项目，如城市轨道交通、城市公园、城市博物馆等。该模式的优点是可以激励社会资本提高经营效率和服务质量，提高收益来源和收益水平；缺点是可能导致政府与社会资本之间的利益冲突，或者因为收益波动而影响项目稳定性。

（2）政府购买服务模式。该模式是指政府按照合同约定的服务内容、质量、价格等标准，向社会资本购买公共服务设施的经营服务，并向社会资本支付相应的报酬。该模式适用于具有明确需求和标准的公共服务设施项目，如城市环卫、城市绿化、城市停车等。该模式的优点是可以明确政府与社会资本的权责关系，降低政府的财政支出和风险承担；缺点是可能导致社会资本降低服务标准或提高服务价格，或者因为政府支付迟滞而影响项目经营。

（3）政府补贴模式。该模式是指政府按照合同约定的方式和标准，向社会资本提供一定程度的财政补贴，以弥补公共服务设施经营的成本与收益之间的差额。该模式适用于具有较强公益性和社会效益，但缺乏足够市场需求和收益支撑的公共服务设施项目，如城市教育、城市卫生、城市文化等领域。该模式的优点是可以保障公共服务设施项目的可持续性和普惠性，增进社会公平和福祉；缺点是可能导致政府财政压力过大，或者因为补贴标准不合理而影响市场竞争。

（4）用户付费模式。该模式是指社会资本按照合同约定的方式和标准，向使用公共服务设施的用户收取一定的费用，以实现项目经营的自给自足。该模式适用于具有较强商业性和经济效益，且用户支付意愿和能力较强的公共服务设施项目，如城市充电桩、城市自行车租赁、城市垃圾分类等领域。该模式的优点是可以充分发挥市场机制的作用，促进公共服务设施的创新和多样化；缺点是可能导致用户付费负担过重，或者因为用户需求变化而影响项目稳定性。

二、会计处理

公共服务经营期内的会计核算主要涉及项目经营收入、资产摊销、经营维护、升级改造、大修支出、经营阶段的融资以及移交前恢复到规定状态等。经营阶段的融资主要包括流动资金贷款或偿还项目前期的贷款等。账务处理一般有三种模式，分别是金融资产模式、无形资产模式、混合模式，具体账务处理如下。

（一）金融资产模式下的会计处理

1. 确认收入成本

项目公司对金融资产的价值应遵循《企业会计准则第22号——金融工具确认和计量》的规定，初始按照公允价值进行计量，后续采取实际利率法以摊余成本进行计量。实际利率是指将金融资产在预期存续期间或适用的更短期间内的未来现金流量，折现为该金融资产当前账面价值所使用的利率。项目公司可根据已确认的金融资产价值、经营期内每年预计回款金额（仅指PPP协议约定的建设投资成本及回报形成的现金流入，不含运维服务收款）、经营期限等必要信息，对实际利率进行测算。

（1）确认经营期累计应收利息。

借：其他应收款

　贷：未确认融资收益

（2）每季度末，根据实际利率法确认利息收入。

借：未实现融资收益

　贷：财务费用——利息收入

（3）分期收取政府方（业主）款项时，项目公司应根据建设期与经营期所提供服务的公允价值按比例对收取业主款项进行分劈，属于合同内建设期部分服务应收对价的对应冲减长期应收款，属于合同内经营期部分服务应收对价的部分确认营业收入。

借：银行存款

　　应交税费——待转销项税额（将建设期未达到纳税义务发生时间的销项税额予以确认）

　贷：长期应收款

　　　主营业务收入

　　　应交税费——应交增值税

（4）项目公司经营管理发生相关成本费用。

借：管理费用、主营业务成本等

　　应交税费——待认证进项税额（发票未认证）

　　　　　　——应交增值税（发票已认证）

　贷：银行存款等

2.预提大修费用

按照合同规定，项目公司为使有关基础设施保持一定的服务能力或在移交给合同授予方之前保持一定的使用状态，预计将发生的支出，应当按照《企业会计准则第13号——或有事项》的规定处理。在此情况下，项目公司应采取实际利率法按现值确认一项预计负债。

（1）每年对需发生的维修费用进行预计，按现值确认预计负债。

借：主营业务成本

　贷：预计负债

借：递延所得税资产

　贷：所得税费用

（2）计提预计负债的时间价值。

借：财务费用——利息支出

　贷：预计负债

借：递延所得税资产

　贷：所得税费用

（3）实际支出时。

借：预计负债

　贷：银行存款

借：所得税费用

　贷：递延所得税资产

3.提取法定盈余公积

项目公司每年应按照年度净利润的10%提取法定盈余公积，累计提取额达到公司注册资本50%以上的可不再提取；年度发生亏损的不提取法定盈余公积。

借：利润分配

　贷：盈余公积

4.实施利润分配

项目公司应根据公司章程的规定，由董事会制定利润分配方案，经股东会审批后，向股东实施利润分配。

借：利润分配

　贷：应付股利

支付股利时：

借：应付股利

　贷：银行存款

5.返还资本金

在项目公司实际经营活动中，尤其是经营期满无偿移交的情况下，社会资本方投入的资本金一般都会分年从项目公司收回。按照规范处理，应实施减资或股权转让，但相关手续非常复杂，同时政府方对资本金的要求非常严格，一般只能通过往来账项进行返还。

借：其他应收款——社会资本方

　贷：银行存款

（二）无形资产模式下的会计处理

1.确认收入成本

（1）特许经营权摊销。无形资产模式下，项目公司应按经营期时间或按工作量（如高速公路可按车流量）等对无形资产合理进行摊销。

借：主营业务成本

　贷：无形资产（摊销）

（2）营业收入确认。按收到款项或合同约定，每期收取使用者付费时确认收入。

借：银行存款、应收账款等

应交税费——待转销项税额（将建设期未达到纳税义务发生时间的销项税额予以确认）

贷：主营业务收入

应交税费——应交增值税

（3）项目公司经营管理发生相关成本费用。

借：管理费用、主营业务成本等

应交税费——待认证进项税额（发票未认证）

——应交增值税（发票已认证）

贷：银行存款等

2. 预提大修费用、提取法定盈余公积、实施利润分配、返还资本金

同金融资产模式下的核算。

（三）混合模式下的会计处理

1. 确认收入成本

（1）特许经营权摊销。项目公司应按经营期时间或按工作量（如高速公路可按车流量）等对无形资产合理进行摊销。

借：主营业务成本

贷：无形资产（摊销）

（2）确认经营期累计应收利息。

借：其他应收款

贷：未确认融资收益

（3）每季度末，根据实际利率法确认利息收入。

借：未实现融资收益

贷：财务费用——利息收入

（4）分别对金融资产和无形资产进行会计处理。经营期间收取的金额应当进行适当的拆分，对合同约定的无条件收款部分应冲减金融资产，剩余部分确认为收入。

借：银行存款

应交税费——待转销项税额（将建设期未达到纳税义务发生时间的销项税额予以确认）

贷：长期应收款

主营业务收入

应交税费——应交增值税

（5）项目公司经营管理发生相关成本费用的会计处理同上，不再赘述。

2. 预提大修费用、提取法定盈余公积、实施利润分配、返还资本金

同金融资产模式下的核算。

三、税务处理

公共服务在经营期间涉及的税种有增值税、企业所得税、印花税、土地增值税、房产税等，其中增值税、企业所得税按照不同的付费机制所取得的各项收入，应按照不同税目来缴纳相关税费，下面对不同付费机制下的税收处理进行探讨。

（一）使用者付费机制的税务处理

使用者付费是指由最终消费者直接付费购买公共产品和服务。社会资本方通过直接向最终使用者收取费用，以回收建设成本并取得合理收益。例如，高速公路项目、桥梁隧道项目等都属于这种情况。

1. 增值税税务处理

使用者付费机制下，增值税税收问题与一般形式下的商品或服务购销交易类似，该付费本质上是最终使用者对享受的服务向项目公司支付相应对价。项目公司从最终使用者所取得的收入应作为其营业收入，并按规定缴纳相关的增值税。例如重庆轨道交通九号线一期工程采取的就是使用者付费机制。其收入主要分别是票价收入和商铺租赁收入。其中，项目公司取得的票价收入应按照交通运输业来缴纳增值税，适用税率为9%。出租地铁站内商铺取得的租金收入，则按照不动产租赁来缴纳增值税，适用税率为9%。

2. 企业所得税税务处理

项目公司收取的最终使用者付费应当全额计入应纳税所得额申报缴纳企业所得税。但由于很多PPP项目都涉及基础设施的相关建设，因此会享受与企业所得税相关的优惠政策。如，依据《企业所得税法》和《企业所得税法实施条例》第八十七条及《财政部 国家税务总局关于执行公共基础设施项目企业所得税优惠目录有关问题的通知》（财税〔2008〕46号），对于从符合条件的节能节水和保护环境的项目（如：垃圾处理、污水处理、工业废气处理、引水工程、电力水力等项目）中获得的收益，从项目获得的第一笔收入所属的纳税年份开始算，三免三减半。例如，云南省首个PPP模式的高速公路晋红高速于2017年正式通车，该高速主要由某路桥集团有限公司和某水利水电有限公司建设及经营。那么从其取得第一笔收入的2017年起，包括2017年、2018年和2019年三年享受免征企业所得税的税收优惠，2020年、2021年和2022年则享受企业所得税减半征收的优惠政策。

（二）政府付费机制的税务处理

政府付费是指政府直接付费给项目公司购买公共产品和服务。这种付费机制主要适用于无法找到直接受益对象，或者受益对象太多，对象不明确，向社会公共收费的环节无法确定，受益多少无法量化的情况。类似于污水处理、废水废气废渣的回收等都属于这种情况。其与使用者付费的最大区别之处在于付费主体是政府，而非项目的最终使用者。由此导致政府付费机制与使用者付费机制在纳税方面存在差异之处。

1.增值税税务处理

政府付费机制模式下，项目公司提供的劳务主要是针对资源的综合利用，例如垃圾的焚烧处理、污泥处置等。因此，项目公司在缴纳增值税时，可根据其所提供的劳务享受增值税税收优惠政策。例如，重庆市乡镇污水处理的项目就是政府付费机制下的PPP项目。其项目公司取得的污水处理收入，根据《财政部 税务总局关于完善资源综合利用增值税政策的公告》（财政部 税务总局公告2021年第40号）的规定，对污水处理劳务适用增值税即征即退政策，也可选择适用免征增值税政策；一经选定，36个月内不得变更。而对于项目公司其他销售自产的资源综合利用产品和提供资源综合利用劳务，适用增值税即征即退政策。

2.企业所得税税务处理

有关企业所得税问题，首先需要明确的是，政府所支付的费用实际上是对其享受项目公司提供相应劳务的对价，是项目公司提供劳务后所取得的经营收入，不属于政府补贴补助的范畴，应纳入企业所得税的征税范围。而如果其提供的劳务满足企业所得税的税收优惠政策，也应享受所得税的相关优惠。例如，污水处理厂处理污水获得的由政府方支付的价款，适用《企业所得税法》第二十七条所规定的从事符合条件的环境保护、节能节水项目的所得，那么从其取得第一笔经营收入起可享受企业所得税三免三减半的优惠政策。

（三）可行性缺口补助的税务处理

可行性缺口补助是指使用者付费不足以满足项目公司的成本回收和合理回报时，

由政府给予项目公司一定的经济补助，以弥补使用者付费之外的缺口部分。对于可行性缺口补贴，政府作为支付补贴主体，实际上并没有享受到项目公司所提供的劳务或服务，而是代实际使用者支付对价，因此在性质上应将其界定为政府补贴。

1.增值税税务处理

在界定可行性缺口补贴（实际上属于政府补助）的性质之后，在判断其是否应缴纳增值税时，应当区分其补贴是否与项目公司的销售或提供劳务行为有关。根据《国家税务总局关于取消增值税扣税凭证认证确认期限等增值税征管问题的公告》（国家税务总局公告2019年第45号），纳税人取得的财政补贴收入，与其销售货物、劳务、服务、无形资产、不动产的收入或者数量直接挂钩的，应按规定计算缴纳增值税。纳税人取得的其他情形的财政补贴收入，不属于增值税应税收入，不征收增值税。本节认为，对于可行性缺口补贴，应区分其补贴是否与项目公司的销售或提供劳务行为有关。如果与此有关，则应按其征税项目计征增值税。如果与项目公司销售行为无关，则可免征增值税。例如，就地铁项目公司的可行性缺口补贴收入而言，现假定地铁公司要把每张票价设定为5元才能实现成本回收并获得合理回报，而实际上地铁公司将票价定为3元，剩余2元由政府以可行性缺口形式补贴给项目公司。对于项目公司，其获得的5元票价收入都应按照交通运输业项目来缴纳增值税，其中也包括政府给予的每张2元的缺口补助。因此在这种情况下，对于可行性缺口补助应正常缴纳增值税。而对于政府提供的与销售提供劳务无关的缺口补助，例如政府向地铁项目公司提供的专用于地铁新技术研发的可行性缺口补助，或者地铁的维护相关费用，其本质上与地铁公司销售经营行为无关，应视为不征增值税的补贴收入。

2.企业所得税税务处理

关于可行性缺口的企业所得税征税问题，根据《企业所得税法》及《企业所得税法实施条例》的有关规定，经国务院批准，企业从县级以上各级人民政府财政部门及其他部门取得的应计入收入总额的财政性资金，凡同时符合以下三个条件的，可以作为不征税收入，在计算应纳税所得额时从收入总额中减除：（1）企业能够提供规定资金专项用途的资金拨付文件；（2）财政部门或其他拨付资金的政府部门对该资金有专门的资金管理办法或具体管理要求；（3）企业对该资金以及以该资金发生的支出单独进行核算。因此，对于项目公司来说，只要其取得的可行性缺口补助满足以上三个条件，就可作为企业所得税的不征税收入。

四、税会差异

税会差异产生的根本原因是税法和会计准则各自的目标不同。税法的目的是保障国家税收收入，会计准则的目的是保证会计信息质量。由于两者服务的对象和利益不同，因此在对经济业务的确认、计量和报告方面有不同的规定和要求，从而导致了税会差异。

（一）增值税差异

公共服务经营会计核算上采用金融资产、无形资产或混合模式，理论上对建设投资经营回报的适用税率为6%，取得的经营养护收入适用税率为9%。而实际操作中，所在地税务局通常会从高按照9%计征增值税，从而产生税率的差异。

（二）企业所得税差异

金融资产模式核算下，存在金融资产的未实现融资收益，核算时按照实际利率进行摊销，实际上具有递延性质，在税法上存在纳税调减。

以一个具体的城市更新项目为例，说明存在的主要税会差异。

假设某开发商承担了一个城市更新项目，该项目涉及一个旧城区的改造，总投资为10亿元，其中土地征用及拆迁补偿费为2亿元，前期费用为1亿元，建设工程费用为6亿元，间接费用为1亿元。该项目分为两个子项目，分别是新建住宅楼和改造商业街。新建住宅楼占地5万平方米，建筑面积10万平方米，全部用于对外销售，预计售价为2万元/平方米；改造商业街占地2万平方米，建筑面积4万平方米，全部用于自持经营，预计租金为100元/平方米/月。该项目于2021年1月1日开工，预计2022年12月31日竣工。

该项目存在的主要税会差异如下：

（1）收入方面。该项目在售出新建住宅楼时，在增值税上属于视同销售，在企业所得税上属于房地产开发企业销售商品房。在视同销售时，在签订商品房买卖合同并收到或者应收到全部或者部分房款时缴纳增值税；在企业所得税上，则应当按照合同签订后实际收到或者应收到房款比例确认销售收入。因此，增值税上确认收入的时间可能早于企业所得税上确认收入的时间，造成了税会差异。

（2）成本费用方面。该项目在支付前期费用、拆迁补偿费、建设工程费等时，在会计上可以按照实际发生额确认为在建工程的成本，在竣工后转入存货或者固定资产；在税务上则要按照税法的规定进行扣除。例如，前期费用中的土地使用权取得费、建设用地平整费等，在会计上可以作为在建工程的成本，在税务上则不能扣除，只能在转让土地使用权或者房屋产权时作为成本扣除。因此，会计上确认成本的金额可能大于税务上扣除成本的金额，造成了税会差异。

（3）资产方面。该项目在竣工后将新建住宅楼转入存货，将改造商业街转入固定资产，会计上可以按照实际发生额作为资产的初始成本，税务上则要按照税法的规定进行计算。例如，固定资产的折旧，会计上可以选择直线法或者加速折旧法，并根据预计使用寿命和净残值率确定折旧年限和方法；税务上则要按照税法规定的最低折旧年限和直线法进行折旧。因此，会计上计算的固定资产账面价值可能小于税务上计算的固定资产计税基础，造成了税会差异。

五、管理经验

（一）建立专业团队

城市更新项目需要有专业的团队来进行全周期的业财税管理，团队成员应具备相关的专业知识和经验，能够熟悉项目的各个环节和各方利益相关者的需求与诉求，能够及时发现和解决问题，提高项目的执行效率和质量。

（二）制定合理方案

城市更新项目需要根据具体情况制定合理的方案来进行全周期的业财税管理，方案应包括项目目标、投资预算、融资渠道、收益预测、风险评估等内容，并根据外部环境和内部条件的变化进行动态调整和优化。

（三）实施有效控制

城市更新项目需要通过有效的控制手段来进行全周期的业财税管理，控制手段应包括制度规范、流程监督、信息系统等，并建立相应的考核激励机制，确保项目按照既定方案顺利推进，及时发现并纠正偏差。

（四）开展持续优化

城市更新项目需要通过持续优化来进行全周期的业财税管理，优化内容应包括成本节约、收入增加、资金使用效率提高、税收负担减轻等，并借鉴其他成功案例和最新政策，不断提升项目的经济效益和社会效益。

（五）做好税务策划

在项目的策划和实施阶段，应当充分考虑税法和会计准则的差异，合理安排项目的收入和支出计划，优化项目的税收策划和现金流管理，尽量减少税会差异对项目效益的负面影响。

在项目的核算和报告阶段，应当遵循税法和会计准则的规定，准确确认和计量项目的收入、成本、资产等，及时披露项目的财务信息和纳税信息，提高会计信息和税务信息的透明度与可比性。

在项目的评价和决策阶段，应当综合分析财务指标和纳税指标，兼顾国家利益和企业利益，客观评价项目的经济效益和社会效益，合理制定项目的发展战略和风险控制措施。

（六）加大政策支持

未来随着城市更新项目不断发展，城市更新相关法律法规和政策措施对项目的支持力度也需要进一步加大。例如，加大对城市更新项目的财政投入和专项债券支持，出台更加优惠的税收政策和减免措施，推动城市更新项目的市场化融资和多元化投资，促进城市更新项目的健康发展。

技术创新性方面：城市更新项目将充分利用现代信息技术和智能化手段，为城市更新全周期业财税管理提供更加高效的技术支持。例如，建立统一的数据平台和信息系统，实现项目的全程监测和动态管理，提高项目的透明度和可信度；运用大数据分析和人工智能等技术，进行项目的精准预测和智能优化，提高项目的决策水平和执行效果。

模式多样性方面：城市更新项目将根据不同的区域特点和发展需求，探索出更加多样化的运作模式，为城市更新全周期业财税管理提供更加灵活的模式选择。例如，发展多种形式的政府与社会资本合作（PPP）模式，实现资源共享和风险分担；推广多种形式的物业权利人参与模式，实现利益共享和共治共建；借鉴多种形式的国际先进模式，实现经验借鉴和创新发展。

第五节　社区深度经营业财税管理

一、业务描述

城市更新在我国转型发展的新阶段提出，强调提升城市质量、增强城市机能、实现城市可持续发展。城市更新不是简单的物理空间重构，也不是产业升级的手段，是在城市发展的过程中进行利益格局重组，注重公平兼顾效益，需要政府、市场、社会发挥合力。城市更新项目中的社区深度经营主要聚焦于存量社区，不仅要系统性地解决其土地利用率不高、生活设施配套差、公共服务品质低等基础性的问题，更强调通过“产城融合”达到资金的平衡和管理经营的可持续性。

本节所称“社区深度经营”主要是指对城市更新项目中的社区进行全面管理和经营的一系列活动和措施，旨在改善社区居住环境，提高居民的生活质量，并促进社区居民的参与和发展。可以说，经营是城市更新的灵魂，城市更新的可持续经营需要加强经营服务能力，不断为区域充实内容。平台公司和社会投资人要注重专业的内容提供和经营服务，补强城市经营方面的短板。

（一）城市更新项目中的社区更新

在我国社会经济面临转型升级的大背景下，城市空间拓展从“新区开发的增量发展”转向“城市中心重构的存量挖潜”，城市更新的趋势已经从“点状建筑更新”转向“片区整体更新”。鉴于此，国内各大城市开始探索片区更新，按照“留、改、拆”并举的思路，综合了文化挖掘再造、产业经济升级、空间集约高效、民生服务提升等手段，对城市中心区域存量空间进行系统性的更新改造。在疫情防控和疫情后重振的特殊时期，作为城市功能区重要组成单元的“社区”成为社会各界关注的重点。在新一轮城市更新进程中，伴随产业回流和人口重构，社区成为产业和人口的重要空间载体之一，也是串联城市不同功能模块的介质。如何对社区进行更新改造，特别是对城市中心区老旧社区进行改造，是推动旧城改造、焕发城市活力的核心问题。

旧城更新改造的目的不是单纯满足人的幸福感，更重要的是激活城市中心，提供全新的产业和功能载体。近年来，我国片区更新的模式逐渐从“拆、改、留”转向“留、改、拆”，从“点状建筑更新”到“片区整体更新”进行转变。“社区”作为区域功能模块的重要组成部分，是推动片区更新的核心要素，其中老旧社区成为需要重点突破的关键问题。传统的房地产开发逻辑在老旧社区更新改造中不再普遍适用，“渐进式更新”和“微更新”将成为新的趋势。

（二）老旧社区更新的商业模式

总结来看，各城市改造案例坚持市场化原则，绝大多数由国企平台公司主导，因地制宜、创新模式，体现了“地方政府切实履行主体责任”的要求。

（1）改造模式方面，部分项目采取收储（或收租）改造的模式，如深圳、成都、重庆、苏州；部分项目为拆除新建和整治提升并举，如上海、沈阳、合肥。从所有案例来看，不存在纯拆除新建类项目，更注重历史建筑的保护。这与政府提出的“采取拆除新建、整治提升、拆整结合等不同方式分类改造”“做好历史文化传承保护”的表述相符。

（2）投资额方面，涉及拆除新建的项目投资额较高，单项目整体投资额可能超百亿元；只进行整治提升的项目投资额较低，单项目改造额可能不超10亿元。当然，投资额还与项目占地面积直接相关。

（3）资金来源方面，主要包括财政、国企平台、市场化主体、集体组织、居民自筹、商业银行、政策性银行等，资金筹措渠道较为丰富。

（4）收回投资方面，涉及拆除新建的项目能够利用商品住宅的销售回款结合商业地产的经营收入，部分项目通过区域内储备地块的联动开发平衡资金，但由于拆迁补偿和改造工程相对复杂、非标，回收期也较招拍挂开发项目更长；不涉及拆除新建的项目只能依靠收储（收租）资产的经营收入，回收期预计更长，或达到4~10年及以上。这与政府提出的“实行改造资金和规划指标全市统筹、土地资源区域统筹，促进资金综合平衡、动态平衡”“多种业态并举”的表述相符。

（5）市场化主体参与路径方面，模式比较多元化，既可采用轻资产模式作为项目的总承包方或代建代经营方，也可采用中资产（统租改造城中村）或重资产（住宅商业地产）模式。

（三）G市YQ坊城市更新项目介绍

YQ坊位于G市的历史文化保护街区恩宁路，这里蕴藏丰富的历史文化资源，有全市最长和最完整的骑楼老街、岭南风情和西关文化特色。随着城市中心的东移，老城区的建筑风貌残破、生活配套落后等问题亟待解决。作为G市首个历史文化街区整治微改造项目，YQ坊改造从2006年开始，历经多轮方案摸索前行。

由于项目所在地为历史文化街区，拆除改造将破坏原有建筑和街巷格局，项目启动初期即引来争议，推进缓慢。直到《G市城市更新办法》出台后，改造思路转变，YQ坊作为试点开始推进微改造工作。

（四）G市YQ坊项目中的经营难点

城市更新项目中的经营情况见图8–6。

设施类型	空间载体	运营主体	运营整合机制
基础设施	市政道路、开放公园	施工企业、养护公司	PPP、政府购买服务
公用设施	污水处理厂、供水厂	专业运营公司	PPP、特许经营
产业设施	存量厂房、产业园区	招商机构、产业运营商	股权合作、委托服务
商服设施	商业街区、商业楼宇	商业运管机构	委托运营、开业顾问、租赁
文化体育设施	历史建筑、博物馆、剧院、体育场	专业运营公司、活动组织商	委托运营、政府购买服务

图8-6 城市更新项目中的经营情况

老旧社区更新改造是我国当前城市建设的一项重要内容，也是一项极具复杂性的城市活动。但老旧社区在更新改造过程中也存在许多矛盾。在对G市城市中心区域的老旧社区进行分类和研究后，我们发现，现有的老旧社区存在明显的缺陷与不足。

1. 文化延续与城市发展的矛盾

同大多数国家一样，城市的发展扩张必定会面临老旧社区更新问题，早期我国的社区更新几乎是在大规模的拆建模式中往复进行的。随着时间的推进，这种大规模拆建模式的弊端也逐渐显现出来。虽然大部分的人居环境得到改善，当地经济也得到了振兴，但城市社区的历史底蕴在一定程度上被覆盖，丧失了其独有的特色文化，导致城市空间单调、风貌平庸、居民归属感降低，出现了“千城一面”的状况。

2. 有限的资金来源与改造成效的矛盾

改造资金的来源是老旧社区外环境改造面临的重大难题，首先是改造总资金上的不足，其来源难以持续；其次是资金在分配比例上的问题，外环境改造所占比例较少，无法满足各类物质环境要素的更新。产生这些现象的原因有二，其一是我国城市老旧社区改造的资金来源主要以政府财政拨款为主，而需要改造的老旧社区众多，资金来源难以满足改造资金的需求；其二是我国老旧社区改造大多从建筑本体结构改造入手，外环境改造未受到重视，有限的资金来源与外环境品质提升的矛盾一直存在。如何从根源上解决资金问题及利用有限的资金将改造的效益最大化，是目前城市老旧社区外环境微改造所需要解决的关键性问题。

3. 盈利模式单一和持续经营的矛盾

与政府补贴为主的基础设施改造相比，公共服务产品的提供和收费，可以为企业参与社区改造带来更大的盈利空间。但目前社区的盈利模式还比较老旧，通常以收取物业管理费为主，盈利模式过于单一。如何挖掘社区商业与文化价值，成为社区盈利的主要难点。缺乏有效的盈利模式，无法筹措资金推动社区的良性经营，使得社区更新无法持续。

4. 不同参与方利益之间的矛盾

社区更新改造工作涉及面广，牵涉不同参与方，其利益诉求不尽相同，在社区更新改造方案的制定中，需要平衡各方利益，这也是长期存在的矛盾。社区更新改造项目的利益相关方见图8–7。

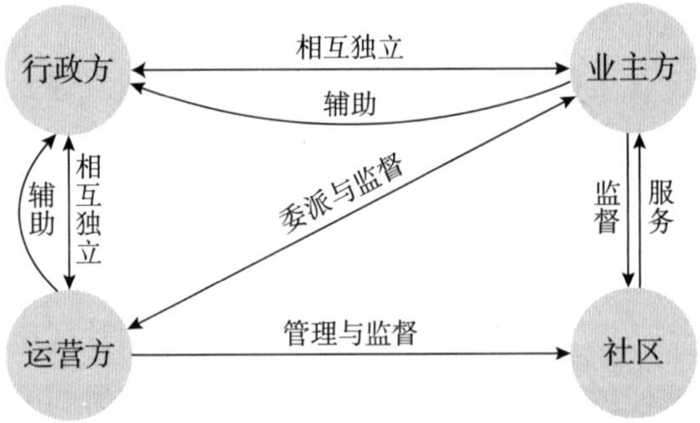

图8–7 社区更新改造项目的利益相关方

（五）G市YQ坊项目社区经营模式

G市YQ坊项目在旧城改造中率先创新采取BOT合作模式，政府以出租公有物业15年为激励引入社会资本，由企业投资、建设和经营，企业自负盈亏并在经营期满后无偿交回政府。项目分别于2015年12月、2018年8月公开招投标，引入万科集团进行建设和经营。在建设过程中，项目还提出了一些奖励措施用以调动各方积极性，例如对企业端适当延长免租期，对居民端提出给予主动修缮房屋的居民奖励等措施，促进了改造的顺利推进。

根据规划方案，项目将形成以“坊、巷、里、弄”为格局的开放式布局，在保留传统业态的基础上，遵循整体片区风貌，引入调性适配的餐饮、特色零售、老字号、非遗体验等多元的商业业态，形成中低密度的新式人文体验场所，打造具有都市人文底蕴的历史风情街区。除了通过商业激发片区活力外，YQ坊改造还注重导入新兴产业和增建文化设施，强化自我造血和引流能力，包括：活化李小龙祖居为向公众开放的纪念馆；基于片区深厚的粤剧文化底蕴，新建了一座粤剧艺术博物馆；引入文化、创意、传媒等行业进驻创客空间；不定期举办展览、艺术周、音乐节等各类艺文活动。

（六）G市YQ坊项目社区深度经营成效

在环境和交通容量允许、可以进行市场化经营的前提下，通过地上地下建筑面积的增量发展，在合理的范围内进行限价或出租。新增地上地下建筑面积，能够为引进人才提供更高的具有市场竞争力的优质人才住房，保障企业从二级项目开发中获利，达到改造和更新型等项目的融资平衡。

实行部分或全部土地“带方案”公开出让方式，该模式适用于有较多商业住宅可出售、能够吸引资金雄厚且经营能力强的企业的项目。采用“带方案”土地“招拍挂”方式约束社区的建设内容与标准，避免土地市场“价高者得”的竞争局面，降低企业的土地成本。

社区建成经营后，能够对社区自持的不可售物业或物业管理等产生稳定的现金流部分，通过资产证券化的方式为持续经营提供长期的持有资金。对自持的商业地产、人才租赁公寓等预期能够产生持续稳定经营性现金流的部分进行分类梳理和整合打包，发行项目收益票据，在中国银行间市场交易商协会发行。

系统解决了棚户区改造、城中村改造项目的遗留问题。棚户区、城中村改造项目难以实现资金平衡，社区运用“整体规划、统筹实施”的策略，系统解决棚户区改造、城中村改造等项目的遗留问题，为新基础设施、新交通、低碳环保等产业新技术提供更新的机会和落地支撑。社区更新改造项目的经营模式见图8–8。

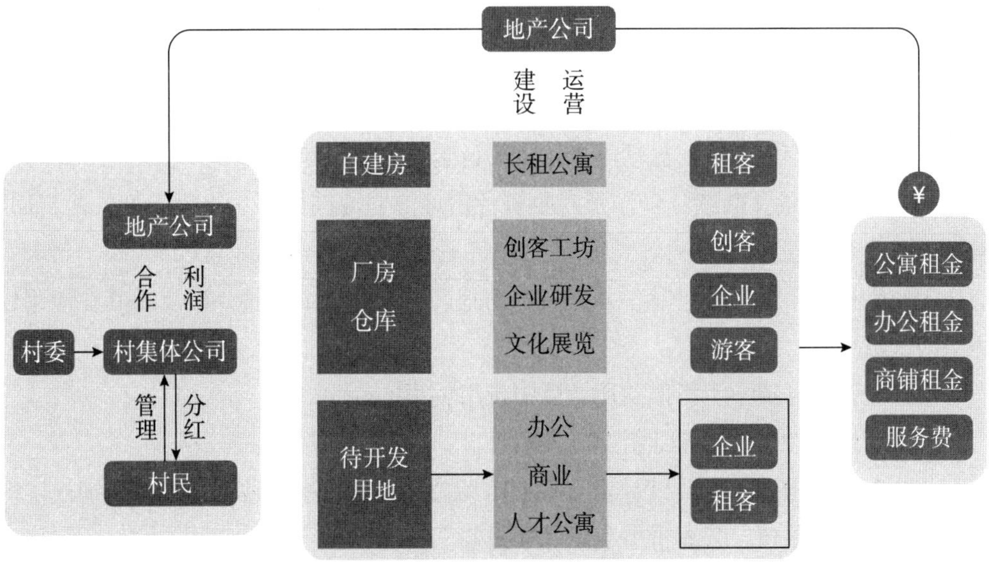

图8–8　社区更新改造项目的经营模式

二、会计处理

（一）出租业务的会计处理

1.收益模式

G市YQ坊项目目前主要经营模式以村民–租客、村集体–企业单向模式为主，以租客租金、社区商业、集体厂房仓库出租分红为主要盈利来源。改造规划提出了“企业建设经营、村集体所有、村民分红”的经营模式，通过村集体成立股份制有限公司与地产公司合作，由地产公司建设经营，将利润分红给村集体，再由村集体根据物业面积分红给村民。

利润来源由单纯的自建房、厂房租金变为公寓租金、办公租金、商铺租金和社区服务费等多种模式组合。假设按照1 000平方米计算，改造前每户月均租金为1.8~2.0万元，年底分红1万元，年收入约为22.6~25万元；改造后每户月整租租金为2.5~3.0万元，年底各类分红合计10万元，年收入约为40~46万元。

2.会计处理

对于出租业务的会计处理，涉及租客租金、社区商业和集体厂房仓库出租分红等主要收入来源。针对这些收入的会计处理如下。

（1）初始计量。初始计量主要适用于新建或购买的房地产、商铺或厂房仓库等资产。根据实际情况和会计准则的规定，对这些资产进行初始计量，并将其纳入相应的资产账户。

借：投资性房地产（或商铺、厂房仓库等）

　贷：银行存款、应付款项等（用于支付购买成本或建设成本）

（2）后续计量。后续计量涉及对投资性房地产、商铺或厂房仓库等资产的折旧、摊销、减值等处理。

①成本模式下的后续计量。对投资性房地产进行折旧或摊销，以反映其在使用过程中的价值变化。

借：主营业务成本（折旧费用、摊销费用）

　贷：投资性房地产累计折旧（摊销）

②公允价值模式下的后续计量。根据市场公允价值对投资性房地产、商铺或厂房仓库等资产进行估值，公允价值变动计入损益。

借：公允价值变动损益（或商铺/厂房仓库——公允价值变动损益）

贷：投资性房地产——成本（或商铺/厂房仓库——成本）

（3）收入确认。收到租客租金、社区商业租金或集体厂房仓库出租分红时，应确认相应的收入。

借：银行存款、应收账款等

贷：主营业务收入（租金收入、商业租金收入、出租分红收入）

（二）商业服务业务的会计处理

1.收益模式

G市YQ坊项目开发经营商通过盘活闲置空间，增加商业服务带动盈利，将闲置公房空间整合建设便民商业设施。例如，将200平方米的废弃车棚改造后出租给便民商店，为居民提供保姆家政、家电清洗、针头线脑等生活服务商业，同时引入多家老字号连锁食品企业入驻经营。然后按照一定标准收取物业费，除了物业管理费用，还将收取停车费以及电梯维护费等以收回投资成本，获取稳定经营收益，实现投资回报平衡及可持续经营。

2.会计处理

根据提供的信息，该项目的商业服务业务包括提供保姆家政、家电清洗、针头线脑等生活服务商业以及引入老字号连锁食品企业入驻经营。以下是该项目商业服务业务会计处理的一般性说明。

（1）初始计量。对于改造后的废弃车棚或闲置空间的整合建设，应将相关成本作为投资进行初始计量。

借：在建工程、长期待摊费用

贷：银行存款、应付款项等（用于支付改造费用）

（2）后续计量。商业服务业务的后续计量主要涉及成本的核算和费用的分摊。对于商业服务的成本，需要进行适当的核算，包括人力成本、材料成本、设备折旧等。

借：主营业务成本（人力成本、材料成本等）

贷：商业服务业务投资累计折旧（摊销）

（3）收入确认。商业服务业务的收入应当根据实际发生情况进行确认。对于提供保姆家政、家电清洗、针头线脑等服务的收入，可以按照服务费用的收取周期进行确认。

借：银行存款、应收账款等

贷：主营业务收入（服务费收入）

（4）物业费和其他收费。该项目还收取物业费、停车费和电梯维护费等费用。物业费可以根据物业面积或其他约定的标准进行收取，并按照合同约定的周期确认收入。

借：银行存款、应收账款等

贷：主营业务收入（物业费收入）

三、税务处理

（一）G市YQ坊项目的财税特征

城市更新项目根据拆改力度的不同可以划分为三种类型，分别为拆除重建类、有机更新类和综合整治类。其中有机更新类项目主要指的是在保留原建筑的基础上进行少量拆建，最终达到对资产提质增效的目标。G市YQ坊项目即为有机更新类项目。

目前有机更新类项目在财务上的典型特征就是账面历史成本过低，而交易价款相对于历史成本价格极高，最终结果是交易成本，特别是交易税费居高不下。若城市更新管理团队缺乏专业能力和实务经验，不重视成本控制和税收策划，公司利润极有可能被税金侵占，或者直接导致项目亏损。

（二）G市YQ坊项目的税务处理

有机更新类项目以初始取得为起点，城市更新项目管理流程共经历四个环节，包括取得环节、改造环节、持有环节和处置环节。整个更新过程涉及的税收业务类型包括：房地产销售、租赁缴纳增值税及附加；销售土地、房产缴纳土地增值税；签订合同、产权转移书据缴纳印花税；购入土地、房产缴纳契税；租赁、自营房产缴纳房产税；持有房产缴纳城镇土地使用税；销售、经营按照应纳税所得额或收入缴纳企业所得税（25%或核定征收率）等。

（三）具体税种的业务处理

1.增值税及其附加税费

有机更新类项目增值税涉及的业务环节和业务类型比较多，在持有环节租赁、自营业务以及销售环节均涉及增值税的缴纳。如城市更新项目为2016年4月30日前的房地产老项目，其销售和租赁缴纳增值税时均按照5%的征收率计算。这里重点需要考虑的是持有期间或者更新改造过程中购进的原材料和建筑劳务取得的进项税额无法进行抵扣的问题。同时，《财政部 税务总局 住房城乡建设部关于完善住房租赁有关税收政策的公告》（财政部 税务总局 住房城乡建设部公告2021年第24号）规定，在企业将住房出租给个人的情况适用简易办法的基础上，按照5%的征收率再减按1.5%的优惠税率计算缴纳增值税。

G市YQ坊项目经营主要涉及房地产销售、租赁业务，具体涉税情况见表8-6。

表8-6 G市YQ坊项目经营涉及的增值税税率标准

税 率	分 类
9%	现代服务——租赁服务
6%	现代服务（鉴证咨询服务、商务辅助服务、其他现代服务） 生活服务（其他生活服务）

在策划时应重点考虑如何进销平衡或者适用阶段性优惠政策来实现策划目标。

自2019年4月1日至2023年12月31日，允许生产、生活性服务业纳税人按当期可抵扣进项税额加计一定比例，抵减应纳税额。加计抵减比例规定见表8-7。

表8-7 加计抵减比例规定

适用范围		2019年4月1日—9月30日	2019年10月1日—2022年12月31日	2023年1月1日—12月31日
邮政、电信、现代服务	四项服务销售额/全部销售额>50%	10%	10%	5%
生活服务	生活服务销售额/全部销售额>50%	10%	15%	10%

2. 土地增值税

在土地投入环节，由于城市更新项目基本上都属于房地产开发项目，实施主体应具备房地产开发资质，故此种情形下社区所属企业投入土地置换物业，需要缴纳土地增值税。在房地产处置环节，社区所属企业用原有房产置换回来的物业，视同销售不动产计征土地增值税。对于G市YQ坊项目来说，销售土地、房产缴纳土地增值税（适用30%~60%超率累进税率）。

3. 印花税

在G市YQ坊项目中，涉及的印花税主要是在房地产销售和产权转移过程中需要缴纳的税费，印花税的税率以0.05%计。

4. 契税

在G市YQ坊项目中，涉及的契税主要是在购买土地或房产时需要缴纳的税费，契税的税率为3%。

5. 房产税

在G市YQ坊项目中，涉及的房产税主要是针对租赁和自营房产的持有者需要缴纳的税费（从租计征，税率12%，或者从价计征，税率1.2%）。

6. 城镇土地使用税

在G市YQ坊项目中，持有土地的所有权人需要按照当地税务机关规定的时间和程序缴纳城镇土地使用税，税额根据地方规定，范围为1.5~30元/平方米。

7. 企业所得税

企业所得税的税基是企业的实际所得额或收入，按照评估价减去历史成本、税金等成本按25%的比例缴纳，如果不动产出资入股后转让股权项目属于特殊税务处理范畴，则允许12个月的等待期。

四、税会差异

（一）减租免租导致的税会差异

根据《企业会计准则解释第1号》的规定，出租人提供免租期的，出租人应将租金总额在不扣除免租期的整个租赁期内，按照直线法或其他合理的方法进行分配，免租期内出租人应当确认收入；如果出租人承担了承租人某些费用，出租人应将该费用自租金收入总额中扣除，按扣除后的租金收入余额在租赁期内进行分配；承租人应将该费用从租金费用总额中扣除，按扣除后的租金费用余额在租赁期内进行分摊。

如果G市YQ坊项目根据当地政策提供租金减免或免租优惠给特定租户，根据《企业所得税法实施条例》第十九条的规定，租金收入按照合同约定的承租人应付租金的日期确认收入的实现，因此免租期内不确认租金收入，会计上每年确认的租金收入做纳税调减处理，属于应纳税暂时性差异，确认递延所得税负债。

（二）预收款项产生的税会差异

G市YQ坊项目收取的预付的物业管理费、场地管理费、广告费、停车费等款项属于预收款项，根据《营业税收征增值税试点实施办法》（财税〔2016〕36号文件附件1）的规定，当收到预收款或开具增值税发票时，增值税的纳税义务已经发生，但会计核算时因无法保证合同相关的经济利益能够完全流入企业，一般作为合同负债进行列示。全部出租模式中，出租房地产也是按一定周期收取商业租金及商业管理服务费，增值税缴纳按照实际收取或开票金额计算，会计核算时按照权责发生制按期进行收入确认。

（三）减值项目形成的税会差异

根据当地企业所得税相关法规，G市YQ坊项目可能可以享受某些扣减项目，例如对于房地产租赁业务，可能可以扣减与租赁相关的合理成本和费用。这些扣减项目的具体规定和限制将影响企业所得税的计算，从而导致税会差异。企业所得税的扣减项目形成的税会差异主要为对于固定资产以及公允价值模式计量的投资性房地产计提的减值准备。根据企业所得税相关规定，此类损失不得在企业所得税的计算中进行抵减，应当在实际处置资产时予以确认，形成可抵扣暂时性差异，在递延所得税资产中予以确认。

五、管理经验

（一）提前进行项目调研规划

城市更新工作政策性强、关联度高，企业应深入研究、掌握以及灵活运用相关政策法规，分析各种城市更新方案的利弊，选取最有利的方式实施。同时注重城市更新实施过程中的沟通、协调以及谈判等工作，以政策要求为准绳来规范各项工作，以法律规定为依据来保护企业切身利益。

企业应全面调查摸清所有土地和物业的基本状况、产权归属、利用现状等情况、做好土地的确权以及地上建筑物登记工作，密切配合政府妥善解决存在的历史遗留问题，切实保障企业的合法权益。积极参与城市更新工作，主动联络政府相关部门以及其他权利人，采用市场化运作模式，详细制定或协商有关城市更新具体计划，注重实施前期介入和实施过程控制等工作，争取各方利益最大化。

城市更新工作涉及的税收法律法规繁多，征收管理难度较大，税务处理比较复杂，存在一定的税务风险。企业应仔细研究探讨有关税收法律法规，透彻理解相关税收规定，保持与主管税务机关的联系。尤其是对于税收法律法规较难理解或征收管理柔性较大的问题，企业应及时征询主管税务机关的意见，具体操作以主管税务机关的意见为准，以规避税务风险。

（二）找到税务策划的立足点

结合国家税收政策，合理选择企业纳税身份。我国不同行业的税率是由纳税人的身份决定的，从纳税人源头管理入手尤为重要。国家大力实施减税降费，出台系列税收优惠政策，给税务策划提供了合理的契机。城市更新项目经营企业进行税收策划时可以考虑根据经营模式确定纳税身份，从而实现税务策划目的。若企业自营管理业务较多，可以不申请成为房地产企业，这样未来股权转让环节可以享受相关契税、土地增值税及企业所得税优惠政策。分清混合销售和兼营行为按照“经营主业”划分只征一种税的原则，企业有充分的空间进行税收策划，采取适合企业自身和产品特点的纳税方式。因此，企业选择身份时应结合未来发展、人力成本、采购成本等综合确定。

结合企业管理特点，最大化发挥税务策划效用。就经营企业而言，应结合纳税人的身份特点，分析哪些税种具有税收策划价值。从理论上来讲，应选择税负伸缩弹性大、税收优惠空间多的税种作为切入点。城市更新项目经营企业涉及税种多，包括增值税、企业所得税、房产税、土地增值税以及各项地方税种，最有代表性的是土地增值税。从计税原理上讲，控制、降低土地增值税可从三方面出发：降低产品售价、增加可扣除项目与合并核算低增值率业务，同时可能造成收入减少或者其他成本、税负的上升。作为地方性税种，土地增值税各地规定差异较大，征收条款及清算节点具有很大的策划空间。企业应着眼于总体税后净收益最大化，对策划方案进行综合考量。

寻找结构化变量，运用模型测算策划效果。影响应纳税额最直接、最根本的因素是计税依据和税率，税收政策的自变量和因变量之间是相互作用的关系，其他间接因素都通过这两个因素产生作用。从某种意义上说，税收策划就是纳税人主动利用税收政策条款，达到减轻纳税成本或者延迟纳税的目的，主要涉及差异性条款和优惠性条款等特定条款。差异性条款主要是不同税率差的核算方式，比如产业地产经营收入涉及出租收入和服务性收入，存在税率和税种的差异。对于优惠性条款，比如《土地增值税暂行条例》规定了很多税收优惠政策以及普通住宅免征的条件。企业可通过相关变量之间的测算，实现最佳的策划效果。从以上原则出发，实际操作过程可以结合不同需求延伸至各项业务经营活动，结合产业生命发展周期及税种进行策划，达到有的放矢的目的。

（三）做好过程管控税务变动

地产达到预售可销售阶段，即进入收入管理模式，该阶段与房地产企业相似，涉及税种主要是增值税、城镇土地使用税和确认土地增值税清算等。根据政策规定，房地产开发企业中的一般纳税人销售自行开发的房地产项目，适用一般计税方法计税，按照取得的全部价款和价外费用，扣除当期销售房地产项目对应的土地价款后的余额计算销售额。因此，收入的核算类型决定了企业税种及税负，税务策划的关键是合理确定收入类型及标准，在不同业务之间进行合理划分。

房地产开发企业商品房风险报酬转移，涉及城镇土地使用税纳税义务的终止确认。对于房地产开发企业转让新建商品房，应当自房屋交付使用次月起终止纳税义务；对于房地产开发企业转让存量房，应当自房屋办理权属转移、变更登记手续，房地产权属登记机关签发房屋权属证次月起终止纳税义务。因此，约定的交付时间、建设规划许可证的取得时间、房产证的办理时间，提供了多维度综合平衡的视角。我国土地增值税实行30%~60%的四级超率累进税率，因此，首先应确定土地增值税的清算时间点，合理确定清算管理思路。销售阶段最主要影响是销售完成后的土地增值税清算；对于先租后售情况涉及的土地增值税，纳税人出租、自用或借予他人使用超过1年的，转让时应按销售旧房处理，也是确定销售时点及方式需要关注的事项。根据政策规定，土地增值税清算分为企业主动申报和主管税务机关要求进行清算两大类，即企业在房产可销售部分全部完成或者比例达到85%以上，均应当自满足条件之日起90日内办理清算手续。因此，日常管理税务策划应形成指导文件，合理控制销售政策和方向，尽可能地延迟进行土地增值税清算。需要说明的是，延迟纳税也是纳税策划的重要组成部分，表面上延迟纳税无法为企业带来直接的税负减免，实际上企业可获得较大的资金时间价值。

第九章 城市更新项目到期移交的业财税融合管理

第一节 资产、股权移交的业财税管理

本节主要从物业移交、BT项目移交和PPP项目移交的财税管理进行分析。

物业移交参考《青岛市城市更新和城市建设税费政策指引》(2023年修订版)。

一、物业移交的业财税管理

在城市更新项目中，物业移交主要发生在保障性住房、城中村改造和政府配建的公共配套设施中。移交的方式分为两种，一种是无偿移交，不论是城中村改造中分成物业的无偿移交，还是配建物业的直接移交和无偿移交，本质上都构成合作企业在公开竞拍土地时所需要支付的对价的组成部分。采用该模式，一定程度上降低了合作企业首次竞拍所需要支付的地价款，缓解了合作企业整体的资金压力。另一种是有偿移交，有偿移交主要通过政府或村集体经济组织回购实现，有偿移交模式下，对合作企业整体的建设资金回款起到了支撑作用，但也存在回购价格低于市场价格的情形，一定程度上也为合作企业带来了一定的涉税风险。

保障性住房与配建物业的移交在政策、会计和税务处理上有相似之处，具体处理可参考配建物业的移交，本节不再赘述。

(一)分成物业的移交

村经济联社集体土地被征收后，取得按征地面积的一定比例计算的预留发展用地(以下简称“留用地”)，登记在村经济联社名下，村经济联社补缴土地出让金后变为国有性质用地，通过公开拍卖方式转让给合作企业。按照拍卖协议约定，合作企业除支付部分货币外，还需无偿移交给村经济联社、村民一定数量的分成物业。涉税环节

包括补缴土地出让金、留用地转让、分成物业移交等。

分成物业建成后，按照拍卖或转让协议，合作企业将物业过户到村经济联社（村集体经济组织）名下。一般有两种实现方式：一是合作企业以“货币+分成物业”的方式购买村集体经济组织留用地，按照拍卖或转让协议，分成物业建成后无偿移交给村集体经济组织；二是合作企业以纯货币形式购买留用地，但约定分成物业建成后，村集体经济组织、村民可以按固定价格回购分成物业。

1.无偿移交模式

（1）会计处理。

①合作企业。分成物业无偿移交时：

借：营业外支出

　　贷：开发产品

　　　　应交税费——应交增值税（销项税额）

②村集体经济组织、村民。接收分成物业时：

借：固定资产

　　贷：营业外收入

（2）税务处理。

①合作企业。

一是增值税及附加。根据《营业税改征增值税试点实施办法》（财税〔2016〕36号文件附件1）第十四条“下列情形视同销售服务、无形资产或者不动产：……（二）单位或者个人向其他单位或者个人无偿转让无形资产或者不动产，但用于公益事业或者以社会公众为对象的除外”之规定，合作企业按照拍卖或转让协议，将分成物业移交给村集体经济组织的，应按照销售不动产征收增值税。计税依据按照留用地转让时点分成物业的约定价值（或市场评估价值）确定，同时按相关规定缴纳城市维护建设税、教育费附加、地方教育附加。

二是土地增值税。《财政部 国家税务总局关于土地增值税一些具体问题规定的通知》（财税字〔1995〕48号）第二条规定，对于一方出地，一方出资金，双方合作建房，建成后按比例分房自用的，暂免征收土地增值税；建成后转让的，应征收土地增值税。

《国家税务总局关于土地增值税清算有关问题的通知》（国税函〔2010〕220号）第一条明确，土地增值税清算时，已全额开具商品房销售发票的，按照发票所载金额确认收入；未开具发票或未全额开具发票的，以交易双方签订的销售合同所载的售房金额及其他收益确认收入。销售合同所载商品房面积与有关部门实际测量面积不一致，在清算前已发生补、退房款的，应在计算土地增值税时予以调整。

《国家税务总局关于房地产开发企业土地增值税清算管理有关问题的通知》（国税发〔2006〕187号）第三条明确，房地产开发企业将开发产品用于职工福利、奖励、对外投资、分配给股东或投资人、抵偿债务、换取其他单位和个人的非货币性资产等，发生所有权转移时应视同销售房地产，其收入按下列方法和顺序确认：（1）按本企业在同一地区、同一年度销售的同类房地产的平均价格确定；（2）由主管税务机关参照当地当年、同类房地产的市场价格或评估价值确定。综上，合作企业按照拍卖或转让协议，将分成物业移交给村集体经济组织的，应视同销售征收土地增值税。土地增值税视同销售收入按照留用地转让时点分成物业的约定价值（或市场评估价值）确定。对已全额开具商品房销售发票的，按照发票所载金额确认土地增值税视同销售应税收入。

三是印花税。根据《印花税法》第五条，应税产权转移书据的计税依据，为产权转移书据所列的金额，不包括列明的增值税税款；对房屋等建筑物和构筑物所有权转让书据按照“产权转移书据”税目，以产权转移书据所列金额（不包括列明的增值税税款）的万分之五征收印花税。

四是企业所得税。根据《国家税务总局关于印发〈房地产开发经营业务企业所得税处理办法〉的通知》（国税发〔2009〕31号）第七条“企业将开发产品用于捐赠、赞助、职工福利、奖励、对外投资、分配给股东或投资人、抵偿债务、换取其他企事业单位和个人的非货币性资产等行为，应视同销售，于开发产品所有权或使用权转移，或于实际取得利益权利时确认收入（或利润）的实现。确认收入（或利润）的方法和顺序为：（一）按本企业近期或本年度最近月份同类开发产品市场销售价格确定；（二）由主管税务机关参照当地同类开发产品市场公允价值确定；（三）按开发产品的成本利润率确定。开发产品的成本利润率不得低于15%，具体比例由主管税务机关确定”之规定，应视同销售。确认视同销售价格时，同类开发产品指代建村民安置房类产品。同时可按照国税发〔2009〕31号文件第三十一条“企业以非货币交易方式取得土地使用权的，应按下列规定确定其成本：（一）企业、单位以换取开发产品为目的，将土地使用权投资企业的，按下列规定进行处理：1.换取的开发产品如为该项土地开发、建造的，接受投资的企业在接受土地使用权时暂不确认其成本，待首次分出开发产品时，再按应分出开发产品（包括首次分出的和以后应分出的）的市场公允价值和土地使用权转移过程中应支付的相关税费计算确认该项土地使用权的成本。如涉及补价，土地使用权的取得成本还应加上应支付的补价款或减除应收到的补价款。2.换取的开发产品如为其他土地开发、建造的，接受投资的企业在投资交易发生时，按应付出开发产品市场公允价值和土地使用权转移过程中应支付的相关税费计算确认该项土地使用权的成本。如涉及补价，土地使用权的取得成本还应加上应支付的补价款或减除应收到的补价款。（二）企业、单位以股权的形式，将土地使用权投资企业的，接受投资的企业应在投资交易发生时，按该项土地使用权的市场公允价值和土地使用权转移过程中应支付的相关税费计算确认该项土地使用权的取得成本。如涉及补价，土地使用权的取得成本还应加上应支付的补价款或减除应收到的补价款”之规定，确认为开发产品的土地成本。

②村集体经济组织、村民。

一是契税。根据《契税法》第四条，土地使用权赠与、房屋赠与以及其他没有价格的转移土地、房屋权属行为，契税的计税依据为税务机关参照土地使用权出售、房屋买卖的市场价格依法核定的价格。对村集体经济组织、村民取得的分成物业，应按照成交价格缴纳契税。

二是印花税。根据《财政部 国家税务总局关于调整房地产交易环节税收政策的通知》（财税〔2008〕137号）第二条，“对个人销售或购买住房暂免征收印花税”。根据《印花税法》，对房屋等建筑物和构筑物所有权转让书据按照“产权转移书据”税目，以产权转移书据所列金额（不包括列明的增值税税款）的万分之五征收印花税。

三是企业所得税。根据国税发〔2009〕31号文件第三十七条，企业以换取开发产品为目的，将土地使用权投资其他企业房地产开发项目的，按以下规定进行处理：企业应在首次取得开发产品时，将其分解为转让土地使用权和购入开发产品两项经济业务进行所得税处理，并按应从该项目取得的开发产品（包括首次取得的和以后应取得的）的市场公允价值计算确认土地使用权转让所得或损失。村集体经济组织以换取开发产品为目的，将土地使用权投资其他企业房地产开发项目的，应在首次取得开发产品时，将其分解为转让土地使用权和购入开发产品两项经济业务进行所得税处理，并按应从该项目取得的开发产品（包括首次取得的和以后应取得的）的市场公允价值计算确认土地使用权转让所得或损失。根据《企业所得税法实施条例》第五十八条，非货币性资产交换取得的固定资产，以该资产的公允价值和支付的相关税费为计税基础。上述改造主体公司和村集体经济组织确认的资产公允价值应保持一致。

2. 固定价格回购

（1）会计处理。

①合作企业。物业回购时，确认本期收入成本：

借：银行存款、应收账款

　贷：主营业务收入

　　应交税费——应交增值税（销项税额）

借：主营业务成本

  贷：开发产品

②村集体经济组织、村民。物业回购时：

借：固定资产

  贷：银行存款、应付账款

（2）税务处理。

①合作企业。

一是增值税及附加。根据《营业税改征增值税试点实施办法》（财税〔2016〕36号文件附件1）第四十四条，“纳税人发生应税行为价格明显偏低或者偏高且不具有合理商业目的的，或者发生本办法第十四条所列行为而无销售额的，主管税务机关有权按照下列顺序确定销售额：（一）按照纳税人最近时期销售同类服务、无形资产或者不动产的平均价格确定。（二）按照其他纳税人最近时期销售同类服务、无形资产或者不动产的平均价格确定。（三）按照组成计税价格确定。组成计税价格的公式为：组成计税价格=成本×（1+成本利润率）”。如拍卖或转让协议约定物业建成后回购的，可按照回购价格确认增值税收入。如果拍卖或转让协议约定回购价格明显偏低，应按照视同销售的相关规定征收增值税。同时按相关规定缴纳城市维护建设税、教育费附加、地方教育附加。

二是土地增值税。根据《土地增值税暂行条例》第九条，“纳税人有下列情形之一的，按照房地产评估价格计算征收：……（三）转让房地产的成交价格低于房地产评估价格，又无正当理由的”。如拍卖或转让协议约定物业建成后回购价格的，可按照回购价格确认土地增值税应税收入。如果拍卖或转让协议约定回购价格明显偏低，应按照视同销售的相关规定征收土地增值税。对已全额开具商品房销售发票的，按照发票所载金额确认土地增值税视同销售应税收入。

三是印花税。根据《印花税法》，对房屋等建筑物和构筑物所有权转让书据征收印花税。

四是企业所得税。根据国税发〔2009〕31号文件，取得的相关收入应计入企业所得税收入总额，发生与取得收入有关的、合理的支出，可在计算应纳税所得额时扣除。

②村集体经济组织、村民。

一是契税。根据《契税法》、《财政部 税务总局关于贯彻实施契税法若干事项执行口径的公告》（财政部 税务总局公告2021年第23号），对村集体经济组织、村民取得的分成物业，应按照成交价格缴纳契税。

二是印花税。根据《印花税法》，对房屋等建筑物和构筑物所有权转让书据征收印花税。

三是企业所得税。根据《企业所得税法实施条例》第五十八条，外购的固定资产，以购买价款和支付的相关税费以及直接归属于使该资产达到预定用途发生的其他支出为计税基础。

（二）配建物业的移交

配建物业移交有三种方式：一是直接移交。配建物业建设地块和经营性地块合并供地，土地出让合同中列明直接将配建物业建设地块国有建设用地使用权（可共用宗地）以出让方式首次登记到政府指定行政事业单位。不动产登记部门依法依规将配建物业首次登记到政府指定的行政事业单位。二是无偿移交。政府指定接收单位与开发企业（合作企业）签订不动产无偿转让协议，不动产权属首次登记在开发企业名下，再通过转移登记将权属登记至政府指定接收单位名下。三是政府回购。政府指定回购单位与开发企业按约定价格（不低于成本价的情形）签订商品房买卖合同，不动产权属首次登记在开发企业名下，再通过转移登记将权属登记至政府指定回购单位名下。

1. 直接移交方式

（1）合作企业会计处理。移交配建物业时：

借：营业外支出

　贷：开发成本

　　　应交税费——应交增值税（销项税额）

（2）合作企业税务处理。

①增值税及附加。根据《财政部 国家税务总局关于全面推开营业税改征增值税试点的通知》（财税〔2016〕36号），不动产登记部门直接将配建物业首次登记到政府指定的行政事业单位，开发企业属于为政府无偿提供建筑服务，应按照视同销售的相关规定缴纳增值税，同时按相关规定缴纳城市维护建设税、教育费附加、地方教育附加。

②土地增值税。不动产登记部门直接将配建物业首次登记到政府指定的行政事业单位，开发企业支付的安置房建设资金，符合《土地增值税暂行条例实施细则》、《国家税务总局关于土地增值税清算有关问题的通知》（国税函〔2010〕220号）、《国家税务总局青岛市税务局关于发布〈国家税务总局青岛市税务局房地产开发项目土地增值税清算管理办法〉的公告》（国家税务总局青岛市税务局公告2022年第6号）规定的，允许计入房地产开发企业的土地增值税扣除项目。

③契税。根据《财政部 税务总局关于贯彻实施契税法若干事项执行口径的公告》

（财政部 税务总局公告2021年第23号）第二条，土地使用权出让的，契税计税依据包括土地出让金、土地补偿费、安置补助费、地上附着物和青苗补偿费、征收补偿费、城市基础设施配套费、实物配建房屋等应交付的货币以及实物、其他经济利益对应的价款。

④企业所得税。根据《国家税务总局关于印发〈房地产开发经营业务企业所得税处理办法〉的通知》（国税发〔2009〕31号）第二十七条，开发产品计税成本支出的内容如下："（一）土地征用费及拆迁补偿费。指为取得土地开发使用权（或开发权）而发生的各项费用，主要包括土地买价或出让金、大市政配套费、契税、耕地占用税、土地使用费、土地闲置费、土地变更用途和超面积补交的地价及相关税费、拆迁补偿支出、安置及动迁支出、回迁房建造支出、农作物补偿费、危房补偿费等"，配建物业的相关支出属于土地征用及拆迁补偿费，计入开发产品计税成本，在企业所得税税前扣除。

2.无偿移交方式

（1）合作企业会计处理。移交配建物业时：

借：营业外支出

　贷：开发产品

　　应交税费——应交增值税（销项税额）

（2）合作企业税务处理。

①增值税及附加。根据《财政部 国家税务总局关于全面推开营业税改征增值税试点的通知》（财税〔2016〕36号），开发企业按照合同约定无偿移交配建物业，属于无偿转让不动产，应按照视同销售的相关规定缴纳增值税，同时按相关规定缴纳城市维护建设税、教育费附加、地方教育附加。如配建物业用于公益事业或者以社会公众为对象，不属于视同销售缴纳增值税的情形。

②土地增值税。若无偿向政府、政府职能部门及承担行政职能或从事公益服务的事业单位移交类型为学校、公交站场等公共公益事业设施或政府职能机构、事业单位办公及非营利性用房、场馆，以及符合《国家税务总局关于房地产开发企业土地增值税清算管理有关问题的通知》（国税发〔2006〕187号）"四、土地增值税的扣除项目……（三）房地产开发企业开发建造的与清算项目配套的居委会和派出所用房、会所、停车场（库）、物业管理场所、变电站、热力站、水厂、文体场馆、学校、幼儿园、托儿所、医院、邮电通讯等公共设施，按以下原则处理：1.建成后产权属于全体业主所有的，其成本、费用可以扣除；2.建成后无偿移交给政府、公用事业单位用于非营利性社会公共事业的，其成本、费用可以扣除；3.建成后有偿转让的，应计算收

入，并准予扣除成本、费用”之规定，与清算项目配套的物业，按建造与清算项目配套的公共设施处理。

若无偿移交的物业类型或用途或接收方是除上述之外的其他情形，应根据《国家税务总局关于土地增值税清算有关问题的通知》(国税函〔2010〕220号)第六条，视同销售征收土地增值税，土地增值税应税收入按照国税发〔2006〕187号文件第三条规定确定，同时将此确认为房地产开发项目的拆迁补偿费，允许计入土地增值税扣除项目。

③契税。根据《财政部 税务总局关于贯彻实施契税法若干事项执行口径的公告》(财政部 税务总局公告2021年第23号)的规定确认计税依据，缴纳契税。

④印花税。根据《印花税法》，对土地使用权、房屋等建筑物和构筑物所有权转让书据，应征收印花税。

⑤企业所得税。若受让方无偿移交政府或政府指定部门的配建物业，符合《国家税务总局关于印发〈房地产开发经营业务企业所得税处理办法〉的通知》(国税发〔2009〕31号)的规定，作为公共配套设施，其建造费用按公共配套设施费的有关规定进行处理。若受让方无偿移交的配建物业，属于除上述之外的其他情形，应作为移交开发产品处理，根据国税发〔2009〕31号文件，应视同销售。确认视同销售价格时，同类开发产品指政府保障性住房类产品。同时可按照国税发〔2009〕31号文件的规定，确认为移交开发产品的土地成本。

(3)接收单位税务处理。

①契税。根据《契税法》第四条及财政部、税务总局公告2021年第23号，配建物业转移应按规定缴纳契税。

根据《契税法》第六条，有下列情形之一的，免征契税：国家机关、事业单位、社会团体、军事单位承受土地、房屋权属用于办公、教学、医疗、科研、军事设施；根据财政部、税务总局公告2021年第23号第三条，国家机关、事业单位、社会团体、军事单位承受土地、房屋权属用于办公、教学、医疗、科研、军事设施的，免征契税。

②印花税。根据《印花税法》，对土地使用权、房屋等建筑物和构筑物所有权转让书据，应征收印花税。

3.政府回购方式

(1)合作企业会计处理。移交配建物业时，确认本期收入成本：

借：银行存款、应收账款

　贷：主营业务收入

应交税费——应交增值税（销项税额）

借：主营业务成本

贷：开发产品

（2）回购单位会计处理。回购物业时：

借：固定资产

贷：银行存款、应付账款

（3）合作企业税务处理。

①增值税及附加。根据《财政部 国家税务总局关于全面推开营业税改征增值税试点的通知》（财税〔2016〕36号），房地产开发企业通过转移登记将配建物业的权属登记至政府指定回购单位名下，出让合同（公告）约定不低于成本价移交的，应按移交价格缴纳增值税，同时按相关规定缴纳城市维护建设税、教育费附加、地方教育附加。

②土地增值税。出让合同（公告）约定按照不低于成本价移交的，按移交价格确定土地增值税应税收入。

③印花税。根据《印花税法》，对土地使用权、房屋等建筑物和构筑物所有权转让书据，应征收印花税。

④企业所得税。根据《企业所得税法》及其实施条例，房地产开发企业实际取得的相关收入应计入企业所得税收入总额，发生与取得收入有关的、合理的支出，可在计算企业所得税应纳税所得额时扣除。

（4）回购单位税务处理。

①契税。根据《契税法》第四条及财政部、税务总局公告2021年第23号第二条，应按配建物业转移合同的成交价格缴纳契税。

根据《契税法》第六条及财政部、税务总局公告2021年第23号，符合免税条件的，免征契税。

②印花税。根据《印花税法》，对土地使用权、房屋等建筑物和构筑物所有权转让书据，应征收印花税。

（三）综合案例分析

2019年5月，B房地产开发公司（以下简称B公司）加入S市国有土地使用权竞拍，该地块容积率为3.5，面积为150 000平方米，最终以9亿元完成交易，并于交易月完成土地交接手续办理。该地块成交后签订了《国有土地使用权出让合同》，其中约定了以下事项：土地使用权归B公司所有，但是B公司除了要支付相应的土地价款以外，还要将住宅总建筑面积的15%配套建设一批单套面积在50平方米以内的房屋，建设完毕后无偿移交给政府部门作为政府所在市的廉租房。2022年5月，房产建设完毕并完成竣工备案，最终的住宅总建筑面积为600 000平方米。其中配套建设的1 300套（总建筑面积90 000平方米）廉租房也如约无偿交给了当地政府部门。其中廉租房不含地价（含契税）的建造成本为1 800元/平方米，含地价的建造成本为3 300元/平方米（1 800+900 000 000 ÷ 600 000）。那么B公司应如何进行税务处理?

1.法律性质

根据《廉租住房保障办法》（建设部等9部委令第162号）第十四条，新建廉租住房，应当采取配套建设与相对集中建设相结合的方式，主要在经济适用住房、普通商品住房项目中配套建设。配套建设廉租住房的经济适用住房或者普通商品住房项目，应当在用地规划、国有土地划拨决定书或者国有土地使用权出让合同中，明确配套建设的廉租住房总建筑面积、套数、布局、套型以及建成后的移交或回购等事项。

2.税务处理

（1）契税。

根据《契税暂行条例》（2021年9月1日起施行《契税法》）的规定，B公司通过出让方式取得的国有土地使用权应缴纳契税。《财政部 国家税务总局关于国有土地使用权出让等有关契税问题的通知》（财税〔2004〕134号，自2021年9月1日起废止）规定，出让国有土地使用权的，其契税计税价格为承受人为取得该土地使用权而支付的全部经济利益。以竞价方式出让的，其契税计税价格一般应确定为竞价的成交价格。《财政部 国家税务总局关于营改增后契税、房产税、土地增值税、个人所得税计税依据问题的通知》（财税〔2016〕43号）第一条规定："计征契税的成交价格不含增值税"。本案中，国有土地使用权是B公司通过竞价方式获取，其支付的全部经济利益除了9亿元的现金支出，还有不确定金额的廉租房建造支出。以上两项支出应当一起构成缴纳契税的计税价格。

但是由于B公司的廉租房建造支出在取得土地时无法确定具体金额，所以需要分步申报缴纳该项契税。

第一步，按照《契税暂行条例》及其实施细则（2021年9月1日起施行《契税法》）的规定，B公司在完成《国有土地使用权出让合同》签订的10日内，应按照拍卖时支付的9亿元土地款缴纳契税2 700万元（900 000 000 × 3%）。

第二步，在B公司在廉租房完成竣工结算，具有明确建造支出金额的10日内，将廉租房2.97亿元（3 300 × 90 000）建设支出应缴纳的契税817.43万元［297 000 000 ÷（1+9%）× 3%］进行申报。

（2）增值税。

根据《营业税改征增值税试点实施办法》（财税〔2016〕36号文件附件1）第十四条第（二）项的规定，单位或者个人向其他单位或者个人无偿转让不动产视同销售不动产，但用于公益事业或者以社会公众为对象的除外。根据以上规定，B公司按照15%配套建设的一批单套面积在50平方米以下的房屋，无偿移交给政府部门作为政府所在市的廉租房，本书认为该种方式与政策规定“用于公益事业或者以社会公众为对象的除外”存在差异，应视同销售，缴纳增值税。

根据《房地产开发企业销售自行开发的房地产项目增值税征收管理暂行办法》（国家税务总局公告2016年第18号）第四条，房地产开发企业中的一般纳税人销售自行开发的房地产项目，适用一般计税方法计税，按照取得的全部价款和价外费用，扣除当期销售房地产项目对应的土地价款后的余额计算销售额。

对于配建的廉租房发生的成本是否作为取得土地的对价在增值税计算过程中差额扣除的问题，本书认为，应以房地产企业缴纳契税时的实际计税依据，确认土地取得成本在增值税中的抵扣金额，按照《契税法》第四条第一款的规定，配建廉租房发生的支出属于“其他经济利益对应的价款”。

（3）土地增值税。

①若无偿向政府、政府职能部门及承担行政职能或从事公益服务的事业单位移交类型为学校、公交站场等公共公益事业设施或政府职能机构、事业单位办公及非营利性用房、场馆，以及符合《国家税务总局关于房地产开发企业土地增值税清算管理有关问题的通知》（国税发〔2006〕187号）第四条第（三）项规定的与清算项目配套的物业，按建造与清算项目配套的公共设施处理。

②若无偿移交的物业类型或用途或接收方是除上述（1）之外的其他情形，应根据《国家税务总局关于土地增值税清算有关问题的通知》（国税函〔2010〕220号）第六条视同销售征收土地增值税，土地增值税应税收入按照国税发〔2006〕187号文件第三条规定确定，同时将此确认为房地产开发项目的拆迁补偿费，允许计入土地增值税扣除项目。

基于此规定，由于B公司该住宅项目中没有建造与廉租房相同类型的开发产品，假设廉租房评估价值为3亿元。根据《财政部 国家税务总局关于营改增后契税、房产税、土地增值税、个人所得税计税依据问题的通知》（财税〔2016〕43号）第三条的规定，土地增值税纳税人转让房地产取得的收入为不含增值税收入。B公司清算该项目土地增值税时，应确认转让房地产收入27 522.94万元［3亿元 ÷（1+9%）］，同时增加“取得土地使用权所支付的价款”金额3亿元。根据《土地增值税清算管理规程》（国税发〔2009〕91号）第二十一条的规定，在土地增值税清算中，计算扣除项目金额时，纳税人实际发生的支出应当取得但未取得合法凭据的不得扣除。因此，B公司在向政府部门移交廉租房时，须取得政府部门出具的土地出让金或地价款支付凭据，方能将以廉租房抵偿的“取得土地使用权所支付的价款”确认并扣除。

在土地增值税的处理中，各地在收入确认和成本扣除执行口径中存在差异，具体仍应以当地出台的地方性法规或者指引为准。

（4）企业所得税。

国税发〔2009〕31号文件第七条规定，企业将开发产品用于捐赠、赞助等行为，应视同销售，于开发产品所有权或使用权转移，或于实际取得利益权利时确认收入（或利润）的实现。确认收入（或利润）的方法和顺序为：

①按本企业近期或本年度最近月份同类开发产品市场销售价格确定。

②由主管税务机关参照当地同类开发产品市场公允价值确定。

③按开发产品的成本利润率确定。开发产品的成本利润率不得低于15%，具体比例由主管税务机关确定。

B公司无偿移交政府部门的廉租房属于捐赠行为，应视同销售处理。本案中，假设确认收入的方法中①、②均不适用，因此应按组成计税价格确定无偿移交廉租房企业所得税视同销售收入。S市所在省确定的“销售不动产”成本利润率为20%，B公司应确认转让房地产收入32 697.25万元［3 300×90 000÷（1+9%）×（1+20%）］，并按相同金额增加土地成本。

（5）城镇土地使用税。

本案中，B公司无偿移交的廉租房属公共租赁住房，可享受《财政部 税务总局关于公共租赁住房税收优惠政策的公告》（财政部 税务总局公告2019年第61号）规定的“在其他住房项目中配套建设公租房，按公租房建筑面积占总建筑面积的比例免征建设、管理公租房涉及的城镇土地使用税”的免税待遇。

（6）印花税。

本案中，B公司建造并无偿移交的廉租房属公共租赁住房，可享受《财政部 税务总局关于公共租赁住房税收优惠政策的公告》（财政部 税务总局公告2019年第61号）规定的“在其他住房项目中配套建设公租房，按公租房建筑面积占总建筑面积的比例免征建设、管理公租房涉及的印花税”的免税待遇。

注意：现行适用政策为《财政部 税务总局关于继续实施公共租赁住房税收优惠政策的公告》（财政部 税务总局公告2023年第33号）。

二、BT项目移交的业财税管理

（一）BT项目移交业务概述

BT，即城市更新项目中，以政府或政府授权的项目发起人特许投资者负责项目的融资，并建设专属于政府的、非经营性的基础设施建设项目，项目建设完工之后，将项目移交给项目发起人，项目发起人根据事先约定的回购时间和方式，分期向投资方支付回购价款。由于目前会计准则对BT项目的核算未有明确规定，因此需要财务人员根据职业判断，针对不同类型的BT项目在移交环节进行差异化会计核算。目前主流的BT项目模式分为两种，一是投资方参与建设，承担投融资职责和提供建筑服务，但不成立项目公司，二是投资方出资成立项目公司，承担项目的融资、投资等职责，但不提供建筑服务，通过发包的形式与施工方签订施工合同。前者通常通过移交资产的形式收回合同对价，后者通常以股权为载体移交项目。参考现行会计准则的规定，不同类型的BT项目，会计处理必然存在明显的差异性。

（二）BT项目移交会计处理

1.资产型BT项目移交会计处理

资产型BT项目移交是项目发起人通过招标确定项目建设方，建设方按照合同约定对工程项目的勘察、设计、采购、施工和竣工验收等实行全过程的承包，项目建成后由业主回购的形式将资产移交给政府。2012年财政部会计司发布的《企业会计准则解释第5号》征求意见稿中对BT业务核算发布了官方指引，虽然正式稿公布之后删除了该部分内容，但实务中对BT项目的会计处理基本是参考该解释公告的征求意见稿。BT项目采用工程总承包方式的具体情况见图9-1。

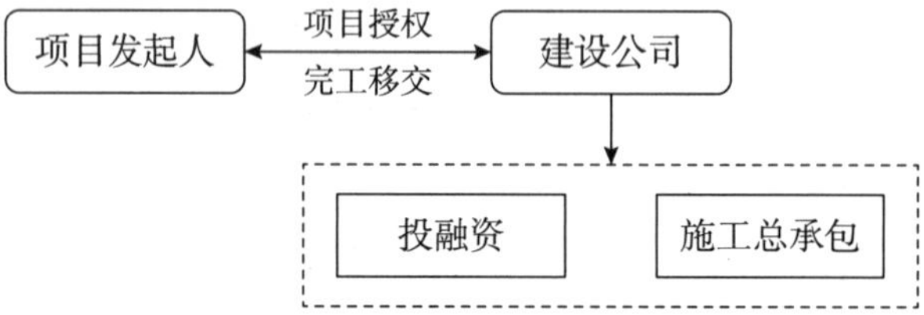

图9-1　BT项目采用工程总承包方式

资产型BT项目移交模式下，投融资方中标后，按照协议，本身既做投资又提供建造服务，最终项目竣工验收由业主回购，完成资产移交过程。投融资方与政府签订BT合同的核心是提供建筑服务，但对政府又有融资实质。投融资方对于建造期间提供的服务应当按照新收入准则[1]对建造合同进行会计核算。投融资方在发生支出时通过“合同履约成本”来归集建造项目发生的支出，期末根据完工百分比确定“主营业务收入”，在项目竣工移交时，确认“长期应收款”，根据回购款总额与工程结算的差

［1］ 即《企业会计准则第14号——收入》。

额，确认“未实现融资收益”，按照摊余成本对长期应收款进行后续计量，并确认利息收入。

【例9-1】B集团有限公司与A政府签订会展中心项目建设协议，采用BT项目的合作建设方式。合同约定，项目建设涉及的施工、监理、环保等由B集团有限公司以总承包形式负责，项目资金由B集团有限公司筹措。项目完成之后，工程投资成本由政府指定的审计机构审定，工程质量经相关部门验收合格后移交给A政府，政府按审定投资总额上浮20%作为回购总价，从工程移交之日起分5年支付。

（1）发生工程成本时。

借：合同履约成本（BT项目）

　　应交税费——应交增值税（进项税额）

　贷：银行存款

（2）确认本期收入成本。

借：合同结算——收入结转

　贷：主营业务收入

借：主营业务成本

　贷：合同履约成本

（3）审计机构审定验收完毕，移交之日。

借：长期应收款（BT项目回购款）

　贷：合同结算——价款结算

　　　应交税费——待转销项税

　　　未实现融资收益

（4）每年收回回购款。

借：银行存款

　　应交税费——待转销项税

　贷：长期应收款（BT项目回购款）

　　　应交税费——应交增值税（销项税额）

借：未实现融资收益

　贷：财务费用

（5）偿还期满后。

对B集团而言，金融资产在偿还期内已经收回款项，无须在移交时进行特别处理。

2.股权型BT项目移交会计处理

股权型BT项目移交是建设方通过组建项目公司，由项目公司负责项目的融资、投资，但总承包施工通过二次招标确认招标方，项目公司负责建设施工的管理，这也是目前BT项目通常采用的方式，一般通过发包给母公司的形式去施工。BT项目采用项目管理型的具体情况见图9–2。

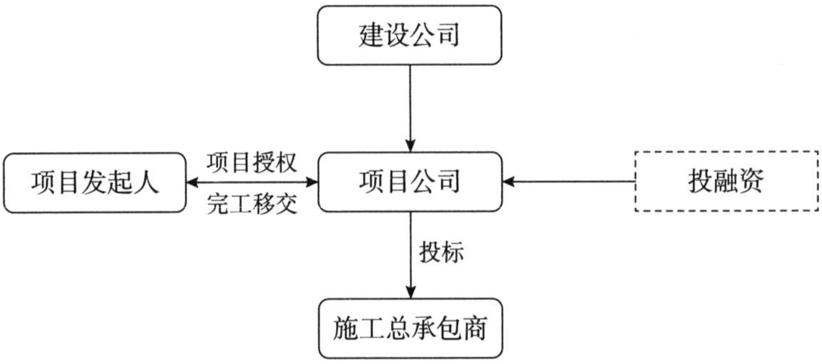

图9–2　BT项目采用项目管理型

股权型BT项目移交模式下，到期移交的是项目公司的股权，项目公司成立时建设方和项目公司分别通过“长期股权投资”和“实收资本”核算出资额。在建设期间，建设方发生的后续支出通过“长期股权投资”科目核算，项目公司需对所有者权益进行调增，项目公司发生的支出通过“在建工程”科目进行归集，项目竣工结束时转入“固定资产”科目，在股权移交时项目公司按处置长期投资核算，长期股权投资的账面价值和合同价格之间的差额计入投资收益。

【例9–2】B集团有限公司与A政府签订会展中心项目建设协议，采用BT项目的合作建设方式，合同约定，B集团出资设立C项目公司，C项目公司负责项目的实施，但不提供建筑服务，由B集团提供工程总承包。项目建设期三年，回购期五年。

（1）B集团出资时。

B集团：

借：长期股权投资

　　贷：银行存款

C项目公司：

借：银行存款

　　贷：实收资本

（2）发生后续支出。

B集团：

借：长期股权投资

　贷：银行存款

C项目公司：

借：银行存款

　贷：资本公积

借：在建工程

　　应交税费——应交增值税（进项税额）

　贷：银行存款

（3）完工验收移交时。

B集团：

借：长期应收款

　贷：长期股权投资

　　　投资收益

C项目公司：

借：固定资产

　贷：在建工程

（4）每期收到回购本金。

B集团：

借：银行存款

　贷：长期应收款

（三）BT项目移交税务分析

全面实施营改增后，对于BT项目的税务处理，财政部和国家税务总局未给出明确的规定，但无论采取何种方式推进BT项目，对于建设方来说投资总额大致包括项目的建设费用和建设期的融资费用两部分。

1.资产型BT项目移交税务分析

（1）增值税。对于移交资产型的BT项目，湖北省税务局以立项的主体区分适用的增值税政策，以项目业主的名义立项建设，工程完工后移交给业主的，在交付阶段按照“建筑服务”缴纳增值税，销售额是取得的全部政府回购价款；以投资方名义立项，工程完工后转让给业主，在移交阶段按照“销售不动产”征收增值税，销售额是取得的全部回购价款（包括建设费用、融资费用和合理回报）。河南省税务局明确了BT项目是一种建设基础设施项目的融资模式，投资方和业主方在签订合同时共同确认的工程建设投资额按“建筑服务”缴纳增值税，取得的回报收入按照“贷款服务”缴纳增值税，如果合同中没有明确约定建设投资额和投资回报额，投资方取得的全部收入按照“建筑服务”缴纳增值税。对于上述两地税务局针对不同BT项目涉税处理的回答，本书比较认同河南省税务局的观点，按此处理，投资方会计核算和税务处理之间不会存在较大差异，按照实质重于形式的原则，BT项目的核心是提供建筑服务和融资服务，分别按照“建筑服务”和“贷款服务”征收增值税符合BT项目发起的本质目的。

（2）企业所得税。对于移交资产型的BT项目，在建造环节，按照新收入准则已确认收入成本，依据《企业所得税法》已缴纳企业所得税，在移交环节，回购款总额与工程结算的差额，确认“未实现融资收益”，移交时无须缴纳企业所得税，在以后按照摊余成本对长期应收款进行后续计量时，一并确认利息收入，缴纳企业所得税。

（3）印花税。移交资产型的BT项目，在移交完工资产时，无须缴纳印花税。

2.股权型BT项目移交税务分析

（1）增值税。对于移交股权型的BT项目，在移交阶段投资方把项目公司的股权转让给业主方，不涉及增值税。

（2）企业所得税。对于移交股权型的BT项目，在移交环节，投资方拥有项目公司长期股权投资的账面价值和应收取回购价款的差额计入投资收益，需要缴纳企业所得税。

（3）印花税。对于移交股权型的BT项目，业主方需要和投资方签订产权转让协议以变更项目公司的股权登记，按照“产权转移书据”税目，以产权转移书据所列金额（不包括列明的增值税税款）乘以万分之五缴纳印花税。

（四）BT项目移交阶段经验小结

BT项目缺少统一的会计和税务处理规范，不同类型的BT项目通常适用不同的会计准则，因此在现行的会计准则下财务人员要明确区分BT项目移交的类型，从BT项目的实际业务出发适用不同的会计准则进行核算。对于移交资产型BT项目，投资方不成立项目公司，本身既提供融资服务又提供建造服务，按照新收入准则进行核算，在建造过程中遵照施工企业的税收政策执行，在移交之后，按照金融工具准则进行处理。对于移交股权型BT项目，投资方成立项目公司，项目公司只提供融资服务，建造服务通过发包的方式完成，建造完成以股权的形式转移给业主方，投资按照《企业会计准则第2号——长期股权投资》进行核算，遵照股权转让的相关税收政策执行。

三、PPP项目移交的业财税管理

（一）PPP项目移交业务概述

PPP是指政府和社会资本方利用双方优势，以合同或特许经营权协议为基础，建设基础设施项目。在城市更新项目中，以村集体经济组织租赁改造为例，在政府规划和产业定位引导下，村集体经济组织收回原用地者承租的土地使用权，解除集体物业承租方的租赁合同。村集体经济组织通过公开方式引入社会资本（改造企业），租赁其集体土地，改造企业以村集体经济组织名义建设物业，按照改造方案进行开发、运营管理，实现村级工业园、物流园、专业批发市场转型升级。租赁期限届满后，改造企业将物业移交给村集体经济组织。目前PPP项目最普遍的运作模式是BOT（即建设–运营–移交），PPP在运营周期结束后，需移交给政府，一般有偿或者无偿移交资产和股权，此环节移交与BT项目类似，在此不再赘述，本节重点讨论建设期末，PPP项目资产达到预定可使用状态，验收合格，政府方财务账面确认PPP资产，项目方通过转让PPP资产的方式取得“特许经营权”。PPP项目业务流程见图9–3。

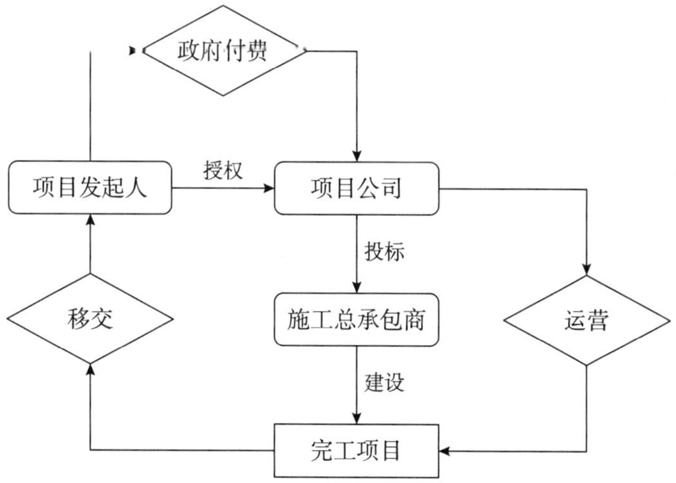

图9–3 PPP项目业务流程

（二）PPP项目移交会计处理

政府或政府授权的企业作为PPP项目的发起人和授予方，按合同约定，将项目的特许经营权授予投融资方，投融资方需要投资构建项目设施，支付对价作为获取特许经营权的条件。

《企业会计准则解释第14号》对PPP项目合同的会计处理做了明确规定，项目公司应当按照主要责任人或代理人身份，依据《企业会计准则第14号——收入》进行会计处理。项目公司既提供建筑服务又提供运营服务的，应首先识别合同中的单项履约义务，并将交易价格按照各单项履约义务的单独售价的相对比率分摊至各单项履约义务。基础设施建成之后，项目公司在运营期间可收取特定金额（政府付费），或在项目公司提供经营服务的收费低于某一限定金额的情况下，合同授予方按照合同规定负责将有关差价补偿给项目公司（可行性缺口补助），该金额应当确认为金融资产，超过有权收取可确定金额的现金（或其他金融资产）的差额，确认为无形资产。项目公司从事经营的一定期间内有权利向获取服务的对象收取费用，但收费金额不确定的，项目公司应确认为无形资产[1]。

【例9–3】B集团与S市国有资产经营管理有限公司签订一份写字楼PPP项目合同，合同约定，B集团在10年特许经营期内有权按协议收取房屋的租金、停车费、物业费、广告费和其他收入，经营期间收取的金额不确定，特许经营期满后将写字楼无偿移交给S市国有资产经营管理有限公司。

（1）在PPP项目资产达到预定可使用状态时。

借：无形资产——特许经营权

　贷：合同资产

（2）经营阶段。

借：银行存款

　贷：主营业务收入

　　应交税费——应交增值税（销项税额）

借：合同履约成本

　贷：原材料、应付职工薪酬等

借：主营业务成本

　贷：合同履约成本

借：主营业务成本

　贷：累计摊销

[1]《企业会计准则解释第14号》。

（3）经营期满后移交处理。

借：累计摊销

　贷：无形资产——特许经营权

经营期满后，PPP项目无偿移交给政府，无形资产经过摊销之后，余额为0，与无形资产对冲，其他不需要做会计处理。项目公司的股权根据投资协议或公司章程规定减资或清算，则减少实收资本和未分配利润。

注意：在实务中，对于在PPP项目资产达到预定可使用状态时（授予特许经营权换入资产）是否作为非货币性资产交换事项，存在税企争议，纳税人对此应重点关注。

（三）PPP项目移交税务分析

BOT模式下的项目公司以自行建设或委托其他单位建设的项目基础设施资产换取政府该项目一定期限的特许经营权，并以此作为提供建筑服务所收取的对价，特许经营权在运营期结束之后移交给政府。在金融资产模式下，合同期满时，政府（合同授予方）已支付全部款项，项目公司账面金融资产价值为零；在无形资产模式下，合同期满时，项目公司已经将无形资产全部摊销完毕。项目公司账面上不存在金融资产、无形资产，在项目结束时移交资产，可能涉及有偿和无偿两种方式。（1）有偿移交方式。项目公司采取有偿方式移交给项目授予方，如果立项时以项目公司名义办理土地使用证、建设工程规划许可证、建设用地规划许可证、建设工程施工许可证等，资产移交时应按“销售不动产”缴纳增值税；如果项目立项时资产产权属于授予方，应按“销售无形资产——特许经营权”缴纳增值税。（2）无偿移交方式。依据财税〔2016〕36号文件的规定，单位无偿转让无形资产或者不动产，用于公益事业或者以社会公众为对象的，不视同销售。PPP项目是公共基础设施，属于用于公益事业或者以社会公众为对象，所以应当排除在视同销售规定之外，不需要缴纳增值税。

（四）PPP项目移交阶段经验小结

PPP项目资产到期有偿移交应当重点关注：拟移交资产历史成本及计税基础确认的准确性，资产移交价格公允性确认的准确性；资产移交过程是否满足税收优惠政策的条件；资产移交过程中实际税目、税率等。股权转让方式退出的PPP项目应重点关注：移交股权计税基础确认的准确性；股权移交的合同签署税务事项合规性分析；股权转让价格确认与税收规定的匹配度分析等。

第二节　资产、股权转让的业财税管理

一、资产转让的业财税管理

本节以在建房地产开发项目为例展开介绍。

（一）在建房地产开发项目转让业务概述

1. 在建房地产开发项目转让的概念

转让在建房地产开发项目，是指项目产权所有人把与资产有关的权利和义务整体转移，其中转让的重要资产是土地使用权及其地上附着建筑物，因此，在建项目的转让是土地和房产的整体转让，土地使用权和房地产项目不可能分别转让，两者密不可分。

2. 在建房地产开发项目转让的条件

房地产项目的转让，不同于一般固定资产的转让，是产权所有人将具备一定条件的全部在建资产转让给他人的行为。因此房地产开发项目转让必须符合政府制定的法规要求。

本节着重探讨以出让方式取得土地使用权的，转让投资强度在25%以上的在建项目，转让前提条件如下：

（1）房地产项目转让交易活动中，产权所有人需具备开发房地产项目的资质。

（2）转让方必须已经根据出让协议付清了全部土地出让金，持有合法取得的土地使用权证或土地使用批文。

（3）转让项目必须已经进行了一定投资，包括三通一平、工程交易的房地产地质勘查、建筑设计等工作。

3. 在建房地产开发项目转让方式

在城市更新过程中，房地产开发企业可能会存在经营不善导致资金流短缺，从而退出城市更新项目的情况，一些实力雄厚的房地产开发企业则有意收购那些停工的在建工程。因此，在双方达成一致的前提下，房地产市场会出现在建项目整体转让的交易事项。

（1）直接转让房地产开发项目。买卖双方通过签订在建项目转让合同，约定将卖方拥有但未完工的房地产开发项目整体转让给受让方。依据《城市房地产开发经营管理条例》（国务院令第248号）出售人和买受人在转让协议签订之后，先变更土地使用权登记，然后30日内到房地产开发主管部门备案。因此，直接转让在建项目的实质为转让土地使用权、地面附着物以及建设开发的权力。转让在建房地产开发项目需满足开发强度在25%的硬性条件。

（2）以股权方式实现房地产开发项目的转让。出售人与买受人不通过在建项目资产转让的方式，而是由买卖双方通过股权转让的方式，将在建房地产项目以股权形式转让给买受人，买受人成为在建项目的控股股东，拥有项目的所有权利和义务。通过股权转让房地产开发项目，在建项目的所有权未在法人之间转移，资产的拥有主体依然是原法人单位，但资产的实际受益人发生了转换。买受人不需要拥有房地产项目开发资质，只需通过收购出让人的股权，即可达到实际经营在建房地产项目的目标。通过股权转让形式转让在建房地产项目，不受《城市房地产开发经营管理条例》（国务院令第248号）规定的投资强度在25%的条件限制，这类转让在实务中应用的频率较高，但是通过这种方式转让需要注意一些风险，在股权收购前有必要请专业中介机构做好尽职调查，全面了解被收购公司的债权和债务等。

（3）以合作出资成立公司并转让股权的方式转让房地产开发项目。买受人与出售人共同出资设立成立一家联营企业，出售人以其拥有并计划转让的在建房地产项目出资，联营企业取得房地产项目的资产，买受人通过对联营企业股权的收购，成为控股股东，买受人可实际经营和控制联营公司的在建房地产项目，从而达到房地产项目转让的目的。此种方式与以股权转让的方式实现房地产开发项目的转让方式较为类似，适用于转让方的在建项目未单独设立项目公司的情况。

（二）在建房地产开发项目整体资产转让

1. 在建房地产开发项目整体资产转让会计处理

在建房地产开发项目整体转让，即直接转让在建工程，需要关注的经营风险是转让方必须在完成开发投资总额25%以上的条件下才能转让，若未达到投资强度，存在在建房地产项目转让行为是否有效的风险，转让方和受让方在房地产主管部门备案、土地使用权变更登记方面可能会受到阻碍，此时可以让受让方提前介入，对在建项目进行先期投入，待项目投资强度达到25%时再进行转让。具体交易架构如图9-4所示。

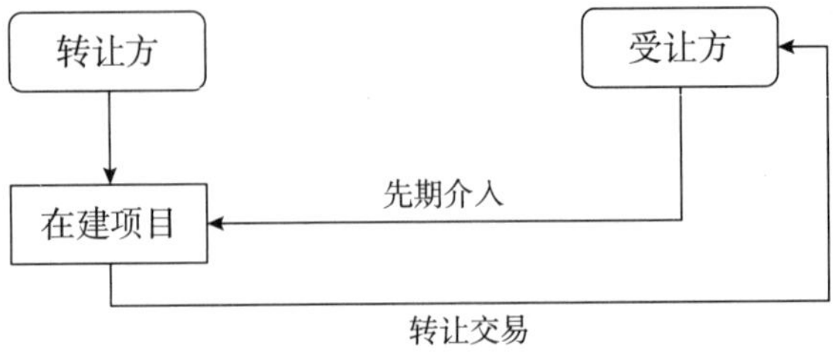

图9–4 在建项目整体转让交易架构

在建房地产开发项目整体转让交易过程比较清晰，会计处理相对简单，转让方转让在建房地产项目时，按照不含税价格确认销售收入，在“其他业务收入”科目核算，在建项目的支出在“开发成本”科目核算，转让时，结转至“其他业务成本”科目。在转让过程中，双方应做好如下工作：

（1）对转让标的进行细致盘点，请中介机构评估转让资产的价值，并在此基础上确定转让交易价格。

（2）在相应行政机关办理相关过户登记。转让方需履行告知义务，书面通知债权人。

（3）买卖双方应当自变更土地使用权手续办理完毕之日起30日内到房地产开发主管部门办理备案手续。

（4）与在建房地产项目相关的各类许可证履行完变更程序。

2.在建房地产开发项目整体资产转让税务分析

（1）企业所得税。转让方应以专业评估机构对目标资产进行评估后确定的转让价格确认企业的收入，并结转成本，转让方法人层面按照25%计算企业所得税。

（2）增值税。在项目转让时转让方应履行增值税纳税义务，根据在建项目取得时间，适用不同的增值税计税模式。不同的计税模式对企业增值税税负的影响不同。2016年5月1日前取得施工许可证的项目（老项目）按销售不动产、适用5%税率申报缴纳增值税，建造项目取得的进项税不可以抵扣销项税。2016年5月1日后取得施工许可证的项目（新项目），按销售不动产、适用9%税率申报缴纳增值税，建造项目取得的进项税可以抵扣销项税。

根据《国家税务总局关于纳税人资产重组有关增值税问题的公告》（国家税务总局公告2011年第13号）的规定，纳税人在资产重组过程中，通过合并、分立、出售、置换等方式，将全部或者部分实物资产以及与其相关联的债权、负债和劳动力一并转让给其他单位和个人，不属于增值税的征税范围，其中涉及的货物转让，不征收增值税。

（3）土地增值税。根据《土地增值税清算管理规程》（国税发〔2009〕91号）的规定，整体转让未竣工决算房地产开发项目的，从事房地产开发的纳税人应当自达到以下房地产清算条件起90日内，向税务机关报送土地增值税纳税申报表，自行完成清算。计算增值额时，用转让合同的不含税收入扣减取得土地时含契税的土地成本、开发成本、开发费用、印花税、增值税附加、加计扣除费用，建造普通标准住宅出售，增值额未超过扣除项目金额20%的免征土地增值税。

（4）印花税。转让方和受让方根据《印花税法》，应按照“产权转移书据”税目，以产权转移书据所列金额（不包括列明的增值税税款）的万分之五缴纳印花税。根据《印花税法》，应税合同的计税依据，为合同所列的金额，不包括列明的增值税税款，因此买卖双方在签订合同时需要分别列明不含税价格和税额，避免多缴纳印花税。

（5）契税。根据《契税法》，在中华人民共和国境内转移土地、房屋权属，承受的单位和个人为契税的纳税人，应当依照该法规定缴纳契税。受让方在取得在建房地产项目时需要按规定缴纳契税。

在建项目整体转让涉税事项见表9–1。

表9–1　　在建项目整体转让涉税事项

税种	涉税关键事项
企业所得税	按照25%计算缴纳企业所得税
增值税	老项目按销售不动产5%税率开具增值税发票；新项目按照9%税率开具增值税发票；整体转让除外
土地增值税	建造普通标准住宅出售，增值额未超过扣除项目金额20%的，可以免征土地增值税
契税	受让方在取得在建房地产项目时需要按规定缴纳契税
印花税	转让方和受让方根据按照“产权转移书据”税目，按万分之五缴纳印花税，买卖双方在签订合同时需要分别列明不含税价格和税额，避免多缴纳印花税

二、股权转让的业财税管理

（一）“股权转让+货币支付”方式转让的财税管理

1.“股权转让+货币支付”方式转让会计处理

项目所有人通过转让其股权，取得股权转让款，受让人通过受让该股权来实现对该房地产开发项目的控制，从而以资本运作达到并购该房地产开发项目的意图。股权转让手续简单，受让人只要签订股权转让协议，并按规定办理股权转让的变更登记手续即可控制、管理整个项目。这种方式下，在建房地产项目转让不受“完成开发投资总额的25%以上”的限制，而且也无须考虑受让方是否有房地产开发资质。转让方需要注意的事项是股权转让的合法性，根据《公司法》规定，有限责任公司股东超过半数表决权通过后，股权转让方有效。在签订股权转让协议时，需要在协议中明确转让股权的数额、价格、程序、双方的权利和义务。股权转让时，转让方以收到的对价和长期股权投资的账面价值之间的差额确认投资收益。该交易架构如图9–5所示。

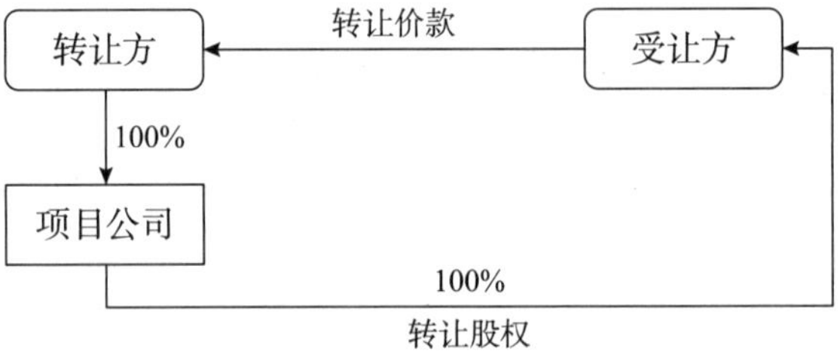

图9–5 “股权转让+货币支付”交易架构

2.“股权转让+货币支付”方式转让税务分析

（1）企业所得税。转让方对项目公司的股权一般按照成本法核算长期股权投资，除追加或收回投资外，长期股权投资的账面余额一般应当保持不变。处置长期股权投资时，应相应结转与所售股权相对应的长期股权投资的账面价值，出售所得价款与处置长期股权投资账面价值之间的差额，应确认为投资收益，按照25%税率计算缴纳企业所得税。

（2）增值税。转让方转让非上市项目公司股权，不属于增值税的征税范围，不需要缴纳增值税。

（3）印花税。转让方和受让方签订股权转让协议，属于财产所有权转让，买卖双方需要按照产权转移书据所载金额的万分之五缴纳印花税。

（4）契税。《财政部 税务总局关于继续执行企业 事业单位改制重组有关契税政策的公告》（财政部 税务总局公告2021年第17号）规定：“在股权（股份）转让中，单位、个人承受公司股权（股份），公司土地、房屋权属不发生转移，不征收契税。”因此，以取得股权的形式取得房地产在建项目，不需要缴纳契税。

（5）土地增值税。《土地增值税暂行条例》规定，转让国有土地使用权、地上的建筑物及其附着物并取得收入的单位和个人，为土地增值税的纳税义务人。土地增值税仅对转让房地产行为征税。股权转让过程中，房地产权属并未发生转移，因此，不属于土地增值税征税范围。但根据《国家税务总局关于以转让股权名义转让房地产行为征收土地增值税问题的批复》（国税函〔2000〕687号），税务机关认为“明股实地”

需要征收土地增值税。鉴于此，通过股权形式转让房地产项目时，应当向当地主管税务机关咨询处理建议，避免不必要的税务风险。

“股权转让+货币支付”涉税事项见表9–2。

表9–2 “股权转让+货币支付”涉税事项

税种	涉税关键事项
企业所得税	按照25%税率计算缴纳企业所得税
增值税	不属于增值税征税范围
十地增值税	咨询项目所在地税务局，参照执行惯例
契税	不征契税
印花税	转让方和受让方按照“产权转移书据”税目，按万分之五缴纳印花税，买卖双方在签订合同时需要分别列明不含税价格和税额，避免多缴纳印花税

（二）“股权转让+股权支付”方式转让的财税管理

1.“股权转让+股权支付”方式转让会计处理

项目所有人转让其股权，受让方以自身股权作为对价支付转让价款，通过受让该股权来实现对该房地产开发项目的控制，从而以资本运作达到并购该房地产开发项目的意图。

转让方转让项目公司股权，受让方以自身股权的公允价值作为支付对价，符合非货币性资产交换。对于换入资产，转让方应当以换出资产的公允价值和应支付的相关税费作为换入资产的成本进行初始计量；对于换出资产，转让方应当在终止确认时，将换出资产的公允价值与其账面价值之间的差额计入当期损益。该交易架构见图9–6。

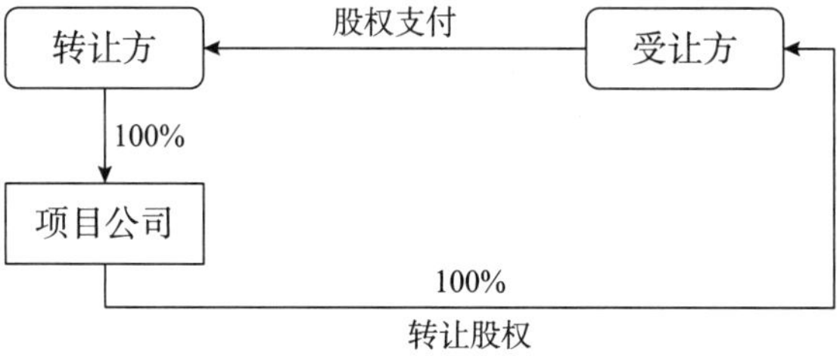

图9–6 “股权转让+股权支付”交易架构

2.“股权转让+股权支付”方式转让税务分析

根据《财政部 国家税务总局关于企业重组业务企业所得税处理若干问题的通知》

（财税〔2009〕59号），“对于股权收购，收购企业购买的股权不低于被收购企业全部股权的75%，且收购企业在该股权收购发生时的股权支付金额不低于其交易支付总额的85%，可以选择按以下规定处理：1.被收购企业的股东取得收购企业股权的计税基础，以被收购股权的原有计税基础确定。2.收购企业取得被收购企业股权的计税基础，以被收购股权的原有计税基础确定。3.收购企业、被收购企业的原有各项资产和负债的计税基础和其他相关所得税事项保持不变”。《财政部 国家税务总局关于促进企业重组有关企业所得税处理问题的通知》（财税〔2014〕109号）将财税〔2009〕59号文件第六条第（二）项中有关“股权收购，收购企业购买的股权不低于被收购企业全部股权的75%”的规定调整为“股权收购，收购企业购买的股权不低于被收购企业全部股权的50%”。

在“股权转让+股权支付”方式下，转让方符合企业所得税特殊性税务处理规则，转让方取得受让方股权的计税基础，以其原持有的项目公司股权的计税基础确定。这样受让方转让股权形成的所得可以不定期地递延到以后期间进行确认。

增值税、土地增值税、契税、印花税的税务处理方式同“股权转让+货币支付”的方式，在此不再赘述。“股权转让+股权支付”涉税事项见表9–3。

表9–3　“股权转让+股权支付”涉税事项

税种	涉税关键事项
企业所得税	符合企业所得税特殊性税务处理时，递延纳税
增值税	不属于增值税征税范围
土地增值税	咨询项目所在地税务局，参照执行惯例
契税	不征契税
印花税	转让方和受让方按照“产权转移书据”税目，按万分之五缴纳印花税，买卖双方在签订合同时需要分别列明不含税价格和税额，避免多缴纳印花税

第三节　资产、股权重组的业财税管理

一、资产、股权重组的业务描述

资产、股权重组（也称企业重组或企业改组）是指企业通过投资、融资、资产置换、股权转让等方式，对现有资产或股权进行组合、分割、置换、调整的行为。它的主要目的是优化企业资产结构和产业布局，提高企业盈利能力和市场竞争力，同时降

低企业成本和税收负担。

资产、股权重组方式包括兼并、转让、剥离、出售、置换等。其中，股权重组尤其受到关注，因其涉及投资者的投入，以及公司控制权的转移。

二、资产、股权重组的会计处理

本小节主要围绕收购兼并、股权转让和资产剥离三种项目重组方式展开介绍。

（一）收购兼并

一般而言，当项目企业作为购买方并实施重组收购计划时，需要根据约定的重组合同内容来确定被收购企业的公允价值、实际资产负债情况等，并在重组过程中评估完成重组后企业的实际资产数额。如存在损益的情况，会计人员就需要将损益部分纳入当期的利润表中，为购买方企业制定后续决策提供保证。同时，为了避免双方的信息偏差，双方企业的人员应在会计处理工作过程中做好信息沟通，使企业资产重组过程中的收购兼并工作尽快达成预期目标。

【例9-4】如果收购前A、B公司均受同一方或相同的多方最终控制，即A公司收购B公司为同一控制下的企业合并，则A公司会计分录如下：

借：长期股权投资

　　资本公积

　贷：银行存款

如果收购前A、B公司不受同一方或相同的多方最终控制，即A公司收购B公司为非同一控制下的企业合并，则A公司会计分录如下：

借：长期股权投资

　贷：银行存款

无论是同一控制下的企业合并还是非同一控制下的企业合并，B公司都只是股东变更，只需调整实收资本的明细项目。

（二）股权转让

在这一过程中，收到受让方股款时，企业将银行存款作为借记科目，将其他应付款作为贷记科目。为出让方支付股款时，企业将其他应付款作为借记科目，将银行存款作为贷记科目。如存在分期支付股款的状况时，受让方企业需要采用企业间接支付的方式为出让方的企业支付股款。一旦出现支付款项大于股份转让协议价格一半的状况时，应将银行存款作为借记科目，出让方的应付款作为贷记科目。反之，则需要将借记科目指定为出让方的实收资本，将贷记科目指定为受让方的实收资本。

（1）根据股权转让协议入账时。

借：实收资本——原股东

　贷：实收资本——新股东

（2）通过公司账户，新股东交款时。

借：银行存款（库存现金）

　贷：其他应付款——代收股权转让款

（3）支付原股东时。

借：其他应付款——代收股权转让款

　贷：银行存款（库存现金）

（三）资产剥离

这一会计处理工作涉及一般性质的资产处理与分部处理两种，二者均旨在增强企业生产经营活动的总体效益。以一般性质的资产处理工作为例，这一工作要求企业的会计人员以及审计人员立足于我国现行的会计准则来处理分立后企业的账务，可以在一定程度上参考固定资产或者无形资产的会计核算方式，如果涉及补价的，对于支付的补价应全额增加换入长期股权投资的入账金额；对于收到的补价，应首先按规定确认其中的收益金额，然后将收到的补价扣除确认的收益后的余额从长期股权投资的入账金额中减除。当投出的资产价格与股本价格存在差额时，会计人员无须将其计入当期损益，以合理的调整方案维护企业的合法权益。

【例9–5】A公司用固定资产投资B公司，换回价值50万元的股权。对A公司来说，固定资产应按历史成本计量，资产评估价值无须做账务处理（除了涉税事项外）。如果是改制或者作为被购买企业进行的资产评估，可以进行账务处理。相关会计分录如下：

借：固定资产清理

　　累计折旧

　　固定资产减值准备

　贷：固定资产原值

借：长期股权投资

　　资产处置损益（损益在借方）

　贷：固定资产清理

　　　资产处置损益（损益在贷方）

三、资产、股权重组的税务分析

城市更新中的税务处理思路是合理设计城市更新项目交易方案，在此基础上实现针对性的税务规划，通过科学、有序、合理的城市更新策略，可以有效地利用符合当地经济发展水平的财政政策，并且能够有效地分摊企业的财务负担，从而达到节省资源、经济增长的双重目的。因此，为了进一步提高城市更新纳税策划的质量和效率，需要科学地配置成本与收入，依法利用区域性税收优惠，并充分享受税收优惠政策，同时严格遵守相关法律法规，不断完善税务处理思路和方案，以期达到最佳的税收规划效果。在这种计划实施完毕之前，通常会采取两种方式：将公司分立拆解为独资公司、与新进运营公司合并重组。以下是相关税务处理。

（一）企业分立后转让股权的税务分析

1.操作模式

企业分立后转让股权指的是转让方通过存续分立的形式，将目标资产及相关债权债务转移到新建立的企业中。“转让”意味着公司的一部分财富被重组，公司的所有者和经营者的利益发生了变化。这种变化可以帮助公司减少对于土地、房屋和其他财产的所有者的负担，并且避开一些重要的财政负担。为了确保公平、公正的投资回报，公司的股份变更过程中，必须由专家进行全面的审计，包括对公司的财力、资产、债务等进行全面的审查，同时，也要考虑相关的法律法规、财务制度等。从2015年起，许多地区的税务机关，特别是深圳，都采取了积极的措施来支持企业采取分立后的股权转移方式，以及提高对剥离资产进行资产重组的要求，以确保相关行动的合法性和有效性。如果公司希望使用分立之后的股份变更来实现这一计划，那么必须确认所有的商业活动都是正当的，没有任何恶意的目的，例如延期支付、免除或者降低支出。所有这些都必须经过公司向税务机关进行合理说明，并经过税务机关的批准。

2.转让方分立阶段税务分析

（1）增值税及附加。根据《国家税务总局关于纳税人资产重组有关增值税问题的公告》（国家税务总局公告2011年第13号），“纳税人在资产重组过程中，通过合并、分立、出售、置换等方式，将全部或者部分实物资产以及与其相关联的债权、负债和劳动力一并转让给其他单位和个人，不属于增值税的征税范围，其中涉及的货物转让，不征收增值税”。

（2）契税。根据《财政部 税务总局关于继续执行企业 事业单位改制重组有关契税政策的公告》（财政部 税务总局公告2021年第17号），公司依照法律规定、合同约定分立为两个或两个以上与原公司投资主体相同的公司，对分立后公司承受原公司土地、房屋权属，免征契税。

（3）土地增值税。根据《财政部 税务总局关于继续实施企业改制重组有关土地增值税政策的公告》（财政部 税务总局公告2021年第21号），“按照法律规定或者合同约定，企业分设为两个或两个以上与原企业投资主体相同的企业，对原企业将房地产转移、变更到分立后的企业，暂不征土地增值税”。

（4）企业所得税。如果企业分立后转让股权项目交易方案涉及的是一般性税务处理，则需要按照资产转让所得减去历史成本、税金等成本按25%的税率缴纳企业所得税；如果企业分立后转让股权项目属于特殊性税务处理范畴，则可以暂时免缴企业所得税，但是在一年周期内不能进行转股操作。

《财政部 国家税务总局关于企业重组业务企业所得税处理若干问题的通知》（财税〔2009〕59号）明确，“企业分立，当事各方应按下列规定处理：1.被分立企业对分立出去资产应按公允价值确认资产转让所得或损失。2.分立企业应按公允价值确认接受资产的计税基础。3.被分立企业继续存在时，其股东取得的对价应视同被分立企业分配进行处理。4.被分立企业不再继续存在时，被分立企业及其股东都应按清算进行所得税处理。5.企业分立相关企业的亏损不得相互结转弥补”。

（5）印花税。按照“产权转移书据”税目，按万分之五的比例缴纳印花税。

3.税务处理要点及注意事项

（1）通过实施企业分立后的股权交易方案，可以有效减少土地增值税、增值税、契税的税负，一般可以在6个月内完成税收策划。

（2）当转让方同意接受应用企业分立后的股权交易方案时，如果涉及特殊性税务处理，新分立的企业将无法在一年的时间里完成转股操作，因此，交易方案必须根据具体情况，对代持、股权质押等方面进行相应的调整。

（3）在企业分立过程中，转让方应当确保后续股权转让按照评估价格进行，并且有效地解决资金过户、计税成本、账务处理等敏感问题。

（4）在企业分立后，股权转让项目交易方案中，关联方可以通过两种方式获得补偿：发放拆迁补偿和发放解租补偿。这两种方式都可以免除关联方土地增值税和增值税的缴纳，减少关联方的税收负担。

（二）企业合并税务分析

1.税费分析

（1）契税。根据财政部、税务总局公告2021年第17号，“两个或两个以上的公司，依照法律规定、合同约定，合并为一个公司，且原投资主体存续的，对合并后公司承受原合并各方土地、房屋权属，免征契税”。

（2）印花税。对于合并后的公司，必须使用新的资金账户来记录资金。已经支付了印花税的部分不必再次支付，未支付的部分则需要按照万分之二点五的比例支付印花税。

（3）增值税及附加。根据国家税务总局公告2011年第13号，“纳税人在资产重组过程中，通过合并、分立、出售、置换等方式，将全部或者部分实物资产以及与其相关联的债权、负债和劳动力一并转让给其他单位和个人，不属于增值税的征税范围，其中涉及的货物转让，不征收增值税”。

（4）土地增值税。根据财政部、税务总局公告2021年第21号，“按照法律规定或者合同约定，两个或两个以上企业合并为一个企业，且原企业投资主体存续的，对原企业将房地产转移、变更到合并后的企业，暂不征土地增值税”。

（5）企业所得税。在一般性税务处理中，收购方必须根据公允价值来确定转让方的资产和负债的计税基础，而且转让方的亏损不能通过收购方的结转弥补。此外，在特殊性税务处理范畴中，收购方也必须根据转让方的原有计税基础，确定转让方的资产和负债计税基础，这种情况下，转让方的亏损也不能通过收购方的结转弥补。

财税〔2009〕59号文件明确，“企业合并，当事各方应按下列规定处理：1.合并企业应按公允价值确定接受被合并企业各项资产和负债的计税基础。2.被合并企业及其股东都应按清算进行所得税处理。3.被合并企业的亏损不得在合并企业结转弥补”。

2.税务处理要点及注意事项

企业合并和分立的交易方式有很多相似之处，因此在进行税务处理时，需要注意的重点也是一样的，此处不再赘述。

（三）不同投资类型项目重组的税务分析

以下主要从政府投资模式、政府授权投资模式、PPP模式和共同合作投资模式下重组环节进行涉税事项说明。

1. 政府投资模式

通过股权转让方式进行重组，若股权转让方属于非上市公司，则不涉及增值税及附加税费、土地增值税以及契税。

该种模式下的重组活动可能产生一定的企业所得税。在进行重组时，应充分考虑特殊性税务处理的相关条件，达到递延纳税目的，以最大限度地降低企业所得税的负担。

2. 政府授权投资模式

在投资引入和资产重组中，可能涉及债权债务的转移、土地使用权的转让或出售和签订相关合同，存在需缴纳增值税及附加税费、印花税、土地增值税和企业所得税的情形。

印花税是对合同、证券、票据等文件和交易行为征收的一种税费，属于正列举法。

当转让的债权债务为金融商品时，需缴纳增值税。金融商品转让，是指转让外汇、有价证券、非货物期货和其他金融商品所有权的业务活动。其他金融商品转让包括基金、信托、理财产品等各类资产管理产品和各种金融衍生品的转让。

在资产重组过程中，通过合并、分立、出售、置换等方式，将全部或者部分实物资产以及与其相关联的债权、负债和劳动力一并转让给其他单位和个人，不属于增值税的征税范围，其中涉及的货物转让，不征收增值税。

3. PPP模式

在特许经营期结束后，PPP项目分为有偿移交和无偿移交。项目公司无偿移交资产，若不是用于公益事业或者以社会公众为对象，该种行为将被视同销售，可能涉及缴纳增值税及附加税费、土地增值税、企业所得税和印花税。

税务策划对公共服务领域等城市更新项目的运营效益有着至关重要的作用，需要协调各方的利益，在保证项目正常运营的前提下，合理减少税收负担。

对于移交过程中的财税策划可关注以下几点：

（1）因接收方是纯受益方，可以在补充协议中明确约定移交产生的所得税费由接收方承担。

（2）因股权转让不征收增值税及附加税费、土地增值税、契税，通过股权转让方式实现退出是最好的选择。

（3）充分了解国家相关税收优惠政策，特别是基础设施相关的优惠政策，对能够享受的应积极争取。

4.共同合作投资模式

调整合作关系、引入第三方投资以公允价值进行资产重组，投入资金可能涉及债权债务转移，此时涉及增值税及附加税费、印花税、土地增值税和企业所得税。

四、资产、股权重组的税会差异

（一）长期股权投资的税会差异

在企业合并重组时，如果出现了长期股权投资的情况，会计上需根据会计准则的规定，对形成的长期股权投资采用成本法进行计量，在计量过程中以初始成本为依据，且不对账面价值做调整；税务上以入账价值作为计税基础，结合有关税法规定，长期股权投资持有期间所计提的减值准备，不允许在税前扣除，除非发生了实质性的损失。这使得会计处理与税务处理之间存在差异。而对于企业重组期间形成的长期股权投资，采用权益法进行会计核算，考虑这期间长期股权投资会被抵销，因此不会产生税会差异。

（二）合并商誉的税会差异

当非同一控制下的企业重组时，如果出现了合并商誉，会计处理时应依据会计准则的规定不做摊销处理，但需要每年评估是否存在减值情况；而在税务上，税法明确规定外购商誉计提的减值准备不可进行税前扣除或摊销，由此产生了税会差异，合并方应在纳税申报时，对其应纳税所得额进行相应调整。

（三）其他资产负债的税会差异

当非同一控制下的企业重组时，合并资产与负债的账面价值与计税基础不同，在持有期间计提折旧与摊销存在税会差异。合并方应在纳税申报时对少摊销或多摊销的成本进行纳税调整。

五、资产、股权重组的管理经验总结

（一）合理选择重组目标企业

在选择目标企业时，开发企业要从企业的发展战略目标出发，选择符合公司发展战略目标需求的目标企业。开发企业可以根据目标企业的主要经营业务与综合实力等判定是否符合企业发展的需求。

（二）充分利用多种渠道

全面获取目标企业的信息，选择合适的目标价值评估方法。开发企业可以聘请专业的机构进行财务尽职调查，从各个角度来获取目标企业的信息。通过借助外部的专业机构来审查目标企业财务数据的真实性和准确性，充分挖掘数据的来源。此外，企业内部也应该成立专业的小组，对相关数据再次复核，并对一些重大事项和非财务信息进行复核，确保数据信息的真实性和准确性。最后，在参考外部专业机构推荐的评估方法基础上，开发企业要根据自身所能承受的对价选择合适的目标企业价值评估方法。

（三）充分关注财务方面的整合

（1）项目企业应在重组以后及时整合财务战略。财务战略对城市更新项目继续运营以及企业资源合理分配都起到重要的影响作用。因此，应在项目发展运营目标的基础上制定统一的财务战略、明确财务战略目标。

（2）整合企业的财务制度体系。统一的财务制度有利于推动项目财务整合的进程、提高财务整合的效果。因此，企业应有效整合各个环节的财务制度，确保企业有统一的财务制度指导。

（3）对企业的财务管理人员进行整合。项目企业应根据实际情况，在并购以后对财务管理人员进行全面整合，筛选出符合项目运营发展要求的财务人员，建立合理完善的绩效奖励机制，确保企业各项财务制度和财务战略能够有效落实和实施。

第四节　资产、股权处置清算的业财税管理

一、资产、股权处置清算的业务描述

城市更新项目，现有投资模式主要以政府投资模式、政府授权投资模式、PPP模式、共同合作投资模式、社会资本自主投资模式和城市更新基金投资模式为主。如项目公司为应对土拍市场的竞争，从政府手中以较低的价格拿地以合作形式进行；如跨行业投资机构正在积极参与这一行业，但由于缺乏开发经验，希望能够依靠大型房地产公司的品牌、资质、管理团队以及后续资金来确保项目的顺利实施，选择以合作开发的方式，整合各方的优势资源，以便在市场上立足。几种形式都会在项目售罄/资产交割后开展清算退出工作。项目公司的清算工作，旨在企业项目经营期满不再继续运营，注销公司

的存在，处理账务上的剩余资产，偿还债务，并将剩余收益分配给投资者。

以政府投资模式为例，项目清算关注事项如下。

（1）政府应该在项目投资阶段就与开发商签订清晰明确的合同和协议，明确双方的权益和责任，包括在清算注销时的资产处置、债务清偿等事项。

（2）清算开始时，政府应制定清算注销计划，明确清算注销的流程、时间表和责任分工，确保项目能够按计划进行清算注销。

（3）政府对此可以建立监督机制，对开发商的核算内容进行监督和审计，确保资金使用和账务处理的合规性，防止潜在的财务风险。监督机构应明确监督的职责和范围，包括对资金使用、项目资产处置、债务清偿等方面进行监督。监督机构应及时跟踪和核实项目资金流动、资产处置情况，并记录相关信息和报告给主管部门。

（4）政府作为主要投资方，可能需要通过出售或转让项目的资产来实现资金回收和清算注销的目标。而开发商可能需要通过项目销售或其他方式回收自身投入的资金。政府应采取措施确保资金回收，包括对项目资产进行评估和处置，与债权人进行协商，与开发商进行密切的沟通，共同商讨清算注销的具体方案，确保双方的权益得到平衡和保护。政府可以根据资产的性质和市场情况，选择适当的处置方式。通过采取多种措施，如公开拍卖、协商转让、资产证券化等，可以有效地实现资产的有效处置，从而迅速回收资金。政府在账务处理中需要对项目的债务进行核算和处理，包括清偿债务或与债权人进行协商。开发商可能需要结清自身的债务，包括与供应商、承包商等的结算。

清算流程如图9–7所示。

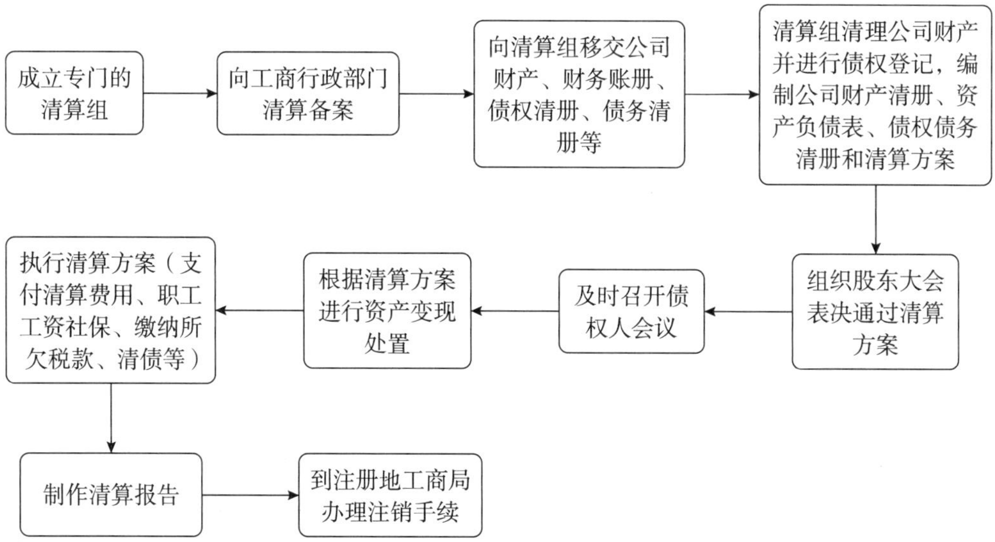

图9–7　清算流程

二、城市更新项目到期清算的会计处理

本节主要从项目清算环节中资产处置、清偿债务、剩余收益分配和报表列示介绍会计处理。

（一）清算期间资产处置的会计处理

在清算注销过程中，开发商需要根据合同约定进行资产的处置。这意味着开发商需要确定合同解除的具体细节，包括解除合同的时间、方式和条件。同时，开发商还需要对项目中的房产、土地和其他资产进行评估，并确定合适的处置方式，如转让给政府或第三方，或进行其他形式的处置。在这个过程中，开发商需要进行账务处理，及时记录资产处置具体情况。

项目公司在清算期间的资产应当以资产清算净值计量。资产清算净值，是指在清算的特定环境下和规定时限内，最可能的变现价值扣除相关的处置税费后的净额。清算企业应当对拥有的各类资产（包括原账面价值为零的已提足折旧的固定资产、已摊销完毕的无形资产等）登记造册，估计其资产清算净值，按照其资产清算净值对各资产科目余额进行调整，并相应调整“清算净值”科目。

项目公司清算期间发生资产处置的，应当终止确认相关被处置资产，并将处置所得金额与被处置资产的账面价值的差额扣除直接相关的处置费用后，计入清算损益。

清算企业收回应收票据、应收款项类债权、应收款项类投资，按照收回的款项，借记“现金”“银行存款”等科目，按照应收款项类债权或应收款项类投资的账面价值，贷记相关资产科目，按其差额，借记或贷记“资产处置净损益”科目。

清算企业出售各类投资，按照收到的款项，借记“现金”“银行存款”等科目，按照相关投资的账面价值，贷记相关资产科目，按其差额，借记或贷记“资产处置净损益”科目。

清算企业出售存货、投资性房地产、固定资产及在建工程等实物资产，按照收到的款项，借记“现金”“银行存款”等科目，按照实物资产的账面价值，贷记相关资产科目，按应当缴纳的税费贷记“应交税费”科目，按上述各科目发生额的差额，借记或贷记“资产处置净损益”科目。

清算企业的划拨土地使用权被国家收回，国家给予一定补偿的，按照收到的补偿金额，借记“现金”“银行存款”等科目，贷记“其他收益”科目。

项目公司因盘盈、追回等方式在清算期间取得的资产，应当按照取得时的资产清算净值进行初始确认计量，初始确认计量的账面价值与取得该资产的成本之间存在差

额的，该差额应当计入清算损益。

（二）清算期间清偿债务的会计处理

开发商需要清算项目相关的负债，包括向供应商、承包商和借款方支付欠款，并与债权人协商解决可能产生的债务关系。在清算注销过程中，开发商需要及时与债权人进行沟通，确保债务的清算和支付工作的准确性。此外，开发商还需要记录清算过程中可能产生的其他负债，并进行相应的账务处理，以确保清算注销过程的顺利进行。

项目公司在清算期间的负债应当以债务清偿价值计量。债务清偿价值，是指在不考虑项目公司的实际清偿能力和折现等因素的情况下，项目公司按照相关法律规定或合同约定应当偿付的金额。清算企业应当对各类负债进行核查，按照上述规定对各负债科目余额进行调整，并相应调整“清算净值”科目。

项目公司应当按照清算报表日的资产清算净值和债务清偿价值，对资产和负债的账面价值分别进行调整，差额计入清算损益。

清算期间发生债务清偿的，应当按照偿付金额，终止确认相应部分的负债。在偿付义务完全解除时，项目公司应当终止确认该负债的剩余账面价值，同时确认清算损益。

清算企业清偿债务，按照实际支付的金额，借记相关债务科目，贷记“现金”“银行存款”等科目。

清算企业以非货币性资产清偿债务的，按照清偿的价值借记相关负债科目，按照非货币性资产的账面价值，贷记相关资产科目，按其差额，借记或贷记“债务清偿净损益”科目。

清算企业支付所欠税款，按照相关账面价值，借记“应交税费”等科目，按照实际支付的金额，贷记“现金”“银行存款”等科目，按其差额，借记或贷记“债务清偿净损益”科目。

项目公司在清算期间新承担的债务，应当按照债务清偿价值进行初始确认计量，并计入清算损益。

（三）清算期间其他事项的会计处理

清算期间发生各项费用、取得各项收益应当直接计入清算损益。

在清算期间通过清查、盘点等方式取得的未入账资产，应当按照取得日的资产清算净值，借记相关资产科目，贷记“其他收益”科目。

在清算期间通过债权人申报发现的未入账债务，应当按照债务清偿价值确定计量金额，借记“其他费用”科目，贷记相关负债科目。

企业在清算期间，作为买入方继续履行尚未履行完毕的合同的，按照收到的资产的资产清算净值，借记相关资产科目，按照相应的增值税进项税额，借记“应交税费”科目，按照应支付或已支付的款项，贷记“现金”、“银行存款”、“应付共益债务”或“预付款项”等科目，按照上述各科目的差额，借记“其他费用”或贷记“其他收益”科目；企业作为卖出方继续履行尚未履行完毕的合同的，按照应收或已收的金额，借记“现金”“银行存款”“应收账款”等科目，按照转让的资产账面价值，贷记相关资产科目，按照应缴纳相关税费，贷记“应交税费”科目，按照上述各科目的差额，借记“其他费用”科目或贷记“其他收益”科目。

在清算期间，项目公司按照税法规定需缴纳企业所得税的，应当计算所得税费用，并将其计入清算损益。所得税费用应当仅反映项目公司当期应交的所得税。

在编制清算期间的财务报表时，应当将“资产处置净损益”“债务清偿净损益”“其他收益”“共益债务支出”“其他费用”“所得税费用”科目结转至“清算净损益”科目，并将“清算净损益”科目余额转入“清算净值”科目。

（四）清算后利润分配的会计处理

根据合作协议和投资合同的约定，开发商需要根据清算结果进行利润分配和资金分配。即根据各方的权益份额，将清算后的利润和资金按约定的比例进行分配，并进行相应的账务处理。

（五）清算报表列示

项目公司在清算后应当按规定编制清算财务报表，向报表使用者反映清算企业在清算过程中的财务状况、清算损益、现金流量变动和债务偿付状况。

清算企业的财务报表包括清算资产负债表、清算损益表、清算现金流量表、债务清偿表及相关附注。

清算资产负债表反映清算企业在报表日资产的资产清算净值，以及负债的债务清偿价值。资产项目和负债项目的差额在清算资产负债表中作为清算净值列示。

清算损益表反映清算企业在清算期间发生的各项收益、费用。清算损益表至少应当单独列示反映下列信息的项目：资产处置净收益（损失）、债务清偿净收益（损失）、资产和负债净值变动净收益（损失）、所得税费用等。

清算现金流量表反映清算企业在清算期间货币资金余额的变动情况。清算现金流量表应当采用直接法编制，至少应当单独列示反映下列信息的项目：处置资产收到的现金净额、清偿债务支付的现金、支付所得税的现金等。

债务清偿表反映清算企业在清算期间发生的债务清偿情况。债务清偿表应当根据破产法规定的债务清偿顺序，按照各项债务的明细单独列示。债务清偿表中列示的各项债务至少应当反映其确认金额、清偿比例、实际需清偿金额、已清偿金额、尚未清偿金额等信息。

三、城市更新项目到期清算的税务处理

本节主要从项目清算环节中主要涉及的增值税、企业所得税和土地增值税展开介绍。

（一）增值税

在城市更新项目的清算过程中，通常会涉及处置固定资产和存货，这些活动可能需要支付增值税。当企业注销时，对于非金融资产的处理通常包括两种方式：（1）出售资产，包括存货、投资性房地产、固定资产及在建工程等实物资产，按照税法规定，需要支付相应税率的增值税；（2）将资产直接转让给投资者，按照税法的相关规定进行处理。

在处置旧的固定资产时，根据《国家税务总局关于一般纳税人销售自己使用过的固定资产增值税有关问题的公告》（国家税务总局公告2012年第1号）的规定，“增值税一般纳税人销售自己使用过的固定资产，属于以下两种情形的，可按简易办法依4%征收率减半征收增值税，同时不得开具增值税专用发票：一、纳税人购进或者自制固定资产时为小规模纳税人，认定为一般纳税人后销售该固定资产。二、增值税一般纳税人发生按简易办法征收增值税应税行为，销售其按照规定不得抵扣且未抵扣进项税额的固定资产”。根据《国家税务总局关于简并增值税征收率有关问题的公告》（国家税务总局公告2014年第36号）的规定，将《国家税务总局关于一般纳税人销售自己使用过的固定资产增值税有关问题的公告》（国家税务总局公告2012年第1号）中“可按简易办法依4%征收率减半征收增值税”，修改为“可按简易办法依3%征收率减按2%征收增值税”。

项目公司不符合上述条件的，应按适用税率或者征收率申报缴纳增值税。

在清算过程中，还可能存在存货盘亏的情形。在该种情况下，应根据盘亏资产的情况转出增值税进项税额。

（二）企业所得税

企业清算期间不再是正常的经营期间，因此在会计核算和纳税方面需要做出相应

的调整。《财政部 国家税务总局关于企业清算业务企业所得税处理若干问题的通知》（财税〔2009〕60号）的规定如下。

（1）企业应将整个清算期作为一个独立的纳税年度来计算清算所得。

（2）企业清算的所得税处理包括以下内容：①全部资产均应按可变现价值或交易价格，确认资产转让所得或损失；②确认债权清理、债务清偿的所得或损失；③改变持续经营核算原则，对预提或待摊性质的费用进行处理；④依法弥补亏损，确定清算所得；⑤计算并缴纳清算所得税；⑥确定可向股东分配的剩余财产、应付股息等。

（3）企业的全部资产可变现价值或交易价格，减除资产的计税基础、清算费用、相关税费，加上债务清偿损益等后的余额，为清算所得。

（4）企业全部资产的可变现价值或交易价格减除清算费用，职工的工资、社会保险费用和法定补偿金，结清清算所得税、以前年度欠税等税款，清偿企业债务，按规定计算可以向所有者分配的剩余资产。被清算企业的股东分得的剩余资产的金额，其中相当于被清算企业累计未分配利润和累计盈余公积中按该股东所占股份比例计算的部分，应确认为股息所得；剩余资产减除股息所得后的余额，超过或低于股东投资成本的部分，应确认为股东的投资转让所得或损失。被清算企业的股东从被清算企业分得的资产应按可变现价值或实际交易价格确定计税基础。

（三）土地增值税

如果城市更新项目涉及房地产开发，项目公司在销售或转让开发产品的最后环节，则需要进行土地增值税清算，《国家税务总局关于房地产开发企业土地增值税清算管理有关问题的通知》（国税发〔2006〕187号）相关规定如下。

1.清算条件

（1）符合下列情形之一的，纳税人应进行土地增值税的清算：

①房地产开发项目全部竣工、完成销售的；

②整体转让未竣工决算房地产开发项目的。

（2）符合下列情形之一的，主管税务机关可要求纳税人进行土地增值税清算：

①已竣工验收的房地产开发项目，已转让的房地产建筑面积占整个项目可售建筑面积的比例在85%以上，或该比例虽未超过85%，但剩余的可售建筑面积已经出租或自用的；

②取得销售（预售）许可证满三年仍未销售完毕的；

③纳税人申请注销税务登记但未办理土地增值税清算手续的；

④省税务机关规定的其他情况。

2. 土地增值税的扣除项目

（1）房地产开发企业办理土地增值税清算时计算与清算项目有关的扣除项目金额，应根据《土地增值税暂行条例》第六条及其实施细则第七条的规定执行。除另有规定外，扣除取得土地使用权所支付的金额、房地产开发成本、费用及与转让房地产有关税金，须提供合法有效凭证；不能提供合法有效凭证的，不予扣除。

（2）房地产开发企业办理土地增值税清算所附送的前期工程费、建筑安装工程费、基础设施费、开发间接费用的凭证或资料不符合清算要求或不实的，税务机关可参照当地建设工程造价管理部门公布的建安造价定额资料，结合房屋结构、用途、区位等因素，核定上述四项开发成本的单位面积金额标准，并据以计算扣除。具体核定方法由省税务机关确定。

（3）房地产开发企业开发建造的与清算项目配套的居委会和派出所用房、会所、停车场（库）、物业管理场所、变电站、热力站、水厂、文体场馆、学校、幼儿园、托儿所、医院、邮电通讯等公共设施，按以下原则处理：

①建成后产权属于全体业主所有的，其成本、费用可以扣除；

②建成后无偿移交给政府、公用事业单位用于非营利性社会公共事业的，其成本、费用可以扣除；

③建成后有偿转让的，应计算收入，并准予扣除成本、费用。

（4）房地产开发企业销售已装修的房屋，其装修费用可以计入房地产开发成本。房地产开发企业的预提费用，除另有规定外，不得扣除。

（5）属于多个房地产项目共同的成本费用，应按清算项目可售建筑面积占多个项目可售总建筑面积的比例或其他合理的方法，计算确定清算项目的扣除金额。

项目公司应对待清算项目提前预估可能缴纳的土地增值税，及时获取开发阶段的相应成本发票，并就当地土地增值税清算过程中存在的税企争议，及时与主管税务机关沟通了解，以规避相应的涉税风险。

四、城市更新项目到期清算的税会差异

（一）清算资产损失税前扣除问题

全部资产均应按可变现价值或交易价格，确认资产转让所得或损失；清算期间，项目企业的各种资产应按照规定对可变现价值或交易价格进行确认。企业相关的资产盈亏应当计入清算所得。清算期间应通过坏账处理无法收回的款项。企业应填报资产

损失税前扣除及纳税调整明细表，及时向税务机关申报扣除资产损失，并保留好相关资料。《国家税务总局关于企业所得税资产损失资料留存备查有关事项的公告》（国家税务总局公告2018年第15号）规定，企业向税务机关申报扣除资产损失，仅需填报企业所得税年度纳税申报表《资产损失税前扣除及纳税调整明细表》，不再报送资产损失相关资料。相关资料由企业留存备查。

（二）债务清偿损益所得征税问题

债务清偿损益，是指企业全部负债按计税基础减除其清偿金额后的余额。负债的计税基础为负债的账面价值减去未来时间里计算应纳税所得额时按照税收标准予以扣除金额的余额。企业清算时，债权人可能会做出一定让步来照顾清算企业资不抵债等原因，因此，对于企业清算前和清算期内，已确定无须支付的应付款项，应并入生产经营所得征税。企业清算期间应支付但由于清算资产不足以偿还的未付款项，无须并入清算所得征税。

（三）留抵税额及存货的税务处理

企业清算时，若注销一般纳税人或取消辅导期一般纳税人资格，根据《财政部 国家税务总局关于增值税若干政策的通知》（财税〔2005〕165号）第六条的规定，其存货不作进项税额转出处理，其留抵税额也不予退税。如果清算时企业存在欠交税费，根据规定，对纳税人因销项税额小于进项税额而产生期末留抵税额的，应以期末留抵税额抵减增值税欠税。也可以用留抵税额抵减查补税款欠税。

五、城市更新项目到期清算的管理经验总结

（一）建立责任追究机制

在企业清算过程中，资产评估机构、会计师事务所、税务师事务所以及律师事务所等中介机构承担着资产评估、财务以及清税审计等重要职责，对清算工作的依法合规以及保护债权人和股东的利益起着至关重要的作用。因此，一方面要明确界定这些中介机构的责任，建立相应的责任追究机制和处罚措施；另一方面，可以考虑让具有相关资质的中介机构参与清算组，成为清算组中除股东之外的重要外界力量。这样既可以保障清算过程的依法合规，又可以最大限度地减少税收流失和国有资产损失。

（二）重视财务清算工作

提高企业内管理者对注销清算工作的重视程度是清算工作顺利开展的重要基础。首先，应该强化企业内领导者的法律意识，特别是企业内财务工作人员法律意识，这也是保证企业能够依法退出市场的重要前提。其次，为了进一步增强注销清算工作的规范性，清算小组的建立应该符合对应的法律法规要求。组内成员应该具备一定的能力条件，并且拥有较高的责任心和思想素质。同时也可以采用这种途径：从当地的政府部门或者会计师事务所选择聘用优秀人才来帮助企业开展清算工作，进而提高清算工作效率，进一步降低企业内产生的清算成本。最后，管理者应该向清算小组成员阐释注销清算工作的重要性，这项工作必须引起组内成员的重视，这样才能保证清算工作能够顺利开展。

（三）按照相关规定处理财务工作

企业进行清算涉及广泛的财务工作，例如清点实体资产还有企业内的有关税费等。若处理方式不得当、使用方法不正确都会影响财务核算，从而影响注销清算工作的顺利开展。当企业进行清算时，应该按照相关规定开展工作，正确权衡和处理各方面的关系。采用正确的清算方式有利于弱化企业和其他利益相关者之间的矛盾，从而保证剩余资产的分配更加公平公正。除此之外，企业在开展清算工作时应以非持续经营这个假设作为前提条件，而且在清算时间内固定资产不计提折旧。健全资产处置制度，企业内的重要资产应该评估后再选择公开的方式处理，并根据资产价值最大化的原则进行处置。同时，在清算费用产生后应该采取相对应的监督措施，以帮助企业降低风险和提高收益。

城市更新项目全周期财税管理指南

下　篇

城市更新案例分析

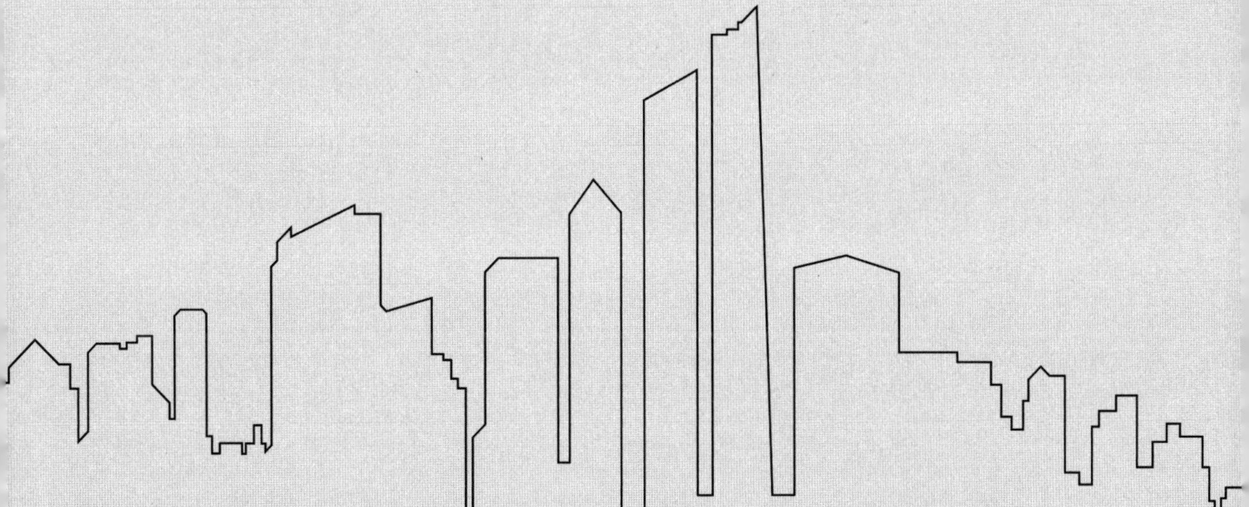

第十章 新型城镇化更新改造项目案例分析

一、项目概述

（一）项目背景

在国家新型城镇化战略及“十四五”城市更新的背景下，某地政府积极推进新型城镇化建设和城市更新建设，将某区A镇作为破解城乡二元结构的试点。在此背景下，B集团与某区A镇政府在2015年底正式签约落地本项目。

（二）区位优势

A镇隶属上海市青浦区，镇域面积24平方公里，全镇户籍总人口1.6万人，常住人口5.7万人。经前期研判确认A镇在交通、环境、文化底蕴、经济社会方面均有一定优势，A镇具有较好的自然资源禀赋与空间发展优势，其发展建设模式可以作为“新型城镇化模具”，为新型城镇化项目拓展及城市更新业务建立标准化模式。

（三）合作内容

项目由B集团与区、镇两级平台公司按照7：2：1的股权比例共同出资设立SPV公司，某区政府一次性授权给SPV公司，对A镇域30平方公里进行整体开发。A镇项目分为城中村、195片区、ZY村（198片区）三个片区实施。

城中村：按照城中村政策采用一二级联动模式进行改造开发。通过优化城镇空间格局，提升土地利用效率，全面提高公共服务水平，补齐民生短板弱项，通过城市空间腾挪优化，改善城镇面貌。

195片区：按PPP模式实施。通过对产业提升板块基础设施配套打造，吸引新兴产业入驻，实现区域产业功能提升。

ZY村（198片区）：由B集团与A镇某村村委会组建合资公司进行联合开发，合资公司对乡村振兴项目进行全过程投资、建设、运营等。通过与农村集体经济组织合作，借助集体建设用地入市等政策，探索乡村振兴新路径，通过美丽乡村建设，提升乡村风貌，培育集体经济组织造血机制。为城镇化探索后续发展空间。

（四）合作模式

A项目的合作模式为“1+X”模式，具体体现为“一次授权、分期实施”，其中“1”表示某区政府一次性、排他性地授权给B集团，由B集团全权负责项目范围内的全过程建设；“X”为根据项目推进情况，通过补充、增加、策划创造方式新增的子项目，根据不同的项目类型，采用经营性项目特许经营权、政府购买服务及可行性缺口补助等多种灵活模式，为多样化的项目类型提供支撑和保障。

（五）回报机制

项目采取“7+N”盈利模式，并实现“投资带动土地、施工总承包、资产运营”等多板块协同联动的城镇综合开发模式。“7”是指经政府投资认定的社会资本投入，包括策划、规划、设计、基础设施、公共设施等项目，政府给予7%的综合回报；“N”是指根据非经营性、经营性和准经营性项目的性质不同，分别采用政府付费、使用者付费和政府可行性缺口补助等回报机制，对项目实施、运营采用不同的回报机制。

二、运作模式

城中村改造、乡村振兴建设、基础设施公建配套PPP项目、保障房开发等内容，收入模式有政府付费、使用者付费等。

其中城中村改造通过优化城镇空间格局，提升土地利用效率，增强经济发展活力，重点推进民生工程建设、提升整体城镇面貌和配套服务水平，目前城中村板块包含基础设施及公建配套建设、土地一级整理、保障房项目及商品房建设，其中商品房项目采用商品房模式核算，其余采用金融资产模式。

乡村振兴板块主要模式采用使用者付费，目前乡村振兴板块涉及酒店项目、农业园项目等，涉及住宿、餐饮、农产品销售、咨询服务、门票收入等业务。

保障房开发，用于政府拆迁户安置，主要采用政府购买服务模式进行。

部分基础设施、公建配套设施建设，主要采用PPP模式进行。可以看出城市更新模式涵盖内容非常多，针对不同子项目采用不同的合作模式。实操起来非常复杂，对财务核算、税收缴纳都带来很多难点，在依据会计准则，需要合理判断子项目核算模式，同时要考虑财务指标反映与披露，全程体现“三流合一”财税管控思路。但是由于缺乏系统性相关规定，导致遇到的很多问题都需要跟政府相关职能部门不断沟通，通过几年的不断实践，在实际操作中采取以下方式，保障项目健康有序发展。

（一）动迁及征地补偿类

业务流程见图10–1。

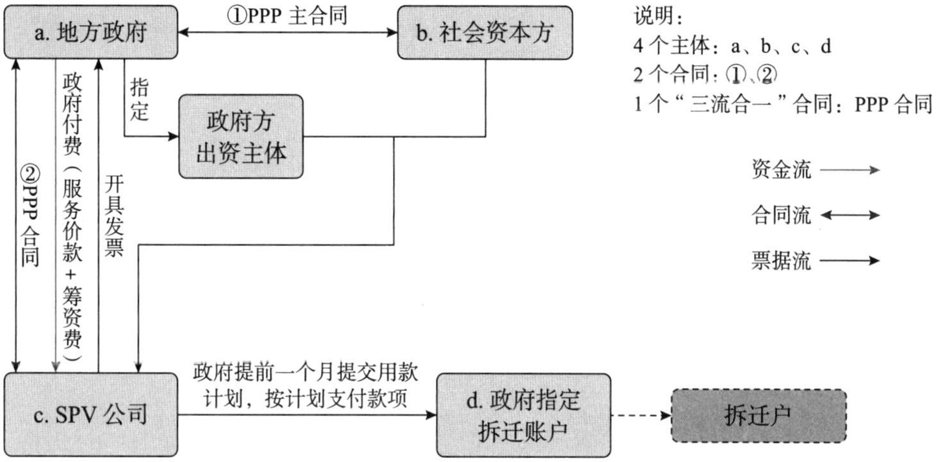

图10–1 动迁及征地补偿业务流程

动迁及征地补偿类涉及4个主体，分别为地方政府、社会资本方、SPV公司及政府指定拆迁账户，根据PPP合同约定，征地、拆迁、安置的实施责任主体为A镇人民政府，由其负责进度、质量、安全及管理，以及维护社会稳定、妥善处理后续遗留问题。征地、拆迁、安置费用按实际发生费用计入项目成本，由项目公司按进度支付。

（二）土地一级整理

业务流程见图10–2。

土地一级整理涉及6个主体，分别为地方政府、社会资本方、SPV公司及主业单位、代建单位、移交部门或单位。土地一级整理包含劳动力安置、耕地开垦等，根据施工建设合同由SPV公司指定主业单位实施，根据合同节点支付工程款给主业单位，主业单位开具增值税发票。在建设过程中有代建单位对主业单位进行监控、监督，确保合同义务履行到位。代建单位收到管理费用后向SPV公司开具增值税发票；待完成竣工验收后，由SPV公司向有关部门或单位移交，根据合同约定地方政府向SPV公司支付相关工程款及摊余成本利息，SPV公司开具增值税发票。整个过程中涉及4个合同，3个“三流合一”合同为土地整理协议、施工等合同、项目管理合同。

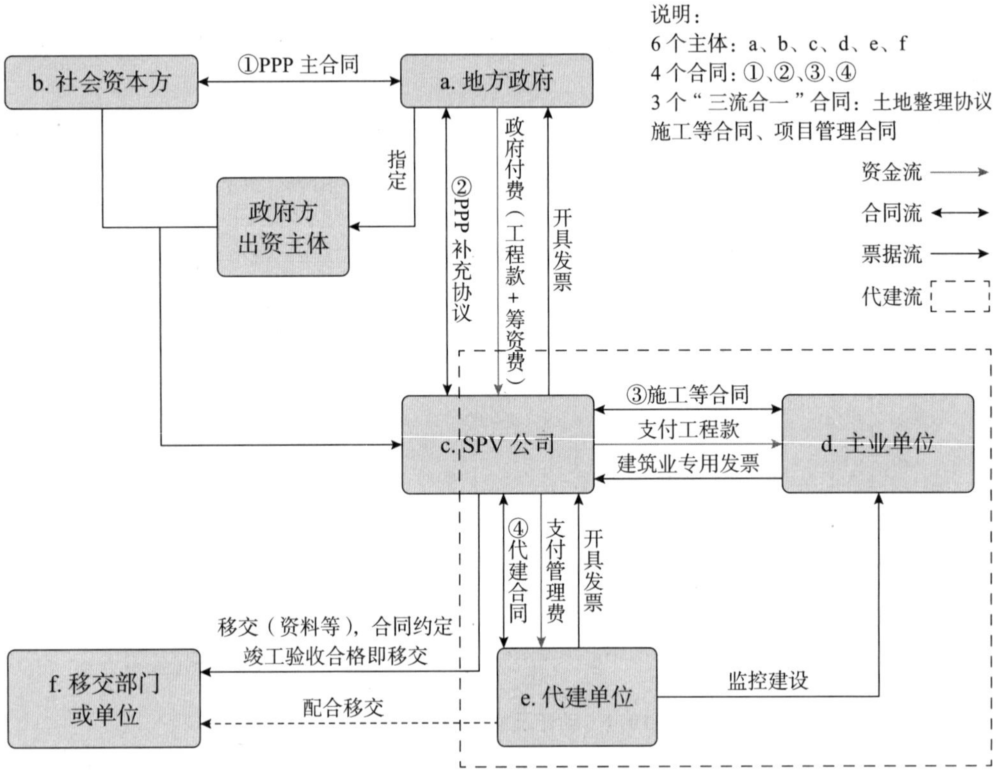

图 10-2 土地一级整理业务流程

（三）非经营性子项目

业务流程见图10-3。

非经营性子项目涉及7个主体，分别为地方政府、社会资本方、SPV公司及子公司、总承包及监理单位等、代建单位、接收单位。针对城中村部分，为了便于核算及移交，SPV公司在获得授权的情况下设立全资子公司作为城中村建设的主体，依托B集团全产业链优势，由B集团下属总承包公司负责具体开发建设，代建单位负责过程管理与监督。待取得竣工验收备案后，由地方政府根据与SPV公司签订的回购协议按照结算价进行回购，同时还需支付相应摊余成本利息费用，SPV公司开具增值税发票。整个开发建设过程中涉及4个合同，3个“三流合一”合同为城中村委托代建协议，施工、监理等合同，代管理合同。

业务流程见图10–4。

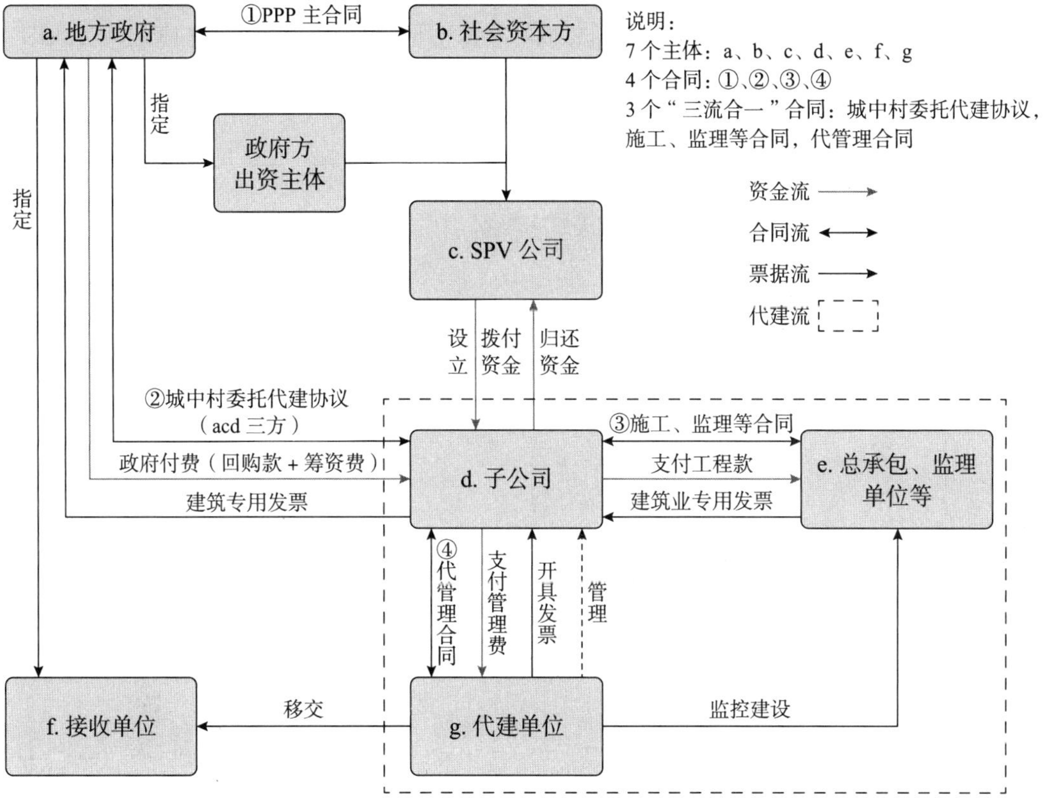

图10–3 非经营性子项目业务流程

（四）保障房项目

保障房项目涉及8个主体，分别为地方政府、社会资本方、SPV公司、代建单位、房地产开发子公司、总承包及监理单位等、小业主、移交部门或单位。涉及5个合同，其中3个“三流合一”合同为城中村委托代建协议，施工、监理等合同，代开发合同。销售合同不具备“三流合一”。

根据SPV公司与政府签订的结算协议，在实际会计核算中，对于回迁房所对应的土地使用权，企业从未享有其风险和报酬，在回迁房的安排中，企业仅提供了建造相关的服务，应确认相关的建造收入，回迁房不承担土地成本。按照政府确定的结算价格，一部分按照代建合同确认相关成本和收入，剩下部分按照回迁房的模式核算相关成本和收入。根据回迁安置房项目不承担土地成本，将土地成本全部计入代建部分的原则，以及按照建设面积分摊成本的原则可以计算出相应的成本，即代建部分成本=（预计总成本－土地成本）×（代建部分面积/总面积）+土地成本；完工比例即已经发生的成本与预计总成本的比值；相对应的累计应确认收入即预计总收入乘以完工比例；累计应确认成本等于预计总成本乘以对应的完工比例；本次应结转收入即累计应确认收入减去已确认收入；本次应结转成本等于累计应确认成本减去已累计确认成本。

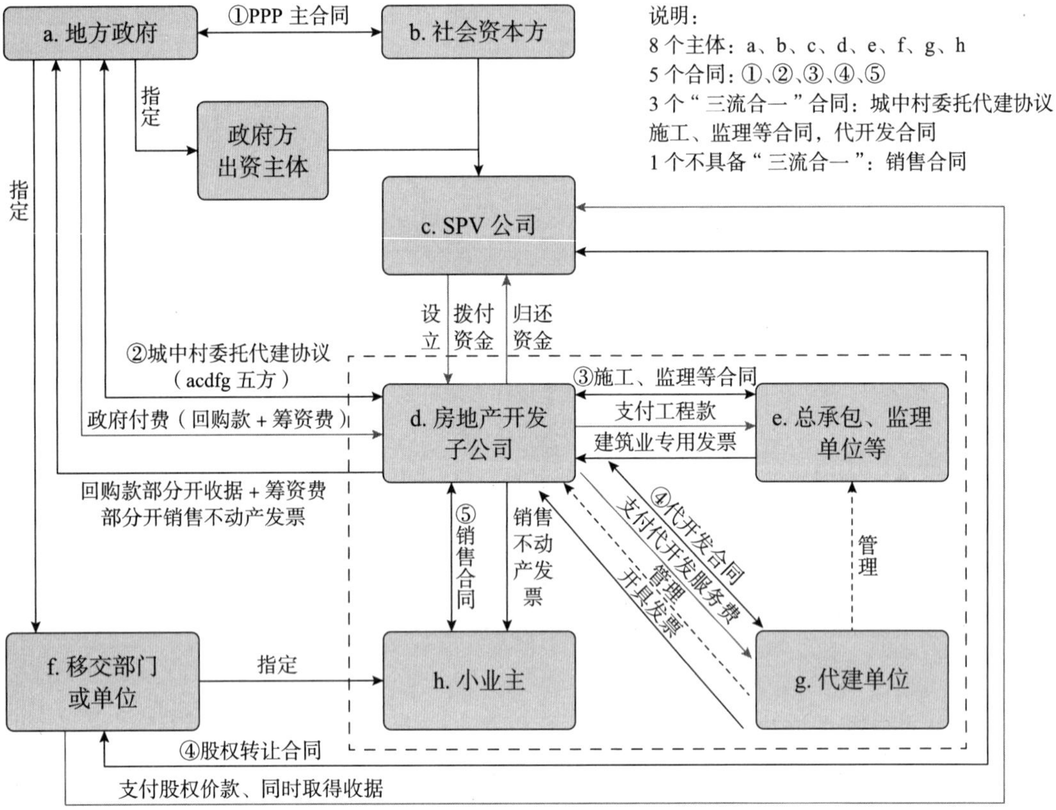

图 10–4 保障房项目业务流程

三、会计与税务处理

（一）会计处理

1. 金融资产模式

A项目开发建设的软课题及前期费用、公建配套项目、基础设施项目，在会计核算上采用“金融资产模式”核算。根据《企业会计准则解释第14号》，在合同履约成本科目归集发生的各项成本费用，待业主确认投资支出后，将合同履约成本结转至合同资产科目。根据绩效考核结果，将已经确认的合同资产部分转入应收账款或长期应收款。

项目公司与相关政府部门签订的PPP项目合作合同中规定，在项目合作期内，政府部门应以项目公司实际支付的款项为基数按年化筹资费率（含税）计算至政府部门实际支付日，向其支付综合筹资费用。政府未确认投资金额=项目公司本期投资金额-政府本期已确认投资金额；项目公司应确认收入金额=政府本期已确认投资金额×综合筹资费费用率-政府未确认投资金额。

若计算得出的综合筹资费用收入金额大于零，则按照计算得出的金额确认收入，记入“主营业务收入”科目。

进入运营期后，项目公司在运营期发生的运营成本费用，应按照实际提供产品或服务确认为项目公司成本，记入“主营业务成本”科目。

项目移交后发生维修费用的，项目公司应在支付相关维修费用后，对发生费用支出确认为项目公司成本，记入“主营业务成本”科目。若政府偿付该部分维修支出，项目公司应在收到政府偿付的部分维修支出时，确认为项目公司收入，记入“主营业务收入”科目。各阶段会计处理如下。

①合同范围内前期费用支出。

借：合同资产、投资项目长期应收款、其他

　贷：应付账款、货币资金等

②合同范围内设计费、监理支出等。

借：合同资产、投资项目长期应收款、其他

　贷：应付账款、货币资金等

③合同范围内建安费支出。

借：合同资产、投资项目长期应收款、建安成本

　贷：应付账款、货币资金等

④确认摊余利息收入。

借：合同资产、投资项目长期应收款、应计利息

　贷：主营业务收入

⑤符合资本化条件的管理费用开支。

借：合同资产、投资项目长期应收款、管理费用

　贷：货币资金等

项目公司按照合同约定及时要求业主确认工程量，进行建设期相关管理，确保合

同资产及时得到业主确认。

2.无形资产模式核算

A项目开发建设的ZY村农业项目，在会计核算上采用“无形资产模式”核算。根据《企业会计准则解释第14号》，项目开发建设期间核算过程与金融资产模式下相似，借方计入合同履约成本，后确认主营业务成本。

项目完工进入运营期后，成本归集、成本结转和收款管理与之前相比无异，但由于建设期内成本归集及付款时借方科目计入了合同履约成本，因此在项目完工进入运营期结转时，贷方不再冲减无形资产，转而冲减合同履约成本。同时运营期因提供运营服务而获得的收益全部确认为运营收入，记入“主营业务收入”科目。除因提供运营服务而获得的收益外，项目公司从外部获取的其他收入，也应确认为运营收入。

项目公司在运营期将运营支出的成本费用归集分摊，并按照实际提供产品或服务确认为项目公司成本，记入“主营业务成本”科目。

无形资产模式下，项目公司无形资产的价值按照运营合同约定的运营期限，按年分摊，自项目正式运营起采用直线法对无形资产进行摊销，并将摊销金额确认为项目公司成本，记入“主营业务成本”科目。

项目各阶段会计处理方式如下。

（1）建造合同形成的对价确认为一项有限使用寿命的无形资产（特许经营权），自建设期在“无形资产”“在施特许经营权”科目归集整个工程的投资。

①合同范围内前期费用支出。

借：无形资产、在施特许经营权、前期费用等

　贷：应付账款、货币资金等

②合同范围内监理、检测支出等。

借：无形资产、在施特许经营权、开发直接费等

　贷：应付账款、货币资金等

③合同范围内建安费支出。

借：无形资产、在施特许经营权、建安工程费

　贷：应付账款、货币资金等

④合同范围内其他工程支出。

借：无形资产、在施特许经营权、其他

　贷：应付账款、货币资金等

⑤符合资本化条件的利息支出。

借：无形资产、在施特许经营权、贷款利息

贷：货币资金等

⑥符合资本化条件的费用开支。

借：无形资产、在施特许经营权、项目管理费等

贷：货币资金等

（2）投资项目完工时，从“无形资产”“在施特许经营权”科目转入“无形资产”“特许经营权”科目。

（3）自项目正式运营起采用直线法对无形资产进行摊销，并确认主营业务成本，摊销期不应超出特许经营权的期限。

（4）移交项目资产时，将无形资产和无形资产摊销明细科目对冲。

3.商品房开发核算

A项目开发建设的商品房项目，建设期，每月在“开发成本”科目归集发生的各项成本费用。项目竣工时，将“开发成本”科目结转至“开发产品”科目，若分期竣工，仅需将竣工部分的“开发成本”科目结转至“开发产品”科目。

在满足以下条件后，即可根据总的房款金额，确认本期收入。房屋竣工并经有关部门验收合格，房屋面积已经有关部门测定并取得综合验收备案手续；企业已与客户签订正式房屋销售合同，并收讫全款；房屋已交付至客户；房屋的成本已经实际发生，并且能可靠计量，未发生部分的成本可以合理预估。

成本结转应遵循“总成本/总可售面积”的原则，先计算每平方米单位成本，再根据累计结转面积 × 每平方米单位成本计算累计应结转成本，减去累计已结转成本，确认本次应结转成本。

（二）税务处理

根据工程项目实施的需要，SPV公司新设建立了两家子公司，分别是C公司（房地产开发公司：保障房项目）、D公司（子公司：非经营性子项目）；在项目实施中一般采取由SPV公司EPC外包给B集团下属公司提供建筑劳务，监理业务由E公司负责。因此，在整个A项目建设10年的周期中，主要的纳税主体就是：①SPV公司（以下简称项目公司）；②B集团；③E公司；④第三方公司。

在上述具体业务关系中，主要有四个涉税主体：SPV公司（后文简称项目公司）是法律意义上的实施主体，B集团下属公司系工程总包性质，负责管理业务的E公司，负责项目运营的第三方公司，该第三方公司在某些项目中是项目公司的全资子公司，某些项目是项目公司外包的其他公司。

如果第三方公司是项目公司的全资子公司，由于是项目公司的100%全资子公司，

代行项目公司的部分职能，在设计相关变量时，合并到项目公司作为整体计算考虑，我们在税负规划方案中不予考虑。为此我们税收规划模型思想主要集中于项目公司、B集团、E公司三方主体。

我们以项目公司现有的城中村改造项目中涉税的各主体为例进行分析（见表10–1）。

表10–1　　各主体增值税纳税分析表

主体	收入项目	销项税额业务	进项税额业务	税款计算及缴纳
项目公司	利息收入、管理费收入、政府付费收入	利息收入、管理费收入、政府付费收入	接受非货币性资产投资进项	利息收入×6%+管理费收入×6%+政府付费收×9%–进项税额
C公司	销售收入、政府合同付费、出售边角残料等其他收入	销售收入、政府合同付费、出售边角残料等其他收入	支付给总承包公司的工程款、支付给代开发单位的管理费、支付给监理单位的代建管理费支出、工程勘察设计支出等	（销售收入+政府合同付费收入）×9%+出售边角残料等其他收入×13%–进项税额
E公司	代开发服务费收入	代开发服务费收入		代开发服务费收入×6%–进项税额
B集团	施工收入、其他收入	施工收入、其他收入	原材料、设备等采购	施工收入×9%+其他收入×13%–进项税额

A项目的建设周期较长，一般分为融资环节、建设环节、运营环节和退出环节，不同环节、不同的纳税主体，在不同建设时期、不同的建设环节需要缴纳不同的税种，我们对此也进行分析。

1. 融资环节

不同融资模式税款测算见表10–2。

表10–2　　不同融资模式税款测算

融资方式	纳税人	收入	税种	税率	备注
股东出资	非货币性资产出资人	非货币性资产投资视同销售	增值税、所得税、印花税、契税	17%、13%、9%、6% 25%（15%） 产权转移书据、权利许可证件定额贴花 3%	项目公司接受非货币性资产出资进项税额可抵扣
股东借款	股东	贷款收入	增值税、所得税	6% 25%（15%）	资金进项税额不得抵扣

续表

融资方式	纳税人	收入	税种	税率	备注
混合型投资（“明股实债”）	混合型投资出资人	贷款收入	增值税、所得税	6% 25%（15%）	资金进项税额不得抵扣
统借统还	企业集团或下属财务公司	贷款收入	增值税、所得税	6%（不高于支付给金融机构的借款利率水平或者支付的债券票面利率水平免增值税） 25%（中建方15%）	取得借款的证明文件，使用借款的企业分摊的合理利息准予在税前扣除
融资租赁 ①直租型融资租赁； ②融资性售后回租；	出租人	①租金收入； ②贷款收入	增值税、所得税	①直租：动产租赁服务17%； ②融资：贷款业务6% 25%（中建方15%）	直租进项可抵扣、融资性售后回族进项不得抵扣
银行借款	银行	贷款收入	增值税、所得税	6% 25%	资金进项税额不得抵扣
城镇化基金：公司制和合伙制基金	①公司制； ②先分后税	贷款收入	增值税、所得税	6% 25%、15%、20%（个人）	资金进项税额不得抵扣；合伙制－先分后税

2. 建设环节

C公司作为青浦区A镇保障房工程的开发主体单位，委托E公司作为项目管理单位，负责该保障性住房项目的全过程开发建设工作。

A公司根据项目管理单位组织的招标结果，选定施工建设、工程监理和设备、材料采购等单位进行实际建设工作。其中，B集团下属公司作为总承包单位，B集团另一下属公司作为代开发单位。

在保障房建设过程中，若C公司与建筑服务提供商约定采用甲供工程或清包工工程，意味着建筑服务商无法就原材料的进项进行抵扣，建筑业服务增值税税率是9%，为了避免给建筑商造成大量负担，一般纳税人以清包工和甲供工程提供的建筑服务，可以选择适用简易计税方法，即建筑公司可以选择适用简易计税方法也可以选择一般计税方法。如果建筑公司选择适用简易计税方法，则该项目本身所发生的成本中的增值税进项税不可以抵扣；如果选择一般计税方法计税，则该项目本身所发生的成本中的增值税进项税可以抵扣。

3.运营环节

在保障房运营过程中，政府可能会通过政府补贴的方式给予项目公司一定补助。企业取得的各类政府补贴性收入，从税收角度看可以分为两种情形：应税收入及不征税收入。企业从县级以上各级人民政府财政部门及其他部门取得的应计入收入总额的财政性资金，若企业能够提供规定资金专项用途的资金拨付文件、单独核算支出，且拨付资金部门对该资金有专门的资金管理办法或具体管理要求，则该部分政府补贴属于不征税收入，项目公司无须就此缴纳所得税。除此之外，项目公司取得的其他政府补贴属于应税收入，仍须履行所得税纳税义务。对于不征税收入，《企业所得税法实施条例》第二十八条规定，不征税收入用于支出所形成的费用，不得在计算应纳税所得额时扣除；用于支出所形成的资产，其计算的折旧、摊销不得在计算应纳税所得额时扣除。按此规则，项目公司须在取得不征税收入的以后年度须进行纳税调整，可以看出，无论一项政府补贴是作为不征税收入还是征税收入，并不会影响企业应交的所得税金额，实际影响的是所得税纳税义务时点。

4.退出环节

C公司将保障房交付给政府指定的单位，以政府付费或使用付费的形式受偿。政府按照约定的计价方式，确定股权价格，受让C公司100%的股权，并支付股权转让对价。

（1）资产移交。目前税法并未对项目移交阶段的税务处理进行明确规定。就法理分析，项目移交环节的税务处理主要取决于移交环节中是否存在项目资产权属的转移。若地方政府与社会资本方明确项目资产建成后权属即归属于地方政府，项目公司仅享有特许经营权，则在项目移交中不涉及权属的变更，在所得税及增值税上无须按视同销售进行处理。若项目资产的权属属于项目公司，则此时应按照《国家税务总局关于企业处置资产所得税处理问题的通知》（国税函〔2008〕828号）的规定，在所得税及增值税上按视同销售进行税务处理。

对于政府参与的资产交易计价偏低或者不计价的，是否按资产的公允价值进行调整，目前税法没有明确规定，这是资产移交的一个风险点，项目公司应提前做好相关安排。

（2）企业重组。企业重组包括企业法律形式的改变、债务重组、股权收购、资产收购、合并与分立等。税务处理方式包括一般性税务处理和特殊性税务处理。

一般性税务处理的所得额是公允价值减去计税基础，特殊性税务处理对交易中股权支付的部分，暂不确认有关资产的转让所得或损失；对交易中非股权支付部分应在交易当期确认相应的资产转让所得或损失，资产转让所得或损失=（被转让资产的公允价值-被转让资产的计税基础）×（非股权支付金额/被转让资产的公允价值）。

（3）项目公司清算。全部资产均应按可变现价值或交易价格，确认资产转让所得或损失，同时确认债权清理、债务清偿的所得或损失，对预提或待摊性质的费用进行处理，依法弥补亏损，确定清算所得，计算并缴纳清算所得税，确定可向股东分配的剩余财产、应付股息等。

企业的全部资产可变现价值或交易价格，减除资产的计税基础、清算费用、相关税费，加上债务清偿损益等后的余额，为清算所得。企业应将整个清算期作为一个独立的纳税年度计算清算所得。

企业全部资产的可变现价值或交易价格减除清算费用，职工的工资、社会保险费用和法定补偿金，结清清算所得税、以前年度欠税等税款，清偿企业债务，按规定计算可以向所有者分配的剩余资产。

被清算企业的股东分得的剩余资产的金额，其中相当于被清算企业累计未分配利润和累计盈余公积中按该股东所占股份比例计算的部分，应确认为股息所得；剩余资产减除股息所得后的余额，超过或低于股东投资成本的部分，应确认为股东的投资转让所得或损失。被清算企业的股东从被清算企业分得的资产应按可变现价值或实际交易价格确定计税基础。退出环节税收测算见表10-3。

表10-3　　退出环节税收测算

公司	收入	税种	税率	备注
C公司	政府付费收入、销售收入、清算收入	增值税 印花税 所得税 土地增值税 车船税 燃油税等	不动产转移税率9% 产权转移书据0.5‰ 所得税税率25% 四级超率累进税率 《车船税税目税额表》 《成品油价税费改革方案》	对于政府参与的资产交易计价偏低或者不计价的，是否按资产的公允价值进行调整，目前税法无明确界定
项目公司	股权转让收入、收回投资收入	所得税	25%	股权转让的一般性税务处理与特殊性税务处理

5.关键涉税环节

项目公司作为投融资平台，主要负责项目资金的筹借和对下投资，与B集团签订施工合同。主要盈利点在按约定的回报收取固定投资收益。B集团作为施工方，负责公建配套设施服务，如道路管线工程、市政配套设施和绿化景观工程等的建设工作，承包方式主要有两种：①EPC总承包方式。该方式下，应该按兼营处理，根据EPC总包方在该项目中实际提供的应税行为的分类，分别予以税务处理。②甲供或清包方式。就甲供工程而言，由于甲供材等由发包方（即项目公司）进行采购，相应进项即由发包方取得，相应的施工企业就其取得的收入按9%的税率计算销项税额，同时抵扣相关增值税进项。

按涉税主体分析情况见表10-4。

表10-4 按税种各主体纳税分析表

涉税主体	阶段	纳税行为	税种	风险点
项目公司	土地一级开发	按约定的回报收取固定投资收益；收取镇镇府支付的服务价款（工程款+筹资款）	增值税；城市维护建设税及教育费附加等	各股东、平台公司的利益保证问题
		施工合同签订	印花税	
		公司所得	企业所得税	
		运营过程	车船税	
B集团	土地一级开发	提供建筑承包劳务、施工收入；甲供工程	增值税；城市维护建设税及教育费附加	避免关联交易
		施工所得	企业所得税	
		签订施工合同	印花税	
E公司	土地一级开发	提供建筑服务	增值税；城市维护建设税及教育费附加等	服务费用的核算
		企业所得	企业所得税	
		签订代建合同	签订代建合同	

从城市更新项目总体出发，增值税及所得税管理思路如下。

（1）增值税。

①“三流合一”管理原则。《国家税务总局关于纳税人对外开具增值税专用发票有关问题的公告》（国家税务总局公告2014年第39号）和《国家税务总局关于加强增值税征收管理若干问题的通知》（国税发〔1995〕192号）要求，资金流（银行的收付款凭证）、发票流（发票的开票人和收票人）和物流（或劳务流）相互统一，即收款方、开票方和货物销售方或劳务提供方必须是同一个法律主体，而且付款方、货物采购方或劳务接收方必须是同一个法律主体，如果三流不一致，将不能对税款进行抵扣，按照该原则做到事前控制。

②“分类分项、进销对等”征管原则。根据项目合作协议，就服务价款构成内容进行细化，税务部门初步明确分类分项、销项与进项税率相互对应，避免单一PPP项目下辅助收入视同价外费用合并从高征收。

（2）企业所得税。

企业所得弥补亏损期限，在PPP模式下，项目公司将基于项目正式运营后所提供公共服务的绩效获得回报，也就是说待项目建成且稳定运营后才会取得收入，这就导致了在建设期和运营初期项目公司收入较少，但前期大量的基础设施建设和设备购置等，使得公司成本和费用远高于收入，也即项目公司前几年的亏损较大。根据相关，用以后年度的所得弥补，但结转年限最长不得超过五年。由于PPP项目多为投资较大的市政工程、交通运输、片区开发、生态保护等行业，前期投入巨大但回报较慢，按上述税法规定五年内大多数项目不能弥补完初期的亏损。

不同类型项目用不同的项目采用不同核算模式，整体虽然不能做到收入均衡，但是通过二级开发等项目前期能够产生利润，避免该部分损失。

四、借鉴价值

通过研究A镇城市更新项目可以看出，对于参与城市更新的公司来说，综合片区开发项目内含大量的拆迁安置、基础设施等工程建设项目，项目投融资需求量较大。因此，需要规划好项目的运作模式以及投融资方式及路径以保证项目合规经营，满足企业资金需求。从项目立项阶段开始，认真梳理和把握项目设计、融资、建造、运营、维护和终止移交各环节的管理重点，实现城市项目的全生命周期业财税监控和综合管理。

（1）针对不同子项目，设计不同合规路径，包含征地拆迁类、土地一级开发、非经营性子项目、安置房等，解决了SPV公司在开发建设过程，与各合同主体之间可能存在增值税“三流不一致”的问题，保障各主体之前经济利益，化解税务风险。

（2）针对城市更新业务中，项目公司提供建造服务取得的收入应开具多少税率的增值税发票的问题，目前税务局暂未出台相关指导文件，参与A镇城市更新的项目公司在实际业务中，就相关问题与税务部门探讨，通过就城市更新合作协议的服务价款构成内容进行细化明确分类分项、销项与进项税率相互对应的原则，避免单一PPP项目下辅助收入视同价外费用合并从高征收，避免多缴税的风险。

五、政策建议

城市更新在顶层制度设计上还存在缺陷。建议首先从国家层面推动城市更新的相关立法，构建相对统一、清晰明确、便捷高效的城市更新规划，进一步完善城市更新相关的政策体系，出台城市更新的宏观指导性文件；还要加强授权赋能，做好支持保障，在资金、税费、融资等方面给予支持。如采用PPP模式进行开发的城市更新项目，前期产生的亏损弥补较难在5年内弥补，是否可以适当延长以PPP模式从事城市更新项目的企业的弥补亏损的期限。

出台相关税收政策指导意见，化解企业税务风险。比如，由于城市更新项目特点及合同约定，存在收款时间滞后于会计收入确认的时点的情况，这样就造成项目公司的“会计利润”与“税务利润”存在差异。如果按照已确认的会计利润缴纳企业所得税，前期资金占用较多，影响项目整体收益；如果进行纳税调整，会存在一定的税务风险，需要进一步明确。此外，在项目退出阶段，如果采用资产移交方式将项目移交给政府，若移交时资产交易价格偏低或者无偿移交，税务机关是否会按资产公允价值进行调整，目前没有明确规定，建议出台相关政策或指导意见进一步明确，降低企业资产移交时的税务风险。最后，项目公司成立前发生但是最终由项目公司承担的费用，例如拆迁补偿费用、前期调研费用等，项目公司因发票抬头不对等原因导致合规票据不合规，造成该部分成本无法在税前扣除，严重增加了项目公司的税负，建议出台相关配套政策解决该问题。

第十一章 城中村改造项目案例分析

一、项目概述

（一）项目背景

随着中国城镇化进程从过去的“粗放式发展”进入“精细化运营”，我国城镇化率已突破60%，城镇化进程迈入中后期。城市建设发展处于以提升质量为主的转型发展新阶段，更加关注城市内涵发展、城市品质提升、产业转型升级以及土地集约利用等重大问题。为贯彻十三届全国人大四次会议精神，H省W市紧跟国家宏观政策步伐提出“精致实施城市更新”，建设宜居、宜业、魅力城市。2021年10月8日，W市召开全国文明城市创建暨城市品质形象提升会议强调，加快城市更新工作，推动城市品质提升、容貌提升。力争到2025年，W市中心城区常住人口达到200万以上，全市城镇化率达到65%。

本项目位于H省W市中心城区东半部，东连经济开发区，西接大运河，南临高速路口，北依铁路线。地势低平，气候温和；工业基础较为雄厚，产业聚集融合，经济繁荣活跃；区位优势明显，交通便捷通畅。

（二）项目合作方

W市授权Z公司为本项目实施主体，合作方参与项目公开招标，中标后与Z公司共同成立项目公司C公司，由C公司负责项目的具体实施和执行。

合作方由社会资本方以联合体形式组成，联合体由A集团牵头组织。本项目体量大，将有利于A集团扩大H省投资经营市场，积累城市更新类项目投资建设业绩，对提升地区品牌影响力以及强化核心经营区域竞争力具有重大战略意义。

（三）项目合作内容

本项目实施模式为“投资+EPC施工”，包括9个城中村（棚户区）的项目规划设计、征地拆迁的投资及补偿服务，安置房、基础设施、配套公共服务设施的投资建设、运营维护等，以及12条断头路工程的投资建设。

项目规划实施范围：总占地面积11 346亩，其中安置区和出让区规划总面积5 433亩（安置1 081.6亩，可用于商业开发居住用地3 861.7亩、商服用地489.7亩）。其中9个城中村（棚户区）涉及户数暂定约4 208户，用于安置房建设用地暂定约898亩。

资料来源：W市中心城区城市更新项目可行性研究报告。

二、运作模式

（一）运作方式

W市授权Z公司为本项目实施主体，A集团牵头组织的联合体中标后与Z公司共同成立项目公司C公司，项目公司以签署承继协议的方式承继了中标合作方在《W市中心城区城市更新项目中心城区城中村改造合作合同》（以下简称《合作合同》）中的权利义务。

项目公司注册资本金为10 000万元。中标合作方持股比例为95%，主要负责项目设计、投融资、建设、运营管理等；Z公司持股比例为5%，主要负责协助项目报批报建和征地拆迁等前期工作。

（二）项目实施

1. 开发模式

本项目合作期限为15年，其中一期合作期限为2年。采用分期实施、滚动开发、先易后难的原则进行开发。项目实施的关键：一是确保资金峰值控制在15亿元，二是保证合作期内资金自平衡。

2. 政府回款的时间和安排

W市财政部门在产生增量收入后4个月内支付至Z公司，Z公司在5个工作日内支付至项目公司，用于支付项目公司投资成本及投资收益。

3. 资金平衡

合作期内，项目投资成本及投资收益约35.40亿元。土地出让金返还比例按88%考虑，片区内配套土地出让可返还收入约35.59亿元，可覆盖项目开发成本，实现自平衡。

4.回报率

本项目的投资回报率为年化7.9%（计算基数为投资成本且不包含建设期利息）。

5.融资责任

本项目以项目公司名义进行融资，合作方积极协助项目公司进行融资。

6.征拆费用

本项目征拆费用包干使用。

三、会计与税务处理

（一）税收策划

1.税收策划难点

（1）税收策划复杂性。该项目开发全周期14年，分7期开发，涉及9个城中村建设，总投资规模达189亿元，由于该项目的周期长和投资额大，业务复杂，导致税收策划的复杂性增加。

（2）政策不确定性。业务模式尚在试点，国家层面无统一标准，其他地区的业务模式、案例和经验，是否能够参考和借鉴也存在很大不确定性。

（3）纳税模式对项目的影响。项目实施范围为9个村和12条断头路，涉及14个安置区地块，安置房纳税模式和移交方式、征拆费和道路及公建的纳税模式等对项目的税负和利润会产生不同的影响，如何通过前置策划以设计合理的纳税模式是本项目税收策划的核心难点。

2.税收策划原则及范围

税收策划指导原则：综合统筹、风险可控、税负减轻、重点突出、优惠尽享。一是W市政府、Z公司为城市更新项目关键参与者，应重视与政府沟通资金与交易模式的谈判，争取有利条件；二是通过改变交易模式、降低合同风险等，减轻全流程整体税负；三是突出安置房、征拆费、道路及公建三大重点，实施税务分类管理；四是坚持合法依规，运用全国性、地区性税收优惠政策，应享尽享税收返还及财政补贴。

从税收策划范围看，一是立足全周期，为城市更新项目全周期做好定性分析及风险提示；二是聚焦第一期，既要有税收法规的定性分析，也要有税负数据的定量分析；三是覆盖全业态，根据各环节的业务实质进行涉税分析，明确税务规划方向，可将主《合作合同》拆分为安置房、征拆费、道路及公建，以提高每个涉税环节的纳税遵从度，同时减少涉税风险。

3. 税收策划内容

该项目兼有一、二级土地开发联动特点，开发过程中缴纳税种众多，涉及增值税、契税、土地增值税、企业所得税、个人所得税、印花税、城镇土地使用税、房产税等。不同的纳税模式和税务处理会对项目产生不同影响。

（1）一级土地开发阶段，征地拆迁费用金额大、无进项税额，纳税模式的选择至关重要。

（2）安置房已拿地和未拿地状态下，房地产开发模式和代建管理模式下，是否具有房地产开发资质，不同的移交方案，土地增值税超率累进机制下可能产生无效定价等因素，均会对税负产生影响。

（3）道路及公建部分，不同纳税模式对项目公司税负和利润均产生不同的影响。

（4）二级土地开发阶段，随着经济环境的变化和监管政策的加强，房地产企业的税收风险日益成为企业重要的经营风险之一。因此，对于房地产企业而言，税收策划不仅是保持长期发展的必要手段，同时也是规范企业财务管理、提高企业竞争力的必要途径。通过税务策划工作前置化，可达到降低税务风险和优化税收成本的效果。

（二）税务处理

1. 一级土地开发税务处理

本项目在一级土地开发阶段主要涉及征地拆迁费用支付、核算和取得回报。征地拆迁费用由C公司支付给Z公司，后期Z公司将征地拆迁成本和回报返还给C公司，该业务实质为C公司借款给Z公司，取得的投资回报中所对应的征拆费用视为贷款本金，超出征拆费用的投资收益部分按照“贷款服务”征收增值税。贷款本金不属于增值税应税范围，不需要缴纳增值税；收回的投资收益按利息收入处理，增值税适用6%税率。

2. 二级土地开发税务处理

二级土地开发的主要内容是安置房和道路及公建的建设，重点对安置房已拿地和未拿地的不同情况下、征拆、道路及公建进行税收策划。

（1）已拿地安置房的税务处理。

①房地产开发资质与非房地产开发资质的税务处理。《土地增值税暂行条例实施细则》规定，对从事房地产开发的纳税人可按取得土地使用权所支付的金额和房地产开发成本的金额之和，加计20%的扣除。

《国家税务总局关于发布〈房地产开发企业销售自行开发的房地产项目增值税征收管理暂行办法〉的公告》（国家税务总局公告2016年第18号）第四条规定，房地产开发企业中的一般纳税人销售自行开发的房地产项目，适用一般计税方法计税，按照取得的全部价款和价外费用，扣除当期销售房地产项目对应的土地价款后的余额计算销售额。

拥有房地产开发资质的企业，计算土地增值税时有加计扣除的规定，计算增值税时可扣除土地价款，非房地产开发企业没有上述规定，房地产开发企业和非房地产开发企业相关对比见图11-1。

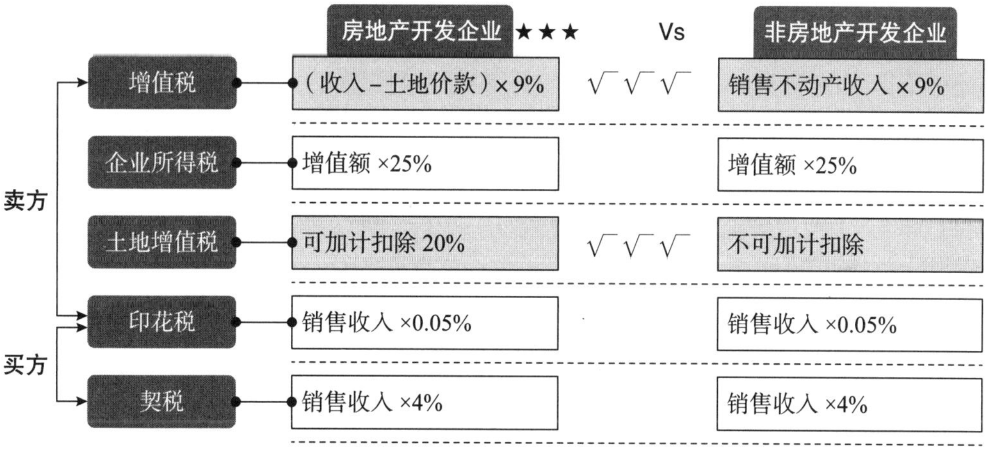

图11-1　企业资质对比

②安置房不同移交方案的税务处理。当项目公司拿地开发建设安置房，并作为立项主体，未来安置房销售时，存在三种方案，分别为直接移交给安置户、“Z公司代收转付+移交给安置户”、“移交给Z公司+Z公司销售给安置户”三种情况。

方案一，项目公司无偿移交给安置户的，需视同销售；方案二及方案三，项目公司按照销售不动产进行税务处理。三种方案优劣势分析如下：

方案三为最优方案，“三流”一致、避免增值税双重纳税、税负低且管理成本低，但会增加Z公司的税负；方案二为次优方案，选择方案二时应注意以下沟通事项。

一是项目公司向安置户开具增值税发票，税目为销售不动产；此部分金额需要构建Z公司与安置户的债权债务关系，Z公司的税收实质为代收转付，项目公司就此部分金额不再为Z公司开具增值税发票；

二是项目公司收到的资金超出为安置户开具的增值税发票的金额时，此差额部分的业务实质，从《合作合同》看，属于项目公司向Z公司提供了管理服务或垫付资金产生的利息收入，可以定性为管理服务或贷款服务。项目公司应积极与Z公司、安置房所在地的主管税务机关沟通，首先应争取作为管理服务开具增值税专用发票给Z公司，其次可沟通为作为贷款服务开具增值税普通发票给Z公司。

③超配安置房的税务处理。超配部分安置房预计可能出现两种情况，一是项目公司回款达到预期，建成后整体移交给Z公司，此时项目公司进行视同销售的税务处理；二是回款达不到预期，项目公司自行销售。如果项目公司回款达不到预期，项目公司自行销售的，其性质与市场上房地产开发企业销售房产一样，需进行相应的税务处理。

项目公司自行销售的，因土地增值税的税收优惠享受和税率跳档问题，会导致产品的销售定价存在无效定价区间，因此，在自行销售定价时，应避免无效定价区间。

在本案例中，如图11-2所示，当住宅均价为12 800元/平方米时，增值率为20.72%，因无土地增值税免税优惠导致总货值增加，税后净利润不增反减，进入无效定价区间；当定价为13 700元/平方米时，税后净利润在12 700元/平方米的基础上开始上升，跳出无效定价区间。因此，当住宅均价处于12 800~13 600元/平方米区间时，其定价无效，应避免销售定价在此区间。当住宅均价为12 400元/平方米时，增值率为17.04%，土地增值税清算实务中存在被税务机关调整后超过20%的可能。所以，实际操作中，自行销售应避免在12 400~13 600元/平方米的区间范围内。

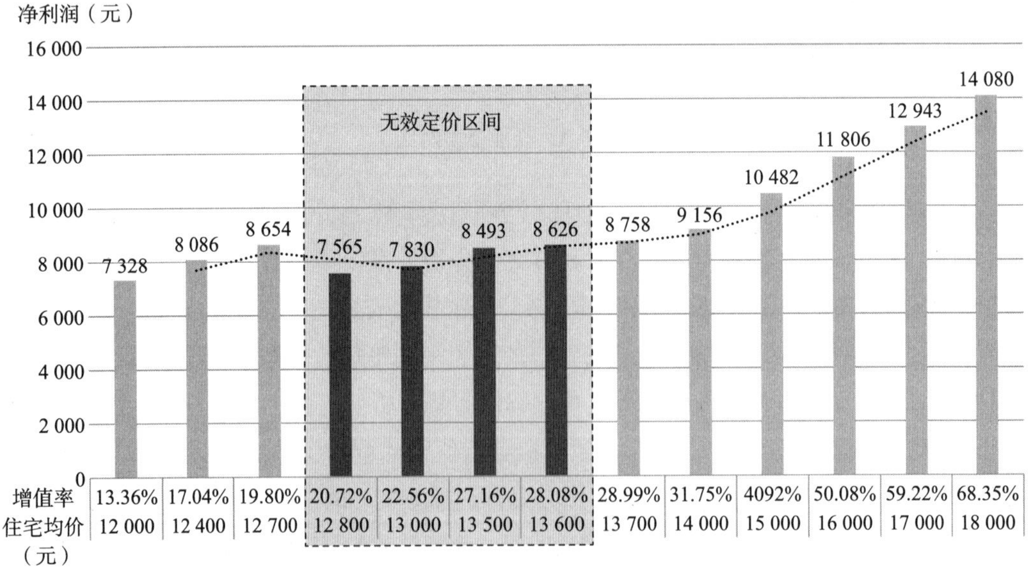

图11-2　净利润变动

此外，根据案例资料，项目公司户配最大面积为140平方米，如果按照3%的误差测算，面积为144.32平方米，超过144平方米，为非普通住宅。如果项目公司回款达到预期，直接跟Z公司按照7.9%收益结算，增值额将为负数，不涉及土地增值税。若回款达不到预期，需要自行销售时，在计算超配部分定价时，面积超过144平方米为非普通住宅，需要单独进行土地增值税清算，该部分不能享受增值额不超过20%免征土地增值税的优惠。

（2）未拿地安置房的税务处理。

①不同模式的税务处理。未拿地安置房地块在项目开发模式上，可以选择房地产开发模式、代建模式、企业管理或贷款服务模式。房地产开发模式：在项目实施过程中，项目公司取得安置区土地使用权，并办理项目立项审批手续，安置房建成后由项目公司办理房产移交，在税收政策上被认定为房地产开发模式下的销售不动产行为。代建模式：在项目实施过程中，由政府方取得安置区土地使用权，并办理项目立项审批手续；项目公司提供规划设计、安置房建设、基础设施及公共服务设施建设等，实际由项目公司提供代建服务。企业管理或贷款服务模式：《合作合同》约定，项目公司负责本项目合作范围内的项目规划设计、征地拆迁补偿、安置房建设、基础设施建设、公共服务设施建设、经营设施建设、项目运营维护等。从项目前期到项目结束，实际由项目公司提供全周期的企业管理或贷款服务。企业管理或贷款服务模式存在较大实操难度，实务中多选择以房地产开发模式或代建模式进行税务处理。

目前国家税务总局没有关于代建模式的政策文件，个别省份税务机关关于代建问题，做过相关答复。例如根据河南省及河北省税务机关的答复，代建模式下可以按照具体业务的实质判断如何缴纳增值税，一是业务实质属于收取代建手续费的，按照现代服务业/商务辅助服务/经纪代理业务缴纳增值税；二是业务实质为提供建设服务的，按照建筑业税目计算缴纳增值税；三是业务实质涉及房屋产权由建设方转移到委托方的，按照销售不动产税目缴纳增值税。

单从项目公司角度考虑，应尽量选择房地产开发模式下办理房地产开发资质，一是可以降低项目公司增值税税负，按照取得的全部价款和价外费用，扣除当期销售房地产项目对应的土地价款后的余额计算销售额，即购地成本可以抵减销项税；二是可以降低土地增值税税负，在计算土地增值税时，享受“土地价款及相关费用+房地产开发成本”加计扣除20%的优惠政策；三是可以增加项目公司净利润，少缴的增值税及附加税、土地增值税可以增加企业利润。

如果从项目公司和资产接收方双方缴纳税费累计最低考虑，应选择代建模式。同时，代建模式也可规避预缴的土地增值税退税，规避按照预计毛利率预缴企业所得税，有利于项目公司降低资金成本。

项目公司选择代建模式时，主要操作要点如下：

土地使用权证：首次登记到Z公司指定的单位名下；

产权证：首次登记到Z公司指定的单位名下；

立项主体：Z公司指定的单位或者项目公司；

合同签订：Z公司指定的单位与项目公司签订《委托代建合同》；

款项支付：项目公司收取Z公司委托建设款；

发票开具：以项目公司名义向《委托代建合同》签订方开具建筑服务或经纪代理服务发票。

②道路及公建税务处理。EPC总承包承担项目范围内工程总承包施工，在整个城市更新项目中，起到承上启下的作用。对上，EPC总承包单位为项目公司提供服务并取得收入，其计税方式的选择影响项目公司的不含税成本及进项税额，进而影响应交增值税和基准收入的选择，最终间接影响项目公司的利润；对下，EPC总承包单位从各子项目分包中购买服务并支付成本，其计税方式的选择会影响分包选择简易计税还是一般计税，进而影响EPC总承包的成本、利润、增值税税负、企业所得税税负。

由于EPC总承包单位同时属于项目合作方联合体的成员单位，其利益与项目公司无冲突，因此EPC总承包在税务处理的选择上，具有充分灵活性。而项目公司可以选择的税务处理方式包括兼营模式、企业管理服务模式、贷款服务模式。兼营模式：建设成本按照建筑服务，投资收益按照现代服务分别缴纳增值税（9%+6%）；企业管理服务模式：投资成本和投资收益按照提供现代服务（6%）缴纳增值税；贷款服务模式：仅就投资收益部分按照贷款服务（6%）缴纳增值税。对比三种模式，可知：兼营模式贴近合同约定，容易被税务局认可，可行性强；企业管理服务模式：利润最高，税务局认可度低，事后补缴风险较高；贷款服务模式：利润较高，税务局认可度低，可行性较弱。

综合考虑“项目公司+EPC总承包”双重利益最大，即站在合作方利润最大化的角度，可选择采用“EPC总承包增值税一般计税方式+项目公司企业管理服务（6%）模式”，该模式下可全额开具增值税专用发票，满足Z公司要求；但该模式的税务稽查风险较大，需要提前做好政府投资方及税务机关的沟通，存在事后补缴税款风险。因此，建议选择“EPC总承包采用增值税一般计税方式+项目公司采用增值税兼营（9%+6%）模式”。该模式下，从当地税务机关对于税源角度的考虑，更容易为税务机关认可，沟通难度小，事后风险低；该模式可全额开具增值税专用发票，符合Z公司需求。

3. 税收优惠政策

项目公司相关税收优惠政策统计见表11-1，争取税收优惠应享尽享。

表11-1 税收优惠政策统计表

税种	优惠事项	政策法规文号	政策内容
土地增值税	免征	《土地增值税暂行条例》	纳税人建造普通标准住宅出售，增值额未超过扣除项目金额20%的，免征土地增值税
土地使用税	免征	《财政部 国家税务总局关于棚户区改造有关税收政策的通知》（财税〔2013〕101号）	对改造安置住房建设用地免征城镇土地使用税
土地使用税	免征	《城镇土地使用税暂行条例》	市政街道、广场、绿化地带等公共用地免缴城镇土地使用税
印花税	免征	《财政部 国家税务总局关于棚户区改造有关税收政策的通知》（财税〔2013〕101号）	对改造安置住房经营管理单位、开发商与改造安置住房相关的印花税以及购买安置住房的个人涉及的印花税予以免征
水土保持补偿费	免征	《财政部 发展改革委 水利部 人民银行关于印发〈水土保持补偿费征收使用管理办法〉的通知》（财综〔2014〕8号）	建设保障性安居工程、市政生态环境保护基础设施项目的，建设学校、幼儿园、医院、养老服务设施、孤儿院、福利院等公益性工程项目的，免征水土保持补偿费
城市基础设施配套费	免征	《河北省人民政府印发关于建立健全水价调整补偿机制意见的通知》（冀政发〔2016〕51号）附件3：《关于进一步调整和规范城市基础设施配套费管理的实施意见》	托儿所、幼儿园、中小学教学设施建设项目免征配套费；廉租住房、经济适用住房、公共租赁住房、棚户区改造安置住房建设免征配套费

（三）会计处理

根据《合作合同》，项目公司可将业务拆分为征拆费、安置房、道路及公建，根据各自业务实质进行会计核算分析。征拆费业务实质为贷款服务，安置房、道路及公建按照不同模式，适用不同的会计核算方式。

1. 会计收入确认及增值税、企业所得税纳税义务时间对比

具体对比见表11-2。

表 11-2　　会计收入确认及增值税、企业所得税纳税义务时间对比

<table>
<tr><th colspan="2" rowspan="2">内　容</th><th colspan="3">模　式</th></tr>
<tr><th>贷款服务</th><th>建筑服务</th><th>房地产开发</th></tr>
<tr><td>会计确认</td><td>收入确认原则</td><td colspan="3">权责发生制</td></tr>
<tr><td rowspan="2">纳税义务时间</td><td>企业所得税</td><td>合同约定的应付利息的时点</td><td>完工百分比法</td><td>收到进度款时预缴，产权转移时按照实际毛利调整</td></tr>
<tr><td>增值税</td><td colspan="3">发生应税行为并收讫销售款项或者取得索取销售款项凭据的当天；先开具发票的，为开具发票的当天</td></tr>
<tr><td>会计计量</td><td>收入确认金额</td><td rowspan="2">应收利息金额（差额确认，不含投资成本部分）</td><td>工程建设投资成本+固定收益</td><td rowspan="2">工程建设投资成本+固定收益</td></tr>
<tr><td rowspan="2">计税基础</td><td>企业所得税</td><td>完工百分比计算的收入金额</td></tr>
<tr><td>增值税</td><td colspan="3">收到金额/合同约定收款金额/开票金额</td></tr>
</table>

2. 涉税会计处理

（1）征拆费。

①支付征拆费本金，确认资产，确认时暂不考虑增值税纳税义务发生时间，其会计分录为：

借：长期应收款（预计未来可收取的全部价款）

　　贷：银行存款

未确认融资收益（按照实际利率法计算的利息收入+未来应全额确认的销项税额）

②分期确认利息收入，资产确认时暂不考虑增值税纳税义务发生时间，按实际利率法确认利息收入时，应将本期长期应收款产生的销项税额予以确认，并记入过渡科目“应交税费——待转销项税额”，其会计分录为：

借：未确认融资收益

　　贷：主营业务收入——利息收入

　　　　应交税费——待转销项税额（根据本期应收取利息计算的销项税额）

③按合同约定收到利息。

借：银行存款

　　应交税费——待转销项税额

　　贷：长期应收款

　　　　应交税费——应交增值税（销项税额）

④收回征拆费本金。

借：银行存款

　贷：长期应收款

（2）安置房（房地产开发模式）。

①发生开发成本，如购地款、前期工程费、建安工程费、公共配套设施费、开发间接费用等。

借：开发成本

　　应交税费——应交增值税（进项税额）

　贷：银行存款、应付账款

②按合同进度每半年结算进度款。

借：银行存款

　贷：合同负债

每半年确认的进度款相当于项目公司销售房地产的预收款，需预缴增值税和土地增值税，季度按照预计毛利率预缴企业所得税，具体会计分录如下：

借：应交税费——预缴税金

　贷：银行存款

③项目完工，形成开发产品。

借：开发产品

　贷：开发成本

④项目移交，尾款和之前的预收款结转收入。

借：银行存款、合同负债

　贷：主营业务收入

　　　应交税费——应交增值税（销项税额）

借：主营业务成本

　贷：开发产品

因土地增值税清算需要分项目分业态进行清算，在会计核算时，应分项目分业态进行核算。

（3）道路及公建。

①购买材料。

借：原材料等

　　应交税费——应交增值税（进项税额）

　　　　　　——待认证进项税额（当月未认证的可抵扣增值税额）

　贷：应付账款、银行存款

②项目发生实际成本。

借：合同履约成本

　　应交税费——应交增值税（进项税额）

　　　　　　——待认证进项税额（发票收到时转入“应交税费”科目）

　贷：应付账款、银行存款、原材料、应付职工薪酬等

③主营业务成本确认。

借：主营业务成本

　贷：合同履约成本

④主营业务收入确认（投入法，按照完工百分比计算收入确认金额）。

借：合同结算——收入结转

　贷：主营业务收入

⑤业主确认工程量（含质保金）。

借：应收账款

　　合同资产——质保金

　　合同负债——工程款——预收工程款（冲减预收工程款金额）

　贷：合同结算——价款结算

　　　应交税费——待转销项税额（会计收入确认早于增值税纳税义务发生时点）

　　　　　　　——应交增值税（销项税额）（一般计税）

　　　　　　　——简易计税

　　　应收账款——工程款——进度结算（冲减预收工程款金额）

⑥期末将合同结算余额转入合同资产或合同负债。

“合同结算”科目余额为借方的项目。

借：合同资产——工程款

　贷：合同结算——工程款期末结转

“合同结算”科目余额为贷方的项目。

借：合同结算——工程款期末结转

　贷：合同负债——工程款

（四）注意事项

综上分析，项目公司会计确认时间、企业所得税纳税义务发生时间、增值税纳税义务发生时间三者存在差异，项目公司会计计量与企业所得税、增值税计税金额也存在差异，若税务处理有明确政策规定的，应按照税收政策执行，税法规定不明确的事项，按会计规定执行。

此外，增值税的纳税模式选择，对企业所得税收入的确认，存在连带影响。通常情况下，增值税的税目应当与企业所得税的收入类型相匹配，若存在不匹配的情况，将引起税务机关质疑。

四、借鉴价值

目前城市更新项目事前税收策划作用凸显，势在必行，而我国目前税收策划体系尚未搭建标准结构，缺乏成熟的方法论，本项目为W市首个城市更新项目，对一级征拆和二级开发从税务视角研究论证了不同模式下的税务处理以及对项目的影响，对类似项目的财税处理提供了借鉴价值。

（1）在二级开发模式上，房地产开发模式和代建模式如何选择。对于未拿地的项目，从项目公司和接收方双方缴纳税费累计最低考虑，代建模式优于房地产开发模式。

（2）在房地产开发模式下，房地产开发企业土地价款抵减可有效降低项目公司增值税税负，且土地增值税可适用加计扣除20%的政策规定。因此，具有房地产开发资质的优于非房地产开发资质。

（3）开发产品的移交方式选择上，需根据业务模式结合项目具体数据进行测算，避免出现增值税重复纳税的问题。

五、管理建议

城市更新项目本身就带有非标准化属性，涉及的利益主体多、利益诉求复杂、项目周期长、无统一财税政策，税收规划存在较大的空间。城市更新的税务处理，一定程度上直接决定了企业未来的产品竞争力，甚至可能直接影响企业的生存，在合规前提下，做好税收规划，可提高项目利润、实现企业利益最大化。根据城市更新项目特点不同、种类不一，可以从选择项目公司股权架构、纳税模式、定价策略、移交方式及税收优惠等综合考量。通过该案例，本书提出以下管理建议：

1.积极研究当地城市更新相关业务条线和税务条线的相关政策，切实提高企业纳税策划能力

通过研究业务条线的政策，了解当地城市更新的业务模式和特点，是有效进行税收策划工作的前提和重要手段。通过研究税务条线的政策，对具体项目的业务实质进行定性分析，通过加强业务和税务研究和论证，针对共性问题做出经验总结，提高企

业税收策划能力。

2. 从税务视角对城市更新项目进行投资测算

很多投资部门做的测算并没有过多地考虑税务因素，鉴于城市更新项目复杂问题多、地域特色强、实施周期长及涉税金额大等特点，税务口径的测算分析非常有必要，通过定量分析更加科学地进行方案选择，便于后续落地操作，保障税务规划效果。

3. 税收策划要遵循全局性原则

城市更新项目的利益主体众多，涉及政府方、股东方、总承包、分包及项目公司等各个主体，在进行税收策划时，不能只考虑单税种、单个体的税负最低，应从集团层面出发考虑利益的平衡。因此，税收策划尽可能事先安排、提前布局，从整体角度考虑相关主体的利益。

第十二章 集体土地租赁住房项目案例分析

一、项目概述

（一）项目背景

2018年6月11日，为加快推进集体土地租赁住房建设，北京市住房保障和住房制度改革工作领导小组印发《关于加强北京市集体土地租赁住房试点项目建设管理的暂行意见》（京住保〔2018〕14号），该暂行意见要求：要加快项目手续办理、提升规划设计质量、做好项目配套设施建设。各区人民政府要健全合同履约监管机制，维护好农村集体经济组织、农民、企业和承租人等相关主体的合法权益，保障集体经济组织持久稳定收益，促进集体土地租赁住房可持续发展。

2017年8月，国土资源部会同住房城乡建设部，在北京、上海、广州等13个城市推出利用集体建设用地建设租赁住房试点，出台了《利用集体建设用地建设租赁住房试点方案》。专家表示，农村集体经济组织利用集体土地建设租赁住房，将成为国有建设用地建设保障性住房的有益补充，有利于缓解保障性住房建设的供地压力。同时，这样规范、有序的运作，使城乡结合部农村从无序收租的“瓦片经济”提升为规范合法、以租赁为主的“楼宇经济”，让农民获得获取长远、稳定的经营收益。另外探索试验集体建设用地建设租赁住房开发模式，为今后在全国进行大规模推广提供实践经验。利用集体建设用地建设租赁住房关系政府、集体土地所有者、开发商三方利益，不但要追求效率，更要追求公平。基于社会资本参与集体土地租赁住房项目在开发模式、税务管理方面具有自身特殊性和复杂性，其会计核算和税务处理问题与通常的房地产开发项目存在重大区别，需进行深入研究、分析。

2018年12月4日，北京市规划和自然资源委员会、北京市住房和城乡建设委员会联合印发《关于我市利用集体土地建设租赁住房相关政策的补充意见》（京规自发〔2018〕64号），该补充意见指出：农村集体经济组织可以以土地使用权作价入股、联营的方式与国有企业合作，农村集体经济组织持股比例由双方协商确定。同时鼓励农村集体经济组织以项目经营权出租的方式与社会企业合作开发建设，出租期限由双方约定，最长不超过50年。

（二）合作内容

项目位于北京市丰台区，规划总用地面积约6公顷，其中：绿隔产业用地（F81，集体租赁住房）约5公顷，容积率2.5，建筑高度45米，绿地率30%，建筑密度30%；道路用地约1公顷。总建筑面积约20万平方米，地上建筑面积15万平方米，地下建筑面积约5万平方米。

甲公司欲在北京A地开发一栋公寓型租赁住房，A地归属于A农村集体经济组织，经多次协商最终达成合作，即A农村集体经济组织投资设立全资项目公司B公司，A农村集体经济组织、B项目公司与甲公司三方签订《A项目集租房合作协议》，协议约定A农村集体经济组织向B项目公司提供A地，并每年收取固定收益3 000万元，甲公司出资建设公寓型租赁住房，并承担A农村集体经济组织每年收取的固定收益3 000万元，取得公寓型租赁住房50年的经营权。B项目公司为公寓型租赁住房建设主体，拥有公寓型租赁住房资产产权。

建设期，甲公司先行支付B项目公司项目建设款128 000万元。

经营期，甲公司年收取租金10 000万元，向B项目公司支付租赁成本3 930万元（含可抵扣进项税324.50万元）。甲公司向B项目公司以租金的形式支付正常运营过程中需缴纳的各项税款，经测算约需补付930万元。

二、运作模式

（一）运作方式及协议主要内容

2018年12月，京规自发〔2018〕64号文件指出，鼓励采用农村集体经济组织以项目经营权出租的方式与社会企业合作开发建设，出租期限由双方约定，最长不超过50年。

根据政策实践，本项目采用农村集体经济组织以项目经营权出租的方式进行合作开发。

20××年，北京市丰台区政府授权A集体经济组织下属全资B项目公司作为本项目建设主体进行开发建设，甲公司作为投资运营方。

鉴于项目授权主体已确定，A农村集体经济组织、B项目公司、甲公司签订三方合作协议，并在协议中约定：

A农村集体经济组织提供项目建设用地，拥有项目运营期固定收益，同时将持有授权主体的100%股权质押给B项目公司；

B项目公司负责办理报批、报建及竣工验收等开发建设手续；

甲公司负责筹集项目开发所需全部资金，通过向B项目公司预付50年的土地经营权租赁费（专项用于地上构造物腾退及工程建设费）及运营期支付村集体经济组织固定收益的方式，获取项目实际建设权及50年经营权。具体合作模式见图12–1。

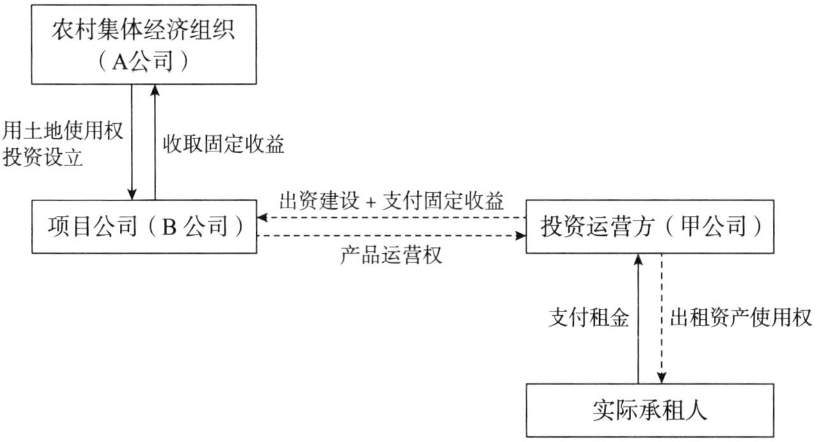

图12–1 项目合作模式

（二）实施流程

结合项目实际情况，本项目运作流程主要包括以下方面：

（1）农村集体经济组织提议，报镇、区两级政府审核同意；

（2）与农村集体经济组织及其项目授权建设主体单位三方签订《合作协议》，明确合作方式、经营租赁权（50年）和三方权利、义务关系及违约责任等；

（3）由丰台区政府授权的项目建设主体单位向B项目公司移交公司经营管理权；

（4）项目公司筹集项目开发建设全部资金，办理项目前期手续、组织项目建设并支付相关费用；

（5）项目建设完工后正式运营。

三、会计与税务处理

（一）A农村集体经济组织

农村集体经济组织向项目授权主体提供土地使用权，收取土地使用收益，因此在建设期和运营期的会计处理和税务处理一样。

1. 会计处理

借：银行存款

  贷：主营业务收入

    应交税费——应交增值税（销项税额）

结转成本：

借：主营业务成本

  贷：累计摊销——无形资产摊销

2. 税务处理

农村集体经济组织出租土地使用权涉及增值税及附加、印花税、企业所得税。

《企业会计准则第21号——租赁》第四十五条规定："在租赁期内各个期间，出租人应当采用直线法或其他系统合理的方法，将经营租赁的租赁收款额确认为租金收入。其他系统合理的方法能够更好地反映因使用租赁资产所产生经济利益的消耗模式的，出租人应当采用该方法。"建设期仅可能因提前收取腾退补偿款而涉及前期土地出租收益的核算。

《财政部 国家税务总局关于进一步明确全面推开营改增试点有关劳务派遣服务、收费公路通行费抵扣等政策的通知》（财税〔2016〕47号）第三条第二款规定："纳税人以经营租赁方式将土地出租给他人使用，按照不动产经营租赁服务缴纳增值税。"

《国家税务总局关于发布〈纳税人提供不动产经营租赁服务增值税征收管理暂行办法〉的公告》（国家税务总局公告2016年第16号）第三条规定："一般纳税人出租不动产，按照以下规定缴纳增值税：（一）一般纳税人出租其2016年4月30日前取得的不动产，可以选择适用简易计税方法，按照5%的征收率计算应纳税额。"

根据上述规定，A农村集体经济组织对用于出租的集体土地收取租赁费可以按照一般计税方式缴纳增值税，也可以选择适用5%简易征收率计算缴纳增值税。在项目实施过程中，A农村集体经济组织可以根据项目或者经济主体实际情况进行税务策划。具体两种纳税方式下税费情况见表12–1至表12–3。

表12–1　　一般计税方式税费情况表

涉及税种	税率	计税依据	应纳税额	纳税义务时间
增值税	9%	3 000万元	270万元	合同约定收取固定收益时
附加税费	12%	实际缴纳增值税	32.4万元	同增值税纳税时间

续表

涉及税种	税率	计税依据	应纳税额	纳税义务时间
印花税	0.10%	3 000万元	3万元	签订合作协议
企业所得税				暂不考虑
税费合计			305.4万元	

表12-2 简易计税方式税费情况表

涉及税种	税率	计税依据	应纳税额	纳税义务时间
增值税	5%	3 000万元	142.86万元	合同约定收取固定收益时
附加税费	12%	实际缴纳增值税	17.14万元	同增值税纳税时间
印花税	0.10%	3 000万元	3万元	签订合作协议
企业所得税				暂不考虑
税费合计			163万元	

注：因企业所得税按A公司全年应纳税所得额计算，在此暂不作测算。

表12-3 一般计税与简易计税税费差异表

涉及税种	一般计税	简易计税	差异	备 注
增值税	270	142.86	127.14	简易计税节约增值税127.14万元
附加税费	32.4	17.14	15.26	简易计税节约附加税15.26万元
印花税	3	3.00	—	
合计	305.4	163.00	142.40	简易计税节税总额142.40万元

（二）B项目公司

建设期B项目公司负责归集项目建设成本。建成后向甲公司出租项目经营权，收取固定运营收益，同时向农村集体经济组织支付固定土地使用收益。具体核算可参考房地产开发企业模式进行核算，适用《企业会计准则第3号——投资性房地产》。

1. 会计处理

（1）项目建设过程中。

借：开发成本——土地征用及拆迁补偿款、前期工程费、建筑安装工程费等

应交税费——应交增值税（进项税额）

贷：银行存款、应付账款、应付职工薪酬、周转材料等

借：开发成本——基础设施费、公共配套建设费、开发间接费

应交税费——应交增值税（进项税额）

贷：银行存款、应付账款、应付职工薪酬等

（2）项目竣工验收后。

借：开发产品

贷：开发成本——土地征用及拆迁补偿款、前期工程费、建筑安装工程费等

（3）项目运营期会计分录。

①将开发产品结转为经营资产。

借：投资性房地产

贷：开发产品

②按租赁期分摊收入。

借：预收账款

贷：主营业务收入（按租期分摊）

③计提并缴纳相关税费。

借：税金及附加

贷：应交税费——应交印花税

——应交城镇土地使用税

——应交房产税

④支付相关运营成本。

借：主营业务成本

贷：银行存款、应付账款等

⑤计提让渡资产使用权折旧。

借：主营业务成本

贷：投资性房地产累计折旧

2.税务处理

建设期甲公司（投资运营方）支付的建设资金实质相当于预收的租金，在收取租金环节应缴纳增值税，同时可以抵扣建设期增值税进项税额。由于部分购进项目与租金适用的税率存在税率差，抵扣进项后B公司仍存在缴纳增值税的可能，在此对预收租金部分对应的税款暂不考虑，仅对运营期正常收取租金的纳税情况进行分析：

应纳增值税=（3 000+930）÷1.09×9%−142.86=181.64（万元）

应纳附加税费=181.64×12%=21.8（万元）

应纳印花税=（3 000+930）×0.001+128 000×0.000 3=42.33（万元）

应纳房产税=（3 000+930）÷1.09×12%=432.66（万元）

应纳城镇土地使用税=18万元

应纳税合计：181.64+21.8+42.33+432.66+18=696.43（万元）

项目公司收支平衡，无所得，不需要缴纳企业所得税。

村级土地不属于城镇土地使用税征税范围，不需要缴纳城镇土地使用税。

纳税情况具体见表12−4。

表12−4　　　　B项目公司纳税情况表

涉及税种	税率	计税依据	应纳税额	纳税义务时间
增值税	9%	3 930万元	181.64万元	合同约定收取固定收益时
附加税费	12%	实际缴纳增值税	21.8万元	同增值税纳税时间
印花税	0.10% 0.03%	3 930万元 128 000万元	42.33万元	签订合作协议
房产税	12%		392.4万元	
城镇 土地使用税			18万元	
企业所得税				暂不考虑
税费合计			656.17万元	

（三）甲公司

1.会计处理

建设期，甲公司向B项目公司支付建设投资款和相关税费，这里不展示会计分录。

运营期，根据新租赁准则，承租人不再将租赁区分为经营租赁或融资租赁，而是采用统一的会计处理模型，对除短期租赁和低价值资产租赁以外的其他所有租赁均确认使用权资产和租赁负债，并分别计提折旧和利息费用。

（1）根据合同确认租赁资产。

借：使用权资产

　贷：租赁负债

（2）计提折旧。租赁期开始日当月计提使用权资产的折旧费用（确有困难可次月计提并予以披露)，借记相关成本费用科目（科目根据性质判断)，贷记“使用权资产累计折旧”科目。

借：主营业务成本

贷：使用权资产累计折旧

（3）收取运营收入。

借：银行存款

贷：预收账款（或合同负债）

应交税费——应交增值税（销项税额）

（4）分期结转收入。

借：预收账款（或合同负债）

贷：主营业务收入

（5）支付承租成本。

借：租赁负债

应交税费——应交增值税（进项税额）

贷：银行账款、预付账款

（6）租赁负债计息。

借：财务费用——租赁利息费用

贷：财务费用——未确认融资费用

2.税务处理

应纳增值税=10 000 ÷ 1.09 × 9%-324.5=501.19（万元）

应纳附加税费=501.19 × 12%=60.14（万元）

应纳印花税=（10 000+3 930）× 0.1%+128 000 × 0.03%=52.33（万元）

运营当年可实现税前收益=10 000 ÷ 1.09-128 000 ÷ 50-3 930 ÷ 1.09-60.14-52.33=2 896.34（万元）

应纳企业所得税=2 896.34 × 25%=724.09（万元）

应纳税合计=501.19+60.14+52.33+724.09=1 337.75（万元）

整体税负13.38%。

上述计算在运营期第一年将建设期支付的租金一次性计算缴纳印花税，影响全周期税负计算的合理性。具体见表12-5。

表 12–5　　　　甲公司纳税情况表

涉及税种	税率	计税依据	应纳税额	纳税义务时间
增值税	9%	3 930万元	501.19万元	合同约定收取固定收益时
附加税费	12%	实际缴纳增值税	60.14万元	同增值税纳税时间
印花税	0.10% 0.03%	13 930万元 128 000万元	52.33万元	签订合作协议
企业所得税			724.09万元	暂不考虑
税费合计			1 337.75万元	

（四）税收优惠政策

2021年7月15日，《财政部 税务总局 住房城乡建设部关于完善住房租赁有关税收政策的公告》（财政部 税务总局 住房城乡建设部公告2021年第24号）明确，自2021年10月1日起，住房租赁企业中的增值税一般纳税人向个人出租住房取得的全部出租收入，可以选择适用简易计税方法，按照5%的征收率减按1.5%计算缴纳增值税，或适用一般计税方法计算缴纳增值税。住房租赁企业中的增值税小规模纳税人向个人出租住房，按照5%的征收率减按1.5%计算缴纳增值税。对企事业单位、社会团体以及其他组织向个人、专业化规模化住房租赁企业出租住房的，减按4%的税率征收房产税。（因上述政策条件较严格，本案例暂按目前可执行方案测算，后续若达到相关条件，可适用上述优惠政策。）

政策调整前后有关税种对比见表12–6。

表 12–6　　　　政策调整前后有关税种对比

税种	调整前	调整后	内容	备注
增值税	（1）增值税适用税率9% （2）一般计税方法 （3）可以抵扣进项税	可以选择适用简易计税方法，按照5%的征收率减按1.5%计算缴纳增值税，或适用一般计税方法计算缴纳增值税	适用主体：住房租赁企业中的增值税一般纳税人 承租对象限制：向个人出租 出租标的物：住房	住房租赁企业，是指按规定向住房城乡建设部门进行开业报告或者备案的从事住房租赁经营业务的企业

续表

税种	调整前	调整后	内容	备注
房产税	（1）直接向个人出租住房房产税减按4%	对企事业单位、社会团体以及其他组织向个人、专业化规模化住房租赁企业出租住房的，减按4%的税率征收房产税	适用主体：企事业单位 承租对象限制：个人、专业化规模化住房租赁企业	专业化规模化住房租赁企业的标准为：企业在开业报告或者备案城市内持有或者经营租赁住房1 000套（间）及以上或者建筑面积3万平方米及以上
	（2）非直接向个人出租住房房产税按12%计算		出租对象：住房	

说明：1.各地住房城乡建设、税务部门应加强信息共享。

2.各省、自治区、直辖市住房城乡建设部门会同同级财政、税务部门，可根据租赁市场发展情况，对本地区全部或者部分城市针对专业化规模化住房租赁企业标准在50%的幅度内下调标准。市、县住房城乡建设部门应将本地区住房租赁企业、专业化规模化住房租赁企业名单以及保障性租赁住房项目认定书传递给同级税务部门，并将住房租赁企业、专业化规模化住房租赁企业名单予以公布并动态更新，共享信息具体内容和共享实现方式由各省、自治区、直辖市住房城乡建设部门会同税务部门共同研究确定。

3.纳税人享受财政部、税务总局、住房城乡建设部公告2021年第24号规定的优惠政策，应按规定进行减免税申报，并将不动产权属、房屋租赁合同、保障性租赁住房项目认定书等相关资料留存备查。

四、借鉴意义

（1）通过农村集体经济组织以土地使用权投资方式进行住房开发建设，而非从政府机构竞价拍卖土地的方式获取土地使用权，缓解了建设用地紧缺的问题，优化配置了土地资源，减少租赁住房开发成本，同时拓宽了获取土地的渠道来源。

（2）集体土地租赁住房项目作为新的运作模式，项目运营前期的税费分析非常重要。在前期研究阶段，需要对项目参与各方主体涉及的税种进行全面分析。通过对现行税法相关规定的梳理，集体土地租赁住房项目主要涉及的税种有增值税、城市维护建设税、教育费附加和地方教育附加、印花税、房产税、城镇土地使用税、企业所得税等。在项目前期阶段，需要对不同运作模式下涉及的各项种费进行全面测算，对比分析不同运作模式下的税负，为项目运作模式的选择提供决策参考。

该运作模式下，投资运营方承担的相关税费集中在增值税、房产税和企业所得税，增值税和房产税亦有税收优惠（参考财政部、税务总局、住房城乡建设部公告2021年第24号），对运营方而言，成本可控、风险可控、收益稳定。

（3）当前市场环境下，住房租赁的市场需求大，且政府机构近年来亦出台了相关政策大力推崇，趋势利好，未来发展前景好。

五、政策建议

（一）增加租赁住房稳定供应的激励

在现有的财税政策框架中，有关持有运营的税收规定不利于租赁住房的稳定供应，住房租赁企业的税负较重，尤其是相对于出售住房所获得的增值收益，租金回报率过低，2017年8月印发的《利用集体建设用地建设租赁住房试点方案》明确指出，要兼顾政府、农村集体、企业和个人利益，《关于进一步加强利用集体土地建设租赁住房工作的有关意见》也指出，要统筹考虑农民集体经济实力，合理确定项目运作模式，维护农民权益，使农民和农村经济集体通过出租房屋获得长期稳定收益，分享城乡统筹发展成果，税负过高既降低了企业参与集体土地租赁住房项目积极性，也减少了农民获取的收益。

（二）增加调控住房租赁市场的工具

在住房买卖市场中，财税政策调整已经成为调控房地产市场的重要工具之一。但是，在住房租赁市场的培育和发展过程中，对财税政策重要性的认识还有所欠缺。相关政策之间的衔接性有待加强。根据国家有关加快培育和发展住房租赁市场的政策要求，要通过相应税收优惠促进住房租赁市场发展。

在相关财税业务仍处于探索期的情况下，从上述开发模式来看，税负比较重，因此，迫切需要给予农村集体租赁住房更多的财税政策支持，以达到建立农村集体租赁住房设立的初衷，既维护农民的利益，也保证参与主体的经济利益，保障新的土地供给模式能够健康科学的发展。

（三）充分享受现行税收优惠政策

农村集体组织以土地使用权投资建立项目公司时，对于需要缴纳的契税、印花税等税费，建议出台相关政策，给予适当的税收减免，维护农村集体组织利益。如《财政部 国家税务总局关于支持农村集体产权制度改革有关税收政策的通知》（财税〔2017〕55号）规定农村集体产权制度改革的，对农村集体土地所有权、宅基地和集体建设用地使用权及地上房屋确权登记，不征收契税。那么农村集体组织以土地使用权投资项目开发的情形，其需要缴纳的契税、印花税也建议适用税收优惠，予以免征。

（四）放宽现行政策执行口径

根据财政部、税务总局、住房城乡建设部公告2021年第24号第二条规定，对企事业单位、社会团体以及其他组织向个人、专业化规模化住房租赁企业出租住房的，减按4%的税率征收房产税。建议政府机构放宽行业限制，对于本案运营模式经营的租赁住房，项目公司亦可享受该税收优惠，减轻运营方税负负担，加大投资方的投资意向。

（五）探索出租住房的综合低成本

落实国家有关培育和发展住房租赁市场的政策，降低租赁市场中各类主体的税负，以税收政策引导住房租赁企业提高规模化、集约化、专业化水平。具体包括：对住房租赁企业提供生活性服务业的相关支持政策，实施6%的增值税税率；允许地方参照个人出租房屋税收综合征收率的做法，探索实行符合各地实际情况的住房租赁企业税收综合征收率，确定合理的税率水平，鼓励机构化住房租赁企业进一步发展。

附录

城市更新项目适用财税政策清单（部分）

政策类型	政策属地	文件名称	文 号
更新条例	北京	北京市城市更新条例	北京市人民代表大会常务委员会公告〔十五届〕第88号
	上海	上海市城市更新条例	上海市人民代表大会常务委员会公告第77号
	广州	广州市城市更新办法	穗府令第134号
	深圳	深圳经济特区城市更新条例	深圳市第六届人民代表大会常务委员会公告第228号
会计准则	全国	企业会计准则第1号——存货	财会〔2006〕3号
	全国	企业会计准则第2号——长期股权投资	财会〔2014〕14号
	全国	企业会计准则第3号——投资性房地产	财会〔2006〕3号
	全国	企业会计准则第4号——固定资产	财会〔2006〕3号
	全国	企业会计准则第6号——无形资产	财会〔2006〕3号
	全国	企业会计准则第7号——非货币性资产交换	财会〔2019〕8号
	全国	企业会计准则第13号——或有事项	财会〔2006〕3号
	全国	企业会计准则第14号——收入	财会〔2017〕22号
	全国	企业会计准则第16号——政府补助	财会〔2017〕15号
	全国	企业会计准则第17号——借款费用	财会〔2006〕3号
	全国	企业会计准则第20号——企业合并	财会〔2006〕3号
	全国	企业会计准则第21号——租赁	财会〔2018〕35号
	全国	企业会计准则第22号——金融工具确认和计量	财会〔2017〕7号
	全国	企业会计准则第23号——金融资产转移	财会〔2017〕8号
	全国	企业会计准则第33号——合并财务报表	财会〔2014〕10号
	全国	企业会计准则第37号——金融工具列报	财会〔2017〕14号

续表

政策类型	政策属地	文件名称	文　号
会计准则	全国	财政部关于地方政府专项债券会计核算问题的通知	财库〔2015〕91号
	全国	财政部关于印发《基本建设项目建设成本管理规定》的通知	财建〔2016〕504号
增值税	全国	财政部 国家税务总局关于全面推开营业税改征增值税试点的通知	财税〔2016〕36号
	全国	财政部 国家税务总局关于明确金融 房地产开发 教育辅助服务等增值税政策的通知	财税〔2016〕140号
	全国	国家税务总局关于纳税人资产重组有关增值税问题的公告	国家税务总局公告2011年第13号
	全国	国家税务总局关于纳税人资产重组增值税留抵税额处理有关问题的公告	国家税务总局公告2012年第55号
	全国	国家税务总局关于发布《纳税人提供不动产经营租赁服务增值税征收管理暂行办法》的公告	国家税务总局公告2016年第16号
	全国	房地产开发企业销售自行开发的房地产项目增值税征收管理暂行办法	国家税务总局公告2016年第18号
	全国	国家税务总局关于营改增试点若干征管问题的公告	国家税务总局公告2016年第53号
	全国	国家税务总局关于取消增值税扣税凭证认证确认期限等增值税征管问题的公告	国家税务总局公告2019年第45号
	全国	财政部 税务总局关于完善资源综合利用增值税政策的公告	财政部 税务总局公告2021年第40号
	全国	财政部 税务总局 住房城乡建设部关于完善住房租赁有关税收政策的公告	财政部 税务总局 住房城乡建设部公告2021年第24号
	北京	北京市规划和国土资源管理委员会 北京市国家税务局 北京市地方税务局 北京市财政局关于土地一级开发项目涉及增值税发票等有关问题的通知	市规划国土发〔2017〕186号
企业所得税	全国	中华人民共和国企业所得税法	主席令第63号
	全国	中华人民共和国企业所得税法实施条例	国务院令第512号
	全国	财政部 国家税务总局关于执行公共基础设施项目企业所得税优惠目录有关问题的通知	财税〔2008〕46号

续表

政策类型	政策属地	文件名称	文 号
企业所得税	全国	财政部 国家税务总局关于财政性资金、行政事业性收费、政府性基金有关企业所得税政策问题的通知	财税〔2008〕151号
	全国	财政部 国家税务总局关于合伙企业合伙人所得税问题的通知	财税〔2008〕159号
	全国	国家税务总局关于确认企业所得税收入若干问题的通知	国税函〔2008〕875号
	全国	财政部 国家税务总局关于企业重组业务企业所得税处理若干问题的通知	财税〔2009〕59号
	全国	财政部 国家税务总局关于企业清算业务企业所得税处理若干问题的通知	财税〔2009〕60号
	全国	国家税务总局关于印发《房地产开发经营业务企业所得税处理办法》的通知	国税发〔2009〕31号
	全国	国家税务总局关于贯彻落实企业所得税法若干税收问题的通知	国税函〔2010〕79号
	全国	国家税务总局关于企业取得财产转让等所得企业所得税处理问题的公告	国家税务总局公告2010年第19号
	全国	财政部 国家税务总局关于专项用途财政性资金企业所得税处理问题的通知	财税〔2011〕70号
	全国	财政部 国家税务总局关于地方政府债券利息所得免征所得税问题的通知	财税〔2011〕76号
	全国	国家税务总局关于企业所得税若干问题的公告	国家税务总局公告2011年第34号
	全国	国家税务总局关于企业所得税应纳税所得额若干税务处理问题的公告	国家税务总局公告2012年第15号
	全国	财政部 国家税务总局关于地方政府债券利息免征所得税问题的通知	财税〔2013〕5号
	全国	国家税务总局关于企业混合性投资业务企业所得税处理问题的公告	国家税务总局公告2013年第41号
	全国	财政部 国家税务总局关于促进企业重组有关企业所得税处理问题的通知	财税〔2014〕109号
	全国	国家税务总局关于资产（股权）划转企业所得税征管问题公告	国家税务总局公告2015年第40号
	全国	国家税务总局关于企业重组业务企业所得税征收管理若干问题的公告	国家税务总局公告2015年第48号

续表

政策类型	政策属地	文件名称	文　号
企业所得税	全国	国家税务总局关于发布《企业所得税税前扣除凭证管理办法》的公告	国家税务总局公告2018年第28号
	全国	财政部 税务总局 发展改革委 民政部 商务部 卫生健康委关于养老、托育、家政等社区家庭服务业税费优惠政策的公告	财政部 税务总局 发展改革委 民政部 商务部 卫生健康委公告2019年第76号
	全国	国家税务总局关于企业所得税若干政策征管口径问题的公告	国家税务总局公告2021年第17号
	全国	财政部 税务总局关于基础设施领域不动产投资信托基金（REITs）试点税收政策的公告	财政部 税务总局公告2022年第3号
土地增值税	全国	中华人民共和国土地增值税暂行条例	国务院令第138号
	全国	中华人民共和国土地增值税暂行条例实施细则	财法字〔1995〕6号
	全国	财政部 国家税务总局关于土地增值税一些具体问题规定的通知	财税字〔1995〕48号
	全国	国家税务总局关于以转让股权名义转让房地产行为征收土地增值税问题的批复	国税函〔2000〕687号
	全国	国家税务总局关于房地产开发企业土地增值税清算管理有关问题的通知	国税发〔2006〕187号
	全国	国家税务总局关于印发《土地增值税清算管理规程》的通知	国税发〔2009〕91号
	全国	国家税务总局关于土地增值税清算有关问题的通知	国税函〔2010〕220号
	全国	财政部 税务总局关于继续实施企业改制重组有关土地增值税政策的公告	财政部 税务总局公告2021年第21号
	全国	财政部 税务总局关于继续实施企业改制重组有关土地增值税政策的公告	财政部 税务总局公告2023年第51号
	青岛	国家税务总局青岛市税务局关于发布《国家税务总局青岛市税务局房地产开发项目土地增值税清算管理办法》的公告	国家税务总局青岛市税务局公告2022年第6号
印花税	全国	中华人民共和国印花税法	主席令第89号
	全国	财政部 国家税务总局关于调整房地产交易环节税收政策的通知	财税〔2008〕137号
	全国	财政部 国家税务总局关于棚户区改造有关税收政策的通知	财税〔2013〕101号

续表

政策类型	政策属地	文件名称	文 号
印花税	全国	财政部 税务总局关于实施小微企业普惠性税收减免政策的通知	财税〔2019〕13号
	全国	财政部 税务总局关于印花税若干事项政策执行口径的公告	财政部 税务总局公告2022年第22号
契税	全国	中华人民共和国契税法	主席令第52号
	全国	财政部 税务总局关于继续执行企业、事业单位改制重组有关契税政策的公告	财政部 税务总局公告2021年第17号
	全国	财政部 税务总局关于贯彻实施契税法若干事项执行口径的公告	财政部 税务总局公告2021年第23号
	全国	财政部 税务总局关于契税法实施后有关优惠政策衔接问题的公告	财政部 税务总局公告2021年第29号
	全国	财政部 税务总局关于继续实施企业、事业单位改制重组有关契税政策的公告	财政部 税务总局公告2023年第49号
	全国	国家税务总局关于契税纳税服务与征收管理若干事项的公告	国家税务总局公告2021年第25号
房产税	全国	中华人民共和国房产税暂行条例	国发〔1986〕90号
	全国	财政部 国家税务总局关于营改增后契税、房产税、土地增值税、个人所得税计税依据问题的通知	财税〔2016〕43号
城镇土地使用税	全国	中华人民共和国城镇土地使用税暂行条例	国务院令第483号
	全国	财政部 国家税务总局关于房产税 城镇土地使用税有关问题的通知	财税〔2008〕152号
	全国	财政部 税务总局关于公共租赁住房税收优惠政策的公告	财政部 税务总局公告2019年第61号
	全国	财政部 税务总局关于继续实施公共租赁住房税收优惠政策的公告	财政部 税务总局公告2023年第33号
税收指引	广东	国家税务总局广东省税务局 广东省财政厅 广东省自然资源厅关于印发《广东省“三旧”改造税收指引（2019年版）》的通知	粤税发〔2019〕188号
	广州	国家税务总局广州市税务局 广州市住房和城乡建设局关于印发《广州市城市更新税收指引（2021年版）》的通知	穗税发〔2021〕93号

后　记

当前，城市已经进入存量发展阶段，城市更新是适应城市发展和人民生活需求的必然选择，城市更新是城市未来发展的新机遇，带动城市经济和建筑工程项目转型发展。为帮助城市更新参与主体有效防范税务风险、提高价值创造水平，中国施工企业管理协会联合产学研各方力量共同编撰了《城市更新项目全周期业财税管理指南》一书。为顺利开展本书的编撰工作，中国施工企业管理协会联合中国注册税务师协会、十一家参编单位的专家成立课题组，并邀请蔡昌教授担任主编，负责课题的全流程研究实施。

课题启动后，中国施工企业管理协会组织课题组成员实地调研北京、上海、广州等地的城市更新项目情况，在主编主持下，审定了课题大纲，组织各参编单位各取所长分工编撰，分项成果经各参编单位交叉审核、课题审核组审核、主编审核、集中审稿，再由北京天扬君合财税服务集团有限公司专家统稿，组织专家研讨疑难问题，最后由土编审定。

本书是一部凝聚着集体智慧的城市更新项目财税操作指引，内容包括城市更新项目全周期业务特点、财务核算和税务处理。第一章由北京天扬君合财税服务集团有限公司编写，第二章由中国安能建设集团有限公司编写，第三章由中国铁建股份有限公司编写，第四章由中国建筑集团有限公司编写，第五章由中国中铁股份有限公司编写，第六章由中国电力建设集团有限公司、中国交通建设集团有限公司合力编写，第七章由中国能源建设集团有限公司编写，第八章由中国化学工程集团有限公司编写，第九章由中国冶金科工集团有限公司编写，第十章由中国建筑集团有限公司编写，第十一章由中国中铁股份有限公司编写，第十二章由中国铁建股份有限公司、中国交通建设集团有限公司合力编写。

本书在编撰过程中，得到了有关部门及专家的大力支持。在成书之际，感谢为本书辛勤付出的每一位领导、专家和同仁。

编委会

2024 年 2 月 22 日